岭南石刻文学研究

何婵娟 著

齊鲁書社
·济南·

图书在版编目（CIP）数据

岭南石刻文学研究 / 何婵娟著 . -- 济南：齐鲁书社，2024.5
ISBN 978-7-5333-4693-5

Ⅰ. ①岭… Ⅱ. ①何… Ⅲ. ①石刻 - 文学研究 - 研究 - 广东 Ⅳ. ① K877.404 ② I206

中国国家版本馆 CIP 数据核字（2024）第 002083 号

责任编辑：冯晓品
装帧设计：赵萌萌

岭南石刻文学研究
LINGNAN SHIKE WENXUE YANJIU
何婵娟 著

主管单位	山东出版传媒股份有限公司
出版发行	齊魯書社
社　　址	济南市市中区舜耕路 517 号
邮　　编	250003
网　　址	www.qlss.com.cn
电子邮箱	qilupress@126.com
营销中心	（0531）82098521　82098519　82098517
印　　刷	山东临沂新华印刷物流集团有限责任公司
开　　本	880mm × 1230mm　1/32
印　　张	13
插　　页	4
字　　数	350千
版　　次	2024年5月第1版
印　　次	2024年5月第1次印刷
标准书号	ISBN 978-7-5333-4693-5
定　　价	78.00元

国家社科基金项目（16XZW013）

最终成果

序

金石遗文在我国宋代考古中最早的记载，当属公元前十一世纪周武王时代留下的《古敦铭》。欧阳修《集古录跋尾》卷一《古敦铭》曰："敦，乃武王时器也。盖余《集录》最后得此铭。当作《录目序》时，但有《伯冏铭》'吉日癸巳'字最远，故叙言'自周穆王以来'。叙已刻石，始得斯铭，乃武王时器也。"① 至于刻石之碑，欧公《集古录目序》言及"岱山、邹峄、会稽之刻石"②。司马迁作《秦始皇本纪》，谓秦始皇巡游岱山（即泰山）、邹峄、会稽时，皆刻石记功。欧公之言与之相合。故吴讷断言："秦、汉以来，始谓刻石曰碑，其盖始于李斯峄山之刻耳。"③ 自此，刻石立碑之作绵绵不绝。徐师曾曰："后汉以来，作者渐盛，故有山川之碑，有城池之碑，有宫室之碑，有桥道之碑，有坛井之碑，有神庙之碑，有家庙之碑，有古迹之碑，有风土之碑，有灾祥之碑，有功德之碑，有墓道之碑，有寺观之碑，有托物之碑，皆因庸器（彝鼎之类）渐阙而后为之，所谓'以石代金，同

① 李逸安校点：《欧阳修全集》，北京：中华书局，2001 年版，第 2062 页。

② 同上，第 599 页。

③ ［明］吴讷、徐师曾：《文章辨体序说 文体明辨序说》，北京：人民文学出版社，1982 年版，第 52 页。

乎不朽’者也。”①

历代碑刻有如此多样的名称和丰富的内涵，涉及历史、地理、政治、宗教、文字、文学、艺术、民俗等方方面面，是以刻石的形式留存于中华疆域的文化瑰宝。五岭以南的地区，包括广东、广西、海南等，受中原文化的影响，自秦、汉以来，就有大量的石刻遗存，自然受到学界的重视，研究的论文和专著十分可观，也不乏从文学的视角加以探析的作品。不久前，婵娟把她入选国家社科基金资助项目的书稿《岭南石刻文学研究》发到我的电子邮箱里，请我作序。阅读之后，令我十分欣慰。当初婵娟拿到国家社科基金资助项目时，我自然为她高兴，同时也意识到课题所接触的面很广，时间跨度又很长，要做的案头工作和田野考察都不轻松。现在看到已成清样的书稿，我深深感受到她的不容易。天道酬勤，婵娟数年坚持不懈地勤奋努力，下了不少的功夫，才有了如今的收获。我不由地想起她跟我读博的时候，有一段日子我因事外出，推迟了给她授课的时间。回沪后，她就到我离校不远的家里来听课，做笔记，也有讨论，虽然天气炎热，她都十分专注、认真。后来，她曾因病住院，但仍以顽强的毅力克服困难，完成了博士学位论文，并顺利地通过了答辩。我很赞赏她那刻苦、努力、持之以恒的精神。

通读《岭南石刻文学研究》书稿，我感到婵娟资料工作做得非常全面、扎实。不仅竭尽全力地从方志等历史文献中搜集所能查到的岭南地区碑刻资料，而且不辞辛劳地到各地考察，做了心得笔记，且拍摄了不少富于价值的历代碑刻；不仅阅读了与岭南石刻有关的研究专著，而且想方设法尽量少有遗漏地找到相关的学术论文，在学习中不断扩大自己的视野，提高学术钻研的能力；不仅对负有盛

① ［明］吴讷、徐师曾：《文章辨体序说 文体明辨序说》，北京：人民文学出版社，1982 年版，第 144 页。

名的文坛精英的石刻高度关注，而且对一些名声并不显赫的士大夫留下的碑文亦未忽视；不仅对许多个体作者的石刻十分留意，而且对地域作家群体的石刻也给予高度重视，并加以综合分析。

作为一部研究岭南地区石刻文学的通史性著作，全书分六章。先唐及唐五代一章，宋、明、清三代各一章，都有四节，篇幅相近。元代与民国各一章，但篇幅都甚少，而民国还略多于元代。这与岭南石刻发展不同阶段的时代背景相关，也与岭南石刻由盛而衰、又衰而复盛的经历是相称的。

先唐及唐五代一章，虽时间跨度大，但先唐着墨极少，因其时的石刻遗存有限，而石刻文学的繁荣主要在唐代。此自然得益于唐代文学尤其是唐代诗文的兴盛，也跟佛教的传播、禅学的影响和贬谪或寓居岭南的官员数量增多有关。文起八代之衰的韩愈在潮州的业绩，凭借诸多碑刻，流传至今。

宋代经济的发展和朝廷重文的方略，是文化日益繁荣的重要原因。岭南石刻文学亦受其时欣欣向荣的文化的影响，处于至为兴盛的时期。儒佛道的多元信仰，也推动了石刻的创作。宋代诗文灿烂，名家辈出。苏轼的著名作品镌刻在岭南各地，辉耀后世。刻碑立石之外，宋代摩崖石刻的骤然增多，更是其时的一大特色。

元代统治者施行民族歧视的高压政策，阻碍了经济和文化的发展，教育难以振兴，儒生遭到鄙视，碑刻数量骤减，虽也有些祠庙修建和诗文创作等碑刻，但石刻文学的衰弱，已是不争的事实和不可避免的结果。

明代随着经济的发展，文化和教育逐渐复兴。岭南地区本土文人群体和流寓士人，都为石刻文学的兴盛增添了助力。开创明代性灵诗派的陈献章和编有著名的《唐宋八大家文钞》的流寓文士茅坤，堪称代表人物。他们的诗文作品，皆有珍贵的石刻遗存。此外，桂林靖江王室成员和王府属官，也为充实岭南诗文石刻的宝库做出了贡献。

清代从康乾盛世至晚清，在经济和教育发展的同时，社会变动剧烈，碑刻数量亦剧增。岭南碑刻富于地域性特征，庙宇碑展现了佛教、道教及泛神的信仰，学记碑见证了众多书院的创建。文坛上，岭南三大家、粤西五大家、临桂词派等地域作家群崛起，王士禛、袁枚、翁方纲等外来文士的参与，雅集之风与诗歌的兴盛，桐城文重考据、求雅洁的影响，都有助于岭南诗文特色的形成及石刻的繁荣以至鼎盛。

民国存在的时间短促，石刻的数量相应大为减少。五四新文化运动后，新文学多以白话文为载体，古典碑刻的文学价值未受重视。岭南地区，寺庙、祠堂等碑刻，仍遵旧习。石刻诗歌，亦仍为律诗或古体。碑志文虽仍用文言，一般浅显而易懂。民国的碑刻不少为捐躯的先烈而作，有十九路军军长蔡廷锴为阵亡将士撰写的《十九路军抗日死国将士之碑》等。

综上所述，全书可谓结构完整，布局合理，详略得当。交代了各个时代政治、经济、文化等背景，通过群体业绩与精英成就相结合的书写，展现了岭南石刻文学发展的轨迹，突出了地区的鲜明特色。

书中采用了不同时代的石刻或其相关图像共三十几张照片，看了之后，我还不太满足。石刻本身是艺术品，文学的“石刻”形态，如古籍一样，是传之久远的历史遗存，且有助于了解其时文学的影响和传播的情况，值得后世珍视。它承载着历代的文学，文学也赖以发挥影响。本书先唐石刻未见，似为缺憾，唐以后石刻也可适当增加，给读者更多一些历经沧桑的感觉。不知婵娟以为然否。

洪本健

2022 年 11 月 4 日于上海浦东亲和源

目　录

绪　论

一、选题缘由

石头是人类最早用来表达和记录思想的载体①，在漫长的历史进程中，古人将生活中发生的众多事情用文字或图画摩刻在碑石以及崖壁上，以此形成了源远流长的石刻文化。石刻作为遗存数量最多的古代文物，其内容丰富，价值重大。赵超在《石刻史话》一书中阐述了中国古代石刻之价值："了解和研究石刻，就是在了解中国古代的社会经济史、思想史、政治军事史、文化史、艺术史、民族史、宗教史、科技史、文字史……总而言之，就是在了解和研究华夏民族的两千年古代文明。不仅如此，就是石刻本身的产生和演变过程，也可以反映出中华文明前进的步伐。"②

"岭南"指的是五岭以南的广大地区，包括现今广东、广西、海南以及香港、澳门等地。在封建社会里，岭南地区虽远离中原王朝，但从春秋时期起中原文化就逐步影响岭南地区。秦吞并六国之后，征伐岭南，于公元前214年征服岭南，在岭南设置了桂

---

① 参见：赵超《中国古代石刻概论·引言》，北京：文物出版社，1997年版，第4页。

② 赵超：《石刻史话》，北京：社会科学文献出版社，2011年版，第2页。

林、南海、象郡三郡，中原王朝自此开始了对岭南地区的有效统治。中原文化从各方面渗透进岭南，包括其刻石之风。岭南许多地方有石灰岩溶洞、悬崖峭壁等，这为古代刻石提供了良好的天然载体。以此，广东、广西等地存留了大量的古代石刻，这包括摩崖石刻、碑刻以及造像、经幢等。

广东有着丰富的古代石刻遗存，“广东省第三次全国文物普查登录属于石窟寺与石刻类的不可移动文物共 769 处。其中已经公布为国家重点文物保护单位 11 处，省级文物保护单位 71 处”①。广东全省摩崖计有二百二十余处，近二千题，碑刻更是不可胜数②。“广西由于多山多石、多岩多洞、山水优美、文人墨客前踵后继等因素，石刻文献（主要指碑碣和摩崖）非常发达，成为我国石刻文献发展的一个特别集中且成就突出的地区”③。

据笔者统计，现有各类文献记载的岭南地区中华人民共和国成立前摩勒的文字类石刻作品在八千件以上。这些石刻分布于岭南各地，以摩崖石刻为例，其在风景名胜区更为集中。广东地区分布在博罗罗浮山，佛山西樵山，仁化丹霞山，英德南山、碧落洞，肇庆七星岩、鼎湖山，潮州葫芦山、金山，潮阳东岩、莲花峰，清远峡山，德庆三洲岩等处。广西地区分布在桂林市各处山崖岩洞，柳州鱼峰山、马鞍山，融水真仙岩、老子山，宜州白龙洞，桂平西山，北流勾漏洞，凭祥白玉洞，灵山三海岩等处。海南地区分布在万宁东山岭、三亚天涯海角、五指山市五指山等处。

---

① 广东省文物局编：《广东文化遗产・石刻卷》，北京：科学出版社，2013 年版，第 2 页。

② 曹腾骓、黄道钦：《广东摩崖石刻・序》，广州：广东人民出版社，1998 年版，第 1 页。

③ 杜海军：《石刻整理常见误录探因——广西石刻研究之五》，《广西师范大学学报（哲学社会科学版）》2012 年第 5 期。

"文物是历史发展的轨迹和见证。对于摩崖也不例外，它既是历史发展进程的产物，也是时代的艺术结晶"①。作为艺术结晶的岭南石刻有其自身特点以及多方面之价值。

岭南石刻具有珍稀性特点。桂林龙隐岩保存的饶祖尧跋刻的《元祐党籍碑》以及现存广西融水民族博物馆的《元祐党籍碑》是国内记载北宋元祐党争且留存至今的仅存两块碑刻。这两块碑价值重大，历来备受关注。

桂林·龙隐洞：元祐党籍碑②

桂林鹦鹉山的《静江府城池图》是记载宋代桂林城镇建设和军事防务的重要资料，是中国现存宋代两件石刻城图之一。广西永福县百寿岩镌刻于南宋绍定二年（1229）的《百寿图》是现今所见的中国时代最早、集古代单字诸体于一身的摩崖石刻。柳州柳侯祠保存的《荔子碑》因韩愈撰文、苏轼书写、记载柳宗元事迹，被誉为"三绝碑"。广西宜州保存的石达开及其僚属唱和诗，是全国唯一的太平天国石刻诗歌。

---

① 曹腾骓、黄道钦：《广东摩崖石刻·序》，广州：广东人民出版社，1998年版，第3页。

② 说明：本书所用图片，如无特别说明，均为作者拍摄。

岭南石刻具有独特的文学价值。自唐代开始，岭南成为安置贬谪官员的重要场所。北方士人因各种原因不断南来，他们闲暇时与本土士人交游酬唱，吟诗作赋，或镌刻山崖或受托而作碑文，以此岭南各地保存了历代不少著名文人之作品。唐代有王勃、张九龄、王维、韩愈、柳宗元、刘禹锡等人，宋代有苏轼、胡铨、李纲、张孝祥、张栻、朱熹、范成大等人，元代有揭傒斯、范梈、吴澄等人，明代有宋濂、丘濬、李东阳、陈献章、湛若水、方献夫等人，清代有屈大均、王士禛、翁方纲、赵执信、袁枚、李调元、谢启昆、阮元等人。这些士人中多数人有岭南生活经历，岭南期间的生活影响了他们的文学创作，他们创作的部分作品镌刻上石，这些石刻作品具有较高的文学价值，值得开展研究。

岭南石刻具有较高的史学价值。存留于桂林的宋代《平蛮三将题名碑》、元代《广西道平蛮碑》、明代《殷正茂讨怀远猺记》、清代康熙《平定朔漠告成太学碑》、雍正《平定青海告成太学碑》等石刻记载了重要的历史事件，具有较高的史学价值。桂林靖江王府、靖江王陵保存的石刻是研究明代藩王制的重要资料。广州存留的民国时期碑刻，是记录辛亥革命以及军阀混战的第一手资料。保存于南宁昆仑关的《陆军第五军昆仑关阵亡将士纪念塔碑文》以及存于广州的《十九路军抗日死国将士之碑》等是有关抗日战争的重要史料。

岭南石刻还具有宗教学、文字学、民俗学、艺术学等多方面研究价值。“岭南是南禅顿教的发源地，《华寺开山碑记》记述了达摩在广州的遗迹，光孝寺是佛教碑林圣地，遗留了 30 多方碑刻，成为禅宗文化的瑰宝”①。广东罗定苹塘镇谈礼村保存的《龙龛道场铭并序》以其年代早、刻字多、保存好、价值高而著称于

① 冼剑民、陈鸿钧：《广州碑刻集·序言》，广州：广东高等教育出版社，2006 年版，第 6 页。

世，被誉为“岭南第一唐刻”。该石刻保留有武则天时代创制新字13个，是我国石刻与文字史上不可多得的文化遗迹。广东肇庆七星岩石室洞保存的李邕撰写的《端州石室记》是他以楷体书写流传于世的唯一杰作，具有重要的价值。存留于岭南各地的庙宇碑反映了岭南地区的泛神信仰，有极高的民俗学价值。

基于以上原因，笔者选择了岭南石刻作为研究对象，从文学方面对其展开系统的研究。

二、研究现状

从石刻文献整理方面来看，岭南地区全面性石刻文献整理工作开展较早，成果较多。清代著名金石学家翁方纲乾隆年间督学广东，收录广东金石拓片562种，汇编成《粤东金石略》一书。嘉庆道光年间阮元任两广总督，主修《广东通志》设立《金石略》专卷，收录广东商、周、汉、晋至元代主要金石文字近六百种。当代学者曹腾騑、黄道钦等人编写了《广东摩崖石刻》。谭棣华、曹腾騑、冼剑民等人辑录了《广东碑刻集》，收集碑刻、铭文965种。伍庆禄、陈鸿钧编写的《广东金石图志》《广东碑刻铭文集》等收录了广东各地金石铭文。这些为广东石刻的研究提供了丰富的文献资料。

广西石刻整理工作也开展得较早，嘉庆年间广西巡抚谢启昆主持编修《广西通志》，他特别看重金石之价值，在省志中首开收录金石之先河。其所录金石单独成书为《粤西金石略》。清人收录广西金石的还有杨翰《粤西得碑记》、况周颐《粤西金石略补遗》等。当代辑录广西石刻的书籍有《广西少数民族地区石刻碑文集》《中国西南地区历代石刻汇编》（其中广西十卷）等。林半觉自20世纪40年代始搜集整理广西石刻，他整理的广西石刻资料有：《广西历代碑目》《广西石刻志稿》《广西历代平蛮碑纪要》《桂林明清碑目略》《桂林石刻诗抄》《元祐党籍碑资料汇编》《桂林石刻》等。杜海军辑校的《桂林石刻总集辑校》收录桂林石刻1732件。2019年，桂海碑林博物馆汇编出版《桂林石刻碑文集》。这些为广西石刻的研究提供了丰富的文献资料。

海南由于建省较晚，其石刻搜集与广东石刻整理工作多有从属现象。如明清时历次所修《广东通志》中海南均列为“琼州府”，其文物古迹等一并收录在《广东通志》中。《广东碑刻集》则单列“海南地区”一栏，收录海南十县一市石刻68件。周伟民、唐玲玲《海南金石概说》一书对海南全省石刻有所介绍。整体来看，海南的石刻整理工作有待加强。

除全面性石刻文献整理专著外，另有不少地域性整理专著。如广东有《广州碑刻集》《广州府道教庙宇碑刻集释》《潮汕金石文征》等；广西有《桂林石刻集》《灵川历代碑文集》《柳州碑刻集》《宜州碑刻集》等。

历代士人编修地方志时，对岭南地区的石刻都有一定程度的搜集整理。《中国地方志集成》《中国方志丛书》《故宫珍本丛刊》《广东历代方志集成》等大型丛书都收录了岭南各地的方志，这些方志中的《金石》卷，收录了民国以前岭南各地的金石作品。另外，岭南各地主持编纂的地方志亦对金石作品有所辑录。

岭南地区的这些石刻文献为岭南石刻研究提供了丰富的资料，但文献辑录情形各地存在差异，相对而言，广东整理得较为充分，广西其次，海南最欠。本书截稿时止，广西尚没有辑录齐全的全省石刻文字整理善本，海南也没有，两地石刻文献整理仍有待加强。

从石刻研究方面来看，历代学者对岭南石刻展开了多方面的研究。研究成果为专著的有：户崎哲彦《唐代岭南文学与石刻考》、何婵娟《桂北石刻文学研究》、杨其元《海南天涯海角摩崖石刻》等。研究成果为论文的也不少。2016年初，本书起笔时分别以“石刻”“碑”“碑刻”为关键词，再各自加上广东、广西、海南各省地级市市名或者省名，在中国知网上检索到的论文数量分别为：广东82篇，广西140篇，海南5篇。从论文篇名来看，当代学者从书法、艺术、史学、文学、社会学等方面对岭南石刻开展了一定的研究。从中国知网的检索数据来看，岭南三省的石刻整理与研究有着地域性差异。当时研究广州石刻的论文有24篇，研究潮州石刻的论文有13篇，研究桂林石刻的论文有56篇，研究广西上林县石刻的论文有10篇，四地石刻研究论文占岭南石刻研究论文的近一半。除此之外，岭南其他地方的石刻研究则显得零散。综合来看，学者们虽然对岭南各地石刻有所研究，但对岭南石刻进行全面性探索与研究的则非常少，基本上没有把岭南各地石刻综合起来作系统研究。

从研究角度来看，大多数学者偏重于研究石刻的史料、书法、文化、民俗学、社会学等方面价值，或侧重考证具体问题，对文学价值关注较少。当时，文学研究相关论文仅10篇，其中8篇是研究桂林石刻的。可见当时除桂林之外，岭南各地石刻的文学研究成果甚少。

三、创新之处

这些年，笔者对岭南各地石刻开展了深入系统的研究，发表了系列阶段性成果，汇编成本书。本书的创新之处表现在以下几个方面：

首次对岭南石刻开展了系统综合的文学研究。本书按照文体分类，依照历史时段，关注了唐以前、唐五代、宋代、元代、明代、清代、民国时期岭南地区的石刻诗歌与文章，选择其中有代表性的作品进行了研究。唐代选取了佛教碑铭文，宋代选取了建设类碑刻文，明代选取了学记碑刻文，清代选取了学记碑刻文以及庙宇碑刻文进行研究。本书对各时期的石刻诗歌进行了整体分析，寻找其特色，总结其特征；除此之外，还对代表作家以及重要的文学现象进行了研究；对唐代韩愈与潮州石刻之渊源进行了分析，对宋代石刻题名进行了深入挖掘；元代因其作品较少，只对其石刻作品中的人物形象进行了研究。本书对明代靖江王家族之石刻文学创作进行了梳理，对清代石刻中的文人雅集进行了研究。本书注意点面结合，对每一个时期的石刻文学概况进行综述后再展开分点论述。分述的各章节又注意选择代表性的文体，以期能全面真实地反映岭南各时期石刻文学之整体面貌。

本书对岭南文学史上众多普通士大夫的文学作品首次展开了研究。对岭南各地石刻文学作品进行了深入阅读，选择了许多普通士大夫的作品进行分析。现行众多文学史基本未将石刻文学作品纳为考察对象，大多数石刻文学作者于大众而言是陌生的。本书既遵循传统选择名家分析的惯例，又尝试打破惯例，以作品为中心，选择众多名气不大的作家作品进行研究。

本书对岭南地区不同时期的石刻作品（包括题名、学记碑、庙宇碑、宗教碑等）之文学内涵与价值进行了充分挖掘，这些工作有其尝试性意义。

本书力图从各方面展现岭南石刻文学之风貌，揭示其深厚的内涵，总结其特征，进而挖掘其文化价值。

第一章

先唐及唐五代岭南石刻文学研究

第一节　概述

中华石刻文化源远流长，早在商代就出现了带有文字的石刻作品。“现存最早的文字石刻，可能要算在河南安阳殷墟侯家庄发现的一件商代晚期石簋。在这件白石雕成的簋耳上刻有器主的名字，书体与当时的甲骨文字相似”①。几千年来，石刻文化逐渐发展，进入西汉后期，中国石刻开始大量出现，碑石、摩崖、画像、岩画等接踵出现，渐而形成了中华悠久灿烂的石刻文化。

“岭南”指的是大庾岭、骑田岭、都庞岭、萌渚岭和越城岭以南的广大地区，曾是唐代行政区岭南道之名，当时相当于现在的广东、广西、海南全境及曾经属于中国王朝统治的越南红河三角洲一带；后来分为岭南东道和岭南西道。五代时期，越南独立而分离出去。宋淳化四年（993），岭南道改名广南路。岭南历代

---

①　赵超：《石刻史话》，北京：社会科学文献出版社，2011 年版，第 18 页。

行政区划变动较多。现今岭南地区，特指广东、广西、海南、香港、澳门三省二区，亦即当今华南区域范围。本书所指岭南，即现今行政区域。

在封建社会，岭南虽然远离中央，但自秦朝开始，中原王朝就对岭南开始了直接统治。中原文化深刻影响了先秦时期的岭南，中原的刻石之风也影响了岭南地区。如今，岭南地区留存了许多反映岭南历史文化特色的古代石刻作品。

绪论部分言及岭南地区有着丰富的古代石刻遗存，现有文献辑录数量至少在八千件以上。这些石刻作品是岭南历史文化的重要载体，它们反映了岭南地区各时期社会历史风貌，记载了各时期重要的历史事件，具有多方面的价值。

我们今天能见到的大量石刻，已晚至东汉后期①。各类文献辑录的岭南地区唐代之前的石刻并不多。据《广东通志·金石略》《粤西金石略》《广东碑刻集》《广州碑刻集》《南汉金石志补征》以及岭南各地地方志，我们可整理出唐代之前金石作品三十余件，唐代金石作品一百三十余件，五代金石作品近六十件；这包括地券、砖文、镜文、钟文、经幢、墓志碑、摩崖题名等；其中碑文八十余件，具备一定的文学价值。

一、多方面的内容

从内容上来看，这些石刻作品反映了当时岭南社会各方面的信息，尤其再现了佛教在岭南的发展历程。“唐代是中国佛教发展史上的黄金时代，也是佛教中国化的定型时期，除了天台宗创立于隋代之外，其他如唯识宗、三论宗、华严宗、禅宗、律宗、净

---

① 王宏理：《中国金石学史》，上海：华东师范大学出版社，2016 年版，第 38 页。

土宗、密宗等中国化佛教宗派，都是在唐代真正定型的”①。

（一）佛教发展与禅宗兴盛

在中国佛教发展史上，禅宗的出现意义重大。禅宗主张顿悟法，要“见性成佛”，自初祖达摩祖师起，皆指人心，不拘修行；又因以参究的方法、彻见心性的本源为主旨，亦称佛心宗。传说创始人为菩提达摩，下传慧可、僧璨、道信，至五祖弘忍下分为南宗慧能、北宗神秀，时称“南能北秀”。其中六祖慧能为禅宗的发展做出了巨大的贡献。“慧能在中国禅宗的发展史上是一个划时代的人物，在佛教中国化过程中起到里程碑的作用，在中国思想文化史上是一个具有重大影响的历史人物”②。

六祖慧能出生于广东新兴，他一生主要在广东各地弘法，在慧能的影响之下，唐代广东禅学兴盛。岭南的历史文化深受禅宗影响。现存岭南石刻作品有不少与佛教相关，这包括石碑、经幢等。石碑中与六祖有关的几块碑均由著名文人撰写碑文。王维《六祖能禅师碑铭》记录了六祖一生的事迹以及六祖在岭南弘法之影响，此碑成为后世研究六祖的重要资料。柳宗元《曹溪第六祖赐谥大鉴禅师碑》则记载了朝廷赐封号、六祖禅法在当世的影响以及马总治理岭南的政绩，此碑较王维之碑补充交代了六祖身后得到朝廷认可之事。刘禹锡《大唐曹溪第六祖大鉴禅师第二碑》在前两碑基础之上突出六祖在佛教法系中的独特地位，在历史发展进程中评价六祖的贡献。这些碑反映了唐代文人对六祖的高度认可以及他们受佛教影响之情形。

五代时，禅宗继续在岭南大地繁衍发展。南汉陈守中撰写的

---

① 卜宪群：《中国通史·隋唐五代两宋》，北京：华夏出版社，2020 年版，第 259 页。

② 尚荣译注：《坛经·前言》，北京：中华书局，2017 年版，第 3 页。

《大汉韶州云门山大觉禅寺大慈云匡圣宏明大师碑铭》、雷岳撰写的《云门山匡真大师塔铭》反映了禅宗在岭南地区继续发展之情形，还记载了文偃禅师之贡献以及他与南汉皇帝及官方的交际等事迹。

在这些佛教石刻文章中，陈集原《龙龛道场铭并序》、卢藏用《景星寺碑》也颇具研究价值，两碑分别记述了唐时佛教在岭南罗定、容州的传播情形。

（二）文人创作与景区开发

岭南因其远离王朝的政治中心，距长安有三千里之遥，在唐朝成了贬谪官员安置的主要地区。唐代因各种原因贬谪岭南的士大夫很多，“据统计，两《唐书》所载唐代有名有姓且有具体贬谪地者共211人，其中岭南道就有138人，约占贬谪总人数的65%，此外载有人名无具体地名或有地名无具体人名的岭南谪宦还约有200人左右”①。贬谪官员之外，另有部分来岭南任职的官员，再加上流寓岭南的士大夫，他们与岭南本土士人交游唱和，在岭南生活期间创作了不少文学作品，其中有部分作品刻之于石。

寓居岭南的士大夫中不少是著名的文人，初唐有王勃、沈佺期、宋之问，盛唐有李邕、宋璟、元杰、卢藏用，中唐有韩愈、柳宗元、刘禹锡、李绅、皇甫湜、李翱、郑叔齐、徐浩、蒋防，晚唐有许浑、罗隐、元晦、李渤、李涉、李朄、李商隐等人。他们都在岭南创作了不少文学作品，其中部分刻石。

王勃的《广州宝庄严寺舍利塔碑》是继他《滕王阁序》之后的又一骈文力作，此文创作于王勃寓居广州准备渡海省亲之时，

① 侯艳：《岭南意象视角下唐宋贬谪诗的归情》，《广西社会科学》2013年第5期。

与《滕王阁序》创作于同一年。韩愈《柳州罗池庙碑》是柳侯祠镇祠之“三绝碑”。刘禹锡《连州刺史厅壁记》、皇甫湜《朝阳楼记》以及柳宗元居柳州期间创作的诸多诗文都是优秀的文学作品。

生活在岭南的士大夫们闲暇时间里游山玩水，在山水之间消遣世虑。他们有着良好的文学修养、敏锐的眼光，他们发现了岭南各地山水之美。起初，他们多是惊喜的，之后他们对山水之地加以营建，修筑亭台楼阁以便观览。进而，他们用诗文对岭南山水进行描摹歌颂。以此，岭南山水在这些士大夫笔下展露出多样的面貌。其中有李渤对桂林南溪山与隐山的开发，元晦对桂林叠彩山的开发，郑叔齐对桂林独秀峰的开发，刘禹锡对连州山水风景的经营，李邕对肇庆七星岩的赞美，柳宗元对柳州山水之记叙等。这些士大夫多爱赏所见之景，将其描摹进文学作品，以此促进了唐代岭南山水文学之创作。借这些作品，岭南山水的多元面貌得以在文学作品中真实呈现给当世人。

柳州柳侯祠重刻：韩愈《罗池庙碑》

（三）政务与工程建设

五代之前的岭南石刻作品部分记载了当时的政治事务，这些政治事务中既有军政也有民政。军政中有平定地方叛乱、建设军队等事项。韩云卿《平蛮颂并序》一碑应时任桂州都督兼御史中丞李昌巙之请而作。碑文记载了大历十一年（776）西原潘长安叛乱之事，李昌巙率兵成功镇压并进行了缮后抚恤工作。此碑摩崖在桂林铁封山。马总任岭南节度使期间因与柳宗元私交甚好，几次请柳宗元为其撰写文章。柳宗元《岭南节度飨军堂纪》一文记载了马总修复飨军堂重现军威之事，“公与监军使，肃上宾，延群僚。将校士吏，咸次于位。卉裳罽衣，胡夷蜑蛮，睢盱就列者，千人以上”①。从这些唐碑中，我们可以窥探当时岭南军务。

民政工作中，道路、桥梁、祠堂、寺庙等建设工程多树碑以纪念。《开大庾岭记》记载了开元年间张九龄开辟岭南道路之事，张九龄“饮冰载怀，执艺是度。缘磴道，披灌丛，相其山谷之宜，革其坂险之故”②。此次道路的修建，进一步促进了岭南地区与外界的交往。地方官员在对岭南山水景区进行开发的同时，多喜建筑亭台楼阁，并撰诗文以纪念。韩愈《燕喜亭记》一文因王宏中在连州经营山水景区而写。文章交代了各处山水命名之因缘，褒扬王宏中努力为政，对其仕途寄寓美好的愿景，“宏中之德与其所好，可谓协矣。智以谋之，仁以居之，吾知其去是而羽仪于天朝也不远矣”③。

（四）墓志与功德碑等

自东汉后期开始，石刻形式日渐丰富，“其中主要与墓葬有关，其他还有庙碑、石经与纪事的摩崖石刻等”④。岭南地区保存的五代及以前的墓志并不多，各文献辑录的作品较少，作品有

---

① ［清］阮元主修，梁中民点校：《广东通志·金石略》，广州：广东人民出版社，2011年版，第89页。

② 同上，第63页。

③ 同上，第85页。

④ 王宏理：《中国金石学史》，上海：华东师范大学出版社，2016年版，第427页。

《宁越郡钦江县正议大夫之碑》《大隋仪同三司建州刺史故徐使君墓志铭》《唐故顺政郡君许夫人墓志铭并序》《王涣墓志铭》《吴存锷墓志铭》等。

《唐故顺政郡君许夫人墓志铭并序》墓主为唐宰相许敬宗之女、冼夫人玄孙冯子由之妻。文章写得声情并茂，描写了许夫人之才德。“夫人闺房□□，风气独高。加以习训礼闱，数游文圃。翰墨犹善，盘悦必书。班姬之团扇入怀，徐淑之宝钗曜首。词深哀怨，义切风霜”。又叙写了其丈夫之悲伤，“使君抚孩幼而长号，悼音容之永诀。空想如宾之日，终无再得之期”①。萧昕撰写的《唐银青光禄大夫岭南五府节度经略采访处置等使摄御史中丞赐紫金鱼袋殿中监南康县开国伯赠扬州大都督府长史张公神道碑》墓主为张九龄的弟弟张九皋。文章先写张家世系，接着突出张九皋为人孝顺，“公特禀中和，诞生淳懿，恭惟色养，孝自因心”。进而写其仕宦才能突出，“公武能宣威，文可化俗，军需倚办，供亿无留。前宣慰使御史梁勋奏公清白有闻，后宣慰使竹承构奏公户口增益，共称尤异”②。文章插叙张九龄、张九皋、张九章三兄弟为家族争辉后，又详细叙述了张九皋之仕宦经历，突出其南海之政。整篇文章叙事畅达明快，文辞简劲典雅。

“刻石记载功业，彰显美德，自先秦起，便是一种无比恢弘的历史认知和话语权力”③。秦始皇东巡，命李斯撰文刻石，以诵其

---

① 伍庆禄、陈鸿钧：《广东金石图志》，北京：线装书局，2015 年版，第 42 页。

② ［清］阮元主修，梁中民点校：《广东通志·金石略》，广州：广东人民出版社，2011 年版，第 80 页。

③ 徐海容：《碑志通论》，北京：北京联合出版有限公司，2019 年版，第 38 页。

功业。后世渐而出现了功德碑以记载功德或颂扬政绩。此期岭南功德碑有《神汉桂阳太守周府君功勋之纪铭》《广州刺史欧阳頠德政碑》《唐尚书右丞相中书令张公碑》等。

《神汉桂阳太守周府君功勋之纪铭》乃称颂后汉桂阳太守周憬功德之碑。文章先写其仕宦经历，再叙乐昌武溪水患，进而描写周太守兴修水利之功。文章颇有汉代文章喜铺述、藻饰、夸张之特点。写水曰："□扬争怒，浮沉潜伏。蛇龙蛣屈，沣隆郁浥。千渠万浍，合聚溪涧。"写治水曰："乃命良吏，将帅壮夫，排颓磐石，投之寥□□高填下，凿截回曲。弼水之邪性，顺导其经脉。断碨溰之电波，弱阳侯之汹涌。繇是小蹊乃平直，大道允通利。"进而称颂其功："抱布贸丝，交易而至。升涉周旋，功万于前。"①《唐尚书右丞相中书令张公碑》为徐浩所撰，徐浩撰碑时为岭南节度使，《新唐书》评价徐浩书法为："怒猊抉石，渴骥奔泉。"②碑主为唐代著名宰相张九龄。文章开篇在对比中突出张公之贤，历数本朝贤相后突出张公之功，"一振纲目，再阐皇猷"。文章接着写张九龄之家世，突出其才华出众，备受前辈激扬。"燕公过岭，一见文章，益深提拂，厚为礼敬。弱冠乡试进士，考功郎沈佺期尤所激扬，一举高第"③。文章详细记载了张九龄仕宦历程，突出其才能与贡献，并凸显其清廉正直、稳重持正的个性。"公直气鲠词，有死无贰，彰善瘅恶，见义不回"④。文章又叙述了张九

---

① ［清］阮元主修，梁中民点校：《广东通志·金石略》，广州：广东人民出版社，2011 年版，第 37 页。

② ［宋］欧阳修、宋祁撰：《新唐书·列传第八十五》，北京：中华书局，1975 年版，第 4966 页。

③ ［清］阮元主修，梁中民点校：《广东通志·金石略》，广州：广东人民出版社，2011 年版，第 74 页。

④ 同上，第 75 页。

龄与玄宗皇帝之分歧，张九龄虽然功劳卓著，但见妒于他人，被贬荆州长史。文章接着详细记载了张九龄的家庭并交代了其二位弟弟以及子侄之勋业。行文中作者交代自己与张家之亲戚关系，“浩义深知己，眷以文章，礼接同人，惠兼甥舅，薄技效德，无愧其词”①。整篇文章叙事从容，详略得当，史料翔实丰富，人物形象较为突出，文辞典雅庄重，铺垫衬托，行文得法，是篇不错的碑文。与《唐银青光禄大夫岭南五府节度经略采访处置等使摄御史中丞赐紫金鱼袋殿中监南康县开国伯赠扬州大都督府长史张公神道碑》相互补充，可以印证张氏兄弟之功业。

二、多样形态与多元价值

（一）形态多样

岭南地区五代之前的石刻作品具备了石刻作品的所有形态，这包括：刻石（包括摩崖与碣）、碑、墓志、塔铭（附带舍利函等佛塔的附属石刻）、经幢、造像题记、画像石、经版、地券以及建筑物附属零散刻铭等10类②。

在众多的摩崖石刻中，桂林各地摩崖石刻、肇庆七星岩摩崖石刻较为集中，具有多方面的价值。清代叶昌炽《语石》中提到桂林的摩崖石刻：“唐宋题名之渊薮，以桂林为甲。”③ 又言桂林：“以上诸山，无一处无摩崖。唐、宋石刻，莫多于此。”④

---

① ［清］阮元主修，梁中民点校：《广东通志·金石略》，广州：广东人民出版社，2011年版，第76页。

② 赵超：《中国古代石刻概论》，北京：文物出版社，1997年版，第3页。

③ ［清］叶昌炽撰，姚文昌点校：《语石》，杭州：浙江大学出版社，2018年版，第176页。

④ 同上，第177页。

《宁越郡钦江县正议大夫之碑》拓片①

从题材来看，石刻可以分为山水类石刻、宗教碑、墓志铭、德政碑、工程碑等。山水石刻作品中著名的有李邕《端州石室记》，其文章书法俱美，是李邕的传世佳作，历来颇受关注。李渤《南溪诗并序》描写了桂林南溪山之美。元晦《叠彩山记》记载

① 伍庆禄、陈鸿钧：《广东金石图志》，北京：线装书局，2015 年版，第 34 页。

桂林叠彩山的开发情形。宗教碑刻中王维、柳宗元、刘禹锡为六祖慧能撰写的碑均是名作。墓志铭中钦州出土的隋大业五年（609）刊刻的《宁越郡钦江县正议大夫之碑》是岭南地区发现的年代较早的墓志。德政碑中《神汉桂阳太守周府君功勋之纪铭》刊刻于东汉熹平三年（174），此碑记载了周憬兴修水利之功劳。《广州刺史欧阳頠德政碑》刊刻于陈武帝永定元年（557），记载了欧阳頠在衡阳与广州的政绩。《广州都督岭南按察五府经略使宋公遗爱碑颂》记载了唐代名相宋璟在岭南的政绩，在宋璟治理之下，广州出现了太平之况，“舟如鸟兮货为台，市无欺兮路无盗”①。

（二）价值多元

五代及之前岭南地区的石刻作品中，不少具备多方面价值，历来备受研究者关注。罗定市苹塘镇谈礼村保存的《龙龛道场铭并序》刊刻于圣历二年（699），该碑保存了武则天时期新造字13个，在汉字研究方面颇具价值。伍庆禄评价道：“《龙龛道场铭并序》是广东现存年代最早的摩崖石刻，以及广东现存文字最多的一块古石刻，也是岭南最早的有绝对年代的石刻，还是广东绝无仅有的一处唐武周年间刻石。”② 碑文用骈文写就，文辞华美，体现了当时文坛骈俪之风，反映了中原文风对岭南的影响，具有较高的文学价值。

王勃、沈佺期、王维、韩愈、柳宗元、刘禹锡等人均为当时的文坛名宿，他们因各种原因来到岭南，他们在岭南期间创作的部分作品镌刻于石，这些作品具有较高的文学价值，历来颇受研

---

① ［清］阮元主修，梁中民点校：《广东通志·金石略》，广州：广东人民出版社，2011年版，第63页。

② 伍庆禄：《广东碑铭十五品·唐·龙龛道场铭并序》，《学术研究》2018年第10期。

究者关注。如柳宗元《曹溪第六祖赐谥大鉴禅师碑》被苏轼称誉："柳子厚南迁，始究佛法，作《曹溪》《南岳》诸碑，妙绝古今。"① 此碑与王维《六祖能禅师碑》、刘禹锡《大唐曹溪第六祖大鉴禅师第二碑》一起成为研究禅宗六祖的重要资料，具有较高的史料价值。

褚遂良、李邕、韩秀实、李阳冰、颜真卿、徐浩等人为唐代著名的书法家，他们在岭南镌刻的石刻文字颇具书法价值。李邕《端州石室记》书法体方而笔圆，力劲而气舒，疏朗峻拔，纵横开阖，结构严谨，风采动人。翁方纲评价道："丰容盛鬋，似太真不能为掌上舞。"② 李邕文章冠绝一时，《唐诗纪事》曰："邕知名长安中，死天宝初，四十年间，可谓独步矣。"③ 皇甫湜评价李邕文章："李北海之文，如赤羽白甲，延亘平野，如云如风，有貙有虎，阗然鼓之，吁可畏也。"④ "李邕在当时诗名很大，甚至超过李白与杜甫，并且受到了唐玄宗的重视。……与诗相比，李邕更擅长作文，尤其长于碑颂"⑤。

桂林铁峰山韩云卿撰文、韩秀实书丹、李阳冰篆额的《平蛮颂并序》摩崖石刻因一碑集三位大家之墨宝，而享有"三绝碑"之美誉。《墨池编》言："时韩云卿以文显，李阳冰以篆显，择木以八分显。天下欲铭其先人功者，不得此三人，不称三服。"⑥ 此

---

① ［清］阮元主修，梁中民点校：《广东通志·金石略》，广州：广东人民出版社，2011年版，第91页。

② ［清］叶昌炽：《语石》，张炳翔校本，第76页。

③ 计有功：《唐诗纪事校笺》，北京：中华书局，2007年版，第557页。

④ 董诰：《全唐文》，北京：中华书局，1983年版，第7035页。

⑤ 胡可先：《新出石刻与唐代文学家族研究》，北京：北京大学出版社，2017年版，第645页。

⑥ ［北宋］朱长文辑，［明］李苘续辑：《墨池编·卷三》，明隆庆二年李苘永和堂刻本，第218页。

碑镌刻之时韩择木已去世，其长子韩秀实承其家风，亦以书法名重天下。李昌巙镌刻此碑费尽心力，邀齐了三人同制此碑，可见此碑之价值。

石刻历来具有重要的史料价值，陆和九《中国金石学》中言："欲考历代种族之区别，疆域之开拓，社会之习尚，文化之变迁，宗教之流传，均宜取资金石以为佐证。"① 民国年间刊刻的《增城县志》言："考古之事取资于金石铭识者至多，书籍记载转写易讹，闻见互异，岂若钟鼎所镌，崖石所勒，其器既古，其言必实。善鉴别者，据金石之刻可以证史籍之异同，援史籍之文亦可定金石之真赝。史籍与金石固交资为用，固金石一类为史部专门之学。"② 岭南唐代石刻具有较高的史料价值，如清代著名学者谢启昆根据李渤、李涉在桂林镌刻的石刻作品，加以详细考证，论证了《旧唐书》记载之误："旧史称其（李渤）宝历中转给事中，诚误。"③

岭南地区五代及之前的石刻距今年代久远，保存数量不多，但这些作品具有多方面价值，弥足珍贵。这些石刻作品为我们展现了千年前岭南社会各方面之信息，值得我们展开深入研究。

第二节　唐五代岭南佛教碑铭研究

岭南地区是中国保存古代石刻较多的地区，前人对此多有论

---

① 赵超：《中国古代石刻概论·引言》，北京：文物出版社，1997 年版，第 7 页。

② 王思章修，赖际熙等纂：《民国增城县志·卷三十·金石》，收录于《中国地方志集成·广东府县志辑》，上海：上海书店出版社，2003 年版，第 816 页。

③ ［清］谢启昆修，［清］胡虔纂：《粤西金石略》，载于《中国西南文献丛书·第八辑》，兰州：兰州大学出版社，2003 年版，第 36 页。

及，“广东是全国最多摩崖石刻的省份之一”，“无论是风光旖旎、怪石嶙峋的沿海地区，或是山川秀丽、洞谷深邃、悬崖峭壁、奇峰兀立的风景区，或是有名的寺观庙堂洞壁上，都留下不少唐、宋至明、清乃至近、现代的摩崖石刻”①。不仅广东多石刻，广西石刻也很丰富。“广西的石刻尤其是摩崖和碑碣之发达，发展之早，区域之广，数量之丰富，为我们留下了大量的各类内容文字”②。

从年代来看，距今越远的石刻保存数量越少。岭南地区宋以前的石刻保存数量较少，弥足珍贵。阮元《广东通志·金石略》辑录唐代石刻三卷共71件，其中佛教石刻22件，“占比接近三分之一”。辑录五代金石一卷共16件，其中佛教金石10件（5件为钟款），“占比接近三分之二”。《粤西金石略》收录唐代金石14件（1件为钟款），五代金石6件（2件为钟款），其中8件与佛教相关。《南汉金石志补征》收录南汉金石56件，其中石刻37件，与佛教相关的金石作品22件。光绪年间易绍德等修、封祝唐等纂的《容县志》收录唐代石刻12件，均与佛教有关。再从岭南各地地方志《金石略》辑录情况来看，岭南石刻作品中唐五代佛教碑铭无论数量还是质量都很引人注目。这些石刻作品出自名家之手者不乏其篇，颇值得研究。

唐五代岭南佛教石刻碑铭中著名的有：王勃《广州宝庄严寺舍利塔碑》、卢藏用《景星寺碑》、王维《六祖能禅师碑铭》、陈集原《龙龛道场铭并序》、柳宗元《曹溪第六祖赐谥大鉴禅师碑》、刘禹锡《大唐曹溪第六祖大鉴禅师第二碑》与《佛衣铭》、

---

① 广东省文物局：《广东文化遗产·石刻卷》，北京：科学出版社，2013年版，第2页。

② 杜海军：《广西石刻的历史成就与整理之不足——广西石刻研究之三》，《广西师范大学学报（哲学社会科学版）》2011年第4期。

五代陈守中《大汉韶州云门山大觉禅寺大慈云匡圣宏明大师碑铭》、雷岳《云门山匡真大师塔铭》等。这些文章作者大名鼎鼎，包括“初唐四杰”之一王勃、盛唐大家王维与中唐著名文人柳宗元、刘禹锡。千百年来这些文章颇受关注，文章书写对象涉及禅宗六祖慧能，王维、柳宗元、刘禹锡三位大家分别为慧能撰写碑铭。“禅宗六祖慧能圆寂后有三位文人书写碑文，这三位都是唐代文坛一时领袖人物。这在中国佛教史上是空前绝后的事”①。五代陈守中《大汉韶州云门山大觉禅寺大慈云匡圣宏明大师碑铭》以及雷岳的《云门山匡真大师塔铭》则是为云门宗创立者文偃禅师所写。可见这些碑价值很高，无论是作者还是碑主都是重量级人物。这些碑既是研究慧能、文偃等一代宗师不可或缺的资料，又是我们研究唐代岭南文章发展以及佛教发展的重要资料，具有史学、宗教学、文字学、文学等多方面的价值。

一、文人对禅宗之接受与评价

佛教自东汉传入中国之后，逐渐发展，隋唐时期则进入了快速发展阶段。隋、唐两个统一的王朝，都崇拜、供养佛舍利（佛骨），但隋王朝是在全国111州建舍利塔供奉隋文帝派使者送去的佛舍利，下诏同时举办供养佛舍利法会，而唐朝是以皇室奉迎法门寺佛骨为佛舍利供养的中心活动，都在社会上造成了很大的影响②。唐朝历代皇帝多奉佛，佛教得以在唐代迅速发展。唐代佛教宗派众多，法相宗、律宗、净土宗、华严宗、禅宗、密宗等接连出现，标志着唐代佛教之兴盛。

① 孙昌武：《唐岭南节度使马总为禅宗六祖慧能竖碑事》，《中华文史论丛》2016年第3期。

② 杨曾文：《隋唐佛教史》，北京：社会科学出版社，2014年版，第193页。

（一）禅宗的创立

在众多宗派中，禅宗的创立意义重大。禅宗，又称宗门，始于菩提达摩，盛于六祖慧能，中晚唐以后，成为汉传佛教的主流。其核心思想为“不立文字，教外别传；直指人心，见性成佛”①。在禅宗发展史上，六祖慧能的贡献尤其大。“慧能在中国禅宗的发展史上是一个划时代的人物，在佛教中国化过程中起到里程碑的作用，在中国思想文化史上是一个具有重大影响的历史人物”②。

六祖慧能一生主要生活在岭南地区。其父亲卢行瑫原本为官，唐武德三年（620）被“左降迁流岭南”而贬为新州（今广东新兴县）百姓。慧能三岁时遭父丧之劫难，从此家境“艰苦贫辛”，稍长，不得不“于市卖柴”，靠每日砍柴鬻柴维持生计③。慧能得法后隐居岭南16年，39岁时在广州法性寺出家受戒，从此在岭南的广州、曹溪、新州等地弘法37年。唐玄宗先天二年（713）八月圆寂于新州国恩寺。

慧能成长于地域蛮荒的岭南，他家境非常贫穷，却能在二十出头时，得五祖弘忍传授衣钵，成就了佛教史上的一段传奇。“六祖革命”（即慧能禅学的创建）在佛教史上具有重要意义，标志着佛教中国化历史过程的基本完成④。六祖慧能对持戒、读经、坐禅、定慧、出家、净土、功德等传统佛教观念及修行方法提出了一系列的革新观念，从而创建了“不立文字”“教外别传”的慧能禅法，开创了一种崭新而便易的禅风，更好地适应了人们追

---

① 李尚全：《简明中国佛教史》，上海：上海社会科学院出版社，2011年版，第102页。

② 尚荣译注：《坛经·前言》，北京：中华书局，2015年版，第3页。

③ 同上，第2页。

④ 李英华：《“六祖革命”与佛教中国化》，《新东方》2011年第3期。

求超越的精神需要①。

广州·光孝寺：六祖瘗发塔

王维、柳宗元、刘禹锡等人的文章记载了六祖慧能的主要事迹，也记载了禅宗在唐朝的发展情形，表现了唐代文人对禅宗之接受与评价。

（二）文人之接受与评价

天宝四年（745），王维“受制出使”，途中与慧能的大弟子神会相遇。《神会语录》记载了王维与神会见面晤谈之事，“于南阳郡，见侍御史王维，在湍驿中，屈神会和尚及同寺僧惠澄禅师，语经数日。于时王侍御问和尚言：‘若为修道得解脱？’答曰：

① 李英华：《“六祖革命”与佛教中国化》，《新东方》2011年第3期。

‘众生本自心净，若更欲起心有修，即是妄心，不可得解脱。’王侍御惊愕云：‘大奇。曾闻大德，皆未有作如此说。’乃为寇太守、张别驾、袁司马等曰：‘此南阳郡，有好大德，有佛法甚不可思议。’”① 神会借机托王维为慧能撰写碑文。

王维《六祖能禅师碑铭》一文记载了慧能一生的主要事迹。言其在五祖弘忍处学法，“事黄梅忍大师。愿竭其力，即安于井臼；素刳其心，获悟于稊稗……禅师默然受教，曾不起予；退省其师，迥超无我”②。得法之后，遵照五祖的嘱咐，“禅师遂怀宝迷邦，销声异域。众生为净土，杂居止于编人；世事是度门，混农商于劳侣。如此积十六载”③。慧能在法性寺出家时，印宗法师“遂领徒属，尽诣禅居，奉为挂衣，亲自削发”④。王维此文是研究六祖的重要资料，孙昌武《王维〈六祖能禅师碑铭并序〉笺释》一文中论道：“虽然作为宗教祖师的碑文不可能没有揄扬不实的成分，但这篇作品写作时间距离碑主活动年代很近，资料来源更可靠，所述史实大体应传承有据，以此其史料价值是值得重视的。”

《六祖能禅师碑铭》一文记载了六祖传法之影响，“泉馆卉服之人，去圣历劫；涂身穿耳之国，航海穷年。皆愿拭目于龙象之姿，忘身于鲸鲵之口，骈立于户外，趺坐于床前”，慧能说法，其影响跨国界。在唐王朝，享有盛誉，“则天太后、孝和皇帝并敕书劝谕，征赴京师”。慧能不奉诏，“遂送百衲袈裟，及钱帛等供养”⑤。

---

① 张海沙：《初盛唐佛教禅学与诗歌研究》，北京：中国社会科学出版社，2001 年版，第 208 页。

② ［清］阮元主修，梁中民点校：《广东通志·金石略》，广州：广东人民出版社，2011 年版，第 59 页。

③ 同上，第 60 页。

④ 同上，第 60 页。

⑤ 同上，第 60 页。

《六祖能禅师碑铭》一文体现了王维对禅宗的认可与接受。“盛唐时期，随着慧能的弟子神会北上传法，南宗禅从岭南和江南的传播扩大到中原和京师，有更多的文人也接触到了南宗思想，代表这一时期文人对慧能思想接受的最深程度的是王维应神会之请为慧能所作的《能禅师碑》”①。

王维等用“至人”来称呼慧能是有深意的，这体现了新兴的禅宗的一个重要观念，即打破超然的佛、菩萨与普通人的界限，同时也显示慧能乃是平凡人“顿悟成佛”的榜样②。不仅如此，王维把弘忍与慧能的关系比拟为孔子和他的弟子的关系。“大师心知独得，谦而不鸣。天何言哉，圣与仁岂敢！子曰：‘赐也，吾与汝不如。’”在王维的观念里，儒门的圣人和佛门的祖师是被等同看待的。王维言及：“五天重迹，百越稽首。修蛇雄虺，毒螯之气销；跳殳弯弓，猜悍之风变。畋鱼悉罢，蛊鸠和非。多绝膻腥，效桑门之食；悉弃罟网，袭稻田之衣。永惟浮图之法，实助皇王之化。”③这里表扬慧能的禅法大有助于教化，即通过完善人性以起到巩固统治体制的作用④。

王维为慧能撰写的碑铭，在很大程度上不但为慧能正了名，还扩大了慧能在北方两京地区的影响（特别是在上层官僚文人中间），为南禅后来的弟子们陆续进驻两京拉开了序幕，这是对南禅极为重要的一大贡献。王维自己也因此改变了此前长期恪守北禅

---

① 张海沙：《初盛唐佛教禅学与诗歌研究》，北京：中国社会科学出版社，2001年版，第223页。

② 孙昌武：《王维〈六祖能禅师碑铭并序〉笺释》，载于《六祖慧能思想研究》第三辑，2003年12月。

③ ［清］阮元主修，梁中民点校：《广东通志·金石略》，广州：广东人民出版社，2011年版，第61页。

④ 孙昌武：《王维〈六祖能禅师碑铭并序〉笺释》，载于《六祖慧能思想研究》第三辑，2003年12月。

修习的观念，从而进入一种生动的、活泼的禅境。其后来的诗歌创作，正是这种禅境的反映和展现①。

元和十年（815），马总担任岭南节度使、广州刺史，他“以佛氏第六祖未有称号，疏闻于上”。朝廷下诏赐给慧能“大鉴禅师”之号、“灵照之塔”塔号。这是件盛事，“公命部吏洎州司功掾，告于其祠。幢盖钟鼓，增山盈谷，万人咸会，若闻鬼神”②。为了纪念这件事，马总特地请时任柳州刺史的柳宗元撰写了《曹溪第六祖赐谥大鉴禅师碑》。

马总治理岭南政绩突出，《新唐书·马总传》中言：“元和中，以虔州刺史迁安南都护，廉清不挠，用儒术教其俗，政事嘉美，獠夷安之。”③“长庆三年（823），韩愈任京兆尹，依例上疏举人自代，推举的就是马总，也说‘略更方镇，皆有功能’。他死后，韩愈祭文又说：‘于泉于虔，始执郡符，遂殿交州，抗节番禺，去其螟蠹，蛮越大苏。’可见他治理岭南确是成效显著、名声远被的”④。

马总请柳宗元撰写碑文出于几方面考虑。一是他与柳家是世交，与柳宗元私人关系好。二则柳宗元崇奉佛教，曾言：“吾自幼好佛，求其道，积三十年。”⑤（《送巽上人赴中丞叔父召序》）三则

---

① 普慧：《王维、柳宗元、刘禹锡对惠能禅的总结与推动》，《陕西师范大学学报（哲学社会科学版）》2004年第1期。

② ［清］阮元主修，梁中民点校：《广东通志·金石略》，广州：广东人民出版社，2011年版，第90页。

③ ［宋］欧阳修、宋祁撰：《新唐书》，北京：中华书局，1975年版，第5033页。

④ 孙昌武：《唐岭南节度使马总为禅宗六祖慧能竖碑事》，《中华文史论丛》2016年第3期。

⑤ 郭预衡主编：《唐宋八大家散文总集·卷一》，石家庄：河北人民出版社，1996年版，第635页。

柳宗元是一代文坛领袖，文章擅天下，请柳宗元撰文能流芳百世。

柳宗元《曹溪第六祖赐谥大鉴禅师碑》一文，后人评价极高，苏轼称："柳子厚南迁，始究佛法，作《曹溪》《南岳》诸碑，妙绝古今。"① 因王维之作对六祖一生事迹记载得清楚翔实，柳宗元此文对生平交代从简，仅用四句概括六祖传奇一生；"六传至大鉴。大鉴始以能劳苦服役，一听其言，言希以究，师用感动，遂受信具。遁隐南海上，人无闻知。又十六年，度其可行，乃居曹溪，为人师，会学去来尝数千人"②；可见叙述六祖生平非本文之重点，孙昌武《唐岭南节度使马总为禅宗六祖慧能竖碑事》一文分析了柳宗元此文之深刻用意。"柳宗元碑所述则对慧能思想作了新的解说，或者用现在流行的语汇，作了新的'诠释'。因为表彰慧能经马总奏请朝廷，所以碑文大幅引用马总的话，实际是表达柳宗元自己的看法……""柳宗元站在'统合儒释'的立场来重新解释慧能的思想，结合马总治理南海的业绩，强调它的教化作用与意义。从另外的角度看，也是有意扭转洪州门风的偏颇。这是当时洪州禅大盛局面下对于禅、对于佛教发展的另一种主张"③。

柳宗元此文强调佛法的教化作用，同时颂扬马总治理岭南的功劳，"公始立朝，以儒重。刺虔州，都护安南，由海中蛮夷，连身毒之西。浮舶听命，咸被公德。受旗纛节戟，来莅南海，属国如林。不杀不怒，人畏无噩，允克光于有仁"④。

---

① ［清］阮元主修，梁中民点校：《广东通志·金石略》，广州：广东人民出版社，2011 年版，第 91 页。

② 同上，第 90 页。

③ 孙昌武：《唐岭南节度使马总为禅宗六祖慧能竖碑事》，《中华文史论丛》2016 年第 3 期。

④ ［清］阮元主修，梁中民点校：《广东通志·金石略》，广州：广东人民出版社，2011 年版，第 90 页。

可以说，慧能的曹溪禅，是靠柳宗元的《碑》再次发扬光大，而柳宗元也靠为慧能作《碑》，有了更多与南禅接触的机会，同时也对他的人生观和生命观产生了巨大的影响，以至于他的诗文创作在很大程度上受到了南禅潜移默化的影响，在古文运动中形成了与韩愈不尽相同的政治倾向和风格迥异的文学创作①。

柳宗元创作此碑三年之后，曹溪僧人道琳率其徒找到时任连州刺史的刘禹锡请他撰写了第二碑，即《大唐曹溪第六祖大鉴禅师第二碑》。

刘禹锡幼年就与著名的诗僧皎然、灵澈交往，谪居朗州时他和如智法师、僧人元暠、鸿举法师等人交往频繁，与灵澈继续互赠诗歌。在连州、夔州时他与僧人约师、义舟、景玄等人交往较多。刘禹锡的好友柳宗元、白居易都是好佛人士。刘禹锡自己多次在诗文中以在家佛教徒自居。刘禹锡与佛教的关系有其独特之处，第一个特点是他和佛教各宗派人物均有接触，对佛教各宗派思想均有深入了解，但对禅学及禅僧最感兴趣②。因此刘禹锡接受道琳的请托而撰写此碑是情理当中之事。

刘禹锡《大唐曹溪第六祖大鉴禅师第二碑》文章言简意赅，总共三段，第一段叙事，言马总请号之事与写作缘由。第二段阐述了禅宗在中土弘法的历史，突出六祖的法统地位，概述其在当世的影响，作者对六祖不再传法衣生发出疑问，“至大鉴置而不传，岂以是为筌蹄耶，刍狗耶？将人之莫己若而不若置之耶？”对此，作者巧妙说道：“吾不得而知也。”作者将此困难的问题留给了读者留给了别人去解答，是为文巧妙之处。第三段为铭文，评

---

① 普慧：《王维、柳宗元、刘禹锡对惠能禅的总结与推动》，《陕西师范大学学报（哲学社会科学版）》2004 年第 1 期。

② 参见：李志强《刘禹锡与佛教关系原论》，复旦大学博士学位论文 2005 年，第 30 页。

述了禅宗的影响与作用，表现了作者对禅宗的接受与较高的评价。“学徒爰来，如水之东。饮以妙药，瘥其喑聋”，此句高度评价了六祖说法的作用与影响。“我立真筌，揭起南国。无修而修，无得而得。能使学者，还其天识”①。此句表现作者对禅宗独特修为方式的高度认可。

刘禹锡此碑总结了六点内容：涉及佛教传入中国的时间；佛教的教化作用无与伦比；禅门的传承自有规矩；禅门传法的凭证为袈裟；法嗣的传承，主张不留痕迹；慧能禅的特点是不走“著空”或“执有”的老路，而是另辟蹊径，融会中国本土道家思想，立“无修而修，无得而得”“得之自然，竟不可传”的“真筌”。这六点，可以说刘禹锡深得慧能禅之“三昧”。刘禹锡的这一《碑》，再次将慧能禅推向了新的高潮，而他也因广泛接触南禅，使诗文创作有了显著的特色②。

二、文章之流变

（一）骈体为主

“初唐四杰”之首王勃之父王福畤因王勃杀官奴之事受到牵累，“时勃父福畤为雍州司户参军，坐勃左迁交趾令”③。上元二年（675），王勃前往交趾省亲途中旅次南海，他在南海郡治（广州）居留期间，应宝庄严寺僧人之请，撰写了《广州宝庄严寺舍利塔碑》。这是王勃的又一篇骈文大作。《旧唐书》称王勃“六岁

---

① ［清］阮元主修，梁中民点校：《广东通志·金石略》，广州：广东人民出版社，2011年版，第97页。

② 参见：普慧《王维、柳宗元、刘禹锡对惠能禅的总结与推动》，《陕西师范大学学报（哲学社会科学版）》2004年第1期。

③ ［后晋］刘昫等撰：《旧唐书·王勃传》，北京：中华书局，1975年版，第5005页。

解属文，构思无滞，词情英迈”①。王勃年少才高，其挥笔而就的《滕王阁序》千百年来成了骈文中之经典。创作于同年的《广州宝庄严寺舍利塔碑》文采辞情并茂，体现了初唐骈文之特色。

《广州宝庄严寺舍利塔碑》一文共六段，第一段叙述佛教传播之盛况、佛教之功用，“六千罗汉，竞结香缘；五百仙人，分开讲肆”②。第二段着重讲昙裕法师之功德。第三段写重修塔之宏丽。第四、五段讲官员李某、史某等人之贡献。第六段为铭文，概述全篇。文章使事用典、铺张扬厉、骈偶对仗、工整典雅，极显才情。

据笔者统计，《广州宝庄严寺舍利塔碑》一文大量用典，事典有 26 处，语典有 18 处。有的典故来自传说，如文章开篇所用典故，“万人疾疫，神农鞭草而救之；四维凋瘵，夏禹刊木以除之”，以“神农尝百草”“夏禹伐木”来比拟佛教的救世功用。有的典故来自佛教故事，如“黑风宵遁，波旬忘反噬之心；绿沼晨开，天常识问津之所”。波旬是六欲天魔王，此魔王常逐佛及诸弟子，企图扰乱，是诸罪中之最大者。天常指的是常住于欲界六天及色界诸天的有情。文章用这两个典故来说明佛法之博大，能劝恶化善。有的典故来自于历史故事，如“鱼峰多赞呗之欢，虎溪有送迎之限”；鱼山梵呗：三国时曹植尝游鱼山，忽闻空中梵天之音，清雅哀婉，乃慕其音，写为梵呗；虎溪：晋朝慧远居东林寺时，送客不过溪，一日陶潜、陆修静来访，与语甚契相送时不觉过溪，虎辄号鸣，三人大笑而别。有的典故来自于典籍，“立诚斯应，瞻

---

① ［后晋］刘昫等撰：《旧唐书 · 王勃传》，北京：中华书局，1975 年版，第 5005 页。

② ［清］阮元主修，梁中民点校：《广东通志 · 金石略》，广州：广东人民出版社，2011 年版，第 49 页。

庭庑而时逢；非德不邻，历山川而罕致"[1]，非德不邻：指有德之人相聚为伴，出自《论语·里仁》："子曰：德不孤，必有邻。"此文体现了初唐骈文大量用典的特色，众多典故的运用，既展现了作者博学多才之特点，也使得文章博雅渊深，加强了文意的表达。

《广州宝庄严寺舍利塔碑》另一突出特点是骈偶句的使用，整篇文章由骈偶句组成，几乎没有散句，且复句多于单句。复句型中，四六/四六句型的有35联，如"青龙带剑，先超殿阁之荣；白虎衔珠，早陟斋坛之宠"，"慈衿密洞，散明月于谈筵；智锷相辉，化繁霜于宝刃"。四四/四四句型的有14联，如"蜃楼高峙，犹埋夕帐；螺台峻积，尚识朝基"，"瑶窗绣户，洞达交辉；方井圆泉，参差倒景"[2]。四五/四五句型的有2联，如"宝瓶宵注，则雨露随轩；玉柄朝抟，则风霜满席"，"秦登碣石，而事止寻仙；汉索瀛洲，而心非好善"。四七/四七句型的有7联，如"神仙气色，汀州建不死之乡；舜禹精灵，原隰现行宫之地"，"悬梁九息，良马踆走而未穷；迭磴三休，的卢骋犍而知倦"。五六/五六句型的有2联，如"虽叶和制变，实赖交思之功；而持盈守成，亦资连帅之助"。五七/五七句型的有1联，如"虽金沙宴驾，双林无可作之期；而玉牒遗文，六尘有经行之俗"。七四/七四句型的有1联，如"于时以丕应天人，大宏缁侣；法师以至诚幽感，独步元宗"。七六/七六句型的有1联，如"高祖以援危拨乱，伏紫气以登三；太宗以端拱继明，自黄离而用九"。单句型中，四/四句型的有14联，如"人称有道，家实无为""妙财爰舍，法施争流"等。五/五句型的1联，六/六句型的8联，七/七句型的6

---

① ［清］阮元主修，梁中民点校：《广东通志·金石略》，广州：广东人民出版社，2011年版，第50页。

② 同上，第51页。

联。全文基本是复句单句交叉使用，文章非常整齐有序，结构谨严。从音韵方面来看，多用 i、u、ang、ian 韵脚，且交错使用，这样文章读起来朗朗上口，音韵清澈洪亮。从文章外在形式来看，《广州宝庄严寺舍利塔碑》特色鲜明，体现了当时的文章特点。洪迈《容斋四笔》中评价道："王勃等四子之文，皆精切有本源。其用骈俪作记、序、碑、碣，盖一时之体格如此。"① 可以说此文是王勃的又一骈文力作，显现了"'四杰'之文，仍多'六朝锦色'，不仅辞藻浓艳，声律对仗也日趋精工"② 的特点。

广州·六榕寺 1991 年重刻：王勃《广州宝庄严寺舍利塔碑》

王勃此文想象丰富，文辞华美，使事用典，铺张扬厉，气势恢宏。以颂扬主修者李某、史某等人功劳为主，极尽夸饰之能，文章整体给人花团锦簇之感。如写番禺郡"神仙气色，汀州建不

① ［宋］洪迈：《容斋随笔》，长沙：岳麓书社，1998 年版，第 454 页。

② 刘衍：《中国古代散文史论稿》，海口：南方出版社，2000 年版，第 248 页。

死之乡；舜禹精灵，原隰现行宫之地。闾阎雾扑，士女云流。讴歌有霸道之余，毗俗得华风之杂。蜃楼高峙，犹埋夕帐；螺台峻积，尚识朝基。信夷夏之奥区，而神仙之窟宅也”①。这些文字将当时大多数人眼中的南蛮之地写成了神仙窟宅，明显夸饰。四库馆臣评价王勃文章曰：“勃文为四杰之冠，儒者颇病其浮艳”②，此文就有浮艳之特征。其赞颂李某，“早登清贯，夙践崇轩。嘉猷迥发于天朝，善政果行于期月。越溪仙锷，吐光芒而骇人；岱岭寒松，排风飙以成性”。接着又称赞其政绩，又赞其“学究儒林，真穷释部；知通人事，且味禅宗”③。一顿夸赞，虽极显文字功力，但也难免给人失真之感。

《广州宝庄严寺舍利塔碑》之外，陈集原《龙龛道场铭并序》、卢藏用《景星寺碑》是岭南地区著名唐代骈体碑文，且都是叙写佛教之事。陈集原《龙龛道场铭并序》“因其在历史、宗教、文学、文字特别是岭南文化史等诸多方面均具重要研究价值，所以在历史上被称为‘岭南第一唐刻’”④。武德四年（621），永宁县令陈普光在罗定市苹塘镇谈礼村龙龛岩建道场。圣历二年（699），泷洲（即今罗定）开阳人陈集原为道场撰写《龙龛道场铭并序》，镌刻在岩洞右壁靠洞顶处。此文保存了武则天新造汉字中的 13 个，因而在汉字发展演变史上有着特殊的价值。陈集原撰写此文距王勃撰写《广州宝庄严寺舍利塔碑》有 24 年，时间相隔

---

① ［清］阮元主修，梁中民点校：《广东通志·金石略》，广州：广东人民出版社，2011 年版，第 51 页。

② 四库全书研究所编：《钦定四库全书总目》，北京：中华书局，1997 年版，第 1991 页。

③ ［清］阮元主修，梁中民点校：《广东通志·金石略》，广州：广东人民出版社，2011 年版，第 52 页。

④ 刘志基：《尽显“岭南第一唐刻”的丰采》，《四川文物》1995 年第 6 期。

不太久，碑文体现了共同的文坛风尚：骈文创作与使事用典。岭南文士陈集原的文章学习了王勃的为文技巧。莫道才、韦臻《从卢藏用〈景星寺碑铭〉看唐代中原文化与骈体文风在岭南地区的影响》一文中论道："显然《龙龛铭》倾向于'四七/四七'和'七七'句式风格，与王勃《舍利塔碑》很相似，并且可以证明陈集原的骈文有学习王勃的地方。"此文还举例论证道："王勃化用庾信的句子是无疑的，但陈集原和卢藏用的句式和造语，显然和王勃更为相似，而卢藏用的《景星碑》在写作的时候，其实也应受到过《龙龛铭》的影响。"① 莫道才论证了三篇文章的相互沿袭关系，这是一个有意思的现象。

陈集原《龙龛道场铭并序》复句使用情况如下，三六/三六句型1联，如"悟其旨，则直心是道场；契其源，则净身为佛土"。四五/四五句型1联，如"可以神事，象绝于筌蹄；难以名言，理归于冥寂"。四七/四七句型4联，如"六趣轮回，剑叶与刀山竟起；四生堙没，毒蛇将恶兽交驰"②。四六/四六句型7联，如"峭崿秀丽，为众岩之钦礼；花药奇卉，实仙圣之安憩"。此文在文章的整体谋篇布局上，亦有参考《广州宝庄严寺舍利塔碑》之处，第一段作者也是言对佛法的理解，第二段叙龙龛道场之历史与现状，第三段叙重修，第四段叙背景及神龛之弘法作用，第五段为铭文，概述全文。

不过，陈集原此文与王勃文章亦有较大区别，虽同样是复句、单句交替使用，但陈集原文章不及王勃文章严密，《龙龛道

---

① 莫道才、韦臻：《从卢藏用〈景星寺碑铭〉看唐代中原文化与骈体文风在岭南地区的影响》，《广西师范大学学报（哲学社会科学版）》2016年第3期。

② ［清］阮元主修，梁中民点校：《广东通志·金石略》，广州：广东人民出版社，2011年版，第55页。

场铭并序》在对偶句之间已经出现了文句散化的现象。这在第三段表现得比较明显，作者交代陈叔琼、宝聪、陈叔玮等人重修佛寺、塑造佛像之事时，用的是散句，如“又檀越主善劳县令陈叔玮、陈叔玹，痛先君之肇建，悲像教之陵迟，敦劝门宗，更于道场之南造释迦尊像一座”①。王勃精通经史子集，文章才情横溢，使事用典如老将点兵，密丽严整有法，这一方面，陈集原不及王勃。

《龙龛道场铭并序》以宣扬佛法为主，第一段表现了作者对佛法的理解。第二段记述了龙龛地理位置之优越以及经营道场的变化过程。第三段写陈氏家族之再造道场。第四段写佛教因果轮回之报应。最后系以辞章。从全文来看，叙事平实，较为流畅，虽也有骈文铺述夸饰之笔，如写龙龛环境：“危壁削成，排日晨而辆霓汉。峭崿秀丽，为众岩之钦礼；花药奇卉，实仙圣之安憩。是故龙出龙入，每脱骨于岩中；仙隐仙栖，屡承空于香气。因得龙骨，故曰龙龛。”② 但整体来看，这些文辞较为平易好懂，在辞藻华丽的骈文中，这篇文章相对而言较为平实朴质。

先天二年（713）秋七月，卢藏用因依附太平公主，被流放到新州（今广东新兴），后又改流驩州（今越南荣市）。卢氏在《景星寺碑》中说：“属鄙人罹忧五宅，投速九真。心依鹫岭之恩，路出鸢江之徼。众君子博我以道德，访我以文章。”③ 说明他是从新州奔赴驩州，途经容州，受容州官方的邀请而写这篇文章，碑乃开元四年（716）立，文章当作于这一年之前，正是初盛

---

① ［清］阮元主修，梁中民点校：《广东通志·金石略》，广州：广东人民出版社，2011 年版，第 56 页。

② 同上，第 56 页。

③ ［清］易绍德修，［清］封祝唐纂：《容县志》，台北：成文出版社，1974 年版，第 954 页。

唐之际①。

《龙龛道场铭》拓片②

“少以辞学著称”的卢藏用“工篆隶，好琴棋，当时称为多能之士”③，卢藏用的博学多才在《景星寺碑》中展露得淋漓尽致。此文亦如王勃之文，大量用典，“《景星碑》用语典雅，且用典都出自儒、道、佛三教的文献，展现的是中原文风，承载的是中原汉文化的思想。文中语典很多，而事典相对较少。概略统计，儒家语典大约有 44 例，佛教语典大约有 47 例；《老》《庄》大约 10 例，《史记》《汉书》大约 5 例”④。从用典数量来看，《景星寺

① 莫道才、韦臻：《从卢藏用〈景星寺碑铭〉看唐代中原文化与骈体文风在岭南地区的影响》，《广西师范大学学报（哲学社会科学版）》2016 年第 3 期。

② 图片来源于百度。

③ ［后晋］刘昫等撰：《旧唐书 · 卢藏用传》，北京：中华书局，1975 年版，第 3004 页。

④ 莫道才、韦臻：《从卢藏用〈景星寺碑铭〉看唐代中原文化与骈体文风在岭南地区的影响》，《广西师范大学学报（哲学社会科学版）》2016 年第 3 期。

碑》不亚于《广州宝庄严寺舍利塔碑》。

从行文来看，《景星寺碑》也是对偶精工的骈文，全文亦是单句复句交错使用。《从卢藏用〈景星寺碑铭〉看唐代中原文化与骈体文风在岭南地区的影响》一文对此论述较为详细，该文作了详细统计，“文章的全部骈句合16种85联232句，其中单句句式6种52联104句，超过半数；复句句式10种32联128句，少于半数。单句式以‘四/四’最多，共33联66句；其次是‘六/六’，共9联18句。复句式以‘四六/四六’最多，共10联20句，其次是‘四四/四四’，共8联16句。其他句式使用频率较小，多不过四。而散句虽然占有一定的篇幅，但大体上是叙述众多的官员姓名、官职、僧人名号等，乃是不得已以散句行文。此外的散句极少”。从这统计数据来看，《广州宝庄严寺舍利塔碑》中的对偶句复句型（67联）远远多于单句型（29联），《景星寺碑》的复句型（32联）则少于单句型（52联）。《景星寺碑》叙述处采用了少量的散句，而《广州宝庄严寺舍利塔碑》基本没有用散句。卢藏用之碑与王勃之碑相隔41年，两碑这些共同的特点反映了这一段时间即初盛唐之交的骈文风尚：对偶精工、用典严密、铺张扬厉。其后王维的《六祖能禅师碑铭》一文也是典型骈文，具有同样的特征。

《景星寺碑》以颂扬与纪名为主。文章花大篇幅称赞了时任容州都督光楚客的为人、政绩以及重修之功劳。言其为人曰：“夫其瑰姿雅量，贞操峻节，朗若登昆邱而剖虹玉。自为庙廊之宝，韬秘匣而见龙泉，即成军国之器。精识粹理，婉词奥学，又似武库居府，图象莫遗，文轩在藻，庭黼斯备。”颂扬起来也是不遗余力，详细写其政绩，称赞“威加陬落，声被县道”①。文章末尾纪

① ［清］易绍德修，［清］封祝唐纂：《容县志》，台北：成文出版社，1974年版，第951页。

名较多，罗列一串名字后，作者概括为“百有余人”。可见，容州地方官邀请卢藏用作记的目的很明显是要借此文流芳百世。此文叙事有详有略，文辞典雅流丽，结构工整，逻辑绵密，是篇不错的文章。

（二）骈散交杂

王维《六祖能禅师碑铭》撰写于天宝四年（745），与王勃之碑相隔70年，与卢藏用之碑相隔29年，王维之碑篇幅短于前两碑。王勃、卢藏用均因寺庙新修而撰写碑文，文章内容上均言佛法广大、寺庙重修之因与官员重修之功劳，难免有夸饰成分。王维之文则为一代宗师六祖作传记，需讲究事件的真实性，评价的客观性，对禅宗的评价更需公允。因而不像前两碑那样铺张扬厉，而是工整严密、典雅端庄、畅达明快。

从文体特征来看，王维此文是典型的骈文，文章用典也不少，但不及王勃、卢藏用的碑文之密。《六祖能禅师碑铭》中的典故有的来自佛教经书，如“犹怀渴鹿之想，尚求飞鸟之迹”，“渴鹿之想”源自《楞伽经·卷二》：“不知心量，愚痴凡夫……自性习因，计著妄想，譬如群鹿，为渴所逼，见春时焰，而作水想，迷乱驰趣，不知非水。”此处指迷妄之想。“飞鸟之迹”典故源自《华严经·卷五十》：“了知诸法性寂灭，如鸟飞空无有迹。”典故有的来自儒家经典，如“禅师默然受教，曾不起予，退省其师（‘师’应为‘私’），迥超无我”①。“退省其私”源自《论语·为政》：“子曰：吾与回言终日，不违，如愚。退而省其私，亦足以发，回也不愚。”② 王维此处以孔子观察弟子颜回的故事来比喻

---

① ［清］阮元主修，梁中民点校：《广东通志·金石略》，广州：广东人民出版社，2011年版，第59页。

② 杨伯峻：《论语译注》，北京：中华书局，2009年版，第15页。

五祖弘忍印证了六祖慧能的悟性，认为慧能是其不可多得的嗣法弟子。典故有的来自于故事，如“天王厚礼，献玉衣于幻人；女后宿因，施金钱于化佛。尚德贵物，异代同符”①。“天王厚礼，献玉衣于幻人”，源自《列子·周穆王》。“周穆王时，西极之国，有化人来，入水火，贯金石，反山川，移城邑，乘虚不坠，触实不碍，千变万化，不可穷极。既已变物之形，又且易人之虑，穆王敬之若神，事之若君。推露寝以居之，引三牲以进之，选女乐以娱之……月月献玉衣，旦旦献玉食”②。此指唐中宗与武则天对慧能大师之礼遇，如周穆王当年恩宠幻人并赐其以玉衣玉食一样。

《六祖能禅师碑铭》一文骈句使用情况如下，复句型中：四四/四四句型 11 联，四五/四五句型 3 联，四六/四六句型 3 联，四七/四七句型 1 联，五四/五四句型 1 联，五六/五六句型 1 联，六四/六四句型 1 联，六六/六六句型 1 联。单句型中：四/四句型 10 联，六/六句型 6 联。从句式上来看，文章也是复句单句交错使用，行文严谨，对仗精工。

文章在叙事之处，稍有散句，如“临终，遂密授以祖师袈裟”，“南海有印宗法师讲《涅槃经》，禅师听于座下，因问大义，质以真乘”，“则天太后、孝和皇帝并敕书劝谕，征赴京城”③。这些句子先散后又归于工整，体现了王维文章在形式上求严谨求对仗之特点。

（三）散文为主

唐代文章至中唐发生了巨变，肇始于天宝年间的古文运动，

① ［清］阮元主修，梁中民点校：《广东通志·金石略》，广州：广东人民出版社，2011 年版，第 60 页。

② ［唐］卢重元注：《列子》，清嘉庆八年秦恩复石研斋刻本，第 36 页。

③ ［清］阮元主修，梁中民点校：《广东通志·金石略》，广州：广东人民出版社，2011 年版，第 60 页。

在韩愈、柳宗元领导下取得了较大的成绩，谭家健评价道："唐代古文运动的最大历史功绩，在于它作为文章改革运动这个主要方面。其主要代表人物韩愈、柳宗元提出了一系列积极可贵的文学理论主张，并取得了一大批优秀的散文创作成果，从而使中国散文史进入了一个光辉灿烂的新时代。"①

作为古文大家的柳宗元受马总之托为六祖慧能撰写碑文之时，采用了散文来写作。这完全不同于王勃、陈集原、卢藏用、王维诸人骈文之碑，显现了中唐文章之大变，在骈散竞争之中，散文创作渐成主流。

文章显现了柳宗元为文的一贯特点，文辞简洁凝练，叙事简明扼要。文章共三段，第一段叙述马总请谥之事，概括六祖生平主要事迹，"大鉴始以能劳苦服役，一听其言，言希以究，师用感动，遂受信具。遁隐南海上，人无闻知。又十六年，度其可行，乃居曹溪，为人师，会学去来尝数千人"。文章短短三句就将六祖学法、继法、隐居、弘法等大事概述清楚，可见柳宗元文字之功力。第一段还阐述了禅宗的观静思想，"吾浮屠说后出，推离还源，合所谓生而静者"，"其教人，始以性善，终以性善，不假耘锄，本其静矣"②。从"吾浮屠说后出"几字可以看出柳宗元对禅宗之亲近态度，但他对此并不多论述，仅用"其说具在，今布天下，凡言禅皆本曹溪"这句话来概括禅宗发展之盛况。

第二段转而写马总治理岭南之成绩，"刺虔州，都护安南，由海中蛮夷，连身毒之西。浮舶听命，咸被公德。受旗纛节戟，来

---

① 谭家健：《中国古代散文史稿》，重庆：重庆出版社，2006 年版，第 309 页。

② ［清］阮元主修，梁中民点校：《广东通志·金石略》，广州：广东人民出版社，2011 年版，第 90 页。

莅南海，属国如林。不杀不怒，人畏无噩，允克光于有仁”①。马总治理岭南，周边关系处理得好，南疆太平。柳宗元不阿谀友人，而是以群众的口碑来突出马总之威望，亦是行文巧妙之处。第三段为铭文，概述全文，铭文中再强调六祖禅法的特点、帝王的重视、禅宗的影响、马总的功绩、赐谥的反响等，“光于南土，其法再起。厥徒万亿，同悼齐喜”②。

苏轼《东坡文集》中评价此文道：“柳子厚南迁，始究佛法，作《曹溪》《南岳》诸碑，妙绝古今。而《南华》今无刻石者。长老重辨师，儒释兼通，道学纯备，以谓自唐至今，颂述祖师者多矣，未有通亮简正如子厚者。盖推本其言，与孟轲氏合。”③ 苏轼指出柳宗元此文“通亮简正”。此篇文章语言明白晓畅、平实浅近、精练准确，苏轼言其学习了孟子的散文颇有道理。

在中唐文坛，韩愈、柳宗元之外，刘禹锡之文颇受人称道。《四库全书总目·刘宾客文集提要》中评价刘禹锡的文章：“其古文则恣肆博辨，于昌黎、柳州之外，自为轨辙。”④ 李慈铭《越缦堂读书记》中言：“中山叙记诸文，简洁刻炼，于韩柳外自成一子。”⑤ 刘禹锡的古文自成一家，其《大唐曹溪第六祖大鉴禅师第二碑》创作在元和十四年（819），即柳碑三年之后，因受道琳之请托，特撰碑文。关于六祖慧能的事迹，前已有王维、柳宗元两位文坛巨匠撰述，应该说刘禹锡已处在开辟难为的状态，骈散两

---

① ［清］阮元主修，梁中民点校：《广东通志·金石略》，广州：广东人民出版社，2011 年版，第 90 页。

② 同上，第 91 页。

③ 同上，第 91 页。

④ 四库全书研究所整理：《钦定四库全书总目·卷一百五十》，北京：中华书局，1997 年版，第 2010 页。

⑤ 李慈铭：《越缦堂读书记》，北京：商务印书馆，1959 年版，第 629 页。

种文体均不好着手，但这没有难倒刘禹锡。《旧唐书·刘禹锡传》中称他："精于古文，善五言诗，今体文章复多才丽。"① 精于古文的刘禹锡在《大唐曹溪第六祖大鉴禅师第二碑》的构思上求创新以别于王、柳之文。

第一段共四句话，将马总请谥、柳宗元撰碑、道琳请托三件事交代得非常清楚。第二段不再逗留于叙事，而是转到写禅宗在中土弘法的历史，突出六祖的法统地位，并就六祖不再传衣生发疑问。问而不答，抛出公案，是其行文之妙处。第三段为铭文，铭文一反概述全文的做法，而是重在阐述六祖禅法的影响与作用。"学徒爰来，如水之东。饮以妙药，瘥其喑聋"，六祖禅学如同妙药，能治人之喑聋。"无修而修，无得而得。能使学者，还其天识。如黑而迷，仰见斗极。见之自然，竟不可传"②。刘禹锡以此来概括六祖传法不立文字、直见本性、使人顿悟的特点。可见刘禹锡此文在构思立意以及每一段行文上都在求新，以避免蹈袭前人。

上述岭南唐代佛教碑铭均出自名家之手，其文章特点切合了唐代文章发展之态势：初盛唐骈体文兴盛，中唐散文兴盛，可以说上述几篇文章有其时代性意义。进入晚唐五代，文章发展又出现了新态势，"古文运动的影响逐渐衰歇，而演进至唐末五代，则骈体文复炽，古文创作呈现出衰颓之势"③。

---

① ［后晋］刘昫等撰：《旧唐书·刘禹锡传》，北京：中华书局，1975年版，第4210页。

② ［清］阮元主修，梁中民点校：《广东通志·金石略》，广州：广东人民出版社，2011年版，第97页。

③ 刘衍：《中国古代散文史论稿》，海口：南方出版社，2000年版，第394页。

（四）骈体复炽

雷岳《云门山匡真大师塔铭》创作于大宝元年（958），文章体现了骈散交杂之风，也反映了骈体在五代的复炽。文章共13段，5段基本为骈句。所用句型有三五/三五、四六/四六、四七/四七、七四/七四、八/八、七/七、五/五、四/四等。各句型变换自如，如写释迦如来之传法："厌绮罗丝竹之音，痛生老病死之苦，逾金城而学道，依檀寺而修真。六载成功，万法俱熟，为四十九年慈父，演八万四千法门，现百亿化身，遍婆娑世界。说多多绿（缘）起，开种种导门。"① 写文偃禅师振兴云门山，"五载功成，四周云合。殿宇之檐楹翼翥，房廊之高下鳞差。邃壑幽泉，挫暑月而寒生户牖；乔松修竹，冒香风而韵集宫商。近于三十来秋，不减半千之众。岁纳地方之供，日丰香积之厨"②。文偃禅师学法过程以及受到南汉皇室推崇则选择用散句来叙述。禅师云寂，"行云敛态，陇树无春。觑岳孤猿，啼助哀伤之苦；穿林幽鸟，声添惜别之愁。吊客掩襟，伫立以泣"③。文章叙事平实处多用散句，抒情与发表议论处则好用骈句，骈散交杂，体现了骈体对五代文章之影响。

陈守中创作于南汉大宝七年（964）的《大汉韶州云门山大觉禅寺大慈云匡圣宏明大师碑铭》反映了骈体文复炽的文坛风尚。从篇幅来看，文章篇幅较长，共有11段，行文多有铺述之处。全文以颂扬为主，颂佛法、颂法师、颂皇恩是其文章着重表达之处。从句型来看，文章单句型复句型交替使用，是篇严整工饬的骈文。其复句型有三五/三五、四四/四四、四五/四五、四六/四六、四

---

① ［清］吴兰修辑，陈鸿钧、黄兆辉补征：《南汉金石志补征》，广州：广东人民出版社，2010年版，第39页。

② 同上，第40页。

③ 同上，第41页。

七/四七、六四/六四等。文章对仗颇为工整，如“金言玉偈，摩腾行首译之文；鹿菀鸡林，佛朔遂身游之化”“六根净而五眼清，不染不著；四果证而三明朗，自悟自修”①。文章亦多处用典，如“马鸣兴护法之功，龙树显降魔之力”，以马鸣菩萨、龙树菩萨对佛教的贡献来比拟文偃禅师之贡献，在此基础上进一步论证文偃禅法之源远流长，“师师相受，法法相承”。叙及云门山禅寺修建之时，文辞陡然变得富丽精工，“晓霞低覆，绛帷微棕于雕楹；夕露散垂，珠网轻笼于碧月。匼匝尽奇峰秀岭，逶迤皆泼黛堆蓝；泉幽而声激珠玑，松老而势拿空碧”②。叙及禅师圆寂之时，叙事变得缓慢且融情于景，“峰云渗（应为惨）澹以低垂，众鸟悲鸣而不散。学徒感极，瞻雁塔以衔哀；门客恋深，拜禅龛而雪涕”③。此段之后又详细叙述云门山开塔之事。可见，文章叙事写景、构思立意等方面颇富匠心。整体来看，陈守中此文叙事流畅自然，用典恰当，行文工整，文辞典雅，亦是篇不错的骈文。

综上所述，唐五代岭南地区佛教兴盛，尤其是出生在岭南、弘法在岭南的禅宗六祖对佛教发展贡献巨大。岭南地区的崇佛之风，体现在其时撰写的寺庙碑文之中，这些碑文多出自当世名家之手。他们的文章体现了一代文坛之风气，体现了文章发展过程中骈散竞争之关系。这些文章表现了作者对佛教之接受与评价，也显现了佛教深刻影响了唐代文人之创作。综合而言，唐五代岭南佛教碑铭极具特色，有多方面的价值，值得我们深入研究。

---

① ［清］阮元主修，梁中民点校：《广东通志·金石略》，广州：广东人民出版社，2011 年版，第 127 页。

② 同上，第 128 页。

③ 同上，第 129 页。

第三节　石刻与唐人岭南山水审美

在唐代之前，岭南因地理位置僻远，岭南山水较少进入文人视野。唐代因岭南道成为安置贬官的重要场所，纷至沓来的北方士人以及本土士人的书写，使得岭南山水作为新的自然景观呈现在了唐代文学作品中。

因地域遥远，又因五岭阻隔，古代岭南与中原地区来往不便。在唐朝及之前的年代里，岭南都给当时人蛮荒、僻远、贫穷的印象。杜佑《通典·南蛮下》中言："五岭之南，涨海之北，三代之前是为荒服。"① 不仅如此，唐代岭南成了安置贬谪官员的重要场所。户崎哲彦论述道："隋朝规定'流刑三：千里、千五百里、二千里'，到了唐代，改为'流刑三：二千里、二千五百里、三千里……衡州距京两千九百五十里，三千里以外的地方多是属五岭的北麓及其以南地区'。""安史之乱时，许多文官逃难去江南等地，到了中晚唐官场政治斗争更为激化，流放频繁，其地多是南方，岭南是三千里之地，流放最多"②。据尚永亮统计，唐五代岭南贬官人次，初唐97人，盛唐75人，中唐123人，晚唐134人，五代7人，共计436人③。在唐五代岭南道是安置贬官最多之地。

唐代贬谪来岭南的士大夫许多为著名的文人，这之中有杜审

---

① ［唐］杜佑：《通典·卷一百八十八》，北京：中华书局，1988年版，第5079页。

② ［日］户崎哲彦：《唐代岭南文学与石刻考》，北京：中华书局，2014年版，第4页。

③ 尚永亮：《唐五代贬官之时空分布的定量分析》，《上海大学学报（社会科学版）》2007年第6期。

言、沈佺期、宋之问、张说、王昌龄、储光羲、李邕、刘长卿、卢肇、李绅、李德裕、韩愈、柳宗元、刘禹锡、元晦、李渤、李涉等人。另外王勃、萧颖士、元结、戴叔伦、王建、李翱、皇甫湜、许浑、李商隐、赵嘏、李群玉、张祜等人曾寓居岭南。纷至沓来的文人为蛮荒的岭南带来了中原文化气息，岭南独有的地域风情也影响了他们的创作。唐朝以前“山水文学的舞台是江南地区，尤其以长江到洞庭湖周围的中游地区为中心。但到了唐朝，继续往南推移，从湖南的潇湘流域到五岭及其以南的广东、广西，后来岭南地区成为其中心”①。岭南渐而成为唐代山水文学的创作中心，岭南山水也渐次进入了唐代士大夫之眼帘。

唐代文人笔下的岭南第一印象多是“瘴雨蛮烟”，谈起岭南之瘴，唐人多惧怕。刘恂《岭表录异》中记载：“岭表山川，盘郁结聚，不易疏泄，故多岚雾作瘴。人感之多病，腹胀成蛊。俗传有萃百虫为蛊以毒人。盖湿热之地，毒虫生之，非第岭表之家性惨害也。”② 又言及：“岭表或见物自空而下，始如弹丸，渐如车轮，遂四散。人中之即病，谓之瘴母。”③ 柳宗元《岭南江行》一诗佐证了岭南山水之恶：“射工巧伺游人影，飓母偏惊旅客船。”④ 山川如此，岭南民风更是彪悍，柳宗元《寄韦珩》一诗中言：“阴森野葛交蔽日，悬蛇结虺如蒲萄。到官数宿贼满野，缚壮杀老啼且号。”⑤ 气候湿热、瘴气充斥、道路难行、民风彪悍等原

① ［日］户崎哲彦：《唐代岭南文学与石刻考》，北京：中华书局，2014 年版，第 5 页。

② ［唐］刘恂撰，商壁、潘博校补：《岭表录异校补》，南宁：广西民族出版社，1988 年版，第 23 页。

③ 同上，第 22 页。

④ ［清］彭定求：《全唐诗·第四册》，长沙：岳麓书社，1998 年版，第 370 页。

⑤ 同上，第 366 页。

因使得唐代士大夫视岭南为畏途；更何况来岭南的士大夫多是政治失意之人，多由繁华的京城贬谪而来，心理落差巨大，贬谪岭南期间他们的身家性命朝不保夕。

宋之问因依附张易之、张宗昌以及武三思于景云元年（710）被流放钦州，先天元年（712）八月，唐玄宗即位后，宋之问被赐死于贬所。王无竞在中宗神龙元年（705）因依附张易之被贬岭南，在广州时被仇家矫制搒杀之。中唐著名宰相李德裕位高权重，唐宣宗继位后，五贬为崖州司户，大中三年（850）十二月病逝于崖州。这些人的命运无不时刻警醒着贬谪岭南的士大夫。

因以上诸多原因，唐代士大夫视岭南为畏途，身不由己来之者则在文学作品中表达对岭南山水的各种看法，从而书写了独特的岭南山水文学形象。

一、岭南山水的二元形象

（一）蛮荒、恐怖

初唐诗坛代表诗人沈佺期、宋之问均在神龙元年（705）遭贬。“在李武两党的激烈斗争中，由于武则天的逊位，中宗李显的复位，‘朝官房融、崔神庆、崔融、李峤、宋之问、杜审言、沈佺期、阎朝隐皆坐二张窜逐，凡数十人’（《旧唐书·张行成传》附张易之、张昌宗传），这便是初唐首次大规模地贬流诗人的事件”①。

由于武则天的退位，作为武后旧臣且依附二张的沈佺期被贬谪至驩州（今越南北部），沈佺期在驩州生活了五年。驩州的生活于沈佺期而言非常痛苦，他在《从驩州廨宅移住山间水亭赠苏使君》一诗中倾诉：“遇坎即乘流，西南到火洲。鬼门应苦夜，瘴

---

① 刘振娅：《贬谪与唐诗》，《广西教育学院学报》1999 年第 1 期。

浦不宜秋……死生离骨肉，荣辱间朋游。弃置一身在，平生万事休。”① 炎热的天气、充斥的瘴气使得习惯于北方的沈佺期难以适应，更何况儿子、兄弟均因他牵连受罪，一想起这些事他不由得内心阵阵煎熬。归途无望，万事皆休，非常伤心。

沈佺期眼中的岭南是恐怖之地，如《入鬼门关》一诗中坦言：“昔传瘴江路，今到鬼门关。土地无人老，流移几客还。”此地在他看来：“马危千仞谷，舟险万重湾。问我投何地，西南尽百蛮。”② 鬼门关不是沈佺期一人害怕，“《太平御览》引《十道志》曰：‘鬼门关在北流县南三十里，两石相对，状若关形，阔三十余步。昔马援讨林邑经此立碑，石碣尚存。昔时趋交趾，皆由此关。(已)［以］南尤多瘴疠，去者罕得生还，故谚曰：“鬼门关，十人去，九人还。”’”③ 山路难行，水路难走，百蛮之地让沈佺期饱受考验，“三春给事省，五载尚书郎。黄阁游鸾署，青缣御史香”④（《答魑魅代书寄家人》）的京城生活成了他心中永恒的想念。

“神龙元年（705），随着武则天的逊位，李唐宗室的复位，结束了持续差不多半个世纪的武后的统治，也结束了宋之问三十年之久的‘称觞献寿’‘歌舞淹留’的宫廷诗人生活，把他从镐饮汾歌的中原掷向江南，掷向岭表，使他在七年三谪迁中走完了最后的人生道路：第一次贬泷州（今广东罗定市），第二次贬越州（今浙江

---

① ［清］彭定求：《全唐诗·第一册》，长沙：岳麓书社，1998年版，第795页。

② 同上，第794页。

③ 金强：《宋代岭南谪宦》，广州：广东人民出版社，2009年版，第28页。

④ ［清］彭定求：《全唐诗·第一册》，长沙：岳麓书社，1998年版，第795页。

绍兴地区)，第三次流放钦州（今广西钦州、灵山等地)，最后赐死贬所"①。宋之问岭南生活期间之苦比沈佺期有过之而无不及。

刚到泷州时，泷州山水让宋之问无比恐惧。"夜杂蛟螭寝，晨披瘴疠行。潭蒸水沫起，山热火云生。猿躩时能啸，鸢飞莫敢鸣。海穷南徼尽，乡远北魂惊。泣向文身国，悲看凿齿氓。地偏多育蛊，风恶好相鲸"②（《入泷州江》)。晚上睡不安宁，白天一大早要赶路，瘴气充斥，天气炎热，山水险恶，处处让人惊怕，更兼民风刁蛮，诗人愁苦不堪。他在《早发大庾岭》中倾诉入岭南情怀："兄弟远沦居，妻子成异域。羽翮伤已毁，童幼怜未识。"③他不仅思家，更恋朝廷，其《至端州驿，见杜五审言沈三佺期阎五朝隐王二无竞题壁，慨然成咏》："云摇雨散各翻飞，海阔天长音信稀。处处山川同瘴疠，自怜能得几人归。"④令宋之问没有想到的是在端州驿站居然看到了昔日京城同僚们的笔迹，大家一道遭遇岭南之贬，同是天涯沦落人，内心伤感难以释怀。岭南风光虽别致，但他心里难过，越看越伤怀，"魂随南翥鸟，泪尽北枝花"⑤（《度大庾岭》)是他真实情怀的写照。宋之问《题黄潭舜祠诗》刻于桂林虞山南麓舜庙，其诗结尾吟道："日暝山气落，江空潭霭微。帝乡三万里，乘彼白云归。"⑥诗歌借咏叹舜帝之事，抒发自己思归之情。

公元805年"永贞革新"失败，王叔文、王伾、韦执谊、韩

---

① 刘振娅：《贬谪与唐诗》，《广西教育学院学报》1999年第1期。

② ［清］彭定求：《全唐诗·第一册》，长沙：岳麓书社，1998年版，第495页。

③ 同上，第477页。

④ 同上，第479页。

⑤ 同上，第488页。

⑥ 桂海碑林博物馆编：《桂林石刻碑文集·上册》，桂林：漓江出版社，2019年版，第22页。

泰、陈谏、柳宗元、刘禹锡、韩晔、凌准、程异十人被贬，被称为“二王八司马”事件。十年之后，柳宗元来到了柳州，岭南生活给他的文学创作烙下了深深的印痕。

柳宗元《与浩初上人同看山寄京华亲故》一诗写道：“海畔尖山似剑铓，秋来处处割愁肠。若为化得身千亿，散上峰头望故乡。”① 柳州喀斯特地貌，现今看来是非常美丽的，可在柳宗元眼中，这些山如剑铓，割断他百结的愁肠，登山远眺反而引起他对家乡的无限思念。其《登柳州城楼寄漳汀封连四州》一诗写给他的四个朋友：韩泰、韩晔、陈谏、刘禹锡，他们也贬谪南方，分别出任漳州、汀州、封州、连州刺史。登柳州城楼，诗人想起了朋友们与自己所遭受的政治迫害，“惊风乱飐芙蓉水，密雨斜侵薜荔墙”一句欲言又止，诗歌尽抒愁绪，结尾“共来百越文身地，犹自音书滞一乡”② 无限伤情。户崎哲彦《唐代岭南文学与石刻考》一书分析了柳宗元对柳州山水的看法：“对柳州山水风土的恐惧感，除了用‘剑’比喻奇山的《与浩初上人同看山寄京华亲故》诗以外，还在《岭南江行》《登柳州城楼寄漳汀封连四州》《寄韦珩》等寄人的诗歌中也流露得比较明显。”③ 柳宗元笔下的柳州山水受其郁闷情绪影响，显得无比蛮荒惊悚。山水险恶，心情更差，“眼前的一石一木都成为他观照体味现实境况的参照，强化着他凄寂孤傲的自我意识，刺激着他一遍遍更苦涩地去咀嚼人生况味，更痛楚地去感觉内心不愈的伤口”④。

---

① 彭定求：《全唐诗·第四册》，长沙：岳麓书社，1998 年版，第 366 页。

② 同上，第 369 页。

③〔日〕户崎哲彦：《唐代岭南文学与石刻考》，北京：中华书局，2014 年版，第 106 页。

④ 陈晓芬：《传统与个性——唐宋六大家与儒佛道》，上海：上海古籍出版社，2002 年版，第 62 页。

沈佺期、宋之问、柳宗元等人均因政治失势贬谪岭南，心情抑郁凄怆，他们岭南生活期间创作的文学作品充满了哀怨之气，其笔下的岭南山水多是蛮荒、恐怖、难受之形象。不过，唐代其他士人书写了岭南山水的另类特点。

（二）美丽、奇特

广东、广西是现今保存古代石刻较多的区域，通过阅读这些唐代文人的石刻作品，再辅之查阅其他作品，我们会发现唐代文人笔下的岭南山水奇特美丽的另一形象。

唐代著名书法家李邕“素负美名，频被贬斥”，开元十三年(725)，“玄宗车驾东封回，邕于汴州谒见，累献词赋，甚称上旨。由是颇自矜炫，自云当居相位。张说为中书令，甚恶之。俄而陈州赃污事发，下狱鞫讯，罪当死，许州人孔璋上书救邕”①。“疏奏，邕已会减死，贬为钦州遵化县尉，璋亦配流岭南而死”②。开元十五年（727），李邕途经端州（今肇庆），见到端州七星岩风景秀丽，多年宦海沉浮的他触景生情，挥笔创作了《端州石室记》这篇传世佳作。

《端州石室记》描写了七星岩美丽的风景，“薄人寰，腾物外。妙有特起，灵表秀开。绮田砥平，锦嶂壁立”，作者写了七星岩景区给人的整体印象：奇妙、锦绣、灵动。接着他详细描写了岩洞、水波、山峰的美丽姿态。“伏虎奔象，浮梁抗柱；激涛海而洪波沸渭，叠杳窱而群峰嵯峨；飞动逼人，屹耸惊视；密微微而三分地道，风萧萧而一变天时；窦乳练于玉颜，石床列于仙座”。游玩其中，作者是“寂兮寥兮，恍兮惚兮；使营魄九升，嗜欲双

---

① ［后晋］刘昫等撰：《旧唐书·李邕传》，北京：中华书局，1975年版，第5041页。

② 同上，第5042页。

遗”。朋友们一道游玩于斯，“避暑窟室，缔赏林峦；击石如钟，酌泉如醴”①，不亦快哉！

肇庆·七星岩：李邕《端州石室记》

《端州石室记》一文骈句与散句交错使用，骈句以单句对为主，行文严谨整饬，文辞凝练生动，手法多元，是篇漂亮的山水美文。其书法体方而笔圆，力劲而气舒，疏朗峻拔，纵横开阖，结构严谨，风采动人。

宝历元年（825）正月，“壬申，以给事中李渤为桂州刺史、兼御史中丞、桂管防御观察使”②。李渤贬谪桂州，原因是上疏论救崔发。《新唐书·李渤传》记载了其原委：“五坊卒夜斗，伤县

---

① ［清］阮元主修，梁中民点校：《广东通志·金石略》，广州：广东人民出版社，2011 年版，第 65 页。

② ［后晋］刘昫等撰：《旧唐书·本纪第十七上》，北京：中华书局，1975 年版，第 513 页。

人，鄠令崔发怒，敕吏捕捽，其一中人也，释之。帝大怒，收发送御史狱。会大赦、改元，发以囚坐鸡干下，俄而中人数十持梃乱击，发败面折齿，几死，吏哀请乃去。既而囚皆释，而发不得原。渤上疏曰：'县令曳辱中人，中人殴御囚，其罪一也。然令罪在赦前，而中人在赦后，不置于法，臣恐四夷闻之，慢偣之心生矣。'渤又诵言：'前神策军在幔城，篡京兆进食牙盘，不时治，致宦人益横。'帝以问左右，皆曰'无之'。帝谓渤有党，出为桂管观察使。"①

李渤虽贬谪广西，仍"正论不已，而谏官继论其屈"②（《旧唐书·李渤传》）。李渤到达桂林之后，"表名儒吴武陵为副使"③，宾主相得益彰，游山玩水，寻幽览胜。李渤游玩南溪山，发现其非一般之美。他在《南溪诗序》中言："溪左屏列崖巘，斗丽争高，其孕翠曳烟，逦迤如画。左连幽墅，园田鸡犬，疑非人间。"洞内钟乳石美丽无比，"其洞室并乳溜凝化，诡势奇状，仰而察之，如伞如奞，如栾栌支撑，如莲蔓藻井。左睨右瞰，似帘似帏，似松偃竹袅，似海荡云惊"④。见到这番美景之后，李渤欣喜万分，赶紧命人对其进行开发营建，"既翼之以亭榭，又韵之以松竹"，他经营南溪山心情无比畅快。李渤还发现了隐山之美，他为隐山六洞题名。李渤在桂林居住了两年，"风恙求代，罢归洛阳"⑤。离别之

① ［宋］欧阳修、宋祁撰：《新唐书》，北京：中华书局，1975年版，第4286页。

② ［后晋］刘昫等撰：《旧唐书·李渤传》，北京：中华书局，1975年版，第4442页。

③ ［清］汪森：《粤西丛载》，南宁：广西民族出版社，2007年版，第191页。

④ 桂海碑林博物馆编：《桂林石刻碑文集·上册》，桂林：漓江出版社，2019年版，第52页。

⑤ ［后晋］刘昫等撰：《旧唐书·李渤传》，北京：中华书局，1975年版，第4442页。

际，李渤对桂林山水依依不舍，其《留别隐山诗》云：“如云不厌苍梧远，似雁逢春又北归。惟有隐山溪上月，年年相望两依依。”① 北归洛阳，这是唐代贬谪岭南士大夫的心中之梦，但李渤对桂林山水有了深情，依依不舍。其兄李涉贬谪康州（今属肇庆），途经桂林时与他一道游玩桂林山水。李涉也非常喜爱桂林山水，其《南溪玄岩铭并序》中言：“桂之有山，潜灵亿年。拔地腾霄，戟列刀攒。岩之有洞，窈窕郁盘。虎挂龙悬，形状万端。”李涉感慨：“酒一卮兮琴一曲，嵁岩之下，可以穷年。”②

桂林山水之美，渐次引起唐代士大夫的关注。杜甫未到桂林，也闻说桂林之好，其《寄杨五桂州谭》一诗言道：“五岭皆炎热，宜人独桂林。梅花万里上，雪片一冬深。闻此宽相忆，为邦复好音。”③ 他想象着冬天桂林雪景之美，勉励朋友勤政爱民。

当我们整理唐人描写岭南山水的文学作品时，会发现他们笔下的岭南山水有着明显矛盾的二元形象，是什么原因造成这种矛盾的二元形象呢？这要从创作的主客观方面来寻找答案。

二、文人性情与石刻作品

（一）文人性情有差异

岭南山水形象与文人性情息息相关，不同文人个性不一样，同一文人不同时期心境不同，其笔下的山水风貌都不一样。

中唐著名文人刘禹锡因参与“永贞革新”被一贬再贬，好不

① 杜海军：《桂林石刻总集辑校》，北京：中华书局，2013 年版，第 18 页。

② 桂海碑林博物馆编：《桂林石刻碑文集·上册》，桂林：漓江出版社，2019 年版，第 53 页。

③ ［清］彭定求：《全唐诗·第三册》，长沙：岳麓书社，1998 年版，第 145 页。

容易等到元和九年（814）奉诏还京，却没有想到结果是贬谪到更远的播州当刺史，幸亏裴度、柳宗元等人救助，才改贬到连州当刺史。刘禹锡在连州居住了将近五年。在最初的贬谪时光里，刘禹锡也很难适应贬谪生活，其《谪居悼往二首》真切地表达了他在朗州时的贬谪情怀。其二为："郁郁何郁郁，长安远如日。终日念乡关，燕来鸿复还。潘岳岁寒思，屈平憔悴颜。殷勤望归路，无雨即登山。"① 他终日盼望归乡，在朗州等待了十年，没有想到等来的却是要踏入岭南的土地。按理说，刘禹锡心情应更为抑郁，但他生性豁达开朗，擅于调节心理，"在被贬朗州、连州和夔州期间，刘禹锡不是走向荒僻的山林，而是积极地走进民间生活，了解民事民情，观察民风民俗，从中感受到了一种具有浓郁异域情调的美，并以此转移自我注意力，调节愉悦其心灵"②。他很快适应了连州的生活，并且在连州积极为政，振兴文教，开启了连州的兴学之风。

连州山水在刘禹锡看来颇富佳趣，"山秀而高，灵液渗漉，故石钟乳为天下甲，岁贡三百铢……林富桂桧，土宜陶瓬，故侯居以壮闻。石侔琅玕，水孕金碧，故境物以丽闻"③（《连州刺史厅记》）。从此文可以看出刘禹锡作为地方长官的拳拳之心，他关心连州史上的贤人，搜罗他们的事迹，以之为榜样，训导百姓。在连州积极为政的同时，刘禹锡将海阳湖疏浚修缮，建亭立榭，合为十二景，亲自为每处景区赋诗。《海阳十咏》引言曰："元次山

① ［清］彭定求：《全唐诗·第四册》，长沙：岳麓书社，1998 年版，第 408 页。

② 刘伟安：《刘禹锡的心理调节机制与其诗歌创作》，《长江大学学报（社会科学版）》2015 年第 5 期。

③ ［清］阮元主修，梁中民点校：《广东通志·金石略》，广州：广东人民出版社，2011 年版，第 92 页。

始作海阳湖。后之人或立亭榭，率无指名。及余而大备，每疏凿构置，必揣称以标之，人咸曰有旨。”① 《海阳十咏》组诗中将连州风景写得非常美丽，如《玄览亭》：“潇洒青林际，夤缘碧潭隈。淙流冒石下，轻波触砌回。香风逼人度，幽花覆水开。故令无四壁，晴夜月光来。”② 诗歌中的连州山水美丽清幽，连吹来的风都馥郁芬芳，月光照耀，水波微澜，非常美丽迷人。唐人眼中的“瘴雨蛮烟”地在“诗豪”的笔下绽放了另一种美。刘禹锡能挺过23年的贬谪生涯，晚年能与白居易在洛阳诗酒唱和，其坚韧不拔的精神正是在贬谪之地历练出来的。

贬谪岭南对任何官员来说都是比较痛苦难受的，韩愈两次贬谪岭南，对他打击很大，但他“是一个感情炽烈、性格外倾的人，他有很强的自我意识，给自己定位很高，对自己的处境极度敏感，对目标的追求百折不挠”③。因其百折不挠，韩愈很快适应了贬谪之地的生活，且积极振作，努力为政。

贞元十九年（803），京畿地区先旱后霜，灾情严重。京兆尹李实不仅不据实上报，反而照旧向百姓征税。朝野几乎无人敢言，作为监察御史的韩愈上表为民请命，《御史台上论天旱人饥状》一疏揭露了李实之过，文章对德宗皇帝也有所批判，表现出了韩愈常人所不及的社会责任感与非凡的勇气。德宗皇帝不仅没有听信韩愈之言，反而贬其为连州阳山令。

贬谪阳山对于风华正茂、满怀理想的韩愈来说，无疑是一次重大打击。阳山之荒僻让韩愈吃惊，他在文学作品中多次表达了

---

① ［清］彭定求：《全唐诗·第四册》，长沙：岳麓书社，1998年版，第413页。

② 同上，第413页。

③ 陈晓芬：《传统与个性——唐宋六大家与儒佛道》，上海：上海古籍出版社，2002年版，第2页。

对此地山水惊异、恐惧的感觉。“阳山，天下之穷处也。陆有丘陵之险，虎豹之虞。江流悍急，横波之石廉利侔剑戟，舟上下失势，破碎沦溺者往往有之。县郭无居民，官无丞尉，夹江荒茅篁竹之间，小吏十余家，皆鸟言夷面”① （《送区册序》）。在阳山生活期间，“韩愈写过南方山水的优美，自然地貌的奇异的诗文，但是从数量来说，还是极少，远远不及描述恶劣、危险的自然环境之多，因此诗文大多表现了惊异、恐惧交迫，惴惴不安的情绪”②。但阳山之贬，并没有挫折他的锐气，他个性阳刚，陈寅恪《论韩愈》中言韩愈：“特具承先启后作一大运动领袖之气魄与人格，为其他文士所不能及。”③

韩愈满怀理想，有很多事要做。《次同冠峡》一诗中言：“无心思岭北，猿鸟莫相撩。”④ 表露了韩愈在阳山积极的心态。他忙于为政，健全县衙编制，劝农桑，种树造田，兴学，忙得不亦乐乎。韩愈不仅不鄙薄阳山，不哀怨自身仕途，反而在阳山过出了滋味。《县斋读书》一诗颇显其心境：

> 出宰山水县，读书松桂林。萧条捐末事，邂逅得初心。哀狖醒俗耳，清泉洁尘襟。诗成有共赋，酒熟无孤斟。青竹时默钓，白云日幽寻。南方本多毒，北客恒惧侵。谪谴甘自

---

① 郭预衡：《唐宋八大家散文总集·卷一》，石家庄：河北人民出版社，1996 年版，第 170 页。

② ［日］户崎哲彦：《惊恐的喻象——从韩愈、柳宗元笔下的岭南山水看其贬谪心态》，《东方丛刊》2007 年第 4 期。

③ 陈寅恪：《论韩愈》，《历史研究》1954 年第 2 期。

④ ［清］彭定求：《全唐诗·第四册》，长沙：岳麓书社，1998 年版，第 293 页。

守，滞留愧难任。投章类缟带，伫答逾兼金。①

阳山山水别致，日子闲暇，读书不寂寞，有朋友喝酒，有青竹白云相伴，如果不想起家乡不眷恋仕途，此处日子倒也消遣好过。一年两个月后，韩愈调离了阳山。

岂料15年后，韩愈再次来到了岭南。元和十四年（819），因谏迎佛骨而远贬潮州的他为再次踏上岭南之路而无比痛苦，对着远来送别的侄孙说："知汝远来应有意，好收吾骨瘴江边。"②（《左迁至蓝关示侄孙湘》）"韩愈在遭到阳山之贬后并没有内疚自责的情怀，而潮州之贬后，却在诗中一再地表示自己'罪重'的懊悔心情"③。韩愈在《潮州刺史谢上表》一文中忏悔："臣少多病，年才五十，发白齿落，理不久长；加以罪犯至重，所处又极远恶，忧惶惭悸，死亡无日。单立一身，朝无亲党，居蛮夷之地，与魑魅为群，苟非陛下哀而念之，谁肯为臣言者？"④ 他希望得到宪宗的原谅，宪宗接到奏章之后，果真消气了："帝得表，颇感悔，欲复用之，持示宰相曰：'愈前所论是天爱朕，然不当言天子事佛乃年促耳。'"⑤ 因得到了皇帝的宽宥，韩愈很快量移袁州，在潮州只呆了八个月。在潮州的八个月时

① ［清］彭定求：《全唐诗·第四册》，长沙：岳麓书社，1998年版，第260页。

② 同上，第307页。

③ 沈文凡、张德恒：《韩愈贬潮心迹考论——从比较昌黎〈论佛骨表〉与傅奕〈请除释教书〉展开》，《兰州大学学报（社会科学版）》2011年第1期。

④ 郭预衡：《唐宋八大家散文总集·卷一》，石家庄：河北人民出版社，1996年版，第233页。

⑤ ［宋］欧阳修、宋祁撰：《新唐书·韩愈传》，北京：中华书局，1975年版，第5262页。

间里，韩愈也没有闲下来，他关心农桑、发展文教、驱除鳄鱼，整顿潮州的社会秩序，促进了潮州经济与文化的发展，赢得了潮州百姓的爱戴，千百年来成了潮州最有名望的官员，也成了潮州人心目中的神。

阳山、潮州的两次贬谪对韩愈影响较大，“此期韩愈诗文创作的一个重要变化是，扬弃险怪，趋向平易。贬潮期间的创作，乃是韩愈晚年创作嬗变的一个转折点”①。韩愈坎坷不平的仕途、跌宕起伏的心情在其文学作品中有所表现，其笔下的岭南山水风貌各时期不一样。《柳州罗池庙诗》擅取典型的岭南物象来表现民众对柳侯的热爱，“荔子丹兮蕉黄，杂肴蔬兮进侯堂”。荔枝、香蕉都是岭南物产，且都在夏初成熟，以最新鲜的水果、新备的肴蔬来祭祀柳侯，表现柳州民众虔诚祭祀之状。“鹅之山兮柳之水，桂树团团兮白石齿齿”②，将柳州山水写得极富情味，不同于柳宗元笔下大荒、惊悚的面貌。鹅山美丽，柳江多情，桂树成林，山石莹洁，柳州因有柳侯山水更加动人。长庆二年（822），韩愈的朋友严谟以秘书监出为桂管观察使，离京上任前，时任兵部侍郎的韩愈作《送桂州严大夫同用南字》一诗赠别：

> 苍苍森八桂，兹地在湘南。江作青罗带，山如碧玉篸。
> 户多输翠羽，家自种黄甘。远胜登仙去，飞鸾不假骖。③

诗人笔下的桂林山水美丽无比，“江作青罗带，山如碧玉篸”

---

① 刘尊明：《韩愈贬谪潮州的人生体验与诗文创作》，《湖北大学学报（哲学社会科学版）》2001年第3期。

② ［清］彭定求：《全唐诗·第四册》，长沙：岳麓书社，1998年版，第319页。

③ 同上，第310页。

一句高度概括了桂林山水秀美的特征，千百年来成为描摹桂林山水最出名的诗句。“户多输翠羽，家自种黄甘”，表现了当时桂林百姓生活的安居乐业，作者用颜色鲜艳的词，描摹了桂林山水之美，民风淳朴、物产丰饶，是个极佳之处。可以说，韩愈在这首诗中给予了桂林为代表的岭南山水极高的评价。

唐代士人中由贬谪来到岭南任职者，因个人性格不同，不同时期心情不同，想法各异，对岭南山水的感受不一样，这导致了他们笔下的岭南山水风貌不一。唐人生活经历有差异，岭南各地山水本身有差异，这些也影响着唐人对岭南山水的审美。笔者另有文章论及，此处不赘述。

（二）石刻文学中的山水

在对岭南石刻进行研究的过程中，我们会发现一个有趣的现象：那就是石刻作品中所反映出的岭南山水多具美丽、奇秀的特征，这与石刻的公开性、久远性、传播性等特点有关。也就是说，文人创作诗文时或出于真情实感，他热爱岭南山水，借刻石的机会来与大众分享对岭南山水的印象；或者他需要考虑会被刻之于石，供众人参观，尤其是岭南当地人经常会看到，如果在石刻作品中肆意发挥，点评岭南山水恐怖、蛮荒、险恶种种不好之处的话，会颇煞风景。另外刻石的文学作品不少是受岭南官员或士子委托而写，作家还要顾及委托人的面子。再次，部分石刻作品是后人追加刻石的，后人在选择前人作品刻石的时候，也会考虑选择赞美本地山水的作品，以增添本地声誉。因而石刻作品中所描摹的岭南山水多具清秀、美丽、奇特的特征。

刊刻于万岁通天二年（697）的广西上林县《智城洞碑》是岭南地区保存的著名唐碑，作者是岭南本土文人韦敬辨。他其时职务为：廖州大首领、左玉钤卫金谷府长上左果毅都尉、员外置上骑都尉、检校廖州刺史。韦敬辨在文中描绘了智城山幽丽奇峭的风景和得天独厚的自然环境：

> 丹崖碧崿，掩朝彩以飞光。玄岫㕏巇，含暮烟而孕影。攒峰竦峭，椝碧雾以舒莲；骇壑澄渊，纫黄舆而涌镜……幽溪积阻，绝岸峥嵘；灵卉森罗，嘉林□伆。疏藤引吹，声含中散之弦；密筱承风，影倾步兵之钵。灵芝挺秀，葛川所以登游；芳桂藂生，王孙以之忘返。珍禽瑞兽，接翼连踪，穴宅木栖，晨趣昏啸。歌莺哢响，绵蛮成玉管之声；舞蝶翻空，飘飏乱琼妆之粉。①

上林：智城洞碑②

此处峰峦起伏，溪水潺湲，植被茂密，珍禽异兽出没，鸟语花香，作者巧妙用嵇康、阮籍、葛洪等历史名人之事来衬托此处风景之吸引人。在他眼中此地是最佳居住之地，“离群弃代之人，或击壤以自娱，时耦耕而尽性……实乃灵仙之窟宅，贤哲之攸居”。此碑留存千年，至今我们仍能感受到作者对智城对家乡的那份热爱之情。

---

① 白耀天：《〈六合坚固大宅颂〉、〈智城碑〉通译》，《广西民族研究》2005年第4期。

② 图片来源于百度。

碧落洞在广东英德市，“在州南十五里，悬石如霓旌羽盖状，洞中有蜕骨，皆勾连，因号为蜕仙台”①。元和六年（811），周夔与友人一道游玩英德碧落洞，撰刻了《到难》一文，文章描写了碧落洞山之奇峭、风景秀丽的特点。“两崖卷束，势合如屋。孱颜百间，开待朝旭。峭然岚壁，宛矣倦躅。羽客霓色，霏绕瑶局。加以上戴霄峰，中流晴溪。碧澜之下，寸寸秋色。若夫崆峒见月于半夜，翠窦有雪于朝日。乳枝凝断而磬落，松籁疏风而瑟缩。不书其奇可知矣！”② 游玩斯洞，作者感叹人间局束，难得如此之游，故以“到难”名篇。良辰美景刻石以兹纪念，作者将美丽的风景、美好的时光、愉悦的心情形诸文字，以期与后来者共享。

英德南山自汉代以来就是极负盛名的游览胜地。元和十一年（816），元杰与其兄元昭肃、僧人智捷一道游览英德南山，元杰撰写了《浈阳果业寺开东岭洞谷铭》一文。文章描写了英德南山美丽的风景，“东岭削成，石莹如玉；冈峦峭竦，岩壁重复。扪藟而升，如造云根。……下临长川，澄波吐澜；烟霞夕收，飞鸟不喧；杳渺逶迤，流注无间。西直巨峪，连嶂如屏；林霭朝翠，岩光昼清；筱荡藏辉，杉松下冥；虚廓寂寥，涵风有声”。南山山峦耸峭，绝壑幽深，古木成林，河水澄澈，生态和谐，幽静美丽。作者对南山风景进行一番描摹之后，感慨道：“信列仙之攸居，岂尘俗之所止哉！”③

为给岭南山水争光，石刻作品中甚至出现了伪托唐人之作。光绪《广州府志·金石略》收录的沈佺期《峡山赋》一文，据陶敏、易淑琼考证，此文是后人伪作。伪托的目的是借名人效应、

---

① ［宋］祝穆：《方舆胜览·卷三十五》，文渊阁四库全书本。

② ［清］阮元主修，梁中民点校：《广东通志·金石略》，广州：广东人民出版社，2011 年版，第 87 页。

③ 同上，第 94 页。

借石刻文字保存久远的特性达到文章流传不朽的目的，为峡山古寺、峡山风景增色。

《峡山赋》作者虽不可考，但文章却是一篇不错的山水美文。作者开篇就讴歌此处为“绝境”，“惟羊城五岭之要冲，清远诸峰之高压，中有绝境，山名曰峡”。接着他描写了峡山风景四时之美，“春木茂兮剪琉璃，春花开兮蔼兰蕙；夏风凉兮来殿阁，秋露冷兮滴松桧；冬炉暖兮新炭酷，岁酌醪兮杯盘美”。春天树木茂盛、鲜花盛开，空气中飘扬着馥郁的花香。夏天凉风习习，殿阁凉爽。秋天可以听松树、桧树水滴之声，可以感受满山秋的气息。冬天围着炉子烤新烧的木炭，就地取材，喝着新酿的美酒，快意无边！他感慨道：“状蓬莱三岛之居，类天阙五云之际。”① 对峡山风景讴歌一番之后，作者又仔细描摹寺庙之盛况与景观。最后意犹未尽，还赋诗一首以纪念：“览遍名山境，无如此峡山。两峰支碧汉，一水抱青湾。松老龙犹在，波澄势自还。烟波笼佛座，风月伴僧闲。骚客吟无尽，良工画想艰。奇哉全福地，今古镇人寰。”② 文章清丽，辞彩华茂，诗歌清秀健朗，共同描写了峡山风景之美丽，表达了作者的喜爱之情。

在这些石刻文章中岭南俨然成了乐土，成了世外桃源，这里风景秀美、林木茂盛、鲜花盛开，是仙人居住之地，是世人渴盼的长生之地。

综上所述，唐代岭南地区山水因自身面貌以及开发程度不一样，居于岭南的士大夫个人境遇与性情不同，他们在不同场景中面对各类山水而创作的岭南山水文学作品呈现出明显二元面貌，

---

① ［清］戴肇辰、苏佩训修，［清］史澄、李光廷纂：《光绪广州府志·二》，收录于《中国地方志集成·广东府县志辑》，上海：上海书店出版社，2013 年版，第 630 页。

② 同上，第 631 页。

石刻文学作品则主要呈现其美丽奇特的一面。

第四节　潮州石刻与韩愈之神化现象

元和十四年（819）正月，韩愈因上《谏佛骨表》触怒唐宪宗，“疏奏，宪宗怒甚。间一日，出疏以示宰臣，将加极法”①(《旧唐书·韩愈传》)。在裴度、崔群等人的救护之下，韩愈被贬为潮州刺史。诏书下达之日，韩愈即刻踏上了贬谪之路。按《公式令》言：“凡陆行之程，马日七十里，步及驴五十里，车三十里。”因此，一般迁官为了赶时间，均不与家人同行。韩愈家人人口众多，除却自己夫人子女外，还有几个叔父家的子女，侄子老成的子女共三十多人，平时靠他护佑，现在突来横祸，一大家子又都受连累，这使得韩愈心怀愧怍②。路过蓝田关，侄孙韩湘赶来相送，韩愈气愤的写下了《左迁至蓝关示侄孙湘》一诗，“一封朝奏九重天，夕贬潮州路八千”。这八千里路程，韩愈走了近七十日。其《潮州刺史谢上表》中提及：“臣以正月十四日蒙恩除潮州刺史，即日奔驰上道，经涉岭海，水陆万里，以今月二十五日到州上讫。”③

韩愈抵达潮州以后，“与官吏百姓等相见，具言朝廷治平，天子神圣，威武慈仁”④，认真负责地履行起地方长官之职责。在潮

---

① ［后晋］刘昫等撰：《旧唐书·韩愈传》，北京：中华书局，1975 年版，第 4200 页。

② 刑军纪：《一代文宗韩愈传》，北京：作家出版社，2016 年版，第 304 页。

③ 郭预衡：《唐宋八大家散文总集·卷一》，石家庄：河北人民出版社，1996 年版，第 233 页。

④ 同上，第 233 页。

州近八个月，韩愈驱鳄除害，发展农桑，释放奴婢，振兴文教，积极有为。时间虽短，他却出人意料的赢得了潮州人民千百年来的顶礼膜拜。韩愈的到来，使得潮州有了自己的文化偶像，潮州文化因此也开启了新的发展篇章，“自昌黎兴教以来，岭东山川久已烂然有光气，士习、民风骎骎日上，无愧海滨邹鲁矣”①。

我们可以从潮州现存石刻中看出历代士人对韩愈极其推崇，潮州百姓对韩愈非常崇拜。历任官员修祠纪念、朝廷褒封，这些都使得韩愈逐渐成了潮州文化的代表，进而成了潮州百姓心目中的神，其影响力远远超过了历代治理潮州的其他官员。

一、石刻中的韩愈形象

曾楚楠《韩愈在潮州》一书比较全面地收录了潮州与韩愈有关的石刻作品，包括碑刻、楹联等，还辑录了历代咏叹韩愈的诗文、史料，整理了潮州与韩愈有关的历史遗迹、民间传说等。再加上《广东碑刻集》《广东通志·金石略》《潮汕金石文征》等文献，我们可以对潮州与韩愈有关的石刻作品进行相应研究。

石刻作品中部分为历代修缮韩愈祠堂的碑文，祠堂庙宇碑文有其基本的写作套路，多会对祀主生平事迹做一定的评价，介绍重修的原因，进而赞美当今的建设者等。当然，这类文章在不同作者笔下呈现出不同的风貌。

潮州祭祀韩愈的祠堂始建于北宋咸平二年（999），陈尧佐因言事被贬为潮州通判，他“修孔子庙，作韩吏部祠，以风示潮人”②。

---

① ［清］张介祺：《乾隆潮州府志·序》，收录于《中国地方志集成·广东府县志辑·乾隆潮州府志》，上海：上海书店出版社，2013 年版，第 2 页。

② ［元］脱脱等撰：《宋史·陈尧佐传》，北京：中华书局，1977 年版，第 9582 页。

陈尧佐在《招韩文公文》中评价了韩愈兴学之功，“昌黎文公愈以刑部侍郎出为潮州刺史，至郡专以孔子之道教民。民悦其教，诵公之言，藏公之文，绵绵焉迨今知学者也”。陈尧佐同时记载了韩愈驱鳄之功，“鱼德公之言，信宿大风雨，率其种类而遁，郡之上下才一舍不居焉，民到于今赖之”①。现在看来，韩愈一篇《祭鳄鱼文》就逼迫鳄鱼迁徙六十里，令人难以置信，但古人偏把这事坐实。《新唐书·韩愈传》中言：“祝之夕，暴风震电起溪中，数日水尽涸，西徙六十里。自是潮无鳄鱼患。”陈尧佐自个在潮州命人捕捉烹杀鳄鱼，却极称赞韩愈文章驱鳄之功。之后，历代修祠者、撰文者，在此基础之上，更是津津乐道驱鳄之事。

这些作者笔下的韩愈是勤政爱民的好官。祖植椿《重修韩祠碑》作于康熙五年（1666），文章回顾韩愈潮州之政，“而公则义命安之，不鄙顽俗，师属赵天水首铎文教，故家吟户诵，多圣贤之典则焉。又虑河水冲浸不常，筑堤延袤数十余里，捍蔽阡陌，民不特居有宁处，且变洼地为膏腴也。暴不可化者为鳄鱼，食禽兽无厌，恒将食人，公以一檄驱之海国”。对韩愈潮州之政绩一一回顾之后，作者又对韩愈在其他地方主政的成绩加以点评，“初为阳山令，报绩之后，民不能扳辕卧辙者，辄以其姓名子；既为河南令，善政犹阳山也；复为袁州刺史，亦犹潮州刺史之卓卓也”②。兵部、刑部、京兆尹任上，韩愈都是积极有为，祖植椿对其政绩称赞有加。

他们笔下的韩愈是百代文宗、儒道复兴的宗师。苏轼《潮州韩文公庙碑》一文称誉为：“文起八代之衰，而道济天下之溺；

---

① 曾楚楠：《韩愈在潮州》，广州：暨南大学出版社，2015 年版，第 75 页。

② 同上，第 115 页。

忠犯人主之怒，而勇夺三军之帅。”① 洪迈《容斋随笔》评价苏轼此文：“刘梦得、李习之、皇甫持正、李汉，皆称颂韩公之文，各极其挚……及东坡之碑一出，而后众说尽废。”② 后人多在苏轼评价的基础上加以演绎。仇昌祚《重建韩文公原道堂碑》中言道：“千载而下，文之妙者首推昌黎。昌黎之文，风行波漪，秦汉以来作者第一，随性效灵。驱役千古，如淮阴之将兵，邓林之伐材，恣其所取而纵横左右，无所不宜。”③ 在仇昌祚眼中，韩愈是秦汉以来数一的作者，这是对“文起八代之衰”的再次诠释。

吴澄《潮州路韩山书院记》评价道：“历唐中世，昌黎韩子出，追踪西汉之文以合于三代，而《原道》之作，直以尧、舜、禹、汤、文、武、周、孔之道，传至孟轲而止，是又为文而有见于道也，岂三代以下文人之所能及哉！”④

他们笔下的韩愈是地方神灵，庇佑一方。祖植椿《重修韩祠碑》中记叙道：“镇海将军王，挂专征之符，用张奇算，举不再踵，歼定祸乱。剑戟之下，存活迁折哀鸿不下二十万。想公俨若之灵，悯念苍生，有不为隐助者哉？”⑤ 作者认为战争的胜利有韩愈的阴助之功，文章撰写于康熙五年（1666），距韩愈守潮近九百年，在祖植椿眼中，韩愈是地方守护神，能给王将军带来福运。苏轼《潮州韩文公庙碑》中言：“潮人之事公也，饮食必祭，水

---

① 郭预衡主编：《唐宋八大家散文总集·卷九》，石家庄：河北人民出版社，1996 年版，第 6413 页。

② ［宋］洪迈《容斋随笔·第九卷》，长沙：岳麓书社，1998 年版，第 69 页。

③ 曾楚楠：《韩愈在潮州》，广州：暨南大学出版社，2015 年版，第 233 页。

④ 同上，第 159 页。

⑤ 同上，第 115 页。

旱疾疫，凡有求必祷焉。”① 苏轼这样写并非信口胡诌。他写作此文，态度是相当认真的。他曾与王涤、吴子野反复讨论韩愈潮州之政绩，如《答吴子野》中提及：“然谓瓦屋始于文公者，则恐不然。尝见文惠公与伯父书云：岭外瓦屋，始于宋广平，自尔延及支郡，而潮尤盛。鱼鳞鸟翼，信如张燕公之言也。以文惠书考之，则文公前已有瓦屋矣。传莫若实，故碑中不欲书此也，察之。”② 于斯可见，苏轼的碑文真实地反映了宋代潮州人已经把韩愈奉若神明。

潮州历史上，无论是贬谪的官员还是本土士人，贤达之士不少。唐代张玄素、常衮、李德裕、李宗闵等人均被贬潮州，他们政事文章均不错，在潮州也积极有为。《粤大记》中称张玄素在潮州：“抚摩困穷，兴建学校，悉心以勤民事。”③ 言常衮：“莅州，兴学教士。潮俗为之丕变，士类尊敬之。”④ 李德裕、李宗闵更是叱咤风云的宰相。韩愈政治影响力不及他们，却能超越这些人，成为潮州文化的代表进而被奉为潮州地方神，这有其深刻原因。

二、神化的原因

（一）韩愈的贡献

韩愈一生在政治、思想、文学上均有建树。政治上，各地方官任上均积极有为，深得百姓爱戴、官员好评。佐平淮西之乱，说服王庭凑归附中央，深得皇帝认可，“元济平，迁刑部侍郎”⑤。

---

① 郭预衡主编：《唐宋八大家散文总集·卷九》，石家庄：河北人民出版社，1996年版，第6414页。

② 同上，第5198页。

③ ［明］郭棐：《粤大记》，广州：广东人民出版社，2014年版，第300页。

④ 同上，第301页。

⑤ ［宋］欧阳修、宋祁撰：《新唐书·韩愈传》，北京：中华书局，1975年版，第5258页。

文学上，韩愈成就卓著，成为百代文宗，备受后代文人崇敬仰慕。苏洵评价韩愈的文章："韩子之文，如长江大河，浑浩流转，鱼鼋蛟龙，万怪惶惑，而抑遏蔽掩，不使自露；而人望见其渊然之光，苍然之色，亦自畏避不敢迫视。"① 元好问言："韩昌黎正大卓越，凌厉百家，唐、宋以来，莫之与京。"② 沈德潜言："佛骨可以烧，鳄鱼可以驱，王廷凑乱可以谕，生平大节何炳如！文能追贾、董还，诗不受李、杜缚。与公为敌者宵人，藉公成名者来学。呜呼！公之精神贯星斗，气夺贲育夫何有，当今谁为写生手?"③ 思想上，韩愈"建立了儒家的道统说，在他的推崇下，孟子在后世的地位基本确立；他突出宣扬《大学》和《中庸》，提倡心性学说。而这些又都是宋明理（道）学的基本特征，韩愈实际上就是理学的鼻祖。由于韩愈在理学上的贡献，他自己也成了道统的一个重要环节"④。

（二）宋人的推崇

韩愈能够成神，这与宋人的推崇关系极大。宋代欧阳修等人复兴古文运动就以韩愈为学习榜样。欧阳修《记旧本韩文后》一文详细记述了韩愈在宋人心目中地位变化的过程。"是时天下学者杨、刘之作，号为时文，能者取科第，擅名声，以夸荣当世，未尝有道韩文者……后七年，举进士及第，官于洛阳。而尹师鲁之徒皆在，遂相与作为古文。因出所藏《昌黎集》而补缀之，求人

① 吴文治编：《韩愈资料汇编》，北京：中华书局，2006年版，第117页。

② 《闲闲公墓铭》，载于《韩愈资料汇编》，北京：中华书局，2006年版，第612页。

③ 《韩昌黎像》，载于《韩愈资料汇编》，北京：中华书局，2006年版，第1131页。

④ 刘晓东、庞慧：《作为文化象征的韩愈与潮州》，《韩山师范学院学报（社会科学版）》1999年第3期。

家所有旧本而校定之。其后天下学者亦渐趋于古，而韩文遂行于世，至于今盖三十余年矣。学者非韩不学也，可谓盛矣”。“韩氏之文、之道，万世所共尊，天下所共传而有也”①。于斯可见，宋初，韩愈文章的影响力较小，经过欧阳修等人的推崇之后，三十年时间形成了“学者非韩不学”的局面，可见韩愈能成为宋人文化偶像离不开欧阳修的大力倡导。苏轼则以“文起八代之衰，而道济天下之溺；忠犯人主之怒，而勇夺三军之帅”来评价韩愈。不仅如此，宋神宗元丰七年（1084），韩愈被追封为昌黎伯，同时被追封的有荀子（兰陵伯）、扬雄（成都伯）。至此，韩愈成了宋代思想界的文化象征。

（三）潮州的拜神文化

韩愈成为整个思想界文化象征的同时，潮州士大夫结合潮州的民风民俗，进一步将韩愈捧上了神坛。潮汕各地存在着成千上万的大小神庙，从古至今，历经兵戎战乱、自然灾害、人为浩劫，建了遭毁，毁了又建。潮人的拜神风俗，从其祭祀对象来说，主要有六个方面：对日月星辰的崇拜、对大地的崇拜、对自然天象的崇拜、对自然物的崇拜、对鬼魂和祖先的崇拜、对古代先贤和民族英雄的崇拜②。潮州人普遍拜神，还造出了“公婆生”这样的孩子保护神、“田元帅”这样的戏神。相对于潮州众多的地方神，韩愈是真实的历史人物，是文化的象征，历代治理潮州的士大夫更是不遗余力地推崇他。

第一个在潮州为韩愈修祠的陈尧佐，“其平生奏疏尤多，悉焚其稿。其他文章，有《文集》三十卷，又有《野庐编》《潮阳编》

---

① 郭预衡主编：《唐宋八大家散文总集 · 卷二》，石家庄：河北人民出版社，1996 年版，第 1538 页。

② 参见：陈汉初《潮汕民间的拜神风俗》，《广东文史》2000 年第 1 期。

《愚丘集》，多慕韩愈为文”①。陈尧佐在潮州学习韩愈为政方式，他“修孔子庙，作韩吏部祠，以风示潮人”②。他捕鳄烹鳄，颇有步驱韩愈之式。

潮州：韩文公之祠③

祠堂建立之后，历代反复修缮，宋哲宗元祐五年（1090），改建后的韩祠命名为“昌黎伯韩文公祠”，苏轼应邀撰写了《潮州韩文公庙碑》。历代官员莅临潮州，多去韩文公祠祭祀，主动主持韩文公祠的修葺工作。他们虔诚祭祀，缅怀先贤。韩文公祠的祭

① 《太子太师致仕赠司空兼侍中文惠陈公神道碑铭》，载于《韩愈资料汇编》，北京：中华书局，2006 年版，第 109 页。

② ［元］脱脱撰：《宋史 · 陈尧佐传》，北京：中华书局，1977 年版，第 9582 页。

③ 图片来源于百度图片。

祀有严格的祭规，我们可以从《太守丁公配享碑记》一文来了解乾隆二十七年（1762）时的情形：“左畔各位神龛各席一筵，共猪羊一副；右畔各位神龛各席一筵，共猪羊一副；蹈海双忠祠席一筵，猪羊一副。共猪四口，每口净重四十斤，定银三两。羊四只，每只净重二十斤，定银一两五钱。席六桌，每座定银四钱，要丰盛。酒烛香钱、吹手、工脚，定银一两六钱。”① 从祭规可以看出韩文公祠祭祀礼仪非常隆重。

三、神化的方式

（一）文人美化

历史上韩愈有些方面颇受后人争议，杨子怡《“韩愈现象”及其文化解读》一文概括为以下几方面：作为思想家，韩愈的学说存在不少矛盾；作为政治家，韩愈的一些主张甚或个人品行也给后人留下了一些议论；作为文学家，他留下了一些可供后人思考的话语②。但在潮州石刻作品中，文人们有意美化韩愈的形象，特地为其辩护。韩愈与大颠交往之事，就成了一桩公案。因谏佛骨表而贬潮州，结果在潮州却与大颠和尚成为好友，书信往来，留衣惜别，这颇受后人非议。彭象升为韩愈辩护，其《重建灵山留衣亭记》一文中言：“韩公以大儒自命，不惮死祸，抗表争论。而大颠于佛法大盛之日，故独穷处海滨，友木石而侣蛇虎。此何异于桃李艳阳之时，守其松柏岁寒之操，不为利疚，不为威服。公与大颠同之。然则，方以内惟公一人，方以外惟大颠一人，而两相契合，莫逆于心，固未为一二流俗人道者，而必拘拘较论于

---

① 曾楚楠：《韩愈在潮州》，广州：暨南大学出版社，2015 年版，第 101 页。

② 参见：杨子怡《“韩愈现象”及其文化解读》，《嘉应大学学报》1999 年第 1 期。

儒释之迹，不亦浅之乎视韩公，亦浅之乎视大颠也哉。”① 彭象升认为韩愈与大颠均为一代高人，惺惺相惜，流俗之人不应拘泥于儒释之别。

韩愈《谏佛骨表》慷慨昂扬，而其《潮州刺史谢上表》则婉转哀伤，连欧阳修都评价道：“每见前世有名人，当论事时，感激不避诛死，真若知义者，及到贬所，则戚戚怨嗟，有不堪之穷愁形于文字，其心欢戚无异庸人，虽韩文公不免此累。”②（《与尹师鲁第一书》）但刘克庄则持不同看法，刘克庄曾通判潮州，又任过袁州知州，对韩愈得民心之深有切身体会。他《潮州修韩文公庙》一文中言：“世或以《谢上表》议公。余曰：方帝怒未解，裴度、崔群不能救，仕进之途穷，庙堂之援绝，他人处此，必怼必躁。否则缘他谬巧，以谋复用，公引咎归美而已，不贤于怒悻悻而去，不向国门而坐者乎？以瘴疠老病，祈哀君父而已，不贤于贻书子公、达函桓温者乎？公不顾其身之万死，而庶几其君之一悟，岂有毫发世念于其间。”③ 刘克庄对比论证，分析韩愈写谢上表时的心态，认为这是韩愈在此处境中采取的较为妥当的解围方式。

潮州石刻作者不仅对韩愈受争议之处加以辩护，更多的是在文章中表达自己对韩愈的景仰之情。刘炜在《重修韩文公庙记》中表达自己对韩愈的仰慕之情，“生忝游圣门，睹公之文章，仰公之道德非一日，常恨不得亲诣庙庭。今幸备员广东，得拜□像，

---

① 曾楚楠：《韩愈在潮州》，广州：暨南大学出版社，2015 年版，第 44 页。

② 郭预衡主编：《唐宋八大家散文总集 · 卷二》，石家庄：河北人民出版社，1996 年版，第 1201 页。

③ 曾楚楠：《韩愈在潮州》，广州：暨南大学出版社，2015 年版，第 128 页。

若登泰山，若拱北斗”①。许锡龄在《韩文公祠堂记》一文中表达了自己多年来对韩愈的仰慕之情，“锡少时读唐史及公文至鳄鱼篇，未尝不掩卷而叹也”。他年少时，读书就被韩愈的为人及其文章打动；仕宦时，“究以不得见公之遗迹为私恨也”；选官时，以得任潮州而庆贺，“乡之缙绅先生及里巷小民啧啧颂公者不可殚记”。“遂于莅州之次日，拜公之祠，瞻公之像，而后乃快然无恨矣”。可见韩愈一直是许锡龄心目中的偶像，无论为文为政，都是他学习的榜样。罢任之日，“锡既罢任，常徒步于公之祠，徘徊不忍去。于将行也，因再拜而书于壁”②。此文创作于康熙四十六年（1707），隔元和十四年（819）都有 888 年了，差不多千年之久，可见韩愈深刻影响了古代的知识分子，他们中许多人如许锡龄这般将韩愈尊为榜样，一生学习效仿。

（二）官方倡导

宋代以前对韩愈的认识和评价，可以《旧唐书》为代表。韩愈生前虽然以文章而闻名一时，他的散文世称“韩文”“无人能过之”，但在刘昫等人看来，“贞元、太和之间，以文学耸动缙绅之伍者，宗元、禹锡而已”，韩愈还算不得第一流的文人③；但经过欧阳修等宋人大力弘扬之后，韩愈成了文化的象征；朝廷褒封，地方修祠，地方官员隆重主持祭祀，兢兢业业于韩文公祠堂的修缮与维护工作。据黄挺统计，从北宋到清代，潮州城的韩祠，更换了好几个地点，修了 43 次，每一次选址、迁址或兴建修葺，都

---

① 曾楚楠：《韩愈在潮州》，广州：暨南大学出版社，2015 年版，第 122 页。

② 同上，第 112 页。

③ 刘晓东、庞慧：《作为文化象征的韩愈与潮州》，《韩山师范学院学报》1999 年第 3 期。

是由地方官倡议或主持[①]。《韩愈在潮州》一书辑录了自宋至清部分修缮韩文公祠堂的碑文。著名文人苏轼、刘克庄、恽敬等人都曾为韩文公祠撰写过碑文。苏轼称韩愈“匹夫而为百世师，一言而为天下法”。刘克庄称：“若夫权位尚微，世代遥远，斯文入人肝脾，去思浃人骨髓，血食数百年如一日，余行天下，惟韩庙为然。”[②] 恽敬言：“今天下三尺童子抱书入塾，即有公辟佛之说据于胸中。”[③] 他们在碑文中讴歌韩愈，颂扬重修官员之功劳。修建祠堂目的是风化世人，往来潮州的士大夫多去参观韩文公祠，参观之际，感慨连连，士大夫们多吟诗作赋以兹纪念，这些诗文作品进一步渲染了韩愈的形象，加强了其影响力。隆重纪念，反复咏叹，千百年来韩愈成了潮州的文化代表，成了潮州人信仰的地方神。

（三）民间追崇

朝廷的褒封、官员的倡导、韩愈自身的政绩等因素都使得韩愈在潮州百姓的心目中拥有无比崇高的地位。“潮州人民遂由尊韩、崇韩而至奉韩、祀韩，韩愈已从唐代一介儒生谪臣，被神化为配享祠庙的百世宗师，俨然成为宋代潮人‘食必祭，水旱疾疫，凡事必祷’的神祇”[④]。

不仅如此，潮州民间还杜撰了不少与韩愈有关的传说。如唐代潮州妇女没有戴头巾的习惯，相传韩愈来后，他认为不合礼教，

---

① 李志贤：《唐人宋神：韩愈在潮州的神话与神化》，《陕西师范大学学报（哲学社会科学版）》2012 年第 2 期。

② 曾楚楠：《韩愈在潮州》，广州：暨南大学出版社，2015 年版，第 128 页。

③ 同上，第 134 页。

④ 李志贤：《唐人宋神：韩愈在潮州的神话与神化》，《陕西师范大学学报（哲学社会科学版）》2012 年第 2 期。

便命令妇女出门时戴乌纱巾遮住头面，乌纱便俗称“韩公帕”。潮州的灰墙瓦屋据说也是韩愈教会而兴建的，这改善了潮州人的居住条件。还传说，韩愈教老寡妇插种薯苗。当然这些传说均是附会，经不起考证，却说明了韩愈对潮州人的生活习俗影响之大。但潮州江山改姓韩，是不争的事实。明人郭子章《韩江　韩山　韩木》一文中言：“自韩公过化之后，江旧名恶溪改曰韩江；山俗名笔架山改曰韩山；木本橡木，改曰韩木。”① 现在潮州市的马路有“昌黎路”，学校有“昌黎小学”，潮州百姓取名效法韩愈的字号。可以说，韩愈影响潮州至深，千年至今，积淀成潮州深厚的韩愈文化现象。

古代石刻作品中许多是有价值的文物，我们从潮州现存古代石刻作品中可以了解韩愈，可以厘清他被神化的原因，韩愈加深了潮州文化的内涵。

---

① 曾楚楠：《韩愈在潮州》，广州：暨南大学出版社，2015 年版，第 155 页。

第二章

宋代岭南石刻文学研究

第一节　概述

与唐代相比，宋代经济文化有了大发展。《中国通史》论道："宋代是中国文化繁荣昌盛的时代。社会经济的大发展和士人地位的空前提高，使宋朝成为中国历史上一个典雅的朝代，在文化艺术的各个领域都取得了突出的成就。"① 在此背景下，岭南地区经济与文化也有了较大发展。虽然在宋代的各个路级行政区划中，广南东路、广南西路依然是远小且末等的路分，但岭南地区在宋代有了较大的发展，却是不争的事实。"从北宋初期的太平兴国年间到北宋中后期的元丰初年，位于岭南地区的广南东路和广南西路人口增长非常快，尤其是广南东路，增幅超过六倍，因而成为人口增速最大的路分之一"②。金强的《宋代岭南谪宦》一书统计

① 卜宪群：《中国通史·隋唐五代两宋》，北京：华夏出版社，2020 年版，第 543 页。

② 金强：《宋代岭南谪宦》，广州：广东人民出版社，2009 年版，第 39 页。

了南宋岭南地区的人口发展情况，该书言道："从统计数字来看，岭南的人口数量较之北宋增长幅度较大。尤其是广西，从绍兴五年到嘉定十六年，人口稳步增长，在不到一百年的时间内，人口增加了十万多户。"① 人口数量的增加是经济发展的表现，在经济发展的基础上，宋代岭南地区的文化建设也有了较大发展。

程民生《宋代地域文化史》一书提到了宋代岭南各地文化发展的情形。(广州)"南宋时发展较大，宋宁宗嘉定年间，与潮州一起'皆号多士'，并出了崔与之、李昴英两位名臣学者"。南雄州，"衣冠文物之盛，殆未尝愧于齐鲁之风也"。静江府，宋宁宗嘉定年间也号称多士；柳州"弦诵为岭南诸州冠"，在广西属于最发达的地方；郁林州（今广西玉林）"良才秀民，好学者多"，有良好的读书风气②。

虽然置诸全国范围来看，在宋代岭南地区依然是最落后地区，且成了安置贬谪官员的首选之地，但相较于唐代而言，岭南地区的经济、文化等都有了较大的发展。在宋代整体重文的背景之下，在本土官员、流寓士人、贬谪官员的共同建设之下，宋代岭南地区各方面都取得了一定的成绩。入岭南的文人因仕宦、生活环境发生了巨大变化，因事感发，他们的文学创作也发生了相应的变化。部分士人创作激情依旧高昂，如："邹浩被编管昭州期间，作诗200多首，数量之多，不仅是贬谪诗人、也是旅桂诗人中之最；孙觌编管象州期间，今存有关诗作近40首；李光谪藤州，有诗20余首；李纲谪海南道经粤西，作诗也有60多首。"③ 可见，岭南

---

① 金强：《宋代岭南谪宦》，广州：广东人民出版社，2009年版，第41页。

② 参见：程民生《宋代地域文化史》，合肥：安徽文艺出版社，2017年版，第92页。

③ 钟乃元：《唐宋粤西地域文化与诗歌研究》，北京：民族出版社，2012年版，第299页。

的生活与境遇在某种程度上刺激了部分士人的文学创作。

从石刻文学创作方面来看，宋代岭南地区石刻作品数量远超唐代。根据《广东通志·金石略》《粤西金石略》《广东碑刻集》《广州碑刻集》《潮汕金石文征》《桂林石刻总集辑校》《桂林石刻碑文集》《中国西南地区历代石刻汇编》以及各地方志所收录的金石作品来统计，我们目前可以统计出宋代岭南石刻作品在1560件以上。其中广东地区（含海南）石刻778件以上，广西地区石刻782件以上。这之中，桂林石刻一枝独秀，《桂林石刻总集辑校》共收录宋代石刻522件。从数量上来看，宋代桂林一地的石刻占宋代岭南地区石刻的33.4%，这印证了清代叶昌炽所言桂林石刻情况："唐宋士大夫度岭南来，题名、赋诗，摩崖殆遍"①，也印证了桂林是目前国内保留宋代石刻最多的城市之论点。从文学角度来看，在这些岭南石刻作品中，诗歌不少于270件，文章不少于361件，题名不少于929件。从类型来看，宋代岭南地区石刻以题名为主，这相比唐代岭南石刻而言有了较大的变化。纵观唐代岭南石刻作品，其类型虽然也包含诗、文、题名等，但作品形态依然以文章为主，也就是说以碑的形态为主。这说明岭南地区的唐代石刻还延续着以往的碑刻传统，以碑的形态存在的石刻作品较多，如王维《六祖能禅师碑铭》、韩愈《柳州罗池庙碑》等。进入宋代，这一情形发生了较大的改变。宋代一方面延续了以往的刻碑传统，另一方面则大大发扬了摩崖刻石之风，且摩崖石刻数量后来居上。这之中的题名基本是刻于山崖、岩洞的石壁之上，这些题名占据了宋代岭南石刻数量中之大部分。分开来考察两广地区，其结论也差不多。现有文献辑录到的广东宋代石刻

---

① ［清］叶昌炽撰，姚文昌点校：《语石》，杭州：浙江大学出版社，2018年版，第62页。

数量分别为：诗歌104件、文章214件、题名460件；广西宋代石刻数量分别为：诗歌166件、文章147件、题名469件。两地中都是石刻题名占大多数，与岭南的整体情形一致。

一、代表景区

从数量上来看，桂林一地宋代石刻数量遥遥领先于岭南其他区域。桂林石刻成为宋代岭南地区翘楚有着多方面原因。

笔者曾在《论宋代桂林石刻兴盛之因》一文中论及宋代桂林石刻兴盛的原因有：宋代激烈的政治斗争导致众多士大夫南来，他们成了创作的主体；在宋型文化影响之下，宋代士人雅爱山水与诗文；在宋代桂林经济文化有了较大的发展，地位有所提升；桂林山水甲天下，名山胜水促进了在桂林的士人诗文创作。源远流长的刻石传统又让士大夫留名山川之心陡增，桂林多山，多石灰岩溶洞，有着良好的镌刻条件①。在此背景之下，宋代桂林石刻繁荣兴盛起来。这表现在名家辈出以及优秀作品不断涌现等方面。

以桂林为代表，宋代岭南地区涌现了一批石刻荟萃之区，这些地方本来山清水秀，加上文人们诗文歌咏、石刻题名点缀、神话传说之美化，逐渐享誉当世。在历史发展进程中，这些地区逐渐累积了深厚的文化，千余年至今，成了岭南地区著名的景区。

桂林之外，广西著名的石刻集中点有：融水真仙岩、北流勾漏洞、宜州会仙山、贵港南山、柳州马鞍山、立鱼峰等。广东有：肇庆七星岩、英德南山、广州药洲、德庆三洲岩等。海南有：万宁东山岭、三亚天涯海角等。

---

① 何婵娟：《论宋代桂林石刻兴盛之因》，《广西教育学院学报》2011年第6期。

上两图，桂林·龙隐岩：摩崖石刻

广西北流市勾漏洞是全国道教“三十六洞天”中的“二十二洞天”。金鉷《广西通志》卷17言：“勾漏山洞有十所：曰灵宝、曰宝圭、曰白沙、曰玉虚、曰韬真、曰普照、曰独秀、曰玉田、曰金龟。或断或连，皆幽奇怪异，迥出人寰。”该书又评白沙洞道：“奇甲天下，此为第一。”①

勾漏洞保存了不少历代士人的题刻，其中绍兴年间施珪重刻的唐代李靖《上西岳书》颇显英雄豪迈之气。宋代王越石、许彦先、刘谊、吕渭、胡槻等人先后游览勾漏洞，在洞中石壁上题名赋诗，他们的作品增添了勾漏洞的人文内蕴。其中胡槻为南宋名臣胡铨之长孙，他在广西仕宦多年。宋宁宗嘉定十二年（1219），胡槻以右文殿修撰经略安抚使知静江，在任四年，有政绩。他曾于庆元二年（1196）游勾漏洞时题诗二首，其二言道：“昼游仍秉烛，朝食忆餐霞。胜践贪穷险，灵迹尚印砂。

① ［清］金鉷修，［清］钱元昌、陆纶纂：《（雍正）广西通志》，南宁：广西人民出版社，2009年版，第332页。

浩歌骇猿鸟，醉墨走龙蛇。”他畅游勾漏胜景之时，触景生情，赋诗纪胜。

北流·勾漏洞

肇庆七星岩因七座石灰岩峰排列状如天上北斗七星而得名，郝玉麟《广东通志·卷十二》言：“连属崧台，七岩列峙，如北斗状。中为石室，岩东为屏风岩、阆风岩。西为天柱岩、蟾蜍岩、仙掌岩。西北为阿坡岩。诸峰皆壁削离奇，嵌空秀峙，沥湖环之，亦端州一奇观也。”① 现今七星岩以峰林、溶洞、湖泊、碑刻、寺观为主体景观，享有“岭南第一奇观”之美誉。

七星岩保留了众多的摩崖石刻，现存唐朝至现代的石刻题勒

① ［清］郝玉麟：《广东通志》，文渊阁四库全书本。

523件，其中唐朝4件、宋朝80件、元朝13件、明朝146件、清朝117件、民国10件、现代109件、年代不详的44件。七星岩宋代的80件石刻作品中，不乏名臣之作。

庆历元年（1041），包拯出任端州知州，在端州任上，包拯两袖清风，离任之际，不携带一方端砚。他曾和同僚游七星岩，刻诗一首："清心为治本，直道是身谋。修干终成栋，精钢不作钩。仓充燕雀喜，草尽狐兔愁。往牒有遗训，无贻来者羞。"① 包拯在诗中坦陈己怀，表达自己为官清正之风；在任内他能做到仓廪充实内心无愧，其个性正直，作风清正，坦坦荡荡，千百年来，备受后人景仰。

岭南地区石刻荟萃之地多为山水名胜之区，经过唐宋士人经营打理、诗文歌咏之后，这些景区名声日著，千百年来至今，成了岭南地区的经典景区。这些景区经典化的过程，既离不开普通士人的经营与歌咏，更离不开名人的咏叹。以苏轼、周敦颐、李纲、胡铨、张孝祥、范成大、朱熹、文天祥等为代表的宋代士大夫刻石岭南山川，因其人格魅力，吸引着无数后人来参观游览、追和创作，使得这些地区名气更增，人文内蕴更为深厚。

二、名家名作

宋哲宗绍圣元年（1094）四月，御史虞策、来之邵等弹劾苏轼："轼凡作文字，讥斥先朝，援古况今，多引衰世之事，以快忿怨之私行。"② 苏轼因此被贬，"遂以本官知英州，寻降一官，未

---

① ［清］阮元主修，梁中民点校：《广东通志·金石略》，广州：广东人民出版社，2011年版，第154页。

② ［清］秦缃业：《续资治通鉴长编拾补》，光绪九年浙江书局刻本，第716页。

至，贬宁远军节度副使，惠州安置”①。苏轼在惠州总共是两年零七个月。绍圣四年（1097），苏轼又被贬儋州（现海南儋州市），居儋时间为三年。苏轼在岭南时间总共是五年零七个月。在岭南期间，苏轼笔耕不辍，创作了350首诗歌，其岭南诗歌，大量叙述个人生活，抒发其复杂情怀。

苏轼被贬惠州之初，经过广州，他特地参观南海神庙，挥笔创作了《浴日亭》一诗，其诗雄浑壮丽，沧桑而深情，表达了饱经沧桑后，豁然顿悟之情怀。此次居留广州期间，苏轼还游览了白云山，他为蒲涧寺题诗《题广州蒲涧寺》：

> 不用山僧道我前，自寻云外出山泉。千嶂古木临无地，百尺飞涛泻溜天。
>
> 昔日菖蒲居士宅，后来檐蔔祖师禅。而今只有花含笑，笑道秦皇欲学仙。②

诗歌展现了苏轼一贯热爱山水的情趣，他在山水之间顿悟自由，寻师问道，俯仰古今，体悟人生，其诗饱含着人生哲理，意蕴深沉。岭南生活期间，苏东坡曾两次游历清远，并在游览峡山寺时题写了《峡山寺诗》一首：

> 天开清远峡，地转凝碧湾。我来无迟速，摄衣步孱颜。山僧本幽独，乞食尚未还。云碓水自舂，松门风为关。溪泉

---

① ［元］脱脱：《宋史·苏轼传》，北京：中华书局，1977年版，第10816页。

② 冼剑民、陈鸿钧：《广州碑刻集》，广东高等教育出版社，2006年版，第204页。

解娱客，琴筑鸣空山。佳人剑公孙，游戏暂人间。忽忆笑云侣，赋诗留玉环。林深不可见，雾雨霾髻鬟。①

苏轼此诗为峡山寺增添了声誉。他岭南期间创作的诗歌既描写了岭南山水风物，又消解了其政治上的苦闷与消极情绪，同时还表达了精研佛老、融合三教、超然自处的人生态度。元人陈秀明评价道："余观东坡自南迁以后诗全类子美夔州以后诗，正所谓'老而严'者也。子由云：'东坡谪居儋耳，独喜为诗，精深华妙，不见老人衰惫之气。'鲁直亦云：'东坡岭外文字，读之使人耳目聪明，如清风自外来也。'观二公之言如此，则余非过论矣。"②

苏轼岭南石刻诗文作品，成了后人热衷追和的作品。胡铨经过峡山寺，特地追和苏轼峡山寺诗歌。刘克庄来到广州白云山，亦作《蒲涧寺》诗一首，感叹道："齐人陈迹此流传，班史苏诗岂必然。"后人参观南海神庙多寻找韩愈之碑、苏轼之诗，以抒景慕之情。苏轼撰写的《潮州韩文公庙碑》汪洋恣肆，气势磅礴，被人誉为"宋人集中无此文字，直然凌越四百年，迫文公（按指韩愈）而上之"（《苏长公合作》引钱东湖语）。黄震说："《韩文公庙碑》，非东坡不能为此，非韩公不足以当此，千古奇观也。"③（《三苏文范》）

苏轼因其卓越的文学艺术成就，非凡的人格魅力，在封建社

① ［清］戴肇辰、苏佩训修，［清］史澄、李光廷纂：《光绪广州府志·二》，收录于《中国地方志集成·广东府县志辑》，上海：上海书店出版社，2013年版，第664页。

② ［元］陈秀明：《东坡诗话录》，清学海类编本，第67页。

③ ［宋］黄震：《黄氏日钞·卷六十二》，元后至元三年刻本，第2276页。

会成了中国知识分子之偶像，他在岭南期间创作的诗文作品影响了岭南地区的文学创作，他成了岭南士人模仿学习的主要对象。岭南地区镌刻的苏轼石刻诗文作品则成了这些地区最吸引人最具魅力的石刻作品。

苏轼之外，陈尧佐、包拯、周敦颐、李纲、胡铨、张孝祥、范成大、张栻、朱熹、真德秀、文天祥等人均是宋代鼎鼎有名的人物，他们或是著名的政治家，或是著名的文学家，或是著名的理学家，他们对其所处时代的政界、文学界、思想界均产生过巨大影响，深刻影响了中国古代文化史。他们在岭南题刻的石刻文学作品亦为精品，其味隽永，值得深入研究。如陈尧佐在惠州题刻的《野吏亭诗》，张孝祥、范成大在桂林题刻的石刻作品，朱熹在桂林题刻的《有宋静江府新作虞帝庙碑》等都具有较高的文学价值。

从数量上来看，宋代岭南石刻作品中题名占大多数，这些宋代题名体现了宋代士人的悠游之道与家国情怀。题名形式虽然简单，却有着较深的文化内蕴。宋代岭南石刻诗歌展现了岭南士人的为政之道，透露了他们的内心世界，展现出了其时岭南地区的文学创作之风。在三百多件碑文作品中，建设类碑刻占总数的三分之一，这类碑刻显现出了典型的岭南地域特征，富含岭南风土人情信息，具有鲜明的时代特性。总的而言，宋代岭南地区石刻作品内蕴深厚，艺术形态多元，展现了这个时期岭南士人之精神风貌，反映了岭南宋代各方面的情况，有着多元的价值，值得我们深入研究。

第二节　宋代岭南建设类碑刻文研究

中国碑的历史源远流长，“东汉时期成为碑这种石刻正式定型的重要时期，而碑一旦定型，便被社会各界广泛应用，赋予它多种用途”①。“碑的用途变得越来越广，所立的碑越来越多，涉及社会生活中的许多领域”②。中国古代各地施工建设，好刻碑纪念，以此出现了系列建设类碑刻。从文体而言，建设类碑文多为记体文。目前学界对宋代建设类碑文中“亭台楼阁记”关注较多，但对岭南地区的宋代“亭台楼阁记”研究甚少。实际上，亭台楼阁只是宋人建设工程中的一部分项目，学校、道路、桥梁、寺庙、宫观、城池等建设工程，宋人同样刻石纪念。《广东通志·金石略》《广州碑刻集》《粤西金石略》《广东历代地方志集成》以及岭南各地地方志等文献收录了宋代建设类碑刻约八十余件。建设类碑刻是宋代岭南碑刻中较有代表性的一类碑刻，这些碑刻既体现了岭南地域特色，又带有鲜明的宋代文章特质，值得探究。目前对于岭南宋代建设类碑刻文章尚缺乏研究，本节尝试对其进行探讨。

一、碑刻文内在意蕴

（一）记载了地域历史变迁

毛华松、张杨珽在《宋代城市楼阁营建思想及其空间布局研究》一文中论及：“楼阁不仅是城市整体创造的重要组成部分，具有控制性、标志性的作用，更是一种文化的载体，地方整体文化形象的重要支撑。”③ 由此而引申，可以说，建设类文章是宋代

---

① 赵超：《中国古代石刻概论》，北京：文物出版社，1997 年版，第 13 页。

② 金其桢：《碑论——中国物质形态特种传统文化研究之一》，《中国文化研究》1994 年第 3 期。

③ 毛华松、张杨珽：《宋代城市楼阁营建思想及其空间布局研究》，《西部人居环境学刊》2016 年第 4 期。

文化的载体，是地域文化形象的重要支撑。岭南地区宋代建设类碑在一定程度上反映了岭南地区的宋代历史风貌。

1. 求治的初期

开宝三年（970）九月，宋太祖令潭州防御使潘美、朗州团练使尹崇珂率军讨伐南汉，宋军进军颇为顺利。次年二月，宋军近迫兴王府，刘鋹出城投降，南汉国灭。宋军入广州，宋朝取得了对岭南的统治权①。战乱初平，人心思定，北宋政府既注重从政治、经济等方面加强对岭南的管辖，还注重从思想上收服岭南百姓之心。鉴于南海神在广州海外贸易史上扮演着重要角色且在岭南百姓心中有着崇高的地位，宋王朝继承唐朝政策，新修南海神庙，特意于开宝六年（973）十月命山南西道节度使掌书记、将仕郎裴丽泽撰写《大宋新修南海广利王庙碑铭》。此文略写建设，重在表达大宋平定岭南之功，展现新朝之威仪，“王师才举，如时雨之降，若大鹏之征。遍海岱而曾匪崇朝，渡南溟而止期一息……下郡百余所，拓土千万里，沿海旧地，尽为□□”②。文章不仅讴歌新朝征服之功，且赞扬抚恤政策，“由是降德音，覃霈泽，系囚未释者，俾其释矣；流人不归者，咸使归之。污俗浊而自清，乱法邪而复正；化犷土为王土，变□民作尧民。众人熙熙，沐皇风如饮醇醴，睹圣政若享太牢”③。文章既颂大宋之威严，又颂宋初岭南之仁政，再通过庄严肃穆的祭祀仪式，加强这种情绪的表达，起到威慑与收服人心的效果。反映了宋政府对刚刚平定的岭南地区的治理之道。

---

① 杨万秀、钟卓安：《广州简史》，广州：广东人民出版社，2015 年版，第 94 页。

② ［清］阮元主修，梁中民点校：《广东通志 · 金石略》，广州：广东人民出版社，2011 年版，第 140 页。

③ 同上，第 140 页。

2. 闲适的中叶

经过初期几十年的建设，到中叶两宋经济都有了长足发展，兼之国内政治稳定，奢靡享乐之风滋生。“南方许多地区存在着奢侈之风，具体说是讲究排场，追求浮华。在饮食、住宅、游乐等方面投入过多的、有的是不必要的财力和精力，只看重眼前的面子和口腹、感官的享受，不计长远，超前消费”①。“其他南方地区也存在不同程度的奢侈风气。如福建福州人热衷于装饰房屋，‘人以屋室巨丽相矜，虽下贫必丰其居’。广东广州人则喜爱游玩，‘其俗喜游乐’。广西的柳州人也是‘喜嬉乐’，与四川相似”②。受时代风气影响，仕宦桂林的官员多雅爱桂林山水，闲暇时光里游山玩水，休闲之余，建设亭台楼阁以助雅兴，表达与民同乐的情怀。李师中《蒙亭记》中言：“桂林天下之胜处，兹山水又称其尤。而在城一隅，荒秽不治，若无人知者。数千百年间，岂天秘地藏不以示人？噫！必有仁智者，然后能乐，盖性情自得之也。”对于蒙亭的建设，李师中是“览而壮之。又因斯民之乐，名其亭而系以诗”③。三十年后，“亭久堙废，而《记》又埋没与崖不少辨”④（黄邦彦《重修蒙亭记》）。知桂州的胡宗回“治桂林凡再期，边境以宁，年谷用登，府舍萧闲，无狱讼以烦听决。乃得游意山水间，穷其所好，搜访其昔所尝闻，今所未曾见者，则伏波岩之蒙亭出焉”⑤。黄邦彦《重修蒙亭记》记载了胡宗回修

---

① 程民生：《宋代地域文化史》，合肥：安徽文艺出版社，2017 年版，第 10 页。

② 同上，第 12 页。

③ 桂海碑林博物馆编：《桂林石刻碑文集 · 上册》，桂林：漓江出版社，2019 年版，第 113 页。

④ 同上，第 159 页。

⑤ 同上，第 158 页。

缮蒙亭之举，也反映了当时人爱游玩之风气，“冠盖追飞，士女笑嬉，马嘶林间，人息木阴，清歌激越，碧天云凝，鼓吹间作，山谷响答”①，一派祥和快乐的气氛。

3. 危急的晚宋

1206年，成吉思汗在漠北建立大蒙古国。经过一系列战争，大蒙古国军事力量越来越强。1267年，忽必烈率军大举南下侵宋。宋朝国势“如江河之决，日趋日下而不可挽”②。晚宋局势日益危急，各地守土之臣，责任重大。淳祐年间，蒙古入侵云南，虎视广西。南宋“朝廷重我南鄙，移师戎之”③。经过筹划，命令武经大夫云拱前往宜州修城，以遏制蒙古南侵之路。黄应德《宜州铁城记》一文记载了淳祐十二年（1252）这次出于军事目的的修城之举。“周遭一千八百余丈，为墙栉如，为门翼如，悉与山相缪。山之前，下瞰龙江，后倚天河。四面形胜，屹然天成，钩冲肉薄，无所施也”④。与此次修城相应，咸淳年间，桂林城也得以大修，其目的也是为了加固城池，防备蒙古。“盖自世变推迁，日以不古，而戎患因之。以极北毡裘之虏，狙伺乎极南雕题之区，变出于昔人之所未尝。则吾之设险守固，亦必增益昔人之所未备。逆其未然而为思患预防之计者，智之事也，因其已然而为深根固本之谋者，仁之术也”⑤（章时发《静江府修筑城池记》）。这两

① 桂海碑林博物馆编：《桂林石刻碑文集·上册》，桂林：漓江出版社，2019年版，第159页。

② 杨万秀、钟卓安：《广州简史》，广州：广东人民出版社，2015年版，第105页。

③ 李楚荣：《宜州碑刻集》，南宁：广西美术出版社，2000年版，第21页。

④ 同上。

⑤ 桂海碑林博物馆编：《桂林石刻碑文集·上册》，桂林：漓江出版社，2019年版，第553页。

篇修城的文章，真实地反映了南宋晚期危急的政治局势。

可以说，建设类碑如同一面镜子折射出宋代各时期的政治、经济、世风之特点，这类文章带有明显的历史印记。

（二）书写了岭南社会情状

1. 发达的海外贸易

广州是海上丝绸之路的发祥地。宋太祖开宝四年（971）平定南汉后，便吸取唐朝在广州设“市舶使”的经验。首先在广州设立“提举市舶司”（提举意为管理，市舶即海船），初由知州兼任市舶使，后由朝廷任命专职官员，负责外贸工作①。两宋时期，中国对外贸易以海上丝绸之路为主，广州成为我国最大的港口。“为了希望私商出海顺利，每年均由政府主持祈风与祭海活动”②。宋朝政府重视维修南海神庙，加封南海神为“南海洪圣广利王”，使出海商人在精神上得到重大支持。南海神庙保存的宋代碑刻，真实反映了宋政府对海外贸易的重视以及当时发达的海外贸易情形。

前已叙及开宝六年宋王朝即新修南海神庙，此次修庙除了昭示岭南百姓新朝之威外，也表明了宋王朝对海外贸易重视的态度。裴丽泽在《大宋新修南海广利王庙碑铭》一文中描述了南海贸易的繁荣，“自古交趾七郡，贡献上国，皆自海沿于江，达于淮，逾于洛，至于南河。故砺砥砮丹、羽毛齿革底贡无虚岁矣！”③ 廖容《重修南海庙记》中描绘为：“异之货，不可缕数，闽浙铜舶奕

---

① 袁钟仁：《广州海上丝绸之路》，广州：广东人民出版社，2016 年版，第 72 页。

② 同上，第 72 页。

③ ［清］阮元主修，梁中民点校：《广东通志·金石略》，广州：广东人民出版社，2011 年版，第 139 页。

(亦）皆重载而至，岁补大农，何啻千万！”① 康与之《创建风雷雨师殿记》中言及：“□南粤置使掌□服诸夷，贸□□□岁□资邦，计数百巨万。胡商海贾以不赀之货，入重译之地，行万里海，必禀命于南海，□□□水之便，然后敢行舟舳。”② 康与之文章既提到了海外贸易带来的巨额利润，又提及了南海神在商人心目中地位的崇高，南海神就是他们心目中的守护神。

在历史传承之中，南海神成了一方的庇护神。陈丰《南海广利洪圣昭顺威显王记》一文中记载了南海神的几次显灵。皇祐年间侬智高寇广州，广州突发飓风，“蛮獠猾二广，暴集三水，中流飓作，闭关渴饮，雨降而足……一夕遁去”。元祐年间新昌起义军攻打广州城，“是日晴霁，忽大晦冥，震风凌雨，凝为冰冱，群盗战栗，至不能立足”③。神宗皇帝时南海神又多次显圣，局势危急时，这些奇怪的天气变化正好腰斩了乱军的攻城计划，当时的地方官员及民众均认为是托南海神的庇荫，因此宋政府极其重视南海神庙的祭祀活动。

皇祐五年（1053），宋王朝特封南海神为“洪圣广利昭顺王”，且规定神像服装之规格、祭祀之礼仪。章望之《重修南海庙碑》文中言：“立夏之节，天子前期致祝册文，命郡县官以时谨祀，牺牲器币，务从法式，罔或不恭，典刑其临。”④ 陈之方《敕祠南海神记》中描述了右谏议大夫、知广州军州事程师孟主持祭祀时的恭敬虔诚之模样，“使人至止，设案具礼，北面拜至再然后敢取敕与祠神之文伏读三四，又再拜……乃命卜人端策揆辰。前事之四日，沐

---

① 冼剑民、陈鸿钧：《广州碑刻集》，广州：广东高等教育出版社，2006年版，第327页。

② 同上，第326页。

③ 同上，第324页。

④ 同上，第317页。

浴斋戒。前事之三日，乘舟以往。牲丰酒醇，豆罍洁严。公冠履剑佩，威仪甚伟。僚吏济济，屏息就次。礼备登阶，祝者宣辞”①。

广州：南海神庙

因南海之地利，广州成了海上丝绸之路的发祥地和文化输出的桥头堡。“到南宋时，不仅海外贸易已成为国库重要的收入来源之一，而且高度发达的宋代文化成果在这一时期也多经阿拉伯人之手漂洋过海西进欧洲”②。可以说，南海神庙系列碑刻反映了岭南文化中的海洋文化特性。

2. 谐和工巧的建筑

邓其生《岭南古代建筑文化特色》一文中言：“岭南得天独

---

① 冼剑民、陈鸿钧：《广州碑刻集》，广州：广东高等教育出版社，2006年版，第320页。

② 吴怀祺：《中国文化通史·两宋卷》，北京：北京师范大学出版社，2017年版，第127页。

厚的地理环境和气候因素，形成了岭南园林历史长、普及广、园艺水平高的特点。总的风格是在拥挤中求畅朗，在流动中求静观，在朴实中求轻巧，在繁丽中求雅淡，空间适体宜人，景观随机应变，设施求实重效，环境浪漫自然。”① 岭南园林的这种注重与自然环境相和谐、浪漫自然的特色，也反映在宋人建构的亭台楼阁等建筑之中。方希觉在英德南山修建的众乐亭，“亭之前跨空为台，高可数仞，名之曰月台。凡经昔人游者，遂因名。而亭之嘉花美木，环植数千本。下临深渊，中横沙渚，远岫屏倚，重城臂回。洞谷之邃幽，檐楹之高下，虽使词人不能写其情，丹青莫能绘其状”②（李修《英州南山众乐亭记》）。南山众乐亭因山而建，为南山自然环境巧妙之点缀，亭子的构建注重与周围景观融合一体。桂林蒙亭的修建，也突出了这一特点：“朱甍翚飞，碧檐云齐，左右绮疏，掀豁洞达；开户而长江来，卷帘而青山入；迎朝曦于前楹，延夕景于后轩”③（黄邦彦《重修蒙亭记》）。这些亭台楼阁既是游人休憩之所，又因其建筑富于美学意蕴，与自然环境和谐一体，本身也成了美丽的景观。

钟振振《宋代城市桥记刍议》一文中言及：“宋代城市桥记中最有意味的文化艺术现象，莫过于宋人对桥梁的设计不仅考虑实用，更能兼顾审美，力图使桥梁与周边的山水景观珠联璧合，相得益彰，以构成所在城市的一道亮丽的风景线。”④ 惠州丰湖西

---

① 邓其生：《岭南古代建筑文化特色》，《建筑历史与理论（第5辑）》，北京：中国建筑工业出版社，1997年版。

② ［清］阮元主修，梁中民点校：《广东通志·金石略》，广州：广东人民出版社，2011年版，第231页。

③ 桂海碑林博物馆编：《桂林石刻碑文集·上册》，桂林：漓江出版社，2019年版，第159页。

④ 钟振振：《宋代城市桥记刍议》，《江海学刊》2014年第1期。

新桥的建设非常注意建筑与自然之协调，展现宋人的这种桥梁设计理念，“覆以危亭，翼以扶栏，飞敞轩豁，万象毕集”①（《惠州重建西新桥记》）。

和谐理念之外，岭南建筑也强调个体的工巧、建筑物本身壮丽的特征，这在寺庙建设中体现得比较明显。曾噩《转运司修南海庙记》言新修之庙：“丹垩之饰，绘画之事，程功竞巧，精至纤缛。”② 李骙《开元寺重塑佛像记》中言：“于是倾胠箧之资，购匠工之巧，再造释迦住世睟容。一铺金碧庄严，增倍前制。”③许钦《大宋广州新会县仙涌山重修地藏院记》：“崇壮坛庙，广峻栋宇，金碧像貌，彩绘廊庑。”④ 王安中《新殿记》记载了柳州所修万寿禅寺：“自变律为禅，乃始大作门堂楼殿，欲以冠冕南方。”⑤ 岭南这些寺庙规划者们尽量寻找能工巧匠来施工，建筑内部讲究装修，丹垩粉饰，壁画巧制，细部构建，使得整个建筑物内部精致，外貌壮丽，凸显金碧辉煌之印象，使信士们一入寺庙之门，即生庄严崇敬之心，即起慈悲航度之感。

3. 多元的信仰

周翠玲《从宗教到迷信——论岭南民间的信仰特质》一文指出：泛神信仰是岭南民间信仰的基本特质，唐宋岭南少数民族的

---

① ［清］阮元主修，梁中民点校：《广东通志·金石略》，广州：广东人民出版社，2011 年版，第 320 页。

② 冼剑民、陈鸿钧：《广州碑刻集》，广州：广东高等教育出版社，2006 年版，第 330 页。

③ ［清］阮元主修，梁中民点校：《广东通志·金石略》，广州：广东人民出版社，2011 年版，第 193 页。

④ ［清］瑞麟、戴肇辰等修，［清］史澄等纂：《广州府志·第二册》，台北：成文出版社，1967 年版，第 655 页。

⑤ 潘晓军：《柳州摩崖石刻》，南宁：广西科学技术出版社，2017 年版，第 26 页。

宗教信仰纷繁复杂、纵横交织。文章进而总结其主要特点有：多神信仰、多层次信仰、功能信仰①。岭南建设类碑反映了岭南人这种多元信仰的特点。

广州·五仙观：张劢《广州重修五仙祠记》

岭南地区最为著名的五谷神，就是广州的五羊仙。五羊神话传说反映了先民自北方携牲畜、稻谷良种南来，落籍岭南的这么一个从渔猎向农耕生产转变的历史进程②。政和四年（1114）十

① 参见：周翠玲《从宗教到迷信——论岭南民间的信仰特质》，《广东社会科学》1999 年第 6 期。

② 陈泽泓：《广府文化》，广州：广东人民出版社，2012 年版，第 342 页。

月，张劢撰写的《广州重修五仙祠记》详细地记载了五羊的传说："初有五仙人，皆手持谷穗，一茎六出，乘羊而至，仙人之服与羊各异，色如五方。既遗穗与广人，仙忽飞升以去，羊留化为石。"广州人世代修祠祭祀五羊仙人。政和三年（1113）张劢主持修祠之后，特意撰写此文，谆谆告诫后来者："维守土之臣，事神治民，皆其本职，矧朝廷命令丁宁如是，其敢弗虔？予且代去，虑来者□不知，又□□之者，谨书以告，期永无废焉。"①

南海海上交通历史悠久，南海神的起源也早。隋朝开皇十四年（594），隋文帝下诏祭四海，于近海处建祠祭祀，在广州南海镇（后称扶胥镇，今黄埔区庙头村一带）建南海神庙。历代帝王对南海神庙迭有封赠②。南海神庙保存的系列碑刻反映了岭南南海神信仰之深、祭祀之虔诚；在众多水神之中，妈祖、龙母被西江流域的民众崇奉较深；这些事迹记载在了当地庙宇建设碑之中。

在中国佛教发展史上，慧能为佛教发展做出了巨大贡献。"慧能站在中国传统文化本位的立场，创立禅宗，在心性义理、修持功夫和成佛境界等诸方面都实现了佛教中国化，这是佛教中国化历程中的里程碑事件"③。六祖慧能一生主要生活在岭南地区。他得法后隐居岭南 16 年，39 岁时在广州法性寺出家受戒，从此在岭南的广州、曹溪、新州等地弘法 37 年。因此，岭南地区禅宗渊源深厚。加上宋朝皇帝多崇奉佛教，宋时岭南佛教得到了长足发展，建设类碑刻反映了岭南地区宋代佛教的一些情况。

---

① 冼剑民、陈鸿钧：《广州碑刻集》，广州：广东高等教育出版社，2006 年版，第 246 页。

② 陈泽泓：《广府文化》，广州：广东人民出版社，2012 年版，第 345 页。

③ 方立天：《慧能创立禅宗与佛教中国化》，《哲学研究》2007 年第 4 期。

赵叔盎《重修广州净慧寺塔碑记》一文中记载了宋朝统治者对佛教的弘扬以及广州地区佛教盛行之状："法从人举，道与世升。国家列圣相承，重熙累洽。以神道设教，人寿跻民。妙严宝乘，用禆皇化……又其风俗，事佛尤谨。仁祠之盛，列刹相望。"① 陈宗礼《六祖大鉴禅师殿记》一文反映禅宗在宋朝的发展之状："大鉴禅师显迹于唐，至我宋益昌。"② 李骙《开元寺重塑佛像记》则记载了六祖与开元寺（光孝寺）之渊源："昔曹溪六祖得心要于黄梅，言旋乔木之邦。尝寓居是寺，讲顿教以悟群迷，于今西偏遗址在焉。"③

儒家学术在宋代有了突破性发展，理学历经"宋初三先生"的开风气的努力，次经"北宋五子"的推演，再经南宋朱熹集其大成，最终由多家合为朱子学说一家，成为思想上的独尊④。理学思想对岭南地区亦产生了深刻的影响，"宝庆三年五月，南雄州始立周子、二程子、朱子之祠于学"⑤。著名理学家真德秀应邀为祠堂的建设撰写了《南雄州新建三先生祠堂之记》。此文借题发挥，表达作者的理学见解，评价四先生的弘扬道义之功。

可以说，宋朝时岭南地区民众信仰多元，无论是儒家思想、

---

① 冼剑民、陈鸿钧：《广州碑刻集》，广州：广东高等教育出版社，2006 年版，第 163 页。

② ［清］瑞麟、戴肇辰等修，［清］史澄等纂：《广州府志 · 第二册》，台北：成文出版社，1967 年版，第 691 页。

③ ［清］阮元主修，梁中民点校：《广东通志 · 金石略》，广州：广东人民出版社，2011 年版，第 193 页。

④ 王立：《宋元文化简史——理学与意趣》，北京：北京出版社，2017 年版，第 21 页。

⑤ ［清］阮元主修，梁中民点校：《广东通志 · 金石略》，广州：广东人民出版社，2011 年版，第 334 页。

道家思想、佛教思想、民间信仰等都深刻影响了其时的岭南社会，岭南建设类碑文对这些均有不同程度的反映。

（三）描画了地域风光

在唐宋士人眼中，岭南为瘴疠之地，刘恂《岭表录异》中言："岭表山川，盘郁结聚，不易疏泄，故多岚雾作瘴。"① 岭南历史上山高林密，天气燠热，瘴雾缭绕，土地贫瘠，再加上山林之中的毒蛇猛兽，为土地垦殖、农业开发增添了不少障碍。另外岭南处于大陆的最南端，距离人口稠密的中原地区路途遥远。这些因素都使得岭南被北方人视为不适宜居住的区域②。

虽然唐宋时期中原士大夫普遍视岭南为畏途，但生活在其间，他们逐渐发现了岭南山水之美，进而在各类记体文章中不吝其词地对岭南山水加以描摹赞美。

治平二年（1065），知邕州的陶弼发现并开发了灵山三海岩，撰文纪念。其《题三海岩》中言："道由兹山，爱其林交水回，岚嫩石瘦……"③"岚嫩石瘦"一词描写得惟妙惟肖，给人印象深刻。陈尧佐在惠州时，"酷爱其四顾溪山景物尤胜，创亭于城之上，目曰'野吏'"④（黄仲通《惠州野吏亭诗》）。在李修眼中，英德南山美景无限，乐趣颇多，"古木连络，藤萝下垂；□猿遐攀，汀鹭群立。兀坐幽石，尘劳顿捐。以至酌乳水以煎云，临钓

---

① ［唐］刘恂撰，商壁、潘博校补：《岭表异录校补》，南宁：广西民族出版社，1988 年版，第 22 页。

② 金强：《宋代岭南谪宦》，广州：广东人民出版社，2009 年版，第 37 页。

③ 刘运熙、李敏中纂修：《民国灵山县志》，收录于《广东历代方志集成》，广州：岭南美术出版社，2006 年版，第 587 页。

④ ［清］阮元主修，梁中民点校：《广东通志·金石略》，广州：广东人民出版社，2011 年版，第 170 页。

矶而烹鲜；胜通天之万象，嗤碧落之到难”① （《英州南山众乐亭记》）。惠州丰湖重新修桥之后，建筑之胜、自然之美相互增色。“西则梵宇祠宫，崔嵬辉焕；东则城市井邑，空蒙掩映；南北则峰峦洲渚，随境献状；俯仰则禽鱼飞泳，水天互明。环湖山之景，如在几席间”。鉴义《海珠慈度寺记》一文则描写了广州海珠寺附近壮丽的海景：“西江之水，澎湃漩洑而回澜；东海之潮，奔趋汹涌而收浪。绿树排秀，远山送青；渔灯半夜，见星灯而明灭；谯楼将晓，闻画角以悲鸣。”②

汪森《粤西丛载》中言：“范成大称桂山之奇，为天下第一。即衡岳、庐阜、雁荡、黄山，皆不及也。”③ 王正功则称：“桂林山水甲天下，玉碧罗青意可参。”④ 桂林山水在宋代士人眼中具有天下第一之美。宋时的亭台楼阁等建设类碑文同样描摹了桂林山水之美。黄邦彦《重修蒙亭记》中写道：“若乃晴霞散彩，野色澄鲜；徘徊徙倚，挟光景而凌青霄；危峰叠嶂，拥翠拔秀；雾霭蔽亏，云气吐吞，顷刻万变。则有羌笛载弄，眩听乎长风之杪；飞鸟疾过，决眦乎秋毫之末。又若雨收平芜，波拍长堤；红蕖飘香，绿蒲逞姿；惊涛怒翻，白鸥出没；辘轳砰轰，桂楫轧轧；远汀孤屿，水烟摇漾；乾坤浮沉，上下无际。则有高桅巨帆，驾浪乎千里之外；渔舠钓艇，夷犹乎湓浦之上，使人心兴，超然自得，

---

① ［清］阮元主修，梁中民点校：《广东通志·金石略》，广州：广东人民出版社，2011 年版，第 232 页。

② ［清］瑞麟、戴肇辰等修，［清］史澄等纂：《广州府志·第二册》，台北：成文出版社，1967 年版，第 689 页。

③ ［清］汪森：《粤西丛载》，南宁：广西人民出版社，2007 年版，第 719 页。

④ 桂海碑林博物馆编：《桂林石刻碑文集·上册》，桂林：漓江出版社，2019 年版，第 432 页。

泠然若将御风而远举。”① 此文描写桂林山的美丽形态、水的变化多姿，又描写了植被之美、动物之活泼、人物之行动、渔舟之航行，整幅画面生动、灵活、美丽而富有朝气。

二、碑刻之文学特色

从文章写作方面来看建设类碑文，这类文章有共同的基本要素。卢挚《文章宗旨》中言：“夫记者，所以纪日月之远近，工费之多寡，主佐之姓名，叙事如书史法，《尚书·顾命》是也。叙事之后，略作议论以结之，然不可多，盖记者，以备不忘也。”② 这类文章需要交代清楚建设的基本过程：缘起、主持者、建设过程、建后之效果等。宋人写作建设类文章时，多借题发挥，大发议论，表现了宋代散文好议论的特点。

（一）叙议结合、以议为主

关于宋代记体散文好发议论之风，古人及当今不少学者有过阐述。陈师道《后山诗话》言：“退之作记，记其事耳。今之记乃论也。”吴讷赞成陈师道这种看法，他说：“迨至欧、苏而后，始有专以议论为记者，宜乎后山诸老以是为言也。”③ 岭南建设类碑文具有典型的宋代散文特征，在处理“记”与“议”两者关系时，多是略写“记”，重在“议”。

元祐七年（1092）三月，受潮州知州王涤之请，知扬州军州事、充淮南东路钤辖的苏轼撰写了《潮州韩文公庙碑》一文。文章以议论开头，开头两段汪洋恣肆，在历史发展之中评价韩愈，

---

① 桂海碑林博物馆编：《桂林石刻碑文集·上册》，桂林：漓江出版社，2019年版，第159页。

② ［明］吴讷著，凌郁之疏证：《文章辨体序题疏证》，北京：人民文学出版社，2016年版，第162页。

③ 同上，第162页。

言其："文起八代之衰，而道济天下之溺，忠犯人主之怒，而勇夺三军之帅。"① 作者高度评价了韩愈在学术、文学上的成就，并对韩愈被贬的遭遇给予了极大的同情。文章大发议论之后，再叙写韩愈在潮州的政绩，指出韩愈得民心之深。"潮人之事公也，饮食必祭，水旱疾疫，凡有求必祷焉"。稍作叙事之后，苏轼再驳斥他人"其不眷恋于潮也，审矣"的错误见解。整篇文章议论精深、内蕴浑厚、潜气内转、神采奕奕，成了碑文中的名篇。

淳熙三年（1176），广南西路经略安抚使兼知静江府的张栻重新修缮桂林虞山的舜帝祠。作为广西最高行政长官的张栻，在桂林毁淫祠，推行儒家正统信仰，此次修缮舜帝祠就有这番政治目的。张栻特意请好友著名理学家朱熹撰写文章。朱熹《有宋静江府新作虞帝庙碑》一文以记叙开头，交代了张栻重修虞帝庙之事，叙事之后，文章巧妙通过张栻主持祭祀之时所说之话，来表达作者的见解。"天降生民，厥有常性。仁义礼智，父子君臣，爰及昆弟，夫妇朋友。是曰天叙……慈孝于家，仁敬于邦，友弟刑妻，取人与善。从容巨细，各极其极，如规之圆，如矩之方，使凡天下后世之为人伦者，莫不取则"②。文章明显是在借题发挥，表达朱熹自己对于人伦道德的看法，希望借此碑文向世人传达正统的伦理道德规范。文章明显带有理学家之文重"道"的特点。

---

① ［清］阮元主修，梁中民点校：《广东通志·金石略》，广州：广东人民出版社，2011 年版，第 223 页。

② 桂海碑林博物馆编：《桂林石刻碑文集·上册》，桂林：漓江出版社，2019 年版，第 358 页。

桂林·虞山：朱熹《有宋静江府新作虞帝庙碑》局部

在宋代岭南建设类碑文中极少有不发议论者，多数文章是叙议结合，稍微交代修缮过程之后，即以议论为主，表达作者之看法，评价工程之功绩，这类文章体现了宋代散文好议论之风。

（二）匠心独运、工于剪裁

杨庆存言："在宋代散文的诸多体裁样式中，宋人对于'记'体的发展、改造和创新最为引人注目。"① 岭南建设类碑文从文体

① 杨庆存：《宋代散文研究》，北京：人民文学出版社，2002年版，第193页。

而言多属于“记体文”，在文章立意与材料的剪裁上各具匠心，颇显宋代记体文之创新特点。

英德南山圣寿禅寺于元丰七年（1084）七月新修水车一架，于工程而言这是件不大的事情，但寺庙方郑重其事，特托碧落子（石汝砺）为文以纪之。这篇《南山圣寿禅寺水车记》行文简短，第一段叙事，记载修水车之事，新水车运转之情况：“修筒抗波，徐徐满引，连连而上，如龙卷□，□举而尾随，灌注堂厨，水事以济。”文章第二段巧妙借水车运水之事，来比拟体悟佛法之道，取喻非常巧妙。“水，法体也；湿，法性也；车，法轮也。一切法界，情与无情，皆同我体。本一法性而融万法，怙我法轮而得运转，使无住著”①。高深精妙的佛理，经过这番形象比喻之后，变得通俗易懂。第二段采用主客对话体，借车与水的关系来表达修炼体悟佛法的过程，此篇文章行文立意别出心裁。

南宋名臣崔与之为东莞东岳行宫的建设撰写了《重建东岳行宫记》一文，文章重在塑造张勋的人物形象，表彰其在东莞的功劳。围绕这一中心思想，作者对各项材料进行了裁剪。文章行文非常简洁。开头交代“祠已久而废，为之宰者夺于簿领之繁，束于财用之乏”，张侯来之后，“撙节浮费，才数月，而公帑充牣。于是访诸属里，有今当营缮而昔病未能者，咸与新之。以故，百废俱兴”。文章采用前后对比手法，突出了张勋行政能力之强。文章简略交代了修祠的过程，仅用“乃鸠工度材，相其故址而加敞焉。规模宏深，丹雘辉焕，塑绘悉备，森列乎神之左右”这两句就交代过去。后面突出张勋之家世，其为张浚之侄孙、张栻之侄子，家学渊源深厚。其本人又“守魏公忠亮之节，而又亲承南轩

① ［清］阮元主修，梁中民点校：《广东通志·金石略》，广州：广东人民出版社，2011年版，第210页。

诚敬之学，此心所存，毫发无歉，复有何求于神哉!”① 从整篇文章来看，立意鲜明，围绕中心来行文，略写建设，不谈宗教话题，但言张勋政绩、为人及家世。文章虽简，却塑造了鲜明的人物形象，显现了作者的裁剪功夫。

宋人在这些建设类碑文的创作上可谓下足了功夫，从文章立意、材料选取、结构安排、艺术手法等方面精心运作，因此这些文章呈现出较高的艺术水准。

（三）文辞简练、工整稳健

王水照《宋代文学通论》中论及宋代记体散文曰：“到了宋代，记体散文才大展丰采，不仅前代已有的题材继续得到了充分发展，而且开辟出不少新领域，在作品的立意、格局、视角和语言诸方面，也大变于唐。”② 岭南建设类碑文中不少篇章语言简练、健劲，使得文章呈现出工整稳健之风。

李修撰写于绍圣二年（1095）的《英州南山众乐亭记》一文以点评开头，给予了英德南山较高的评价，“度庾岭而南，惟九韶之石为天下最。峦阜秀拔，接于真阳，而南山之致尤为殊绝”。第二段文辞凝练、健劲，特意采用四字句式来描绘南山美丽之景，“拊击寒石，钟鼓磬响；乳窦风穴，千怪万状。以至步飞霞岭，立栖云洞，攀缘危磴，遂履危地。下视千里如指掌间者，熏风亭也”③。作者用简练的文句描绘了南山洞奇、路险、景美之特点。整篇文章叙事由远及近，由唐至宋，从大处写到细处，全文叙事

---

① ［清］瑞麟、戴肇辰等修，［清］史澄等纂：《广州府志·第二册》，台北：成文出版社，1967年版，第683页。

② 王水照：《宋代文学通论》，开封：河南大学出版社，2005年版，第440页。

③ ［清］阮元主修，梁中民点校：《广东通志·金石略》，广州：广东人民出版社，2011年版，第230页。

平稳，议论中肯，呈现出稳健的文风。

丘允《仙弈山新开游山路记》记载了柳州仙弈山新修道路之事，文章刻意学习了柳宗元为文峻洁、凝练的特点。如叙仙弈山之景，引述柳宗元原文曰："山之西可上，其上有穴，穴有屏，有室，有宇。其宇下有石，如肝、肺、茄房、人、禽、器物者甚众。"又曰："北出其上，有石枰，黑肌而赤脉，十有八道，可弈，故以云。"① 文章采用了群喻手法，以人的器官比喻石头的形状，以房屋比喻洞穴，打比方形象生动，给读者深刻的印象。全文总共一段，文字颇少，内容却丰富，既交代了仙弈山之景，又交代了建设的过程，同时还交代了修建后市民游玩之情形。整体而言，行文叙事从容不迫，稳健有法。

曾噩《转运司修南海庙记》一文描绘了广州南海神庙重修的过程："重门侠庑、前殿后堂，巨而楹栋，细而宲桷，坏者易之，缺者补之。上瓦下甓，环诸列楹。既葺既治，中外一新。丹垩之饰，绘画之事，程功竞巧，精至纤缛。"② 此部分特意采用四字句式，简明扼要地交代建设过程。多句型的排列，又使得文章整齐有法，流利工整，一气呵成，给人健劲明快之感。

建设类碑文因其要刻石并公之于众，宋人对这类文章的写作较为重视，主修者或邀请当世著名文人或邀请寓居岭南的著名文人来写作，如苏轼、王安中、朱熹、崔与之等人均创作了相应作品。当然大多数作者并不见之于文学史，但他们的作品共同展现了宋代散文的时代风貌，体现了较高的艺术水准。

综上所述，岭南宋代建设类碑文承载了岭南地区宋时的历史

---

① 潘晓军：《柳州摩崖石刻》，南宁：广西科学技术出版社，2017 年版，第 24 页。

② 冼剑民、陈鸿钧：《广州碑刻集》，广州：广东高等教育出版社，2006 年版，第 330 页。

事件，书写了岭南社会情状，描画了地域风光，具有深厚的内涵。这类文章文辞简练、工于剪裁、好发议论，文风工整稳健，体现了宋代散文之艺术特质。

第三节　宋代岭南石刻题名研究

题名是中国古代石刻中的重要类型，其形式简短，自由灵活。石刻题名自唐代始渐具文人情味。相比唐时岭南存世极少且多简略纪名的石刻题名而言，岭南宋代石刻题名进入了飞跃发展时期，其数量大增。根据各类文献可辑出岭南宋代石刻一千五百件以上；岭南地区宋代石刻有代表性，不仅数量占优势，质量亦上乘。如桂林是现今国内保存宋代石刻最多的地区，叶昌炽《语石》言："唐、宋士大夫度岭南来，题名、赋诗，摩崖殆遍。"① 从类型上来考察这些宋代石刻，题名占其大部分。石刻题名篇幅极其简短，主要镌刻游玩者姓名、日期，有到此一游、刻石纪念的意思。在众多石刻作品中，其文学审美性较弱，但简短的石刻题名在宋人笔下变得形象丰满，意蕴独特。

一、题名之因

岭南风景名胜区多为宋代石刻荟萃之区。桂林市宋代石刻分布较多的地点为：龙隐岩、还珠洞、普陀山各山洞、七星山、南溪山、水月洞。融水真仙岩、北流勾漏洞、柳州马鞍山宋代石刻亦不少。"清远之峡山寺，英德之南山碧落洞，乐昌之泐溪石室，连州之巾山燕喜亭、大云洞，潮州之金山，德庆州之三洲岩，皆

---

① ［清］叶昌炽撰，姚文昌点校：《语石》，杭州：浙江大学出版社，2018年版，第62页。

宋人题名之处”①。这些石刻集中之区自宋至今多为游览胜地。宋人的石刻作品为名山胜水增添了人文内蕴，山水与人文相得益彰，魅力倍增，名气更显。闲暇时光里，宋代士人好流连于山崖水滨，畅享山水之乐。

（一）节日休闲

宋代“宽松的社会政治环境、优厚的生活待遇与崇文、尚理、尊雅、行乐的文化气氛等为宋代士大夫的休闲生活提供了极佳的政治社会空间与文化心理空间”②。宋初，太祖赵匡胤“杯酒释兵权”，劝导开国将军们多置歌儿舞女，日饮酒相欢，以终其天年。开国皇帝对休闲享乐的鼓励与提倡深刻影响了有宋一代风气，加之宋朝“右文”的国策、不杀士大夫的规定、丰厚的俸禄、宽松自由的文化环境等助长了宋代士人的游冶之风。节日假期则给了士人充分的休闲时间。

宋代节日历朝有所调整，如每位皇帝诞辰均设圣节，宋太宗为“寿宁节”、宋高宗为“天中节”、宋孝宗为“会庆节”等。宋神宗元丰五年（1082），祠部重定节日休假制度：“岁凡七十有六日。元日、寒食、冬至各七日，天庆节、上元节、同天圣节、夏至、先天节、中元节、下元节、降圣节、腊各三日；立春、人日、中和节、春分、社、清明、上巳、天祺节、立夏、端午、天贶节、初伏、中伏、立秋、七夕、末伏、社、秋分、授衣、重阳、立冬各一日。上中下旬各一日。”③ 我国许多传统节日在宋代趋于定型，每逢佳节，举国同庆同欢，呈现出游玩活动范围扩大化和普

① ［清］叶昌炽撰，姚文昌点校：《语石》，杭州：浙江大学出版社，2018 年版，第 61 页。

② 赵玉强：《优游之道——宋代士大夫休闲文化及其意蕴》，上海：上海古籍出版社，2017 年版，第 413 页。

③ 魏华仙：《宋真宗与宋代节日》，《中华文化论坛》2007 年第 2 期。

遍化的新特点①。岭南地区同样受到了浓郁的节日文化熏陶。

于宋代士大夫而言，岭南虽为畏途，但长期生活于斯，他们发现了其山水之美，渐而也纵享节日之欢。李劲等五人端午节出游桂林南溪山白龙洞，题名："长沙李劲正臣、胡持正雅叔、唐嵘次山、朱佐君辅、萧时仁元之，景定甲子端阳憩此。"② 乾道元年（1165）九月廿二日（会庆节），张孝祥、张维等人游玩刘仙岩，题刻："提点刑狱公事延平张维、经略安抚使历阳张孝祥，以会庆节祝圣寿于西山资庆寺。饭已，登超然亭。遂游中隐岩、白龙洞、刘公岩以归。客：长乐郑颙、江文叔、黄杲、临川吴镃俱来。"③ "会庆节"是宋孝宗的诞辰，作为广南西路经略安抚使的张孝祥率领僚属"祝圣寿于西山资庆寺"，顺路游玩各处。乾道九年（1173）重阳节，范成大与家人、朋友一起游玩七星岩，"乾道癸巳重九，吴人章潭邃道、范成大至能，携家同登七星山，遂游栖霞、水月诸洞"④。淳熙丁酉（1177）中元日，"李景亨、徐体仁、刘景仁来游龙隐岩，乐水石之胜，徜徉久之"⑤。淳熙庚子（1180）重阳，梁安世与韩廷玉、但能之、陈颖叔游七星山，梁安世兴致勃勃填词一首。淳熙庚子（1180）中秋日，梁安世与刘焞"会于灵隐亭，登舟贯龙隐，得雨甚凉。溯流酌癸水亭上，醉荷香而归"⑥。

每月的旬假，士大夫们也是快乐悠游。淳熙乙巳（1185）正

---

① 余敏芳：《论宋词与节日民俗》，湖南师范大学硕士学位论文 2002 年，第 7 页。

② 桂海碑林博物馆编：《桂林石刻碑文集·上册》，桂林：漓江出版社，2019 年版，第 546 页。

③ 同上，第 305 页。

④ 同上，第 341 页。

⑤ 同上，第 369 页。

⑥ 同上，第 382 页。

月中浣，“桐庐詹体仁、三山林德隅游龙隐、曾公、栖霞、弹子诸岩洞。天霁气和，徜徉终日，第宪车行郡，不得同此乐也”①。淳祐丁未（1247）季秋中浣，“长洲陈信伯、苕溪朱应元以幕府休暇，自癸水泛舟来游龙隐。流泉怪石，天巧地灵，老桂晚芗，风清日美，人世之仙境也”②。可以说，宋代士人充分利用了节日余暇，畅游山水，调整身心，刻石题名，甚为舒畅。

（二）公务宴饮

北宋士大夫优越的生活条件、前所未有的尊贵身份和地位以及其文化教养所产生的不同凡众的高雅情趣，都使他们对园林美景和山野情趣的娱乐方式十分倾心③。南宋士大夫与北宋士大夫一样，追求园林美景与山野情趣。于他们而言，在青山绿水之间宴饮更能彰显主人之热情，更好畅叙离情别绪。

寓居桂林的士大夫十分喜爱桂林美丽的风景，他们给予了桂林山水极高的评价。范成大评“桂山为天下第一”，王正功言“桂林山水甲天下”。范成大撰写了《桂海虞衡志》一书，详细介绍广西各处山水名胜。其中“龙隐岩”条曰：“龙隐洞、龙隐岩。皆在七星山脚，没江水中。泛舟至石壁下，有大洞门，高可百丈。鼓棹而入，仰观洞顶，有龙迹夭矫，若印泥然，其长竟洞。舟行仅一箭许，别有洞门可出。岩在洞侧，山半有小寺，即岩为佛堂，不复屋。”④ 龙隐岩是寓居桂林的宋代士大夫必游之地，因而此处

① 桂海碑林博物馆编：《桂林石刻碑文集·上册》，桂林：漓江出版社，2019年版，第374页。

② 同上，第528页。

③ 罗敏：《北宋亭记研究》，长沙：湖南人民出版社，2015年版，第25页。

④ ［宋］范成大：《桂海虞衡志》，载于《范成大笔记六种》，北京：中华书局，2019年版，第96页。

镌刻的石刻数量较多，享有“桂海碑林”之誉。

宋代士大夫喜游龙隐岩，连迎来送往之宴会，也常在龙隐岩及其周边开设。元符庚辰（1100）五月十九日，“新定许端卿中甫雅有岩洞之好，被召归刑曹，鄱阳程节信叔、历阳张景温敏直、全魏董遵守道酌别于此。而中甫眷眷有惜去之意”①。许端卿工作调动，作为地方最高行政长官的程节率领同事们饯行，因许端卿喜好岩洞，程节特意将饯别之宴设于龙隐岩，这颇让许端卿眷恋难舍。“宋景通将赴石龙，黄继道、董全老解官宪幕，王师孟、詹元简邀方稚川、刘孟公饯别于翛然亭。饭罢，游龙隐岩，过栖霞洞，登山临水，离思黯然。抵暮，还湘南小酌”②。宋景通将离桂，众人饭罢，游玩龙隐岩、栖霞洞，离思满怀。

漓江边伏波山，“山东划江，岩亦东向。自非风雨晦冥，初景微射，光烛岩室，渐晃潭壑，孤峰群木，如出潭里，亦岩居川观之丽瞩也”③。伏波山修筑有八桂堂，此为宋代官方宴集之所，士大夫们宴会之余，常刻石还珠洞以兹纪念。绍兴四年（1134）十月二十一日，“孙仲益自蒙亭还晋陵，桂帅率二漕宪车饯于八桂堂。刘立道、陈景渊、董令升、赵少隐”④。有时，饯行之宴安排在伏波山上的蒙亭，“路分程子立披命西邕兼将，黄忱君锡饯别于蒙亭。时：元符己卯孟夏既望”⑤。

---

① 桂海碑林博物馆编：《桂林石刻碑文集·上册》，桂林：漓江出版社，2019年版，第167页。

② 同上，第268页。

③ ［明］张鸣凤著，杜海军、阎春点校：《桂胜·桂故》，北京：中华书局，2016年版，第56页。

④ 桂海碑林博物馆编：《桂林石刻碑文集·上册》，桂林：漓江出版社，2019年版，第243页。

⑤ 同上，第165页。

雉山风景秀丽，岩洞萦曲，“倚山南望，见漓挟阳江与弹丸、南溪诸水，浩漾长迈，澜萦滩迅，缥绿天际，翂翂然欲起，即揽云于苍梧，观涛于南海也”①。宋人经常在雉山宴饮，如“潮阳刘方明自蜀还乡，道过桂林，拏舟东下，府帅张公渊道饮饯于雉山”②，“肥乡胡彦温，以职事约东提盐会议苍梧，桐庐詹体仁招三山熊景瞻饮饯于雉山之禊亭”③。至明朝时雉山的禊亭、青罗阁均已毁，张鸣凤感叹：“有宋诸公当日宴集禊亭、青罗阁，今皆不知所在。”④

（三）同乡聚会

宋人眼中的岭南是化外之地、瘴疠之乡，南宋周去非《岭外代答》一书中“瘴地”条记载道：“岭外毒瘴，不必深广之地。如海南之琼管，海北之廉、雷、化，虽曰深广，而瘴乃稍轻。昭州与湖南、静江接境，士夫指以为大法场，言杀人之多也。若深广之地，如横、邕、钦、贵，其瘴殆与昭等，独不知小法场之名在何州。尝谓瘴重之州，率水土毒尔，非天时也。”⑤ 周去非曾在钦州、桂林等地任职多年，非常了解岭南风物，其笔下之瘴疠如此可怕。岭南是宋代安置贬官的首要之所，“宋代谪宦之人，载入史籍者达499人次，其中《宋史》明确记载的谪宦约230人次，以致陈瓘戏曰：‘岭南之人见逐客不问官高卑，皆呼为相公，想是

---

① ［明］张鸣凤著，杜海军、阎春点校：《桂胜·桂故》，北京：中华书局，2016年版，第31页。

② 桂海碑林博物馆编：《桂林石刻碑文集·上册》，桂林：漓江出版社，2019年版，第258页。

③ 同上，第373页。

④ ［明］张鸣凤著，杜海军、阎春点校：《桂胜·桂故》，北京：中华书局，2016年版，第31页。

⑤ ［宋］周去非：《岭外代答》，上海：上海远东出版社，1996年版，第83页。

见相公常来也。’”①

在岭南瘴疠之乡为官，士子们之间多了份互相关爱之情，同乡之间更觉缘分难得。镌刻于山崖的题名，记载了几次同乡聚会的盛事。《徐梦莘弹子岩题记并诗》记载道：“江西乡人同仕于广右者十有二，李蹊成叔、郭有凭克诚、潘修文叔、李石韫玉、徐梦莘商老、王璪季文、张坦明仲、蔡诜子羽、陈公璟师宋、魏沐熏父、王思咏咏之、孟浩养直。淳熙重光赤奋若仲秋中浣，讲乡会于湘南楼，过弹子岩题名。”徐梦莘其时职务为“主管广西转运司文字”，他与江西同乡们旬假相聚，畅叙情谊，相互勉励，“愿言各勉旃，事业要辉光。他日先上道，富贵无相忘”②。宋宁宗庆元四年（1198），仕宦于桂林的江西士人举行了一次聚会，董世仪、王琨等 19 人参加，“庆元戊午正月八日，集松关之翛然亭，既而拏扁舟延缘过龙隐，为水石更酌，及暮，登新桥以归”③。士大夫们舟游漓江，酌酒龙隐，畅享聚会之欢、山水之乐。绍定四年（1231），仕宦于桂林的福建士人举行了一次聚会。“吾闽衣冠甲天下，游宦于桂林者一时为盛。经幕三山卓樗子用，绍定辛卯菊节会同里二十有一人……联辔湘南，登千山，憩簪带，挹栖霞七星之秀。薄莫，舍策泛舟，由龙隐涉訾洲，夷游水月之下把酒赋诗，人物与众山俱清，情无涯而乐亦无涯也”④。这一天的活动安排相当丰富，登山临水，把酒赋诗，既热闹又雅致，他们游玩的是桂林经典景区，组织者可谓相当用心，此次聚会让人印象深刻。

---

① 侯艳：《唐宋历史地理与诗歌地理中的岭南》，《广西社会科学》2014 年第 11 期。

② 桂海碑林博物馆编：《桂林石刻碑文集 · 上册》，桂林：漓江出版社，2019 年版，第 389 页。

③ 同上，第 422 页。

④ 同上，第 496 页。

（四）家庭游玩

儒家有所谓“五伦”：父子有亲、君臣有义、夫妇有别、长幼有序、朋友有信，这是五条人生大道。这五条人生大道，按照儒家讲，是一条也不能少的①。“修身、齐家、治国、平天下”是深受儒家文化影响的士人之责任，在家侍奉双亲、教育子女、操持家业这既是常人之责，更是饱读诗书的士大夫们需处理好的人生大事。全家出游，共赏山水，于士人们而言是天伦之乐。

梁才甫（1046—1123），字子美，山东东平人。绍圣三年（1096）以朝散郎提点广西刑狱，累官至户部尚书。绍圣三年十二月初一日，梁子美全家游龙隐洞、寿宁寺，刻石纪念。“东平梁才甫挈家自东岩泛舟至此，遂游寿宁”②。韩公辅、韩公密旬假日侍奉父母游南溪山，政和辛卯（1111）季春旬休日，“公辅、公密侍亲游春来此”③。

政和二年（1112）三月二十七日，唐晋德全家游玩了龙隐岩、白龙洞、雉山等，每一处都刻石纪念。“政和二年三月二十七日，南郡唐晋德携家游。钢、铢、铨、锡侍行”④。刻石之时，唐晋德特意将四个儿子姓名全刻上。冯才叔、练山甫等人也很看重儿孙留名，“洛阳冯才叔携家游龙隐，晚自东禅以归。政和甲午五月二十五日，男：泰兑侍行”⑤。“建安练山甫补之，宣和乙巳寒食前二日携家来游。男：谕、宗衮、宗元、宗尹，孙：�侍行。甥：

① 童庆炳：《文体与文体的创造》，北京：北京师范大学出版社，2016年版，第294页。

② 桂海碑林博物馆编：《桂林石刻碑文集·上册》，桂林：漓江出版社，2019年版，第161页。

③ 同上，第199页。

④ 同上，第204页。

⑤ 同上，第211页。

潘希孟奉命书。男：宗夔继至”①。

开禧元年（1205），赵纲官满，离任之际，全家尽情游玩桂林各处，半个月后才启程。“东南十二正将赵纲官满挈累东归，舣舟岩下，半月解维。随侍次男承节戣，幼男载，小孙应震、应时。时：开禧改元季春下浣，婿盱江谢梦龙承命识。是日，吴志平饯行”②。

从这些石刻题名来看，宋代士大夫比较重视全家一起游玩，侍奉双亲，教育子女，团结亲朋，和睦、温馨的家庭是每一位游宦他乡的士子心中之港湾。以上原因之外，士人们因个人游宦，走过路过，兴之所至，题名刻石者亦不少。

二、题名之艺术

徐师曾《文体明辨序说》论及题名：“题名者，纪识登览寻访之岁月与其同游之人也，其叙事欲简而赡，其秉笔欲健而严，独《昌黎集》有之，亦文之一体也。”③ 岭南宋代石刻题名展现了宋人在石刻题名上制作之匠心。

（一）文句简短明了

石刻题名主要是刻上姓名以兹纪念，其内容写啥看似无关紧要，但宋人在石刻题名的文句安排、内容裁剪上颇费匠心。

治平元年（1064）仲冬廿七日，余藻、孔延之、姚原道、丁镩四人游玩桂林，“自寿宁院抵庆林观，少休风洞，上登栖霞洞。却下，漾檝泊龙隐岩，肴觞啸咏，日薄西渡。提点刑狱余藻质夫因书

① 桂海碑林博物馆编：《桂林石刻碑文集·上册》，桂林：漓江出版社，2019年版，第220页。

② 同上，第437页。

③ 徐师曾：《文体明辨序说》，北京：人民文学出版社，1998年版，第146页。

游览之胜，刻于崖右”[①]。简短题名中叙事非常清晰，以游踪为线索，概述一天游玩之事，四字句式交杂使用，文短而意无穷。

题名中使用四字句型的不少，桂林石刻中如：“淳熙辛丑（1181）夏六月望，天台王清叔约客于西湖之上，程伯庄、徐商老、张明仲、刘传朋、张子真、李伯寅、魏熏夫、王咏之凡八人。于时背夏涉秋，老火益壮，萦舟丛薄，少憩是间。觞行笑歌，声动岩谷，夕景西下，冷风袭人，殊不知有暑气。兹游甚乐，书以记时。”[②] 简短几句既交代了天气情况，又畅叙人物的活动、时间变化以及个人感受，可谓极得为文简要之道。

宣和七年（1125）六月初十日，杨损、尚安国等六人游桂林曾公岩，“相与遍游岩洞。登超然，过八桂，升雉山，探风穴，入栖霞，扪七星。濯缨于伏波，烹茶于灵隐，酌酒曾公岩中，泛舟妙乐堂下。自戊申至庚戌凡三日，而后历览物外胜游，一段佳事也”[③]。此题名中主要用三字句来记述行踪，“登超然，过八桂，升雉山，探风穴，入栖霞，扪七星”既叙行踪又叙游玩畅快之感，动词、名词搭配极其妥帖。“酌酒曾公岩中，泛舟妙乐堂下”六字句形成对仗，让行文富于变化。

嘉定五年（1212）六月下浣，时任广西转运判官的管湛携家出游，“括苍管湛携家登千山观，泛西湖，访朝阳、北牖、潜洞，憩百花洲、招隐亭、相清阁。积雨初霁，农事丰成，民物熙然，相与共乐”[④]。此题名罗列各处景点，形成二字句、三字句、四字句交互使用的艺术效果，既整齐又流畅。

---

① 桂海碑林博物馆编：《桂林石刻碑文集·上册》，桂林：漓江出版社，2019 年版，第 121 页。

② 同上，第 388 页。

③ 同上，第 223 页。

④ 同上，第 445 页。

（二）辞藻华美精工

宋人撰制题名时非常注重遣词造句。华美精工的文辞配上漂亮的书法，使题名成了精美的石刻艺术品。

绍兴五年（1135）三月初十日，赵少隐约客，“少隐置酒翛然，会公弼、景渊、明辅、似矩。饭罢，挐舟绝溪，游龙隐岩，酌乳泉，煎沉水，解衣盘薄久之。过栖霞，晚复集天宁”①。题名中，动词、形容词用得非常漂亮。“会、挐、游、酌、煎、解、过、集”等动词精准、凝练。“绝、乳、沉”等形容词形象生动，仅30字概括了一天的活动内容，可谓言简意赅，字字珠玑。

隆兴元年（1163），王过赴任郁林知州，途经桂林特地携家游玩七星岩，其题刻中言：“由曾公岩入栖霞洞，傍行邃穴，窈窕数里不能极其涯。既出，相羊石扉，宴坐终日，有野云飘素练，群峰耸苍壁，超然顿忘俗虑，信壶中有天，语非虚诞。又疑飞空步雾，乘风驾鹤而来，想海岛蓬宫不异此也。”② 王过在江浙仕宦二十年，见多了名山胜水，此次初见桂林山水，感叹为“海岛蓬宫”。此题名文辞生动活泼，“飘、耸、飞、步”形象地写出了云之姿态、山之高峻以及作者之感受。

在众多题名中，李彦弼的题名比较别致。“李彦弼，字端臣，庐陵人。才藻横放，恒自拟李翰林白，然撰制特尚新奇，亦其癖也。在桂当程氏父子之间，作《湘南楼》《八桂堂》《筑兑州》三记，皆侈丽可观”③。如张鸣凤所言李彦弼的石刻作品“文辞侈丽，特尚新奇”。

---

① 桂海碑林博物馆编：《桂林石刻碑文集·上册》，桂林：漓江出版社，2019年版，第246页。

② 同上，第302页。

③ ［明］张鸣凤著，杜海军、阎春点校：《桂胜·桂故》，北京：中华书局，2016年版，第293页。

其作品如："曹圣延、黄彦舟、刘秉文、李端臣，蹀青骢、并绿杨，撷芳洲，挹沧澜，与春工相忘无何乡。政和丁酉绝烟节"①。这则题名写法比较别致，一般题名内容为记名、叙游踪兼记事，这则题名中压根就不提游玩之地，"蹀青骢，并绿杨，撷芳洲，挹沧澜"，只选择诗意化物象进行叙述，似实似虚，表达无边快意；文辞华美精工，诗意盎然。李彦弼雉山题名，如出一辙，"端臣、适用联欂，凌颢景，款幽丛，岑然吸酪奴，为无方游，维摩丈室，盖自生白"②。其元风洞题刻为："宜春曹迈圣延、庐陵李彦弼端臣，凌商衢、绝湍桴，挟随车之滂润，探空穴之薄肤，于是匕云子，瓯酪奴，订文囿之菁英，研道枢之虚无，恍契夫御寇之泠然，欻翱乎寥阳之清都"③。此两则题名中，"酪奴"乃茶之别称，南北朝时，北魏人不习惯饮茶，而好奶酪，戏称茶为酪奴，即酪浆的奴婢。"匕云子"指的是"吃饭"，"匕"指勺、匙之类的取食用具，"云子"即白米饭。李彦弼故意不用喝茶、吃饭等平常辞藻，用"商衢、湍桴、云子、酪奴、道枢"等富含意蕴之辞藻，凸显其制作题名之别出心裁。

（三）意境清新美丽

范成大《复水月洞铭并序》中记载："水月洞，剜漓山之麓，梁空踞江，春水时至，湍流贯之。石门正圆，如满月涌，光景穿映，望之皎然，名宾其实旧矣。"④ 水月洞隶属象山，形象地说，即象山的"大象鼻子"入水之处形成的天然溶洞。因形状独特，矗立漓江之中，象山成了现今桂林的城市徽标。

---

① 桂海碑林博物馆编：《桂林石刻碑文集·上册》，桂林：漓江出版社，2019年版，第183页。

② 同上，第182页。

③ 同上，第184页。

④ 同上，第340页。

桂林象鼻山：范成大《复水月洞铭并序》

宋代士大夫好游水月洞，尤其是月夜来赏，韵味更浓。“淳熙乙未岁中秋日，广汉张敬夫约长乐郑少融、玉牒赵养民同游水东诸岩。薄莫，自松关放舟泊水月洞。天宇清旷，月色佳甚，因书崖壁以纪胜概”①。淳熙二年（1175）中秋晚上，广南西路经略安抚使兼知静江府的著名理学家张栻和朋友们一道来游水月洞，“天宇清旷，月色佳甚”，八字让人体味到江山与人物之清丽。张栻在桂多治绩，“所部荒残多盗，栻至，简州兵，汰冗补阙，籍诸州黥卒伉健者为效用，日习月按，申严保伍法。谕溪峒酋豪弭怨睦邻，毋相杀掠，于是群蛮帖服。朝廷买马横山，岁久弊滋，边氓告病，而马不时至。栻究其利病六十余条，奏革之，诸蛮感悦，争以善

① 桂海碑林博物馆编：《桂林石刻碑文集·上册》，桂林：漓江出版社，2019年版，第353页。

马至”①。张栻政务余暇，纵游桂林山水，现存桂林的他的6件石刻作品，展现了其雅爱山水之情怀。

绍熙元年（1190），时任广西转运使的朱晞颜和朋友冒雨访水月洞，“延陵吴宗旦宜之、新安朱晞颜子囦，冒雨泛舟游朝阳洞，以访水月。水色正碧，洞月宛然，无异望冰轮于云峰缺处，举杯酹月乃还”②。水色澄碧，洞如满月，“无异望冰轮于云峰缺处”，况味自出，于是“酹月乃还”，文人之雅，风景之美，更显清新美丽之境。

药洲位于广州越秀区，是五代时期南汉王朝的南宫御苑旧址，湖上建洲，洲中置石，园林水石布置，风致天然。北宋嘉祐七年（1062），余靖出任广南东路经略安抚使兼知广州，他下令将广州的南宫故址和风景点加以整饬维新，开放给海外商贾、贡使和平民百姓，药洲第一次成为官民共乐、中外游客共享的名胜之地。自此之后，游玩药洲士人更多。

乾道二年（1166），邬大昕来游，刻石：“长乐灵溪之源，楚相颍川之裔，乌飞于左，春藻其旁。有宋乾道，岁在丙戌，药洲之滨，携筇放逸，曜石星罗，镵之以笔。”③ 是日，天气甚好，春暖花开，“乌飞于左，春藻其旁”，作者“携筇放逸”，乐趣融融，题刻纪念。题名虽片言只语，整体韵味却佳，风景之丽、人物之雅、意境之美跃然纸上。

---

① ［元］脱脱等撰：《宋史·张栻传》，北京：中华书局，1977年版，第12773页。

② 桂海碑林博物馆编：《桂林石刻碑文集·上册》，桂林：漓江出版社，2019年版，第395页。

③ ［清］阮元主修，梁中民点校：《广东通志·金石略》，广州：广东人民出版社，2011年版，第296页。

三、题名之内蕴

王国维言：“天水一朝，人智之活动与文化之多方面，前之汉唐，后之元明，皆所不逮也。”① 宋代士人尚雅，日常生活中饱含雅趣，石刻题名也表现出盎然雅趣和丰富情韵，展现了他们生活中的悠游之道。

（一）悠游之道

1. 茗饮休闲

中华茶文化源远流长，至唐代饮茶成了士人日常生活之事，宋代饮茶之风遍及百姓。王安石《议茶法》中言：“夫茶之为民用，等于米盐，不可一日以无。”宋代的士大夫不仅把茶作为一种日常化的生活方式，更将之视为一种体现高雅情趣的休闲方式，一种充满艺术品位的存在方式②。士大夫登山临水，饱览河山秀色，徜徉大自然之中，品瓯清茶，感觉更好。熙宁七年（1074），张覲等人游玩龙隐洞，“熙宁甲寅六月八日同寻回穴山，饭于是岩。酌石乳之溜，试郝源新芽，香、色、味相得皆绝。叹赏数四，遂同舟以游风洞”③。张覲等人汲取石乳之滴水以煮茶，极其用心。郝源茶非常名贵，“郝源”是“壑源”的谐音，壑源邻近北苑，其茶仅次于北苑，在宋代享有盛名。宋子安《东溪试茶录·序》言：“四方以建茶为目，皆曰北苑。建人以近山所得，故谓

---

① 王国维：《宋代之金石学》，收录于《王国维遗书》，上海：上海书店出版社，2011 年版，第 70 页。

② 赵玉强：《优游之道——宋代士大夫休闲文化及其意蕴》，上海：上海古籍出版社，2017 年版，第 76 页。

③ 桂海碑林博物馆编：《桂林石刻碑文集·上册》，桂林：漓江出版社，2019 年版，第 131 页。

之壑源。”[①] 登山临水之际，品尝名贵新茶，感觉极爽，品茶为此次游玩活动增色不少。淳熙戊申（1188）十月丁卯，邹非熊等人游玩药洲，题名为：“邹非熊宗望、菅湛之天步，自葛仙洲煮茶，景濂堂采菊，药谷捞舟，九曜石下摩挲前贤题刻而去。”[②] 煮茶、采菊、划船、观赏前人题刻，雅趣无穷。

我国的酒文化不仅源远流长，而且在所有的饮食文化中是最富有诗意和浪漫气息的创造。历史上，大凡诗人都与酒结下不解之缘[③]。宋代酿酒业发达，周密《武林旧事》卷六《诸色酒名》共列酒名五十多种，曰：“点检所酒息，日课以数十万计，而诸司邸第及诸州供送之酒不与焉。盖人物浩繁，饮之者众故也。”[④] 无论茶与酒，都是宋代士大夫表达情思理趣的重要媒介，二者不可偏废，共同构成了他们诗情画意而又儒雅风流的人生[⑤]。

绍兴九年（1139）二月，连南夫等人游玩药洲，“药洲春水新涨，小舟初成，连南夫鹏举、林正明甫、周利见君遇、王勋上达、晁公迈伯咎，载酒同游”[⑥]。春天药洲之水初涨，连南夫等人乘舟载酒来玩，风景之美，酒味之香，尽在不言中。詹文举等人游药洲时，“两乘晦沐，追真率高踪，载酒以游，相羊竟日。饮阑

---

① ［清］陆心源：《皕宋楼藏书志》，清刻潜园总集本，第1169页。

② ［清］阮元主修，梁中民点校：《广东通志·金石略》，广州：广东人民出版社，2011年版，第315页。

③ 唐康、尹厚梅：《“但得酒中趣，勿为醒者传”——历代酒诗管窥》，收录于《中国历代赋酒诗》，长沙：湖南文艺出版社，1993年版，第1页。

④ ［宋］周密撰，［明］朱廷焕增补：《增补武林旧事》，北京：当代中国出版社，2014年版，第180页。

⑤ 赵玉强：《优游之道——宋代士大夫休闲文化及其意蕴》，上海：上海古籍出版社，2017年版，第89页。

⑥ ［清］阮元主修，梁中民点校：《广东通志·金石略》，广州：广东人民出版社，2011年版，第279页。

磨崖，聊纪良集”①。詹文举等人，载酒游玩整天，兴致勃勃，摩崖纪念。茶、酒增添了宋人游山玩水之雅味，琴书则增添了其雅趣。

2. 琴书之乐

宋代的士大夫在日常生活中追求风雅，普遍对琴棋书画、金石收藏、赏花蹴鞠等趣艺活动充满兴趣，这类趣艺休闲展示出宋代士人们高雅的韵致与审美情趣，成为他们生活方式中独具魅力的方面②。

吕愿忠，字叔恭，河南洛阳人。绍兴二十三年（1153）九月，以右承议郎、直秘阁代知静江府兼主管广西经略安抚司公事。在桂林期间，吕愿忠雅爱桂林山水，题名各处。其读书岩题名言道：“访颜氏读书岩，瀹茗鼓琴，裴回久之。”③ 独秀峰下读书岩旁喝茶、弹琴，山相依，琴相伴，作者趣味之高雅可见一斑。

绍兴八年（1138），胡铨上书乞斩秦桧与参政孙近、使臣王伦等，引起秦桧忌恨。胡铨被贬岭南，“桧以铨狂妄凶悖，鼓众劫持，诏除名，编管昭州，仍降诏播告中外。给、舍、台谏及朝臣多救之者，桧迫于公论，乃以铨监广州盐仓。明年，改签书威武军判官。十二年，谏官罗汝楫劾铨饰非横议，诏除名，编管新州”④。秦桧死后，胡铨量移衡州。经过茂名灵湫岩时，胡铨和林

---

① ［清］阮元主修，梁中民点校：《广东通志·金石略》，广州：广东人民出版社，2011 年版，第 281 页。

② 赵玉强：《优游之道——宋代士大夫休闲文化及其意蕴》，上海：上海古籍出版社，2017 年版，第 155 页。

③ 桂海碑林博物馆编：《桂林石刻碑文集·上册》，桂林：漓江出版社，2019 年版，第 289 页。

④ ［元］脱脱等撰：《宋史·胡铨传》，北京：中华书局，1977 年版，11583 页。

上飞等一道游玩，“仙溪林上飞升卿、江西刘德骥彼称、徐樗丐才、胡铨邦衡同游龙湫。湖南李澈彦澄后至。酒三行，策茗碗勋，弹《清江操》，欢不足而适有余天”①。虽历经宦海风波，但游玩起来，胡铨等人忘情于山水，在美酒、音乐之中乐享闲情。

广州·药洲：陈畴题名

宋人对书画、金石之爱好亦体现在题名之中。米芾于熙宁六年（1073）游玩药洲，题刻“药洲”与《九曜石》五绝诗一首。米芾其人，癫狂清迈，书艺雄视古今，其药洲题刻成为药洲镇园之宝。嘉熙三年（1239）己亥元巳，陈畴来参观米芾题字，“九仙野叟陈畴少锡泛舟仙湖观仙掌石，摩挲藓刻，诵米南宫诗‘奇哉’”②。米芾题字的这块石头堪称瑰宝，为了保护它，后世尤其是晚清士人可谓费尽心思。

广州南海神庙是古代祭祀海神的场所，始建于隋朝开皇年间，历经千年沧桑，神庙内留存了许多珍贵碑刻，享有“南方碑林”之誉。其中韩愈撰文、陈谏书丹的《南海神广利王庙碑》历来备受重视。另外苏轼游南海神庙时题写了《浴日亭》诗一首，其诗刻于石，保存在南海神庙。韩愈、苏轼两位大文豪兼书法家的作

---

① ［清］阮元主修，梁中民点校：《广东通志·金石略》，广州：广东人民出版社，2011 年版，第 289 页

② 同上，第 340 页。

品，引发了无数后人追慕。“端平丙申三月，清江彭铉诣祠蒇祀事，登浴日亭，访韩碑，诵坡句，摹本而归，刻名碑阴。时庐山胡泳与其季浤偕行”①。彭铉等人追访前贤碑刻仍不过瘾，非得“摹本而归，刻名碑阴”，才满意而去。

3. 诗文之趣

岭南在唐宋士大夫眼中，虽为极边瘴疠之乡，但其独特的山川风貌、人情物产等逐渐改变了宦游此地的士大夫之观念，久居此地，士大夫们纵情山水，吟诗作赋，石刻题名中洋溢着诗文之趣。

曾布字子宣，曾巩之弟，“惠卿参大政，置狱举劾，黜布知饶州，徙潭州。复集贤院学士、知广州。元丰初，以龙图阁待制知桂州，进直学士、知秦州，改历陈、蔡、庆州。元丰末，复翰林学士，迁户部尚书”②。哲宗朝，擢同知枢密院事。徽宗即位，以定策功，拜尚书右仆射③。曾布贬谪岭南期间，游山玩水，颇为快活。

元丰元年（1078），曾布以起居舍人、龙图阁待制出任广南西路经略安抚使、知桂州。元丰二年（1079），曾布与刘谊、陈倩、苗时中、刘宗杰、彭次云、齐谌一道游玩桂林普陀山时发现一个岩洞比较奇特，“岩之前，有石为之门。屈曲而入，则流水横其中，碧乳垂其上，周环四视，其状如雕镌刻镂，殆出于鬼工而不类于融结者也。公于是拂石求前人之迹，则未尝有至者焉”④

---

① ［清］阮元主修，梁中民点校：《广东通志·金石略》，广州：广东人民出版社，2011 年版，第 339 页。

② ［元］脱脱等撰：《宋史·曾布传》，北京：中华书局，1977 年版，第 13715 页。

③ ［清］厉鹗：《宋诗纪事》，上海：上海古籍出版，1983 年版，第 505 页。

④ 桂海碑林博物馆编：《桂林石刻碑文集·上册》，桂林：漓江出版社，2019 年版，第 140 页。

(《曾公岩记》)。因此岩尚未有前人题刻，曾布兴致高，特命名为"曾公岩"，此岩因人而出名，自此成为桂林一著名岩洞。命名曾公岩之后，曾布等七人各自赋诗一首，以兹纪念。七首诗讴歌山水之胜，赞扬曾布之功，鼓励彼此为政，诗风稳健，情感昂扬。

士大夫们游山玩水，或吟诗作赋，或题名作记，乐趣满怀。吕愿忠游玩中隐岩、白龙洞、清秀山、华景洞、隐山六洞、读书岩等处，既题名又赋诗，石刻题名成了其诗歌之跋尾。如其《中隐岩诗并记》：

> 护田绿水转山樊，滴翠群峰列巨杉。洞外僧蓝侵斗汉，涧边人迹隔仙凡。
>
> 深深云谷春长在，寂寂松扉夜不缄。此处得名爰自我，要须题作吕公岩。
>
> 假守吕叔恭游中隐岩无名洞，坐客鄱阳朱国辅云："此洞未有名，因公而显，欲名曰吕公岩。"予未敢披襟，而刘子思、陈朝彦皆曰："甚当。"戏书五十六字，镵于石壁间。绍兴甲戌季春七日。①

题名中交代事情原委，一如曾布，吕愿忠也为岩洞命名，这些无名的山川岩洞经过士大夫命名、诗文侵染之后，具有了独特的人文韵味，注入了人的精神内涵，拥有了美丽情韵。宋代士大夫流连于岭南山水之间，诗酒唱和，题名品鉴，赋予了岭南山水崭新的人文内蕴。

（二）家国之情

中国古代士人的主流精神主要体现在两个方面：一是家国情

① 桂海碑林博物馆编：《桂林石刻碑文集·上册》，桂林：漓江出版社，2019年版，第282页。

怀。他们以天下为己任，忧国忧民，勇于担当。二是重名节、讲骨气。他们自认为是儒家道统的承续者和维护者。一旦仕途失意，他们便拂袖而去，高蹈林泉，放浪形骸；宁可世外穷处，也不委屈自己的身心，始终保持着自己独立的文化人格。石刻题名既展现了宋代士人高蹈林泉的一面，又展现了他们浓烈的家国情怀。

1. 家族情深

在岭南石刻题名中，有几组题名为同一家族成员所镌。大体上是父辈在岭南任职多年，政绩不错，勒石山川。几十年后儿孙辈重回岭南为官，故地重游，岁月飞逝，前人不在，感叹深沉，情感浓郁。

元符二年（1099）九月初一日，张寿之赴任广南西路兵马都监兼知廉州军州事，赴官合浦，道经桂林，与其四子“光祖、光嗣、光弼、光庭”游玩龙隐洞，特题刻：“寿之赴官合浦，道出桂林，游龙隐岩。伏睹先君经略龙图留题，不胜悲感。”① 其父张田曾任广南西路经略安抚使，于龙隐岩摩崖刻石《龙隐岩》诗一首，诗中“至人不得无情处，甘泽年年洒百城”一句表达了其治理好地方之决心。此次，张寿之特地带领儿子前来参观父亲遗迹，既有追缅之意，更有教育儿孙之心。

宋徽宗时期，王祖道主政广西，因招抚黎人有功，升为显谟阁待制，进龙图阁直学士，召为兵部尚书。五十一年后，绍兴丙子（1156）十月初五日，其子王孝先仕宦桂林，“转运判官王孝先来游，恭睹先公经略尚书旧志，惊岁月之逝，感风木之悲，挥涕而书，谨勒诸石”②。“惊、感、涕”三字感情非常强烈，表现

---

① 桂海碑林博物馆编：《桂林石刻碑文集 · 上册》，桂林：漓江出版社，2019 年版，第 165 页。

② 杜海军：《桂林石刻总集辑校》，北京：中华书局，2013 年版，第 182 页。

了王孝先对五十一年岁月流逝之惊叹，对父亲逝去之叹惋，父子情深，看到父亲的题名，禁不住涕泪滂沱。

桂林·龙隐洞：王孝先题名

《桂故·卷五》中记载：“陈畴，其父昭嗣，淳熙间通判静江。时畴未冠，侍昭嗣宦邸，亲见昭嗣每从詹帅仪之游，及畴自知永州为广南西路转运判官，经水月洞，览仪之与昭嗣题名，感伤追记。”① 陈畴的父亲陈昭嗣淳熙年间通判静江时，陈畴随居桂林。绍定三年（1230），陈畴任朝散大夫兼广南西路转运判官，再度来桂。陈畴出游，“登桂岭四望，簪带宛然，白云何在？情已不能自胜！岁余，幸所部相安，得以暇日携累辈游水月洞，细睨悬

① ［明］张鸣凤著，杜海军、阎春点校：《桂胜·桂故》，北京：中华书局，2016 年版，第 306 页。

崖上有詹公与先公所识岁月，愈怆然于中”①。陈畴感伤无比，当面告诉儿子陈成之其祖父之功德，“今日能挈汝以游此者，先训之力也”。陈畴缅怀父亲之际，不忘训导儿子要学祖父为政之道，展现了浓烈的“齐家”意识。

曾宏正请游似为其父曾三聘撰写神道碑并刻于龙隐洞，显然是要让父亲扬名天下，让后世人永远纪念。百年之后，其后人曾天骥来桂林整理先人的石刻，时为元朝，虽已改朝换代，曾天骥仍眷眷于先祖功业，重视家族渊源，体现了浓厚的家族情感。这些石刻题名反映了宋人浓烈的家族意识，行文之中，情感充沛。

2. 朋友情真

“知者乐水，仁者乐山”，千百年来，山水滋润着无数士人之心。古代士人创作了大量与山水有关的作品，从这些作品中我们不仅能管窥他们的自然观念，感受其山水情怀，更能从中理会出他们人际交往中之情感。岭南石刻题名饱含着朋友之间的真情。

张孝祥于乾道元年（1165）“复集英殿修撰、知静江府、广南西路经略安抚使”。《宋史》称：“孝祥俊逸，文章过人，尤工翰墨，尝亲书奏札，高宗见之，曰：‘必将名世’。”② 张孝祥任职桂林时期，张维任广南西路提点刑狱公事。乾道二年（1166），张维知静江府、广南西路经略安抚使。张孝祥、张维两人曾在建康为同事，感情极好，此次两人又同任职桂林，关系更为融洽。实际上张维比张孝祥年长 19 岁，但张孝祥成名早，年少才高，几次

---

① 桂海碑林博物馆编：《桂林石刻碑文集 · 上册》，桂林：漓江出版社，2019 年版，第 493 页。

② ［元］脱脱等撰：《宋史 · 张孝祥传》，北京：中华书局，1977 年版，第 11944 页。

共事均为张维之长官。二张可谓莫逆之交，经常联袂出游桂林山川，题名、赋诗，其乐无穷。

张孝祥《朝阳亭记》中言："余与仲钦顷同官建康，盖尝名其亭曰'朝阳'，而为之诗。非独以承晨曦之光，惟仲钦之学业足以凤鸣于天朝也。"① 同事之间，推赏如此。张孝祥职务虽比张维高，但因张维年长的缘故，在石刻题名中，张孝祥多排名于张维之后，从此细节也可看出，张孝祥对张维敬重之意。张孝祥《赋朝阳亭诗》中提及："明年，余为桂州，仲钦以常参官十六人荐为广西提点刑狱公事。又明年，余罢去，仲钦直秘阁，寔代余。盖仲钦尝游朝阳岩而乐之，于余之行也，仲钦置酒岩上，诸侯宾客咸集，顾不可以无语，乃赓建康之诗，以记余与仲钦事契如此，为岭表异日之雄观云。"② 张孝祥罢官北归之际，张维置酒饯行，张孝祥将其在建康时作的诗拿出刻石以纪友情。两人一道游玩了刘仙岩、水月洞、七星山等处，交流酬唱，刻石题名。"不应此地淹鸿业，盍与吾君致太平。伏枥壮心犹未已，须君为我请长缨"③。二张朋友之间相互勉励为政，齐心协力治理地方。

淳熙二年（1175），张栻任广南西路经略安抚使兼知静江府，他治理广西颇有政绩。在桂林任职期间，张栻与詹体仁关系甚好。

詹体仁，字元善，建宁浦城人。知静江府，搁置十县税钱一万四千，蠲除杂赋八千。体仁少从朱熹学，以存诚慎独为主，尝言居官莅民之法，尽心平心而已，尽心则无愧，平心则无偏。世

---

① 桂海碑林博物馆编：《桂林石刻碑文集·上册》，桂林：漓江出版社，2019 年版，第 310 页。

② 同上，第 310 页。

③ 同上，第 311 页。

服其确论云①。詹体仁先后在桂林任职十余年，为理学家朱熹之弟子，张栻与朱熹又是好朋友，有了这层关系兼同事的缘故，张栻与詹体仁相处得非常融洽，一道出游，题名山川。游隐山的时候，“视北牖洞之前有胜地，体仁欲为小亭，名以招隐。敬夫北归有日，不及观斯亭之经始，独预书‘招隐’二字以贻之”②。二人一道规划设计隐山小亭，张栻因不久离桂，还预先书写匾额。张栻离开桂林之后，詹体仁再次游北牖洞，“回视题扁与石间留字，有怀张敬夫，矫首飞鸿，为之满引，并以所书‘招隐’二大字镵诸石云”③。“矫首飞鸿，为之满引”颇显詹体仁对张栻的怀念之情。

梁安世，字次张，号远堂，括苍人。淳熙六年（1179），为广南西路转运判官，改提点刑狱。梁安世与范成大为同年进士，范成大于乾道七年（1171）八月至淳熙元年（1174）十月，任广南西路经略安抚使兼知静江府。梁安世来桂林任职的时候，范成大已经调回朝廷。梁安世游览屏风岩时题刻：“留守参政大资范公，余同年进士也。往岁帅桂林，题刻最多，四方传之。暇日，尝与同僚遍观，因即公所名‘壶天观’题数语。”序文之后，系以诗一首。在诗中，梁安世高度评价范成大书法之美，得民心之深：“诗文鸾鹤音，笔势龙蛇变……玲珑二十四，妙墨镌题遍。我来为拂尘，端若侍颜面。邦人颂遗爱，寿骨癯且健。今坐玉麟堂，安得使之见。”④（《屏风岩题诗并序》）梁安世诗歌中对范成大极其褒扬，既祝福友人，又表想念之情，流露出朋友之间的真切

---

① ［清］谢启昆修，［清］胡虔纂：《广西通志》，南宁：广西人民出版社，1988年版，第6285页。

② 桂海碑林博物馆编：《桂林石刻碑文集·上册》，桂林：漓江出版社，2019年版，第366页。

③ 同上，第371页。

④ 同上，第385页。

关怀。

3. 家国情切

宋代士人具有强烈的淑世精神，关心国家，积极议政。游山玩水之时，理应放下政务，休闲身心，但部分士大夫时刻不忘国家与政务，题名字里行间流露出浓烈的家国情怀。

李曾伯，字长孺，覃怀人。淳祐九年（1249），任知静江府、广西经略安抚使兼广南西路转运使。在广西任上李曾伯“陈守边之宜五事。元兵自滇入侵广右，曾伯积谷练众，缮城浚隍，为必不可犯之计。援军至者，礼遇其将甚备，军不敢扰，且乐为用。元兵知不可攻，北去。曾伯遣军蹑其后，败之黄沙，又败之衡山，湘桂以宁”①。李曾伯十年间两次镇守桂林，时值元军入侵云南图谋广西之际，政治形势紧张，国家危急。在这种局势之下，李曾伯政务余暇游览隐山，刻石纪念：

> 河内李曾伯再牧桂之明年，实开庆改元。上命三衢柴士表视边隘，竣事将还，夏六月二十有六日，约宪仓四明丰莒、兵帅浮光朱广用、符离朱焕，载酒千山观，访招隐，过仙弈。感今怀昔，风物固无恙也。时：火伞张空，水花蘸碧，相与彷徉其间，清不受暑。因得四十字，并识诸石：
>
> 自重来岭峤，岂暇访湖山？归骑行边了，戎旃护戍闲。
> 相看群玉拱，一笑六郎间。回首西风静，何愁老汉关？
>
> （《题隐山诗并记》）②

---

① ［清］谢启昆修，［清］胡虔纂：《广西通志》，南宁：广西人民出版社，1988 年版，第 6288 页。

② 桂海碑林博物馆编：《桂林石刻碑文集・上册》，桂林：漓江出版社，2019 年版，第 534 页。

石刻题名及诗歌展露了李曾伯强烈的保家卫国责任感，他积极修缮边防，团结将领，备战元军，连游山玩水之时，仍在议论国政。

景定元年（1260），李曾伯与丰莅等人游隐山而相互唱和。柴士表诗中言："传杯泉石胜，更棹水云间。昨夜传消息，君王念玉关？"① 潇洒泉石之时，突然念起了君王与国家，可见其拳拳之心。丰莅和诗中言："寻棋枫叶下，载酒藕花间。谭笑长城在，何人敢度关。"两诗秉承了宋人一贯的雅致风范，但侵染了浓郁的家国情感，表达了作者国家至上的情怀。

韩休卿，安阳人，北宋名相韩琦后裔。于嘉熙年间知融州军州事兼管内劝农事。嘉熙二年（1238）夏，韩休卿题名融水真仙岩："嘉熙戊戌孟夏壬辰，相台韩休卿奉天子命，来守是邦。岁得大稔，蛮傜帖服，民用乐康，讼事浸简。入冬发廪，祷雪随感，又可卜来岁农事。暇日携家来游西峰，登弹子岩，过真仙洞，历涛溪，遍览胜概，日晡而还。"② （《韩休卿游记》）韩休卿作为相门之后，祖宗的政绩德行一直激励着他。他治理融州，"岁得大稔，蛮傜帖服，民用乐康，讼事浸简"，农业丰收、治下太平、民族团结、政务轻简，取得如此政绩之下，他才携家出游，刻石之时他自觉无愧于祖宗与百姓。

景定元年（1260），以右文殿修撰知静江府兼广南西路经略安抚使的朱禩孙题刻龙隐岩："阆中朱禩孙以景定庚申帅岭右，属南边俶扰之后，惟征惟筑，日不暇给。赖朝廷威德，年谷屡丰，边鄙不耸，盗贼衰息。咸淳初元春，误蒙恩诏，归行有日，领客任

① 桂海碑林博物馆编：《桂林石刻碑文集·上册》，桂林：漓江出版社，2019 年版，第 535 页。

② 重庆市博物馆编：《中国西南地区历代石刻汇编·广西省博物馆卷·第五册》，天津：天津古籍出版社，1998 年版，第 8 页。

忠益、杨恪……来游。”① （《朱禩孙等十八人游龙隐岩题记》）晚宋政治形势紧张，“蒙元侵略军对南宋帝国的猛烈蚕食，使得赵宋政权愈来愈迅速地趋向衰落瓦解”②。这种情形之下，朱禩孙治理广西能出现“年谷屡丰，边鄙不耸，盗贼衰息”的局面，非常不易。可见，宋代士人关心国家，操心时政，休闲时也难忘国事。

综上所述，石刻题名形式上虽然简短，字数极少，但宋人撰制时颇下功夫，使得宋代岭南石刻题名既具有简明灵活、清新优美的艺术特征，又具有深厚的文化内蕴。这些题名展现了宋人的悠游之道与浓烈的家国情怀，成为岭南石刻中别有韵味的一类作品。

第四节　宋代岭南石刻诗歌研究

在中国文学史上，宋诗风韵别致，与唐诗并列为中国古典诗歌两高峰。我们日常阅读的宋诗多是纸质文本记载的，岭南地区留存的众多宋代石刻作品，为我们保留了不少刻在石头上的宋诗，目前对这些石刻宋诗尚缺乏系统研究。

根据现有文献以及各地现存石刻文物统计，我们可以整理出宋代岭南石刻诗歌超过三百四十首。这些宋诗从体裁上而言，七律、七绝占全部诗歌的七成，七律、七绝自唐兴盛，入宋亦颇受诗人们喜爱，成为岭南石刻诗歌之主流。此外，七言排律、五律、五绝、四言、六言等体裁的诗歌均有，体现了宋代岭南石刻诗歌

---

① 桂海碑林博物馆编：《桂林石刻碑文集·上册》，桂林：漓江出版社，2019 年版，第 548 页。

② 程千帆、吴新雷：《两宋文学史》，上海：上海古籍出版社，1991 年版，第 446 页。

各体兼备的特点。从题材上而言，宋代岭南石刻诗歌涉及山水、政治、咏怀、咏物等类型，其中山水诗歌超过两百首，占一半多。这说明了石刻诗歌中大部分是作者“感物”而作的，也就是说，这些诗歌多是诗人们登山临水，触景生情而创作的。因贬谪、宦游、避难、迁徙等各种原因进入岭南的士大夫，面对岭南秀丽的风景，多有感而发，创作了不少反映岭南山水的佳作。他们的部分作品镌刻于岭南山崖，千百年来山水与人文交相辉映，石刻诗歌为岭南地区著名的风景区增添了宋代别致的人文内蕴。

一、岭南山水与传说

在唐宋时期，岭南是中原士大夫惮往之地，一则是岭南路途遥远艰险。韩愈言潮州，“一封朝奏九重天，夕贬潮州路八千”（《左迁至蓝关示侄孙湘》），柳宗元言柳州“一身去国六千里，万死投荒十二年”① （《别舍弟宗一》）。丁谓言崖州：“程途何啻一万里，户口都无三百家。”二则天气湿热、瘴气充斥，北方士人极难适应，容易生病，又缺医少药，健康无保障。刘恂《岭表录异·瘴》中言：“岭表山川，盘郁结聚，不易疏泄，故多岚雾作瘴。人感之多病，腹胀成蛊。”② 范成大《桂海虞衡志》“瘴”中记载：“邕州两江水土尤恶，一岁无时无瘴。春曰青草瘴，夏曰黄梅瘴，六七月曰新禾瘴，八九月曰黄茅瘴，土人以黄茅瘴为尤毒。”③ 三是唐宋时期岭南成了政府安置流人谪宦的聚居地。据统

---

① ［清］彭定求：《全唐诗·第四册》，长沙：岳麓书社，1998 年版，第 371 页。

② ［唐］刘恂撰，商壁、潘博校补：《岭表录异校补》，南宁：广西民族出版社，1988 年版，第 23 页。

③ 胡起望、覃广光：《桂海虞衡志辑佚校注》，成都：四川民族出版社，1986 年版，第 169 页。

计，唐代仅流广东有史籍可考者，流人近 300 人（次），左降官近 200 人……而宋代整个岭南地区的谪宦，仅见于史籍者，即有 400 多人次，堙没无考者，则更是不计其数①。贬谪到岭南是仕途的低谷，是人生莫大的打击，一路上备受折磨，历经千辛万苦。宋代押解流人的执法比较苛刻：流人戴枷锁上路，除有病需要医治才免去枷锁。全程有兵士或将校押送，逐州递送，沿途不得耽误②。如胡铨贬谪吉阳军时，路上备受折磨，“棣选使臣游崇部送，封小项筒过海。铨徒步赴贬，人皆怜之”③。贬谪岭南于士人而言无疑是人生噩梦，岭南生活期间他们无不盼望着北归。他们居于岭南期间创作的诗文作品不少对岭南风俗、山川充满畏惧之情。如柳宗元笔下柳州山水形象险恶，多是瘴雨蛮烟：“桂岭瘴来云似墨”（《别舍弟宗一》），“射工巧伺游人影，飓母偏惊旅客船”④（《岭南江行》）。

与柳宗元不一样，在宋代儒、释、道三教并尊的文化环境中，宋人多具有乐观圆融的人生态度。“宋代文学名家大都融通佛老，如苏轼浑化三教，喜爱谈禅，善于将儒、道、禅与对待人生磨难的哲理贯通起来，形成一种圆通明达的忧乐观”⑤。以苏轼为代表的宋代士大夫笑对苦难，居于岭南亦能发现生活之趣，在前人看

① 金强：《宋代岭南谪宦研究》，暨南大学博士学位论文 2004 年，第 14 页。

② 张学松：《流寓文化研究　第一辑》，北京：中国社会科学出版社，2015 年版，第 184 页。

③ ［清］厉鹗：《宋诗纪事》，上海：上海古籍出版社，1983 年版，第 1099 页。

④ ［清］彭定求：《全唐诗 · 第四册》，长沙：岳麓书社，1998 年版，第 370 页。

⑤ 刘乃昌：《两宋文化与诗词发展论略》，济南：山东大学出版社，2005 年版，第 9 页。

来无比险恶的岭南山水，到了他们眼中则显秀丽之姿，于是，宋人笔下涌现了一批歌颂岭南山水及其风物的文学作品。这之中，石刻诗文表现得尤为明显。

（一）景区的经典化

自南朝颜延之居于桂林独秀峰下开辟读书岩始，桂林山水就与历代文人士大夫结下了深厚情缘。唐代仕宦桂林的士大夫颇好经营桂林山水，用现今话语来说，即打造桂林的景点。其中郑叔齐开发独秀峰、元晦开发叠彩山、李渤开发南溪山，他们乐享山水之时，对桂林山水亦不吝歌颂。宋人踵其后，对桂林山水进行了进一步的开发。张孝祥、张维、范成大先后歌咏水月洞；吕愿忠歌咏隐山六洞并整理吕公岩；曾布、刘谊等人发现并整理曾公岩；程节亦命名程公岩；龙隐洞尤得宋人喜好，题刻遍布岩洞，成为桂林千余年来人文内蕴最深厚的景点。历经唐宋士人开发歌咏，至南宋绍兴年间，桂林已经出现了著名的二十四岩洞：伏波岩、读书岩、叠彩岩、龙隐岩、刘公岩、穿云岩、仙迹岩、白雉岩、中隐岩、吕公岩、曾公岩、程公岩等。绍兴二十四年（1154），赵夔遍游各景点之后，热情洋溢地撰写了一首七言古诗《桂林二十四岩洞歌》，诗歌对二十四岩洞进行了逐一点评与描述。开头对桂林山水进行了一番总的评价：“山琢玉簪攒万叠，江分罗带绕千寻。青青四顾列群山，生自天工巧若镌。玲珑拔地耸层秀，峥嵘嵯峨星斗间。”① 桂林山清水秀，造化神奇，再加上历代文人的经营打理，神话传说故事的点缀，桂林每一处岩洞都有了动听的故事，这于游人而言极具吸引力。游读书岩可追慕颜延之风范，“颜公读书窟室中，叠彩北山如列布”；游刘仙岩，可遥

① 桂海碑林博物馆编：《桂林石刻碑文集 · 上册》，桂林：漓江出版社，2019 年版，第 275 页。

想刘仲远成仙之事，“仙人刘公飞升时，岩壁宛然遗旧题”；游龙隐岩，既可考证龙之传说，又可饱览前贤题刻。于赵夔此诗可知，至南宋绍兴年间现今桂林市区的经典景区（象鼻山、伏波山、龙隐洞、七星景区等）已经广为人知，拥有较高知名度。宋宁宗嘉泰元年（1201），时任广南西路提点刑狱权知府事的王正功为赴考士子劝学撰写了二首《劝驾诗》，其二开头即赞：“桂林山水甲天下，玉碧罗青意可参。”① 此句一出，脍炙人口，八百余年来，桂林山水成了中国山水最靓丽的名片。以桂林山水为代表的岭南山水，冲击了宋人的岭南印象，颠覆了时人对岭南山水的看法。在宋代，岭南山水向南来的士大夫敞开了怀抱，士大夫们经营打理、热情歌颂玉成了岭南地区一系列经典景区。

肇庆七星岩、广州药洲、白云山、英德南山、博罗罗浮山、北流勾漏洞、贵港南山、融水真仙岩等著名景点，无一不可见宋人风韵。北宋嘉祐七年（1062），余靖出任广南东路安抚使兼知广州，他修缮药洲，并向民间开放，以此药洲成了著名景区。熙宁七年（1074），广南东路转运使许彦先再游药洲，他创作了《药洲》一诗，“花药氛氲海上洲，水中云影带沙流。直应路与银潢接，槎客时来犯斗牛”②。据此诗，我们可想见北宋药洲之盛况，在许彦先笔下，药洲宛如人间仙境。虽经沧海桑田，历史上药洲景区变化极大，可千年至今，药洲一直是广州之人文胜景。

（二）典故传说的本土化

宋代岭南石刻诗歌中运用的典故与传说具有明显本土化特点，也就是说这些故事多与岭南本土有关，即故事多发生在岭南地区。

---

① 桂海碑林博物馆编：《桂林石刻碑文集·上册》，桂林：漓江出版社，2019 年版，第 432 页。

② 高旭红：《药洲石刻》，广州：广东人民出版社，2016 年版，第 28 页。

诗歌涉及的历史人物有舜帝、老子、庄子、孟子、马援、孟尝、葛洪、谢安、谢灵运、柳宗元、刘仲远、余靖、包拯等人，这些历史人物大部分与岭南地区有着各种各样的联系。

桂林·虞山·韶音洞：方信孺《古相思曲》

据传说，舜帝南巡崩于苍梧之野，于是岭南各地尤其是桂林地区生发出了许多与舜帝相关的故事。桂林有山名虞山，又名舜山。山下有庙，祭祀虞帝，庙是唐代刺史李昌巙修建的，庙左有南熏亭，是宋代知州张栻修建的。“山下有韶音洞，原来洞前古松参天，松林一片，洞后又有深潭，微风吹拂，前掠松林，后荡潭水，互为交响，乐曲顿生。相传这乐声就是舜帝制作的有韶古乐，这里就叫韶音洞了”①。因舜帝之故，历代士人来虞山登览，情思

① 刘作义：《桂林胜概：风景·掌故·诗词·碑刻》，桂林：漓江出版社，1988年版，第71页。

浓郁，既作文又赋诗，以兹纪念。嘉定八年（1215），广南西路提点刑狱方信孺于韶音洞镌刻《古相思曲》，方信孺其人雅好山水，年轻时仕宦广东，即为每处景点赋诗，辑成《南海百咏》一卷。仕宦桂林时，方信孺遍游各处景点，题刻山川。《古相思曲》咏叹了舜帝之故事："虞山一何高，湘水一何深。英皇仅枯冢，寂寞熏兮琴。"借舜帝之故事，诗人浇自己胸中之块垒，"落落此时意，寥寥千载心。五弦毋庸绝，四海谁知音"①。联想起自己宦海沉浮，使金不辱使命，却受韩侂胄之迫害；仕宦各地，政绩突出，职位却难以升迁，方信孺生发出这番感慨乃情理之事。

东晋道教学者、著名炼丹家、医药学家葛洪于咸和二年（327）求为勾漏令，欲往炼丹砂，得到皇帝批准后，葛洪南行赴任，途经广州时听信刺史邓岳劝说，于是隐居罗浮山炼丹。从史料记载来看，葛洪并未抵达广西北流市，但北流市著名景点勾漏洞却因此而与葛洪扯上了关系，历代士人将此一再歌咏，俨然是葛洪在此修炼丹药，羽化成仙。勾漏洞得名因：溶洞勾曲穿漏；现有宝圭、玉阙、白沙、桃源洞等胜迹，洞内钟乳石千姿百态，更兼葛洪之传说，历代文人游此遐想不已。许彦先治平四年（1067）游勾漏洞时感叹："葛翁仙去仅千年，水远云深一洞天。无限灵砂人不识，空余丹灶石门前。"② 王越石诗歌则采用今昔对比手法，感叹仙人已去，"药盆丹灶石床闲，龙虎当年向此盘。云驭久登天穴路，仙风依旧拂衣寒"③（《宿朝宗驿游洞天诗》）。胡铨之孙胡槻仕宦广西多年，庆元二年（1196）胡槻游勾漏洞，题

---

① 桂海碑林博物馆编：《桂林石刻碑文集·上册》，桂林：漓江出版社，2019年版，第467页。

② 重庆市博物馆编：《中国西南地区历代石刻汇编·广西省博物馆卷·第四册》，天津：天津古籍出版社，1998年版，第25页。

③ 同上，第24页。

刻两首，亦书写葛洪之事，“千年冷炉灶，三洞锁烟霞。翁已游元圃，人犹采白砂”①（《约清漳陈君方游勾漏》）。可以说，葛洪的传说成了士人歌咏勾漏洞最好的素材。

融水真仙岩又名“老君洞”，《明一统志》载：“真仙岩，在融县东五里，仰视高远，青白错杂。灵寿溪贯串中出，玲珑清响如环佩声。中有白石巍然如天尊像，旧名灵岩山，又名老君洞。宋咸平中改为真仙岩。”② 因其中有石钟乳宛然如老君，遂有老君归隐之传说。相传太上老君游至融岭语人曰：“此洞乃天之绝胜也，山石峻峭，溪流清邃，不复西渡流沙，我当隐。”一夕身化为石，须眉皓洁，神态飘逸，栩栩如生，因此俗称老君洞，成为全国道教圣地“三十六洞天”之一。历代士人游览真仙岩多吟诗作赋，如元丰六年（1083）龙图阁直学士、知桂州、充经略安抚使曾布就率领僚属们游玩真仙岩，赋诗唱和，不亦乐乎！

如果说舜帝、葛洪、老君等人与诗人所歌咏景点关系源于传说生造的话，那么孟尝、马援、柳宗元、余靖、包拯等人则是因政绩突出而被岭南百姓纪念。孟尝有“合浦珠还”佳话，其人廉洁清正。马援南征交趾，维护了南疆的稳定。柳宗元治理柳州，政绩突出。余靖参与平定侬智高起义，治理岭南，贡献较大。包拯任职端州，不携带端砚，两袖清风。千百年间，他们赢得了百姓的尊敬，岭南石刻诗歌展现了对他们的缅怀之意。

（三）意象的写实性

岭南宋代石刻诗歌所选用的意象多为本土之物，具有较强的写实性。许总《宋诗——以新变再造辉煌》一书中提及唐宋诗意

---

① ［清］徐作梅修，［清］李士琨纂：《北流县志》，台北：成文出版社，1975 年版，第 1405 页。

② ［明］李贤、彭时等撰修：《明一统志·卷八十三》，文渊阁四库全书本。

象之区别时言："浓郁的生活气息，密集的人文意象，表露了宋诗最根本的文化特性所在，这也就为唐、宋诗标示了一个本质的分野。如果说，唐诗主要是通过自然意象表现积极进取、高昂向上的时代精神与思想风貌，那么，宋诗就主要是通过人文意象表现对现实的关注与人生的思考。"① 在意象的选择上，宋代岭南石刻诗歌中大部分更倾向于选择自然化意象，承袭唐诗之特点。

在这些诗歌中，植物意象有花，以出现次数多寡为序：野花、荷、花、梅花、桃花。树木、植被意象出现次数分别为：苔藓、竹、林、木、桂、松萝、松、桄榔、杉。从这些意象来看，多为诗人眼见之实景，体现了这些诗歌意象写实性的特点。方信孺《龙隐岩》写龙隐岩周边环境道："九夏花犹在，千年树倒垂。"在这幽美的地方，诗人"甚欲眠莲叶，沿崖读断碑"②。苏良游肇庆七星岩诗曰："碑藓犹涵周子泽，涧松仍有老包风。岁寒共约吾三友，要把清规踵二翁。"③ 作者对花、苔藓、松树等都没有刻意描写，而是突出整体环境特点，表达其深厚意蕴。宋人石刻诗歌表现植物意象之时，无特别的修饰语，多质朴无华，着意表现岭南山水之原生态特性。其中桂、桄榔等为岭南树木中之特有品种，范成大《桂海虞衡志·志草木》中记载道："桂，南方奇木，上药也。桂林以桂名，地实不产，而出于宾、宜州。凡木叶心，皆一纵理，独桂有两纹，形如圭，制字者意或出此。叶味辛甘，与皮无别，而加芳美，人喜咀嚼之。""桄榔木，身直如杉，又如棕

---

① 许总：《宋诗——以新变再造辉煌》，桂林：广西师范大学出版社，1999 年版，第 22 页。

② 桂海碑林博物馆编：《桂林石刻碑文集·上册》，桂林：漓江出版社，2019 年版，第 472 页。

③ ［清］阮元主修，梁中民点校：《广东通志·金石略》，广州：广东人民出版社，2011 年版，第 348 页。

榈，有节似大竹，一干挺上，高数丈，开花数十穗，绿色”①。张自明《水月洞题诗》借桂林多桂来巧妙咏叹月宫之桂，“自古鹊桥传七日，何年桂子落三秋？金轮待欲长无缺，玉斧仍须妙手修”②。张自明嘉定八年（1215）刻于宜州南山的《桄榔岩》诗写其在宜州之闲情：“边庭无事得游嬉，闲到南山小队随。六月洞前清侣水，桄榔风里自题诗。”③

自然景物方面，以出现次数多寡来列，分别为：云、水、风、泉、洞、石、月、雨、崖、江、峰、溪、烟（烟霞、烟云）、雾、日、风云、潮、霜，这些展现了岭南山川地理之特征。岭南多山多水，岩洞溪壑遍布，加上云、雨、雾、风、烟霞的搭配衬托，岭南地区湿气较重的特点亦有所体现。曾纯写肇庆七星岩：“窦里乳泉时点滴，门前沥水暗流通。”④ 突出了七星岩喀斯特岩洞内多水且有地下河之特征。章岘《题龙隐岩诗》其一曰：“吏局区区得暇难，倚崖高阁暂登攀。群峰半出重林外，小艇横浮一水间。霜叶信风随鸟逝，晚云沉石伴僧闲。夕阳欲下犹回恋，更鼓清琴数弄还。”⑤ 此诗描写了桂林龙隐洞周边的自然景观，漓江穿流而过，秋风霜叶、晚云白石、夕阳西下，诗人尤为留恋。赵师邈《重阳日与同僚登仙弈山诗》写所见柳州风光道：“空余峭壁三千

① ［宋］范成大：《桂海虞衡志》，载于《范成大笔记六种》，北京：中华书局，2019 年版，第 143 页。

② 桂海碑林博物馆编：《桂林石刻碑文集·上册》，桂林：漓江出版社，2019 年版，第 477 页。

③ 诗歌参见：杨文定、钟梅芬《〈全宋诗〉广西部分补遗八首校考若则》，《广西民族师范学院学报》2017 年第 6 期。

④ 《肇庆星湖石刻》编委会：《肇庆星湖石刻》，北京：红旗出版社，2005 年版，第 69 页。

⑤ 桂海碑林博物馆编：《桂林石刻碑文集·上册》，桂林：漓江出版社，2019 年版，第 125 页。

丈，下瞰清溪几百弯。因笑宦游炎岭表，今疑身在碧霄间。”① 柳州仙弈山可见千寻峭壁，下面清溪弯环。其实际情况是清澈的柳江蜿蜒绕过柳州城，柳州众山陡峭林立。诗歌虽然夸张，但却韵味盎然。

动物意象方面，出现频次依次为：鸟（包括青鸟、飞鸿、鸥、雁等）、龙、鹤（因出现频次多，单独列出）、鱼、龙虎、龙蛇、白鹿、青牛、猿、蝉。动物意象具备虚实两方面特点。龙、龙虎、龙蛇、白鹿、青牛意象基本是虚写，这些意象多是诗人游览龙隐岩、白龙洞、勾漏洞、真仙岩等景点时联想起这些景点的传说故事而加以书写的。如董弅《题龙隐岩诗》其三：“乱峰凝碧斗巑岏，曾有神龙此蜇蟠。灵物已兴甘泽去，高岩依旧插云端。”② 诗人并没有见到龙，只是根据传说来叙写。刘希旦《白龙洞题诗》其一则想象白龙之情形曰：“油然能至行云盛，沛矣尤来布雨浓。乘风直上青霄后，留得浮烟敛碧峰。”③ 鸟、鱼意象则体现了写实性特征，反映了其时岭南鸟多、鱼多的生态环境特点，也体现了岭南地区滨海的环境特点。《桂海虞衡志·志禽》中言道：“南方多珍禽，非君子所问。又余以法禁采捕甚急，故不能多识。”④ 于此可知，禽鸟受到了官方的保护，故品种较多且数量不少。庆元五年（1199），林嶼重修潮州西湖后，作《重辟西湖诗》其一曰：“镜奁平处小桥西，桥外轻鸥掠镜飞。凿破青云放山出，拨

① 潘晓军：《柳州摩崖石刻》，南宁：广西科学技术出版社，2017 年版，第 30 页。

② 杜海军：《桂林石刻总集辑校》，北京：中华书局，2013 年版，第 138 页。

③ 同上，第 370 页。

④ ［宋］范成大：《桂海虞衡志》，载于《范成大笔记六种》，北京：中华书局，2019 年版，第 119 页。

开碧藓引湖归。带烟插柳阴虽瘦，趁雨栽荷绿已肥。欲借禽鸟祝君寿，君恩宽大此诚微。”① 诗歌中鸥鸟翩翩，柳树、荷花、碧藓共同组成西湖美丽的自然风光。

从意象的角度来分析，宋代岭南石刻诗歌表现的多为诗人所见岭南山水之实景，具有较强的写实性。诗人对岭南景物进行现实呈现之后，又适当以云、水、风、雾、烟等来衬托，使得所写之景富于变化，再搭配飞鸟、游鱼等灵动之物，整首诗歌画面生动、动静结合，呈现出美的意蕴，展现了岭南山水之美。如皇祐四年（1052）苏缄所作《碧落洞诗》展现了碧落洞繁富优美的生态，“藓色高低路，樵声里外村。云岚青欲滴，烟壁翠堪扪。一带溪泉急，千枝石乳繁。鼠飞犹白昼，虎啸近黄昏。老木吟风韵，枯崖渗雨痕”②。苔藓、白云、山岚、溪泉、森林、飞鼠、老虎等真实再现了当时宋人眼中的岭南生态环境之复杂多样。

二、仕宦与士人内心世界

（一）贬谪与为政

宋代入岭南的士大夫多经历宦海风波，政治斗争失败，戴罪岭南，北宋中后期入岭南的士大夫渐多。自王安石变法开始，宋朝廷形成了新旧两党，历神宗、哲宗、徽宗三朝，围绕着变法，政治斗争日趋激烈。初为君子与君子之争，至章惇、蔡京主政时期，变法则成了政治斗争的借口。章惇等人意气用事，不遗余力打击政敌，“绍圣中，贬元祐人苏子瞻儋州、子由雷州，刘莘老新

---

① ［清］卢蔚猷修，［清］吴道镕纂：《海阳县志》，台北：成文出版社，1967 年版，第 310 页。

② ［清］阮元主修，梁中民点校：《广东通志·金石略》，广州：广东人民出版社，2011 年版，第 165 页。

州，皆戏取其字之偏旁也。时相之忍忮如此！”① 蔡京则罗列309人的名单，号为“元祐党”，企图将政敌一网打尽。

前后几十年间，贬谪至岭南的既有新党人士，又有旧党人士。这之中包括蔡确、苏轼、范祖禹、刘安世、苏辙、梁焘、刘挚、吕大防、秦观、黄庭坚、吴安诗、梁弼、陈恂、郑侠、汪衍、余爽、孔平仲、邹浩等人。南宋建立之初，贬谪岭南者更多，据金强《宋代岭南谪宦研究》一文统计：“宋高宗在位三十六年，编配流窜岭南者竟有207人。其中建炎年间67人，绍兴年间140人。”② 这之中包括：李光、李纲、赵鼎、张浚、胡铨等人。据该文统计，宋代贬谪至广南东路的官员共有243人次，贬谪至广南西路的共有241人次。

贬谪至岭南的士人身份多为受到监控的罪官，不少人行动自由受到限制，如黄庭坚贬谪宜州时，活动范围受到限制。不仅如此，他们的言论自由也受到限制。绍兴十八年（1148）十一月，新州守臣张棣上奏秦桧攻讦胡铨“不自省循，与见任寄居官往来唱和，毁谤当涂，语言不逊，公然怨望朝廷，鼓唱前说，犹要惑众，殊无忌惮”③，胡铨因此被贬至更远的吉阳军。贬谪士人的日常生活受到监视，苏轼初到海南，儋州军使张中特地将他安排到官舍居住，却被章惇的人员探知，苏轼被逐出官舍，只得另买地盖房。

我们在考察岭南石刻文学作品时，会发现这么一个现象：戴

---

① ［宋］陆游：《老学庵笔记·卷四》，载于《宋元笔记小说大观》，上海：上海古籍出版社，2001年版，第3487页。

② 金强：《宋代岭南谪宦研究》，暨南大学博士学位论文2004年，第36页。

③ ［宋］李心传：《建炎以来系年要录·卷一百五十八》，文渊阁四库全书本。

罪岭南无实际职权的士大夫石刻作品不多，也就是说宋代岭南大部分石刻文学作品创作于有话语权的官员之手。这与石刻的公开性特点有关，也与贬谪士人在岭南遭受政治迫害有关；生活各方面均无保障，缺衣少食，畏罪避祸，他们中多数无条件在名山胜水之处镌刻题名。但苏轼是特例，他有不少文学作品题刻在岭南各地，这些作品并非苏轼本人主持镌刻的，多为后人追缅苏轼而镌刻的，或者是受人请托，苏轼为其作文，对方出资镌刻的。如苏轼应王涤之请创作了《潮州韩文公庙碑》，应僧人祖堂之请创作了《资福寺罗汉阁记》等。

众多南来岭南的士人能在岭南地区担任实职，掌握一路政权者并不多，也就是说拥有刻石话语权的外来官员并不多。蒋之奇、张孝祥、范成大、李曾伯等人几经宦海沉浮，入岭南为官。他们在任上积极作为，治理地方，协调民族关系，体恤民瘼，为岭南地区做出了一定的贡献。闲暇时光里，他们游山玩水，题咏纪念，丰富了岭南地区的石刻文学创作。

《宋史》称蒋之奇："之奇为部使者十二任，六典会府，以治办称。且孜孜以人物为己任，在闽荐处士陈烈，在淮南荐孝子徐积，每行部至，必造之。特以畔欧阳修之故，为清议所薄。"① 蒋之奇一生历仕各地，政绩突出，可他曾污蔑欧阳修，这事成了他一生抹不去的污点。"元祐初，进天章阁待制、知潭州。御史韩川孙升、谏官朱光庭皆言之奇小人，不足当斯选。改集贤殿修撰、知广州"②。蒋之奇任广州知州期间，平定岑探之乱，修建十贤堂，力矫广州官场贪贿之风。

---

① ［元］脱脱等撰：《宋史·蒋之奇传》，北京：中华书局，1977 年版，第 10917 页。

② 同上，第 10916 页。

蒋之奇在《武溪深诗》中自述广州政绩："远民安堵年谷稔，百蛮航海来献琛"，并表明了治理地方之心，"嗟余才薄力不任，报君夙夜输诚忱"①。

来广西任职之前，张孝祥已两遭罢黜，汪澈为御史中丞，"首劾孝祥奸不在庐杞下，孝祥遂罢，提举江州太平兴国宫"。任建康留守时，"以言者改除敷文阁待制，留守如旧。会金再犯边，孝祥陈金之势不过欲要盟。宣谕使劾孝祥落职，罢"②。乾道元年（1165），张孝祥起复为集英殿修撰、知静江府、广南西路经略安抚使。乾道二年（1166）六月，又遭人弹劾，罢职。在广西一年多的时间里，《宋史》评张孝祥"治有声绩"。张孝祥曾在与张维水月洞唱和的诗中言及："使君所至民为重"，可见其理政之道。在桂林期间，张孝祥登山临水，交游酬唱，镌刻了17件石刻作品。

乾道七年（1171）八月，范成大"以集英殿修撰知静江府、广西经略安抚使"③。范成大出守广西是因为"张说除签书枢密院事，成大当制，留词头七日不下，又上疏言之，说命竟寝"④。因反对宋孝宗任用佞幸，范成大被贬广西。范成大在广西共两年多，他更改盐政、马政，训练军队，团结瑶民、化解民族矛盾，稳定治安，兴修水利，政绩相当突出。淳熙元年（1174）十月，范成大升任敷文阁待制、四川制置使、知成都府。在桂林期间，范成大在桂林诸山镌刻题名，雅兴较高。

---

① ［清］阮元主修，梁中民点校：《广东通志·金石略》，广州：广东人民出版社，2011年版，第215页。

② ［元］脱脱等撰：《宋史·张孝祥传》，北京：中华书局，1977年版，第11943页。

③ 于北山：《范成大年谱》，上海：上海古籍出版社，1987年版，第149页。

④ ［元］脱脱等撰：《宋史·范成大传》北京：中华书局，1977年版，第11869页。

（二）岭南境遇与内心世界

因政治斗争而贬谪至岭南的士大夫，在岭南期间的生活仍受政敌监控，但他们因个人之魅力、岭南百姓之爱护，其中不少人在岭南有温暖的境遇。苏轼“刚到惠州，就受到父老们成群结队的欢迎。惠州太守詹范，循州太守彦质，以及一些下级官吏，都对他很尊重，时常和他来往，并在经济上加以周济。他和老百姓的关系也很融洽，‘杖履所及，鸡犬皆相识’，‘人无贤愚，皆得其欢心’，就是生动的写照”①。苏轼贬至儋州，昌化军使张中非常礼敬他，修饰官舍伦江驿，与苏轼居住。元符二年（1098）二月，朝廷命董必查访广南西路，董必谴使入儋，将苏轼逐出官舍。张中也因此被罢职他调。“苏轼被逐出官舍后，无家可居，乃在儋耳城南桄榔林中买地建筑住室，得到十多个学生相助，‘起屋五间’”②。无论是居住在惠州还是儋州，苏轼都备受当地百姓及士人爱戴，这给了他较好的心灵慰藉。

胡铨历经千辛万苦到达吉阳军，在那里呆了整整八年。“胡铨居住在赵鼎曾经寄居过的水南村裴闻义家。裴闻义先祖是唐朝著名宰相裴度，父亲因战乱定居吉阳军。裴闻义以自己不畏权势的侠肝义胆收留了好几个南来的贬官，赢得了世人的尊重”③。胡铨在水南村宣传圣朝教化，宣传息兵安民，调和民族矛盾，尊贤爱士，和当地名士友好往来，结交新朋的同时，还与同在海南的前辈李光诗文来往。

苏轼、胡铨等人虽然政治上受到极度迫害，贬谪岭南九死一

---

① 杨应彬：《苏轼在岭南的社会和文学活动》，《学术研究》1984 年第 6 期。

② 陈启汉：《贬谪岭南的苏轼》，《广州研究》1984 年第 3 期。

③ 曾庆江、周泉根、陈圣燕：《海南历代贬官研究》，海口：南方出版社，2008 年版，第 277 页。

生，但他们居于岭南期间却得到了正直的地方官员的照顾，得到了百姓的爱戴。因此他们在岭南创作的文学作品内蕴复杂，既有内心愤懑的抒发，又有岭南风土的描写；既盼望着早日离开岭南，北返朝廷，又眷恋岭南淳朴民风；展现出了复杂的心理流变历程。苏轼最为圆融豁达，他曾唱出："我本海南民，寄生西蜀州"（《别海南黎民表》），表达出了对海南这方土地的眷恋之情，"九死南荒吾不恨，兹游奇绝冠平生"（《六月二十日夜渡海》），则体现了他豁然达观的情怀。

绍圣元年（1094）四月，御史虞策、来之邵等弹劾苏轼："轼凡作文字，讥斥先朝，援古况今，多引衰世之事，以快忿怨之私。"① 苏轼因此被贬，"遂以本官知英州，寻降一官，未至，贬宁远军节度副使，惠州安置"②。至惠州路途中，苏轼经过广州，慕名参观南海神庙，他登览浴日亭，感怀身世，写下了《浴日亭》一诗：

剑气峥嵘夜插天，瑞光明灭到黄湾。坐看旸谷浮金晕，遥想钱塘涌雪山。

已觉沧凉苏病骨，更烦沆瀣洗衰颜。忽惊鸟动行人起，飞上千峰紫翠间。③

诗歌描写了登览浴日亭所见海上日出之壮丽美景，诗人联想

① ［清］秦缃业：《续资治通鉴长编拾补》，光绪九年浙江书局刻本，第716页。

② ［元］脱脱等撰：《宋史·苏轼传》，北京：中华书局，1977年版，第10816页。

③ ［清］阮元主修，梁中民点校：《广东通志·金石略》，广州：广东人民出版社，2011年版，第228页。

起来当年任杭州知州时所见钱塘江奔涌的潮水之景，感叹江山壮丽，而仕途如此坎坷，容颜逐渐衰老，身体的变化让他感慨万千。正当俯仰之际，陡然见到飞鸟飞上千峰紫翠间的美丽景色，这一画面又让他豁然开朗。岭南生活期间，苏轼在不断地参悟人生。惠州时期他已采取这种超然的精神来对待生活了。渡海之后，苏轼的境况更加孤独艰难，但由于他的精神境界中存在这种内在的超越性，因此，虽处逆境，也作顺境度过①。

元符三年（1100）六月，苏轼从海南北返，再次途经广州，登览附近的灵峰山，创作了《题灵峰寺壁》一诗："灵峰山上宝陀院，白发东坡又到来。前世德云今我是，依稀犹记妙高台。"②此诗原刻已毁，元代泰定二年（1324），张拱辰重刻。儋州三年的垂老投荒生活，让苏轼的心理世界更为圆融，在穷独海外、人事断绝的瘴云蛮烟中，对自己"一生凡九迁"的心路历程和心灵轨迹，做出总结，并升华为一种心理经验，一种实现自我的"内在超越"的自由的精神境界③。《题灵峰寺壁》展现出的正是这种精神境界。在南贬和北归途中，苏东坡两次游历清远，并在游览峡山寺时，题写了《峡山寺诗》一首，其中"天开清远峡，地转凝碧湾"诗句千百年来脍炙人口。

绍兴八年（1138），胡铨因上书力斥和议，乞斩秦桧等人，被责监广州都盐仓，途经清远峡山寺，追慕苏轼，创作了《过峡山次苏韵诗》：

---

① 唐玲玲：《寄我无穷境——苏轼贬儋期间的生命体验》，载于《中国苏轼研究第二辑》，北京：学苑出版社，2005年版，第93页。

② ［清］阮元主修，梁中民点校：《广东通志·金石略》，广州：广东人民出版社，2011年版，第244页。

③ 唐玲玲：《寄我无穷境——苏轼贬儋期间的生命体验》，载于《中国苏轼研究第二辑》，北京：学苑出版社，2005年版，第89页。

山似牛头峡，水如龙尾湾。半生多罪垢，浣洗尘土颜。似人闻旧名，一往何年还。岫幌烟为锁，玉扉谁与关。忽闻响答谷，恍若猿叫山。我欲纪末契，焉得茅三间。泉漏听琴筑，风雨闻珮环。木杪青螺髻，得非云雾鬟。①

从此诗来看，胡铨内心尚纠结于贬谪，担忧何年能北返，牵挂自己的人生境遇。想隐不能隐，此时他心理挂碍甚多。绍兴十二年（1142），胡铨再度过岭，编管新州，绍兴十八年（1148），移吉阳军，在海南一呆就是八年。经过两番贬谪之后，胡铨的内心发生了深刻变化，前辈苏轼是他学习心灵调试的榜样。胡铨在雷州将渡海前创作的《次雷州和朱彧秀才韵·时欲渡海》一诗展现了其面对苦难的超然情怀，“仲连蹈海齐虚语，鲁叟乘槎亦漫谈。争似澹庵乘兴往，银山千叠酒微酣”。他在海南还和李光、赵鼎等人诗文唱和，处世态度渐趋超然。

如果说苏轼、胡铨超然自处的心态是岭南谪宦心理的第一类型的话，壮心不已的张孝祥则可为第二类型的代表。与苏轼、胡铨不一样，张孝祥虽也历经宦海风波才来广西任职，但桂林生活期间，张孝祥是广西最高行政长官，有实际权力，是封疆大吏。其明敏才干又能得以发挥，兼之正当壮年，不似东坡垂老投荒，因此张孝祥桂林石刻诗歌流露出的依然是建功立业之理想、为民行政之情怀，积极而昂扬。

张孝祥离开桂林之时，特地将建康为官时所作《朝阳亭诗》拿出，刻于象鼻山水月洞，以纪念他与张维之情谊。其二为：

---

① ［清］戴肇辰、苏佩训修，［清］史澄、李光廷纂：《光绪广州府志·二》，收录于《中国地方志集成·广东府县志辑》，上海：上海书店出版社，2013年版，第667页。

饥肠得酒作雷鸣，痛饮狂歌不自程。坐上波澜生健笔，归来钟鼓动岩城。

不应此地淹鸿业，盍与吾君致太平。伏枥壮心犹未已，须君为我请长缨。①

此诗热情昂扬，全不似宋诗内敛平淡之调，表现了张孝祥的壮志与理想，虽然在桂林仅一年又遭弹劾而落职，但其壮心不减。陈廷焯《白雨斋词话》言："张安国词，热肠郁思，可想见其为人。"② 三番遭弹劾落职，辗转各地仕宦，仍未磨去张孝祥之锐气。再起知潭州时，"为政简易，时以威济之，湖南遂以无事"③。

与前两类士人不一样，李彦弼算是仕宦于岭南的下层官吏的代表，他仕途不显，无主政的经历，有才而无升迁之机，于是桂林山川成了他文学才华最好的书写之地。张鸣凤《桂故》中称他："才藻横放，恒自拟李翰林白，然撰制特尚新奇，亦其癖也。在桂当程氏父子之间，作湘南楼、八桂堂、筑兑州三记，皆侈丽可观……留桂最久，其官惟见称权通判桂州军，疑或止此。"④ 李彦弼在桂林留下了10件石刻作品，这些石刻诗文显现了其才藻。其《游风洞及七星岩观诗》是首七言排律，全诗淋漓尽致地表达了李彦弼怀才不遇之情。他在诗歌中表达自己理想满怀，"谁嗟长庚有寒裔，壮龄直欲排紫闼。初从附凤矫飞翔，晚乃射虎耽踈

① 桂海碑林博物馆编：《桂林石刻碑文集·上册》，桂林：漓江出版社，2019年版，第311页。

② ［清］陈廷焯：《白雨斋词话》，上海：上海古籍出版社，2009年版，第27页。

③ ［元］脱脱等撰：《宋史·张孝祥传》，北京：中华书局，1977年版，第11943页。

④ ［明］张鸣凤著，杜海军、阎春点校：《桂胜·桂故》，北京：中华书局，2016年版，第293页。

桂林·普陀山元风洞：李彦弼《游风洞及七星岩观诗》

豁"。李彦弼自称李白后裔，以李白自比，一生壮怀，但现实残酷，地位卑微，"生平刚肠久已屈，赖尔匹夫难志夺。故交纷纭翱赤霄，大钧播物昭穷达"。牢骚一通之后，他仍盼望着："病马尤期春草长，涸鱼终须江水活。"①总希望自己能时来运转，有飞腾之机。

李彦弼在桂林十多年，当程节、程邻父子主政广西之时，李彦弼出入其间，以其诗文点缀了其时的升平。金鉷《广西通志》言："始自宋绍圣时，鄱阳程公节安抚来粤，政成修隙野、治芜原、筑圃为堂，颜曰'八桂'。时则尚有流桂泉、知鱼阁、洎熙、春台诸景。今观李彦弼所纪，一时宾从之喧咽，人物之丰繁，

① 桂海碑林博物馆编：《桂林石刻碑文集·上册》，桂林：漓江出版社，2019年版，第185页。

犹可想见其盛云。”①

三、山水之乐与诗歌创作

宋代是中国古代休闲之风较盛的时代。宋代都市文化中的享乐风气与当时士大夫的生活方式呈现为一种相互激荡与相互促进的关系。一些著名士大夫尤其是那些有较高地位、权势和财力者往往都非常重视享乐，过着奢华而精致的生活②。游山玩水是宋人喜好的休闲方式，这进而促进了他们的文学创作。

（一）个体创作

仕宦岭南的士大夫中方信孺就是一位好休闲、喜奢华之士。《宋史》称：“信孺性豪爽，挥金如粪土，所至宾客满其后车。使北时，年才三十。既龃龉归，营居室岩窦，自放于诗酒。”③ 但方信孺仕宦各地，均有政绩。在萧山时，“刚直有为，吏畏民爱，名闻于时”④。在广西任职，“从广西转运罢归，复以提刑至。政简刑清，所至不扰，宜州守张自明建龙溪书院，信孺捐鹾钱二十四万助之，又捐四十万买田给诸士，于是宜士斌斌向风矣”⑤。方信孺在两广均任过职，他非常喜欢桂林山水，“他日，于西山择最胜处，创起馆宇，期欲奉母皆隐其下，名所营曰：‘碧桂山林’。自

---

① ［清］耿鳞奇：《八桂堂记》，载于《（雍正）广西通志·卷一百十七》，南宁：广西人民出版社，2009年版，第1915页。

② 赵玉强：《优游之道——宋代士大夫休闲文化及其意蕴》，上海：上海古籍出版社，2017年版，第65页。

③ ［元］脱脱等撰：《宋史·方信孺传》，北京：中华书局，1977年版，第12062页。

④ ［明］林策修，［明］张烛纂：《萧山县志·第五卷》，明万历三年增刻本，第165页。

⑤ ［清］金鉷修，［清］钱元昌、陆纶纂：《（雍正）广西通志》，南宁：广西人民出版社，2009年版，第1162页。

为之铭，其文今尚在山中。又爱琴潭水石，题以示志曰：‘吾何得此为菟裘之地？’乃漓山云崖，则亲筑轩于崖之阳，乘兴独往，往则必留……故于桂诸山，探赏屐遍。制文赋诗，曾不停思，然亦往往有宕逸之气”①。

陆游曾云：“挥毫当得江山助”（《偶读旧稿有感》），刘勰《文心雕龙·物色》篇曾道：“若乃山林皋壤，实文思之奥府。”②岭南的山水滋润了方信孺的文学创作，在番禺时，他兴致勃勃地创作了《南海百咏》，对所见番禺风景一一咏叹。居于桂林期间，其诗兴不减。嘉定九年（1216），方信孺在龙隐洞题诗三首，其一曰：“曾榜武夷九曲，何如桂岭七星。水石小容螭舫，烟云长带龙腥。”在他这个福建人眼中看来，桂林山水远胜武夷山水，尤其是坐着小船游玩龙隐，更是享受。其二道：“爱山那惜走千回，生怕前驱后骑催。石上参差鳞甲动，眼中在处画图开。骖鸾未办乘风去，浮鹢何妨载雨来。人事百年俱变灭，祇应题字不尘埃。”③ 诗歌表达了作者爱赏风景之情，在他看来处处皆如图画，想到时光易逝，人生易老，作者觉得只有石刻题字可以经历风霜，保存长久。这也明确表明了他的镌刻留名之心。

吕愿忠亦好风雅，酷爱桂林山水，但其人品、政绩均不佳，“知静江府。诸山多有诗，谄事桧，以李光、胡铨为桧所怨，两人并贬在其部内。愿忠欲构害之，以快桧。即奏光在贬所与胡铨诗赋倡和，讥讪朝政，乃移光昌化军。他日又妄言秦城驿有王气，

---

① ［明］张鸣凤著，杜海军、阎春点校：《桂胜·桂故》，北京：中华书局，2016年版，第309页。

② ［梁］刘勰撰，王志彬译注：《文心雕龙》，北京：中华书局，2016年版，第524页。

③ 桂海碑林博物馆编：《桂林石刻碑文集·上册》，桂林：漓江出版社，2019年版，第470页。

率桂衣冠为诗颂桧。且欲致推戴之意”①。吕愿忠不仅依附秦桧，他还在广西贪功生事，“吕愿忠帅广西，贪功生事，招诱南丹州莫氏使之纳上，当时朝廷酧赏过于军功而种类未补官者尚百余峒，至今纷纭不已”②。不仅如此，他还贪污，“愿忠召还，席卷公库，尝为臣僚论列，乃以货纳于大臣求免，故有是命”③，因此吕愿忠受到了惩罚：责授果州团练副使，封州安置。

政治上污点甚多的吕愿忠却秉承着宋士雅致风流，闲暇里常与同僚们游山玩水，题刻山川，乐此不疲。其下属遂其所愿，既陪同游玩，还阿谀其题刻留名之愿，“假守吕叔恭游中隐岩无名洞，坐客鄱阳朱国辅云：此洞未有名，因公而显，欲名曰吕公岩，予未敢披襟，而刘子思、陈朝彦皆曰：‘甚当。’戏书五十六字，镵于石壁间”。吕愿忠特为此赋诗一首：“护田绿水转山樊，滴翠群峰列巨杉。洞外僧蓝侵斗汉，涧边人迹隔仙凡。深深云谷春长在，寂寂松扉夜不缄。此处得名爰自我，要须题作吕公岩。”④ 诗风轻盈，文辞秀丽，结尾坦陈留名之心。吕愿忠还为华景洞、白龙洞、朝阳洞、北牖洞、夕阳洞、南华洞、白雀洞、嘉莲洞、仙迹岩、清秀山等处题诗，其诗歌爽健明丽，不似其为人。“薰风习习来三面，夏雨萧萧欠一檐。指顾群山劳应接，徘徊归骑纵观瞻”⑤（《清秀山题诗》）。从这些诗句来看，吕愿忠在桂林山水之

---

① ［明］张鸣凤著，杜海军、阎春点校：《桂胜·桂故》，北京：中华书局，2016年版，第301页。

② ［明］黄淮、杨士奇：《历代名臣奏议·卷二百四十二》，文渊阁四库全书本。

③ ［清］徐松：《宋会要辑稿·职官七十》，北京：中华书局，1957年版，第3966页。

④ 桂海碑林博物馆编：《桂林石刻碑文集·上册》，桂林：漓江出版社，2019年版，第282页。

⑤ 同上，第284页。

间怡然自得。如方信孺、吕愿忠这般好风雅、喜创作的士大夫是岭南石刻诗人之主要创作群体。

（二）群体唱和

大部分诗歌为个体创作之外，岭南石刻文学创作有着明显的群体唱和特点，仕宦于岭南的士大夫们交往频繁，一道登山临水，互相唱和，既热闹又雅致。这之中有章岘、崔静伏波岩唱和，曾布、刘谊等人曾公岩、真仙岩唱和，米芾、程节的诗文唱和，张洵、尚用之等人蒙亭唱和，任续、吕愿忠还珠洞唱和，张维、张孝祥水月洞唱和，朱希颜、刘长卿千叶白梅诗唱和，李曾伯、丰莒千山唱和等。从这系列的唱和诗中可以感受到宋时岭南士人的情怀，可以管窥他们在岭南的境遇，并可了解岭南士大夫群体之间的关系。

曾巩之弟曾布，“惠卿参大政，置狱举劾，黜布知饶州，徙潭州。复集贤院学士、知广州。元丰初，以龙图阁待制知桂州”①。曾布这次贬谪的具体原因是：“七年大旱，诏求直言。布论判官吕嘉问市易掊克之虐，事下两制议。吕惠卿以为沮新法，安石怒，布遂去位。”② 广西生活期间，曾布应该是适应了岭南的生活而乐享闲适。刘谊《曾公岩记》中言道：“元丰元年冬，交人入贡，上方择人处置疆事，乃诏曾公自广州移帅桂府。二年，南方无事，民和岁丰，公以其余暇访寻桂之山水奇胜处。”从此记文来看，在曾布治理之下，这一年广西太平无事。于是，曾布兴致大发，“乃构长桥，跨中流而渡，以为游观宴休之处，且与

---

① ［元］脱脱等撰：《宋史·曾布传》，北京：中华书局，1977 年版，第 13715 页。

② ［清］阮元等修，［清］陈昌齐等纂：《广东通志·谪宦录二》，清道光二年刻本。

众共乐之"①。不仅如此，还将无名的岩洞命名曰：曾公岩。一起游玩的七个人，共同赋诗，各抒情怀。

桂林·曾公岩：曾布、陈倩、刘谊等人唱和诗

从曾公岩这组唱和诗的顺序来看，大概权发遣转运使尚书度支郎中直集贤院陈倩的诗歌先成，其他人均和其韵。陈倩之诗大有拍马屁之嫌，"傅说功高傅岩野，谢安名著谢公山。激泉救旱为霖雨，磨石书勋破海蛮"。这四句以傅说、谢安之事来比拟曾布题名曾公岩，阿谀之甚！曾布本人和诗没有陷入自吹的套路，表现的是其文人情趣：

① 桂海碑林博物馆编：《桂林石刻碑文集·上册》，桂林：漓江出版社，2019年版，第140页。

从事区区厌独贤，寻幽深入翠微间。旋开榛莽东郊路，偶得神仙旧隐山。

都峤三天临瘴水，灵岩十里接溪蛮。何如咫尺邻风穴，杖屦时时一往还。①

大概曾布头脑相当清醒，能在岭南逍遥也还不错，暂莫谈功业。可是下属们的和诗，均心思微妙，力捧曾布。苗时中诗中言："异时人指溪桥水，思爱还同召伯棠。"刘宗杰诗中言："岭服已安褒诏近，莫将归梦更留连。"彭次云曰："使君凤阁翱翔近，谩与东山作画图。"齐谌曰："行看再为苍生起，乘兴从容重遽还。"刘谊曰："主人将为商霖起，还许微官卜筑不。"② 在他们看来，岭南之官屈待了曾布，他迟早会东山再起。事实也如此，元丰末年曾布迁为户部尚书，徽宗时曾布官至右仆射。这组诗虽均有阿谀之嫌，但也不乏佳作。刘宗杰"万朵莲峰凝碧乳，一溪鸣玉逗寒泉"，将桂林山之美、水之趣描绘得非常形象。彭次云"洞天日月千年久，人世尘埃一点无"之句工整而韵深。

唱和诗歌除了阿谀长官之意外，更多的是朋友之间自由交往，互相勉励，充满着切磋之趣。张孝祥、张维两人同官桂林，关系甚融洽。张维比张孝祥年长 19 岁，张孝祥职位比张维高，因多年交情，两人唱和诗中以兄弟相称或称对方之字，不论上下级关系了。如《七星山唱和诗二首》，张孝祥题目为：登七星山赋呈提刑仲钦兄，其诗为："魁杓历历控云岚，地阔天虚万象涵。不与天公管喉舌，犹堪岳立镇湘南。"诗风雄迈，英姿飒爽，亦如张紫薇

① 桂海碑林博物馆编：《桂林石刻碑文集 · 上册》，桂林：漓江出版社，2019 年版，第 141 页。

② 同上，第 141 页。

往日之风。张维和诗为《次韵同经略舍人登七星山》："列岫凌虚滃翠岚，龙泓澄澈七星涵。岩瞻好向西湖看，飞去何妨自岭南。"① 诗歌老成持重，寓意颇深，大有鼓励之意。

绍圣初胡宗回帅桂林，重新修葺蒙亭，张洵、尚用之、吕源、李昇之、叶宗谔五人唱和题刻了一组诗歌。张洵诗歌既赞山水之美，又称赞相聚之欢，"下有芰荷满横塘，面面风来面面香。新诗一咏酒一觞，爽气浑如秋气凉……东山兰亭各一方，风流兼追谢与王"。在张洵眼中，这次聚会有兰亭聚会之意，极为难得。尚用之看重朋友之间的切磋，"骚人相值喜飞觞，雄辩清谈五月凉。饮余相与坐方床，论文日暮兴何长。佳篇疾读韵琅琅，直疑星斗争光芒"。吕源借此抒怀，"男儿生即志四方，将军异代犹封王"②。李昇之另起感慨，"但惊岁月去茫茫，报国宜多为画良"。叶宗谔则起归隐之思，"此景不独冠南方，恨不筑室轻侯王"③。从主旨来看这组唱和诗写得非常自由，各人立意不同，但整体上文句漂亮，诗思灵动，展现了岭南文人自由交往的创作之风。

除现场唱和之外，士大夫之间也有书信往来唱和的。建中靖国元年（1101），米芾寄了首诗给在桂林的李彦弼并托他转呈桂帅程节，米芾之诗将程节吹捧了一番，"程老列仙长，磊落粹露膘。玉沥发太和，得君同逍遥"。程节为政广西，善政颇多，恩威并用，口碑甚好。得到米芾之诗后，程节爱不释手，"词翰俱美，三四读不能休，敬书二十八字谢之"。米芾之书法当世已视为珍宝，何况还如此赞扬自个，程节因作谢诗言道："万里湘南泮水遥，清

① 桂海碑林博物馆编：《桂林石刻碑文集·上册》，桂林：漓江出版社，2019年版，第315页。

② 同上，第227页。

③ 同上，第228页。

风来拂瘴烟消。袖中突兀龙蛇出，聊慰天涯久寂寥。”① 诗歌既感谢米芾关心，又表达自己得诗之喜悦，更有赞美米芾书法之意。大概经得程节同意，李彦弼将这两首诗刻于龙隐岩，以纪士林胜事。

追和前贤之诗是宋代岭南石刻诗歌创作的另一种方式。苏轼寄居海南，悉将陶渊明诗和了一遍，开创和陶诗一派。他的做法也被后人效法，不过岭南士人多效法的是苏轼本人。“唐宋以还，岭南诗多宗曾南迁的韩愈与苏轼。由于地域的特殊性，岭南人较少与江南和中原人士接触，所以往往少受各个时期文风的影响，从而保持独特的地域风格”②。于贬谪岭南士人而言，苏轼更值得效法。李纲、李光、赵鼎、胡铨贬谪海南时期，处境较为艰难；他们均创作了不少追和苏轼的诗作，其中李纲和诗有 34 首，李光有 8 首。胡铨经过峡山寺时，特地创作了《过峡山次苏韵诗》。

综上所述，岭南宋代石刻诗歌描写了岭南山水之特点，反映了岭南士人之境遇与内心世界，展现了他们的诗歌创作方式，体现了宋代岭南文坛之创作风尚，这些石刻诗歌为岭南风景名胜区增添了宋代别致的文化内蕴。

---

① 桂海碑林博物馆编：《桂林石刻碑文集·上册》，桂林：漓江出版社，2019 年版，第 175 页。

② 吴承学：《中国古典文学风格学》，北京：北京大学出版社，2011 年版，第 160 页。

第三章
元代岭南石刻文学研究

第一节　概述

元代是中国古代石刻发展史上的衰落期，其“国祚短，遗世石刻较少，岭南尤鲜”①。根据现有文献以及各地保留的石刻文物来统计，目前岭南地区辑录的有文字的元代石刻二百多件。

岭南古代石刻自宋代进入了繁荣期，岭南地区可考证的有文字的宋代石刻数量在一千五百件以上，宋代石刻形制非常丰富，包括题名、碑碣、摩崖、经幢等，其内容丰富多彩，展现了宋代士人圆融而多元的文化性格。与宋代不一样，元代岭南地区石刻数量骤减，这与元朝政治、经济、文化密切相关。

一、石刻衰减之因

元朝是蒙古族入主中原时期，蒙古族为草原游牧民族，彪悍

① 伍庆禄、陈鸿钧：《广东金石图志·概述》，北京：线装书局，2015年版，第14页。

善战，占领各地之后，考虑统治之道，采取柔化手段。“按元自太祖起朔方时，已崇尚释教。及得西域，世祖以其地广且险远，俗犷好斗，思有以柔服其人，乃郡县土番之地，设官分职，尽领之于帝师。乃立宣政院，其为使位居第二者，必以僧为之”①。终元一朝，极其崇奉佛教，陈邦瞻曰：“百年之间，朝廷所以敬礼而尊信之者，无所不用其至，虽帝、后、妃、主，皆因受戒而为之膜拜。正衙朝会，百官班列，而帝师亦或专席于坐隅。且每帝即位之始，降诏褒护，必敕章佩监络珠为字以赐，盖其重之如此。”②崇佛之外，元统治者也很重视道教中的全真教，赋予其特权。邱树森《元朝简史》中记载：“1219 年，成吉思汗在西域，遣使召丘处机西觐。次年，丘处机率弟子 18 人西行。1222 年四月在大雪山行营，觐见成吉思汗。成吉思汗接见时问其长生之道，丘答以‘清心寡欲为要’，并力劝成吉思汗戒杀戮，敬天爱民，受到礼遇。成吉思汗许汉地神仙门人并道观悉免差发。回到燕京后，丘处机利用大汗给予的特权，大肆扩展全真道势力。”③ 全真教在元朝获得了极大的发展，“其后，在中国知识阶层中全真教成为修身养性、苟全生命于乱世之具”④。

为了巩固其统治，元政府采用了儒、释、道三教并存均为其所用的政策。虽然如此，蒙古多数统治者对儒学了解甚少，轻视儒生，早期征战过程中儒生动辄被杀，或被没入为奴，儒生们性

---

① ［明］陈邦瞻：《元史纪事本末》，北京：中华书局，2015 年版，第 146 页。

② 同上，第 146 页。

③ 邱树森：《元朝简史》，福州：福建人民出版社，1999 年版，第 386 页。

④ 程千帆：《元代文学史》，武汉：武汉大学出版社，2013 年版，第 7 页。

命尚且难保，更不用谈治国平天下之人生理想了。不仅如此，元政府几十年不开科考试，直到元仁宗延祐二年（1315）才举行了第一次科举考试，终元一朝也仅仅举行了七次。元代科举录取人数非常少，且名额分配比例不均衡。这些导致了士子们基本无法通过读书科举来实现自己的人生价值，他们的仕进之路变得狭窄而机会渺茫。儒生地位下滑到了与乞丐同等级，有所谓“九儒十丐”之称。儒士是中国古代知识分子之代表，他们是古代文化的传承者，儒士在元朝丧失了传统的优越地位，他们中大多数很难有治理天下之机会。儒士阶层的沉沦造成了有元一代文化创作主体的崩塌，也造成了正统文学的整体衰退。

另外，有元一代经济并不景气，虽然作为首都的大都繁荣状况让马可·波罗等外国人惊叹不已。程钜夫《雪楼集》中描写道：“东至于海，西逾于昆仑，南极交广，北抵穷发，舟车所通，货宝毕来。”① 但这只是繁荣的表象，如大都这样繁荣的城市很少，“元代中期大都商税为十万三千余锭，仅次于江浙、河南行省，其余各行省的税收总数，尚不及大都一市”②。王俊的这一论断言及了两点内容：一是大都税收总数占全国较大比例，大都非常繁荣；二是大都、江浙、河南行省之外，其他地区的经济整体状况都不好，其税收总和不及大都。以此可见元朝经济发展较为畸形。不仅如此，“这种以奴役人民为基础的经济制度，势必使社会的贫富悬殊更趋极端化，社会财富集中在蒙古、色目等少数特权阶级的手里，而广大人民则贫穷不堪”③。“元中叶以后，统治

---

① ［元］程钜夫：《雪楼集·卷七·姚长者碑》，文渊阁四库全书本。

② 王俊：《中国古代经济》，北京：中国商业出版社，2015 年版，第 35 页。

③ 程千帆：《元代文学史》，武汉：武汉大学出版社，2013 年版，第 3 页。

集团内部争夺权势的斗争极其尖锐，对人民的剥削更是变本加厉，赋税比元初增二十多倍，使人民饥寒交迫”①。文化教育为上层建筑，经济发展不好，则没有钱来开展文化教育建设。

儒生地位低下、经济不景气，加之实行民族歧视政策、吏治黑暗。整个元朝文教发展相对唐宋而言，一落千丈。读书人没有出路，读书人少了，文化教育普及程度低，文化程度较高的南人在政治上又备受防范，这些都使得石刻文化顿衰。因历代石刻多为士人镌刻，刻石需要不少经费，且刻石者多是有一定职务且文化程度较高的官员。在元朝这种背景之下，刻石之风自然大为衰退，这些造成了元代石刻数量骤减。近百年统治时间，岭南地区文献才辑录到两百多件元朝有文字的石刻作品，其数量确实非常少。

二、石刻文学概况

元代岭南石刻数量虽然少，其作品却有可读之处。部分作品创作于当世名家之手，揭傒斯、范梈、吴澄、欧阳玄等著名文人、学者在岭南地区留下了一些石刻诗文作品。他们多是受到岭南地方官员的邀请为学校建设或者其他工程建设撰写碑文，岭南元代石刻作品因有这些名家的参与而有了耀眼的光芒。

至顺二年（1331），揭傒斯应邀为增城儒学的修建撰写了《新建增城儒学记》，在文章中揭傒斯首先提及增城儒学五十余年未能修复，此次在增城县令左祥的主持之下终于得以重建。文章接着详细描写了学校的规模，又阐述了“故立身莫先于学，治民莫先于兴学”的道理，对左祥提出殷切希望：“左君治香山，既

① 程千帆：《元代文学史》，武汉：武汉大学出版社，2013 年版，第 2 页。

能以兴学为首务，今又以治增城弗弃其民矣。”① 作者既赞扬兴学之举又对官员们提出殷切希望。文章文辞简练，行文谨严，颇有揭氏为文之风。宋濂《元史·揭傒斯传》评价揭傒斯：“为文章，叙事严整，语简而当；诗尤清婉丽密；善楷书、行、草。朝廷大典册，及元勋茂德当得铭辞者，必以命焉。殊方绝域，咸慕其名，得其文者，莫不以为荣云。”②

至顺三年（1332），潮州路总管王元恭重修潮州庙学工程完毕，乃命韩山书院山长陈文子远赴江西临川，请吴澄撰写《潮州路重修庙学记》以及《潮州路韩山书院记》两篇碑文。吴澄其人勤于讲学著述，名望崇高，是元代最具代表性的学者之一。《潮州路重修庙学记》一文叙写了潮州庙学兴复的艰难过程，“历五十余年而潮之庙学始大备”。作者笔锋一转，议论道：“潮郡之修学，则非常也。何也？潮为东广诸郡最，中人以下往往喜官兹土，亦有素好胜流，一旦入境，如饮广界之泉，靡不毁节坏名，安于浴污泥、坐涂炭而不悟。岂直司牧者忘其所以牧，虽或司宪者亦失其所谓宪，如是徇物而丧己，灭理而穷欲，又焉知崇士学、迪民彝之当务？今而司宪有若任侯焉，司牧有若王侯焉，其笃意于庙学也，事之非常者也，可不特书乎？前之郡牧丁侯及郡判官，事俱可书也。”③ 作者为文借用春秋笔法，态度鲜明，褒扬兴学的官员，辛辣批评官场上那些贪黩的官员，其笔锋犀利，爱憎分明，

① ［清］戴肇辰、苏佩训修，［清］史澄、李光廷纂：《光绪广州府志·二》，收录于《中国地方志集成·广东府县志辑》，上海：上海书店出版社，2013年版，第692页。

② ［明］宋濂等撰：《元史》，北京：中华书局，1976年版，第4187页。

③ 黄挺、马明达：《潮汕金石文征》，广州：广东人民出版社，1999年版，第281页。

文章写得非常有个性。《潮州路韩山书院记》一文则梳理了孟子之后的儒学大家，在历史发展进程来中评价韩愈："历唐中世，昌黎韩子出，追踪西汉之文，以合于三代。"① 作者为潮州士人指明了韩愈为其学习之榜样，整篇文章博雅渊深，娓娓道来，成为元代岭南地区碑刻中的佳作。

至正二年（1342），南宋宰相赵鼎后人潮州路推官赵继清新修得全书院于潮城名贤坊西街之右。赵继清志在光显祖宗之德业，他曾在北方作闻喜祠以纪念赵鼎。此次来潮为官，特地新修书院，工程完毕之后，赵继清请其同年进士欧阳玄为之作记。

欧阳玄为其时著名文人，郭英德、过常宝《中国古代文学史》论述道："他的文章多为盛世之文，以应用文字为多，宋濂说：'凡宗庙朝廷雄文大册，颁示万方制诰，多出公手……羽仪斯文，黼黻治具，公之功为最多。'（《欧阳公文集序》，《圭斋文集》卷首）如碑铭墓志之类，写得十分平实，力去浮夸，不肯涉及虚夸妄诞之言（孔齐《至正直记》）。他的短文小品艺术性较高，清新简练，富有情趣。揭傒斯序其集，称：'其为文丰蔚而不繁，精密而不晦者，有典有则，可讽可诵'（《欧阳先生集序》，《圭斋文集》卷首）。"②

欧阳玄受托而作《得全书院记》，文章首述作记因缘；接着回顾赵鼎被贬潮州的历史事件，边叙事边发表自己的见解，"呜呼！忠简为国元臣，而以免于横逆为其身之幸，宋事岂不大可伤也"；接着插叙祠堂兴毁的历史，作者才倒回来解释道："龙逢比干，未尝以是有负于孝，公有致身之义于宋，何独以得全为孝乎？

① 黄挺、马明达：《潮汕金石文征》，广州：广东人民出版社，1999 年版，第 283 页。

② 郭英德、过常宝：《中国古代文学史》，成都：四川人民出版社，2003 年版，第 198 页。

已而思之，在其当时，使忠简死于桧而其事有益于宋，则身非所当，惜也。方桧挟上令行己私，与其徒死而无益于事，则不如姑全吾父母之所生，事君事亲之道犹庶几可也。忠简之为是，言岂得已也哉？况万一桧毙，身得独全，犹冀收再用之功也，又焉得不以是身之存为一时之幸乎！”作者为文迂回曲折，表达了自己对这段历史事实的新见解，圆融阐释了得全之意，其言之成理，颇具新意。作者为文是要鼓励士人们学习赵鼎之道，赞美赵继清之孝顺：“学子来游，思忠简之以道事君而于得全为非得已，又思继清显亲为孝，而淑人以锡类，则藏修进退动审其是，海邦黎献褎然为时出焉，此作书院之本意也。”① 本篇文章如其一贯文风，有典有则，可讽可诵。

“元诗四家”之一的范梈延祐三年（1316）为合浦海角亭撰写了《海角亭记》；泰定三年（1326），为潮州路总管府的修建撰写了《总管府忠爱堂记》《经历司衡政厅记》；这三篇碑文文质彬彬，内蕴深厚，注重立意上创新，表达作者的独特见解，他告诫官员们为政以德，执政要公平公允。

除这些著名文人创作的碑文之外，岭南石刻作品中多数作者在文学史上名声不显，但他们的部分文章写得文理自然，较有艺术水平。这之中，祭祀南海神庙的系列碑文，代表王朝发声，此类文章多写得端庄典雅，如王献《祀南海庙记》、陈大震《重建波罗庙记》、刘光远《祀南海王记》等，其他碑文如刘跃《重建灵文庙记》、李震孙《广西道平蛮记》、黄裳《灵济庙记》、郭思诚《新开西湖之记》等亦为不错的文章。在二百多件岭南石刻作品中碑文约占六成，碑文之外，石刻诗歌中也有不错的作品。

---

① 黄挺、马明达：《潮汕金石文征》，广州：广东人民出版社，1999 年版，第 297 页。

陈孚，字刚中，台州临海人。“至元二十九年，世祖命梁曾以吏部尚书再使安南，选南士为介。朝臣荐孚博学有气节，调翰林国史院编修官，摄礼部郎中，为曾副”。陈孚出使路上经过桂林七星岩，题刻诗歌一首：“铁崖万仞，鬼斧所凿。长啸一声，白云惊跃。”① 诗歌潜气内转，健朗劲道。《元史·陈孚传》评价陈孚诗文曰：“孚天材过人，性任侠不羁，其为诗文，大抵任意即成，不事雕斫，有文集行于世。”② 至元三十一年（1294），元世祖崩，成宗即位，萧泰登以兵部郎中随礼部侍郎李衎出使安南。经过全州时，萧泰登刻诗《使安南过清湘一首》：“石壁千寻仰面看，崔嵬势欲压江干。南来已度湘源险，西望浑忘蜀道难。万里瘴烟添老色，一川风雨送新寒。圣朝自有平蛮策，未许诸君上将坛。”③ 诗歌回顾一路行来，路途艰辛，但联想起王朝辽阔的疆域，国家一统，不用战争也能平定蛮荒之地；想到这些诗人信心满满，体现了大一统局面下，元代士人对王朝的认同之感；诗歌老劲深沉，寄寓深厚。

肇庆七星岩风景秀丽，历代士人来游或吟诗或撰文，留刻岩壁，这些作品多数讴歌七星岩美丽的风景，表达作者们喜爱之情，或借机抒发其人生理想以及其他各类情感。其中张显祖的《题七星岩诗》想象丰富，“一区仙境蓬莱岛，七点星岩兜率宫”④，诗风健朗。王显德的诗写得珑玲而清丽，其“龙殿岩前珠滴沥，斗魁台上

① 桂海碑林博物馆编：《桂林石刻碑文集·上册》，桂林：漓江出版社，2019 年版，第 574 页。

② ［明］宋濂等撰：《元史》，北京：中华书局，1976 年版，第 4339 页。

③ ［清］胡虔纂，［清］谢启昆修：《广西通志》，南宁：广西人民出版社，1988 年版，第 5867 页。

④ ［清］阮元主修，梁中民点校：《广东通志·金石略》，广州：广东人民出版社，2011 年版，第 362 页。

玉玲珑”① 富于想象。文璧的诗寄寓深沉，“池上飞仙骑北斗，山间过客操《南风》”②，表达了遗民之思。同知广南西道宣慰司事王□的诗“崧台形胜若蓬瀛，玉立奇峰号七星。一片波光连树碧，四围山色抱松青。锦帆隐隐来幽浦，白鹭翩翩下远汀。为爱洞中仙景好，月明三鼓酒初醒”③，生动形象地再现了周边优美的景色。

元人的石刻题名大多朴实，但也有文采动人者，如赵鼎新、周刚善等人《览游刘仙岩题记》，后一段曰：“时春气骀荡，草木葱蒨，日光水影，交映互发。仙迹有无，不必远稽，山川胜概亦足乐也。”④ 春意盎然的季节，幕府几位朋友一起到刘仙岩附近踏青，饱览美丽的桂林山水，山水怡情，士人们文笔也因此变得活泼起来。必申达儿在普陀山的题名显现了他对宇宙人生的思考，“顾瞻徘徊，慨想千古。吁！自有天地，即有此山，而登览者不知几何人矣。日月易迈，山川不磨。因命刻石纪名，庶以继前哲云尔”⑤。唐古台潮阳白牛岩题名也感慨深沉：“瞻望昌黎之遗风，怀不能已，因留二十字以纪岁月。”⑥

---

① ［清］阮元主修，梁中民点校：《广东通志·金石略》，广州：广东人民出版社，2011 年版，第 363 页。

② 同上，第 363 页。

③ ［清］屠英等修，［清］江藩等纂：《道光肇庆府志》，收录于《中国地方志集成·广东府县志辑》，上海：上海书店出版社，2013 年版，第 811 页。

④ 桂海碑林博物馆编：《桂林石刻碑文集·上册》，桂林：漓江出版社，2019 年版，第 588 页。

⑤ 秦冬发：《桂林石刻探微》，桂林：广西师范大学出版社，2020 年版，第 27 页。

⑥ 黄挺、马明达：《潮汕金石文征》，广州：广东人民出版社，1999 年版，第 251 页。

宋思义《真仙岩谒庙题名并序》则写得情深："睹石室宏深，涛溪清冽，西广以南，山川形胜，莫甚于此。前贤题咏，历历可观。往岁公宪至者，无不一登览其胜概，惜无题名以纪来游。嗟夫！山川信美，人物废兴，后之视今，宁不观感于斯？因命刻石，以识岁月。"①

潮阳·白牛岩：唐古台题名

① 重庆市博物馆编：《中国西南地区历代石刻汇编·广西省博物馆卷·第五册》，天津：天津古籍出版社，1998 年版，第 72 页。

综上所述，元代虽为中国古代石刻发展史上的衰落期，岭南地区存留的元代石刻数量虽然比较少，但其中也有部分名家之作，从文学角度来考察这些作品，它们具有一定的文学价值，值得我们研读。同时，岭南地区的这些石刻作品为我们了解元代士人形象打开了另一扇窗。

第二节 岭南石刻文学中的元代士人形象

辑录岭南地区元代石刻的文献有《广东通志·金石略》《广东碑刻集》《广州碑刻集》《潮汕金石文征》《广东金石图志》《粤西金石略》《桂林石刻碑文集》等以及各地不同时期兴修的地方志金石卷。这些文献辑录的带文字的元代石刻大致有二百多件，比起宋代岭南石刻数量而言，元代岭南石刻数量可谓非常之少。撇去元朝国祚短暂这一原因，从石刻数量、历史时段比例等方面来看，元朝确实是中国古代石刻发展史上的衰落期，不及前面的宋，更不及后面的明清两朝。各文献辑录的石刻承载着当时社会的各方面信息，元朝石刻数量骤减与其文教衰落、经济不景气有着密切的关系。虽然如此，通览这二百多件石刻文字作品，还是能捕捉到这个蒙古族主政之下王朝的某些信息，我们可以从中管窥到元代士人精神层面的部分特征。

一、传统文化的守护者

（一）文化困境

蒙古族为草原游牧民族，虽能征善战，但充满野蛮之气。早期攻城略地时，往往屠城，这种全城性的集体屠杀贯穿了灭金的三个阶段[1]。如木华黎时期，广宁、懿州纳降，“除工匠优伶外，悉屠之”[2]。太宗四年（1232）蒙古军攻克河南府（洛阳市），“无老幼悉命诛之”[3]（同恕《耿伯祥墓志铭》）。在残酷的屠杀之中，儒士性命难保，有时纵使性命保下来了，也难免没入为奴，据《元史·高智耀传》载：元太宗窝阔台汗时，“皇子阔端镇西凉，儒者皆隶役”，至数十年后忽必烈即皇帝位，仍载“时淮、蜀士遭俘虏者，皆没为奴”。高智耀奏言：“以儒为驱（奴）古无有也。陛下方以古道为治，宜除之，以风厉天下。”可见以儒士为奴婢的现象仍旧严重[4]。统治者对儒士的杀戮奴役，使他们失去了修身、齐家、治国、平天下的专利，连做普通人都难为。

不仅如此，元朝实行四等人制。蒙古统治者为了保持自己的特权地位、维护对汉族和其他少数民族的统治，进一步推行民族压迫和民族分化政策，效法金朝时把民族划为女真、渤海、契丹、汉儿四等级，将全国的民族按被征服的先后，划分为蒙古、色目、汉人、南人四等，并在用人、行政、法律地位和权利、义务等方面作了种种不平等的规定[5]。原南宋统辖之地的百姓均划为最低等的南人，文化优越之地、精英辈出之地的民众，反而处于政治体制最底端。这些使得儒士从“四民之首”，滑落到了“九儒十丐”的地步。

---

① 刘祯：《华夏审美风尚史·勾栏人生》，郑州：河南人民出版社，2000 年版，第 26 页。

② ［明］宋濂等撰：《元史》，北京：中华书局，1976 年版，第 2932 页。

③ ［元］同恕：《榘庵集·卷六》，文渊阁四库全书本。

④ 徐子方：《元代文人心态史》，天津：天津人民出版社，2015 年版，第 16 页。

⑤ 邱树森：《元朝简史》，福州：福建人民出版社，1999 年版，第 160 页。

士是中国古代社会的精英，是知识的传播者、文化的教授者，儒士在元朝的境遇如此，自然造成了有元一代文教的衰落。

陈青之《中国教育史》评价元朝教育言道："元朝以野蛮民族入主中原，始终不脱离野蛮气味，对于儒生既然鄙视，对于教育尤不注重，故中国教育史在元朝是一个低降时期。在学校方面，中央只有三所国子学，从前唐、宋所有医、法、书、算诸专科学校没有了；地方学校虽然照设，据世祖至元年间的统计虽有二万四千四百余所，但只是'名存实亡'而已。在科举方面，初无定制，到仁宗延祐二年，始有详细的规定；虽有规定，其实并不常行，政府用人多由荐授，科举不过偶一举行罢了。"①

"达则兼济天下，穷则独善其身"的士人传统，元代儒士难以实现。刘祯论道："……他们兼济天下的理想精神也一落千丈。独善其身是其退后的选择，但元代社会的深刻变化，使绝大多数文人儒士没有因循传统之路，没有退而操守、追求'独善'，因为元代'独善'的条件、环境都已不复存在，他们多选择了为用世者'嗤之'的嘲风弄月、放浪不羁的生活道路。"②

元代许多士人困顿、抑郁、无奈而选择了嘲风弄月，进而投身戏曲创作，但岭南石刻作品却为我们展现了元代士人的另一番精神风貌。这些碑文所反映的士人多为已出仕者，他们职位虽然不高，处境比较艰难，但能在困境中坚持不懈地守卫文化传统，身体力行地践行着传统士人之职责，展现了元代部分士人积极用世之精神。

---

① 陈青之：《中国教育史》，上海：上海书店出版社，2013年版，第270页。

② 刘祯：《华夏审美风尚史·勾栏人生》，郑州：河南人民出版社，2000年版，第54页。

（二）坚持兴学

历代文化教育与经济发展状况息息相关，自古至今兴办学校都需要筹措大笔资金。有元一代，各时期经济情况均不太好。程千帆《元代文学史》中有一段论述："在他们进行掠夺战争的过程中，往往采取残暴的屠城政策，所过之处，人民杀戮殆尽，财帛牛羊席卷而去，庐舍尽焚，城郭化为丘墟。像关中这样的富庶之地，在兵火之余，八州十二县，户不满万。北方的大量农田，被荒废为牧场……由于蒙古贵族贪暴的本质，对人民仍然大肆搜刮，逼使百姓流离失所，辗转沟壑。特别是从元中叶以后，统治集团内部争夺权势的斗争极其尖锐，对人民的剥削更是变本加厉，赋税比元初增二十多倍，使人民饥寒交迫，'日羸月瘠，曾不得糠秕以实腹，褴褛以盖体'，'父子、兄弟、夫妇至相与鬻为食者，比比皆是'。由此可见，当时的中国农村经济，已经陷于衰蔽状态。"① 苏力《元代地方精英与基层社会——以江南为中心》一书中论道："元代，贫困依然是重大的社会问题。导致贫困出现的因素很多，其中主要的是赋役负担加重、土地兼并、官吏腐败以及自然灾害频发等。"②

在这样的社会背景之下，处于岭南地区的士人要想恢复因战争而毁坏的文庙，进而兴办当地的学校，传授儒学，自然非常艰难。岭南地区的元代石刻记载了岭南地区广州、桂林、潮州、平乐等地士人克服重重困难，几十年如一日，几批士人持之以恒地兴学之举。

在中国古代，学校与孔庙的结合，自南北朝后期成为一种趋

---

① 程千帆：《元代文学史》，武汉：武汉大学出版社，2013 年版，第 2 页。

② 苏力：《元代地方精英与基层社会——以江南为中心》，天津：天津古籍出版社，2009 年版，第 129 页。

势，至唐代已发展成为中国学校教育的一项基本制度①，在历史发展过程中，形成了左庙右学的规制。元代岭南地区士人苦心孤诣地重建孔庙，也就是要恢复儒学传统，发展文化教育。

这之中，潮州地区士人的表现尤为突出。宋元之交的战火导致潮州庙学遭到了毁灭性破坏。至元二十一年（1284）甲申，总管丁聚命令郡人林元煜、王伯老同摄学事，“遂辟草莱，舁瓦砾，构讲堂十间”。初具规模，而文庙犹未建立。至元二十九年（1292）正月，总管府同知王宏将陈昱的旧宅买下来，聊充正殿。五月，宪佥张处恭到潮，复加扩建，并添置学田四百亩。元贞二年（1296），教授虞士龙“立杏坛，砌泮池，修文庙，造祭器，建书楼，置书籍，功可录也”。至大四年（1311），教授方时发捐己钞一百二十锭，造祭器二百二十四件。皇庆元年（1312），学正朱安道造乐器五十四件，教授朱深道请乐正与诸生练习礼文音乐，各种祭礼制度臻于完备②。历经近三十年，潮州庙学体制才稍见整齐，可谓相当不易。

之后，为了潮州庙学的建设而奔走呼吁、四处筹措的大有人在。泰定三年（1326），任潮州路儒学教授的何民先费尽苦心，“予一日阅《三阳志》，因见宋有教授赵崇郛，尝以石为棂星门柱，此事更伟，窃有慕焉”。作为主管一方教育的何民先筹划过程中得到了中央来的官员支持，“部使者刘公适至，祗谒先圣，慨礼殿于制弗合，材且易蠹，问建几何年？诸生前曰：‘此五虎陈侯之故厅也，兵后造次，以故弗如制。’公曰：‘盍更之？畴昔陈氏歌

---

① 陈占山：《海滨“邹鲁”的崛起——宋元潮州研究》，北京：中国社会科学出版社，2015 年版，第 120 页。

② 黄挺、马明达：《潮汕金石文征》，广州：广东人民出版社，1999 年版，第 266 页。

舞是间，而居大圣人，可乎？宜更之。’”① （何民先《文庙石柱记》）至此，官员们达成了共识，要重修文庙。其时，儒人石国珍等自陈，愿输力焉；里中蔡氏不将石柱卖给寺庙而是捐献给文庙用作建设，“小大凡三十，大而圆者八，中而圆者四，小而方者十有八”，经过辛苦运输，石柱最终运到场。此次文庙建设既有中央官员支持，又有主管当地教育的儒学教授操持，还有志愿者、捐赠者，按照道理，应该顺利完工，“讵意事与愿乖，才两月间，主议者去职，输力者背盟，而势涣矣。又越一年，而儒氓同役，纷纷莫止矣。虽欲为之，未由也已”②。何民先非常遗憾地写下《文庙石柱记》一文，期盼后来者能替他完成这一愿望。

天历三年（1330）冬，“本路判官小云赤海牙诣学，深慨殿制不古”。他四处询问，得知缘由，带头捐俸千楮，“方董工，会宪佥任公仲琛，偕宪吏黄士俊、郭友直按巡勉励，祗谒先圣。时礼殿始基，见石柱而喜，计本学岁入无以为继，乃捐俸，率庶僚以助工。又举圣制蠲役，俾儒人随其丰俭以助焉”③ （刘贡珍《续石柱记》）。在这些官员的努力之下，这次修庙也只是修成正殿而已，“而先圣像犹未迁也”④。

不单是潮州庙学兴修艰难，各地府学兴修同样困难重重，桂林府学兴修就是明证。臧梦解《重镌桂林府学释奠图记》、鲁师道《重镌桂林府学释奠图记》两篇碑文记载了鲁师道将南宋嘉定十年（1217）广西提刑吴纯臣石刻墨本的释奠图从金陵携带至桂林欲刻石之事。鲁师道收藏此图十年，等到大德元年（1297）时

① 黄挺、马明达：《潮汕金石文征》，广州：广东人民出版社，1999 年版，第 264 页。

② 同上，第 265 页。

③ 同上，第 279 页。

④ 同上，第 280 页。

他特地将此图本交给臧梦解。臧梦解“博学洽闻，为时名儒……而敏于政事，其操守尤为介特”，其时担任奉议大夫、广西肃政廉访副使，他勤于政事，“故事，烟瘴之地，行部者多不躬至，而梦解咸遍历焉。遂按问宾州、藤州两路达鲁花赤，与凡贪官奸吏，置于法者无虑八十余人”①。结果将释奠图刻石这一件并不复杂的事情，虽有臧梦解主持、鲁师道尽力但未完成。“学校新创之初，所当讲明者甚多，学田当复，学舍当修，学门当建，学规当立，圣旨勉励学校碑当刻建表亭，神厨当创，大成殿两廊及庐亭斋扁当整，宫墙地基当取，周围墙壁当筑，三年之间，日不暇给，竭尽心力，犹惧未既，欲以二图复旧，则学校事力空乏，未能如愿”②（鲁师道《重镌桂

桂林中学：旷金《释奠位序仪式图记》

① ［清］汪森编辑，黄盛陆等校点：《粤西文载校点》，南宁：广西人民出版社，1990 年版，第 405 页。

② 杜海军：《桂林石刻总集辑校》，北京：中华书局，2013 年版，第 382 页。

林府学释奠图记》)。作为儒学教授的鲁师道细细算了一笔账，没有钱刻石了，只好刻在木头上，他非常遗憾！而此时正是号称盛世时期的大德二年（1298），教育经费如此缺乏，其他时期尤可想见！直到延祐三年（1316），西夏唐兀人重福出任岭南广西道肃政廉访使，他重视教育。在重福的主持下，次年才得以刻石。士人们兴学虽然捉襟见肘，但他们殚精竭虑，坚持不懈，志在守护并传播儒家传统文化。

二、传统文化的传承者

(一) 树立学习榜样

元代岭南地区士人不仅矜矜业业于恢复文庙，推崇儒学，还注重崇祀前贤，通过修建祠庙、创作诗文等方式，不断宣扬前贤德业，以劝勉地方官吏、教化当地民众。他们接续了宋代士人之做法，进一步宣扬曾在岭南地区为官的韩愈、柳宗元等前贤之德业。

在潮州文化发展史上，韩愈被认为是划时代的人物。他任刺史期间，驱除鳄鱼、发展农桑、教化士子，政绩卓著，赢得潮州江山都姓韩。宋人评价道："潮之为郡……文物之富，始于唐而盛于我宋。爰自昌黎文公以儒学兴化，故其风声气习，传之益久而益光大。"（陈庆余《重修州学记》）

咸平年间陈尧佐贬任潮州通判，于宋代仕潮官师中首举尊韩大旗。所谓"修孔子庙，作韩吏部祠，以风示潮人"①。自此之后，潮州历代官员不断地修缮韩文公祠堂，将其视为文教之大事。宋元战火之后，韩文公祠被毁，"皇元奄有此土，室屋灰

---

① 陈占山：《海滨"邹鲁"的崛起——宋元潮州研究》，北京：中国社会科学出版社，2015 年版，第 172 页。

烬于兵”[①]（吴澄《潮州路韩山书院记》）。“元贞二年，有太中帖里来长兹郡，创浮桥，立兹庙。大德五年，卞侯立宗修犹未完；九年，常侯元德暨乃僚捐俸计役，期毕兹工。……仍建八贤祠于右。两庑三门，翼如峙如。复挟二亭于其侧，闳伟壮丽，殚智极虑”[②]（赵孟仆《重建潮州韩文公庙》）。这次修祠活动持续近十年，终告成功，同时修建了八贤祠于右，为潮人树立风范榜样。在官方倡导、士人传颂之下，韩愈早已成为潮州人心目中的神，其地位比肩孔门之圣贤，“至元甲申，韩山书院重兴，即庙之旧址，为先圣燕居。先师兖、郕、沂、邹四国公侍，而韩子之专祠附唐时先圣，配祀独一颜子”[③]（吴澄《潮州路韩山书院记》）。为了加强宣传，此次重修还特地邀请了著名学者吴澄撰写碑文。吴澄曾任国子监丞、翰林学士、知制诰等职务，为有元一代之大学者，“出登朝署，退归于家，与郡邑之所经由，士大夫皆迎请执业，而四方之士不惮数千里，蹑屩负笈来学山中者，常不下千数百人”[④]。吴澄在碑文中阐述了此次修书院之目的：“书院之增修也，以王侯之有志于教也，潮之士其如之何？必也学韩子之学，业精行完，进进而贤，则奚翅贡于王庭，如韩牒所期而已。”[⑤] 吴澄很明确地告诫潮州士人，韩愈的文章德业就是大家学习的榜样。以吴澄在当时的影响力而言，这文章无疑为崇韩活动起到了推波

---

① 黄挺、马明达：《潮汕金石文征》，广州：广东人民出版社，1999 年版，第 283 页。

② 同上，第 253 页。

③ 同上，第 284 页。

④ ［明］宋濂等撰：《元史》，北京：中华书局，1976 年版，第 4014 页。

⑤ 黄挺、马明达：《潮汕金石文征》，广州：广东人民出版社，1999 年版，第 284 页。

助澜的作用。

柳宗元任柳州刺史时，政绩突出，他建设城池、释放奴婢、兴学导民，肇启了柳州的人文风气。《旧唐书·柳宗元传》中言："江岭间为进士者，不远数千里皆随宗元师法。凡经其门，必为名士。著述之盛，名动于时，时号柳州云。"①《新唐书·柳宗元传》中提到："南方为进士者，走数千里从宗元游。经指授者，为文辞皆有法。世号柳柳州。"② 元代柳州士人同样推崇柳宗元，至元年间奉训大夫柳州路总管兼内劝农事李□□特地重刻柳宗元像置于原庙，"遗像旧有石刻。岁在己未，天兵南下柳府，因以移于新城。岁月毁裂，今再刻之，重置于原庙，俾往来者得以瞻礼"③。

刘跃撰写于至大二年（1309）的《柳州路重建灵文庙记》一文，表达了作者对柳宗元的崇敬之情、总管梁国栋为政以之为榜样之意。"公幼读侯文，今拜皇命，牧兹土，敢不体侯文泽为治？然堂庭庳陋，椽栋毁坠，奚以妥灵？暂图更张之"。"侯之道，本《易》《书》《诗》《春秋》《礼》，求所谓且质、且恒、且宜、且断、且动者为原。侯之文，参《孟》《荀》《庄》《老》《国语》《离骚》《谷梁》《太□□》，通为航道，源于古。俯默窥奥，体立用行，极羽翼之功；文流于道，制述侔经。辞严义正，烺深博之妙，雄深雅健，□□悉有度"④。这段文字充分肯定了柳宗元的道与文，作者为文之意显然是为现在柳州地区士子指明学习榜样。

---

① ［后晋］刘昫等撰：《旧唐书·柳宗元传》，北京：中华书局，1975年版，第4214页。

② ［宋］欧阳修、宋祁撰：《新唐书·柳宗元传》，北京：中华书局，1975年版，第5142页。

③ 程朗：《柳侯祠文献汇编》，合肥：黄山书社，2004年版，第49页。

④ 同上，第52页。

（二）诗文相续、怡情山水

历代学者虽然对元代诗文评价不高，但元代作家创作的诗文数量却非常可观。李修生主编的《全元文》统计作者超过三千人，作品超过三万篇。“至于诗歌方面，据清代顾嗣立所编《元诗选》，以及席世臣、顾果庭续编的《元诗选·癸集》，共得诗人二千六百余位，作品三万余首。词方面，根据当代唐圭璋所辑《全金元词》，收录元作者二百一十二位，作品三千七百余首。有元一代立国一百三十余年，出现如此众多的作家作品，不可谓不盛了”①。

从这些统计数据来看，元代士人是在努力接续中国古代的文学传统，不过由于各种原因，其正统文学成就整体不高。二百余件岭南石刻数量虽不多却显现了元代士人诗文创作之传统，他们骨子里充斥着传统文人之雅趣，这些情怀多是在有一定职务的地方官员身上展现出来的。

宋代是中国古典文化之最高峰，宋型文化博大精深，宋代士人生活丰富多彩，其时是中国古代文人地位最高的时期。宋人悠游山水，刻石山川，岭南石刻展现了宋代士人复杂的个性。相较宋代，元代岭南石刻由于数量骤减，呈现出的元代士人生活则单薄了点，但也可从中总结出一些共同特点。

以题名为例，肇庆七星岩是广东摩崖石刻较为集中的地方，这里保留了部分元人作品，既有汉人之作，又有蒙古人之作。“至元乙酉日长至，承务郎、肇庆路总管府判官严居贞正甫，奉训大夫、肇庆路总管府治中黄泽润甫，武德将军、同知肇庆路总管府事张旺兴甫，公余来观。精爽顿豁，石窦自室，天梯可阶，古端

---

① 王小舒：《中国文学精神·宋元卷》，济南：山东教育出版社，2003年版，第163页。

胜概也。乃镌此纪曾游”①。从这则题名来看，三位肇庆府官员在闲暇时光里来游览七星岩，他们感觉神清气爽，遂刻石纪念。作为达鲁花赤的月忽乃也学习了汉族士人的做法，特地带领一帮人前来参观七星岩，并刻石纪念：“燕京月忽乃以中顺大夫、柳州路总管府达鲁花赤易守是邦，公余率僚属来观。一窍通明，万象呈露，胜境也。故镌此以纪曾游。时至元戊子修禊前一日。”② 在石刻作品中，题名的撰写相对自由灵活，元代士人留刻在岭南山川的题名，与其他朝代的题名一样体现了士人们对山水的热爱之情，体现了士人传统的山水之乐与休闲之道。

元人石刻诗歌亦呈现出传统情趣。至元年间，张显祖游七星岩刻诗曰：“信马崎岖细路通，三围四面锦屏风。一区仙境蓬莱岛，七点星岩兜率宫。江水朝东宗大海，嵩台拱北插高穹。他年拟赴蟠桃会，王母频斟醉此中。”③ 王显德游七星岩赋诗曰：“七星峰顶耸苍穹，仙境人寰迥不同。龙殿岩前珠滴沥，斗魁台上玉玲珑。长生石髓藏山罅，炼性丹砂闭井中。云路一朝令我识，铢衣作翼便乘风。”④ 两首诗歌均歌颂了七星岩美丽的风景，表达了作者陶醉之情、游玩之趣，他们的这类山水诗歌赓续了中国山水诗之传统写法：借景抒情、运用想象、注重选择典型意象等。

① ［清］阮元主修，梁中民点校：《广东通志·金石略》，广州：广东人民出版社，2011 年版，第 362 页。

② 同上，第 362 页。

③ 同上，第 362 页。

④ 同上，第 363 页。

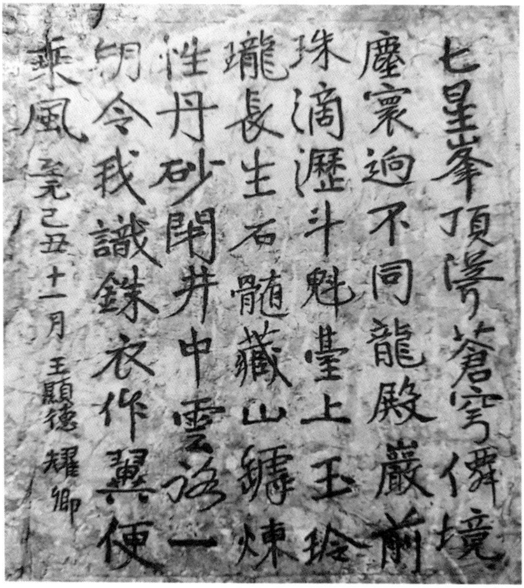

肇庆·七星岩：王显德题诗①

石刻文章方面，既能继承宋人之艺术旨趣，又能有所变化。著名文人范梈曾担任过承直郎、佥海北海南道肃政廉访司事，《元史·范梈传》言他："耽诗工文，用力精深。"② 范梈来到合浦时，特地寻找海角亭，"得于荒芜乱水之间。欲复之未能也，属之郡吏，曰诺。明年来告成，请记之"。范梈特为新修复的亭子撰写了《海角亭记》一文。该文文辞简劲、议论深刻，乍看颇有宋代散文之趣，细读则学习了苏轼为文之法。其议论曰："登斯亭者，有能驱去流俗之悲，涵养孤忠之气，把酒赋诗，凭高瞰远，反而求

① 《肇庆星湖石刻》编委会：《肇庆星湖石刻》，北京：红旗出版社，2005 年版，第 47 页。

② ［明］宋濂等撰：《元史》，北京：中华书局，1976 年版，第 4183 页。

之，何往而不得所适哉？又岂独夸结构之华，从临眺之乐而已？”① 作者跳出了前人的迁谪流徙之悲的窠臼，谓海角之地为涵养孤忠之气的地方。其立意高远，见解独到，虽学宋人之文，却另有元人海内一统之宏大气象。

三、地方政教的维护者

（一）拥戴赞美

南海神庙地处广州黄埔区庙头村，是古代皇帝祭祀海神的场所，是古代海上丝绸之路发祥地之一。元代重视海上运输，“元代海运的开辟是中国海运史上划时代的大事。它对于商业的发展、大都供给和繁荣、南北交通的畅通、官民造船业的扩大、航海技术的提高，都具有重大的作用”②。南海神因其在海神中地位最尊，元政府比较重视南海神的祭祀活动。自世祖至元二十六年（1289）起遣使祭祀南海神始，元朝历代皇帝都派遣使者祭祀南海神，且都刻碑纪念，现今这些元代碑刻尚有部分保留。其中某些碑刻流露了撰写者对王朝的拥戴之心、对天子的虔敬之意、对朝廷的赞美之情。

王献《祀南海庙记》中言道：“今圣天子不泄迩，不忘远，既加锡徽号，又连岁遣侍臣蒇祀事，俾遐陬僻壤获睹典礼之盛。又正切闵雨，而雨随恩霈，田里昭苏，丰穰有兆。兹实吾君之泽洽于四海，以诚孚于神；神之泽加于生民，以灵孚于君。”③ 时为

---

① ［清］阮元主修，梁中民点校：《广东通志·金石略》，广州：广东人民出版社，2011 年版，第 372 页。

② 邱树森：《元朝简史》，福州：福建人民出版社，1999 年版，第 326 页。

③ ［清］阮元主修，梁中民点校：《广东通志·金石略》，广州：广东人民出版社，2011 年版，第 364 页。

元世祖至元二十六年（1289），天下平定，四海一统，此次祭祀有昭告岭南百姓新朝圣德之意，有收服岭南人心之意。

刘元远《祀南海王记》一文言及祭祀当年的社会情形："矧今圣化流行，无有远迩，岭南万里，如在畿甸。民殷物阜，年谷屡登。"① 时为大德十一年（1307），号为元朝盛世时期，但根据历史事实来看，此有夸饰成分。

吕宏道《代祀南海王记》则表达了自己的幸运之情："今幸忝职文教备员祝官，身际休明，目击盛礼。阴功显著，灵贶骈臻。是皆圣天子亶合天心，明德恤祀，用能光显于神。而天使寅恭祀事，至诚感通，又能对扬休命，茂迎祥祉也。事讫驿闻。群工百执事相与北面抃蹈，拜手稽首，仰颂帝力，昭宣神灵。"②

在这些祭祀海神的碑刻中，撰写者表达了对王朝的拥戴赞美、对帝王的忠诚之情，他们与元代玩世不恭、遁隐江湖的另一部分士人形成了鲜明对比。当然，使者的身份、祭祀的场合、刻石的缘故都有可能让这类文章表达有违心之处，但是也有部分南海神庙碑文并不着意叙写拥戴之意，而是着重描写南来路途艰险、祭祀的详细过程等。可见，这几篇文章应是真实呈现了创作者维护当时政教之心态。

（二）扎实为政

元代岭南石刻的题刻者多是各级官吏，是有一定职务者，这些石刻作品体现了他们勤于政事、扎实行政之风。上述坚持兴学、恢复前贤祠庙就是他们关心文教，积极发展地方教育事业的表现。除此之外，石刻作品还展现了他们的其他政绩。

---

① ［清］阮元主修，梁中民点校：《广东通志·金石略》，广州：广东人民出版社，2011年版，第369页。

② 同上，第379页。

范梈是元代散文代表性作家，欧阳玄曾评价他的文章："我元延祐以来，弥文日盛，京师诸名公一去宋金季世之弊，而趋于雅正。于是西江之士，亦各弃其旧习焉。盖以德机与曼硕为之倡也。"① (顾嗣立《元诗选》)

此处，德机即范梈，曼硕为揭傒斯。因范梈享有盛名，泰定二年（1325），他受邀作文，"制授广平宋侯用朝散大夫为同知总管府事，至未期月，洒涤故弊，厥政大行。一新公府之署，揭其视事之厅曰忠爱之堂，与府判官买住君、推官刘君克敬及其知事赵弘道，驰书三山，属予文以记之"，范梈因而为作《总管府忠爱堂记》。文中范梈重在阐述作为一方长官之职责："今太守古诸侯也。天以天下付一人，不能遍履而周治，于是剖千里之地，与其民，简其人，使分牧之，所以重所付也。太守受地与民，拥朱轓，绾三品章绶，官有承贰佐吏，奔走者，自邑令长、群执事，咸下风听命焉，亦崇且华矣！得人则一方受其安，不得人则一方蒙其残。苟残矣，是太守负所简，而简之者轻所付矣。"② 范梈说得语重心长，详细剖析太守之职责，实际上是对潮州地方官员提出了殷切的希望。大概潮州官员颇为受教，接着又请范梈为其衡政厅撰文。范梈《经历司衡政厅记》一文就"衡"而发议论，"赞佐者常执其衡，进退其权，而取事之中，举无所容吾心，是以守虽贵不得以废吏之是，吏虽贱不敢以循守之非，政于是乎平，讼于是乎理，教化于是乎宣，风俗于是乎淳。其致此者何哉？以吾无私而已"③。范梈希望潮州官员执政无私心，不贪黩，凭良心为政。潮州官员将这两篇文章刻石于公堂，亦可见他们理政之心。

---

① ［清］顾嗣立：《元诗选·初集卷二十八》，文渊阁四库全书本。

② 黄挺、马明达：《潮汕金石文征》，广州：广东人民出版社，1999 年版，第 268 页。

③ 同上，第 271 页。

杨铸《德庆路镇遏万户王侯政迹碑》一文叙写了王良在德庆的政绩。“至正十年春，以江西行省之命，移镇德庆。德庆民瑶杂处，且界广西，数罹寇虐。侯至则抚绥兵民，严为之备。是夏江水暴涨，怀丘陵，灭市肆，民多垫馁。侯为恻然，亟贯米以振之。既而谍报有寇五百，自上游具舟楫、备器械将乘湍悍□袭郡境。侯出其不意，发兵迎击，寇登陆而遁，乃虏其舟以归”①。王良出身将领世家，为当时名将，动乱的德庆因为他的治理而趋于安定，其“调度有方，军中不以为劳”。他还积极赈灾，援引儒生，延礼宾客，“盛德被于南服，名声照乎四方”②。因其任满，将调回豫章，德庆乡绅特请杨铸撰写碑文，以彰示久远。

赵鼎《廉访张聂二公德政碑记》则记载了元贞、大德年间肇庆地区先后遭遇旱灾与水灾，廉访司官员张汝弼、聂辉积极赈灾蠲免赋税之事。“巡按各路，贷米二千石，赈济饥民，申免税粮六千二百余石，以宽远漕……备舟以踏淹浸之田，委官视验，共减粮斛七千七百石有奇”③。张、聂二人赈灾积极颇为体恤百姓，百姓感恩，特为树立德政碑。

综上所述，在我们的传统印象中，元代多数士人失落、沉沦下僚、政治上无用武之地因而投身俗文学创作之中，他们嬉笑怒骂，在勾栏酒肆之间寻找另类人生价值。但元代岭南地区的石刻作品却为我们展现了元代士人形象中传统的一面。他们是传统文化的守卫者、传承者，更是地方政教的维护者。事实上，元代士大夫接续了中国士文化之传统，而将其发展演绎出了复杂的内涵。

---

① ［清］阮元主修，梁中民点校：《广东通志·金石略》，广州：广东人民出版社，2011年版，第398页。

② 同上，第399页。

③ ［清］屠英等修，［清］江藩等纂：《道光肇庆府志》，收录于《中国地方志集成·广东府县志辑》，上海：上海书店出版社，2013年版，第812页。

第四章
明代岭南石刻文学研究

第一节　概述

相比前代，明代岭南地区进入了新的发展阶段。以广东地区为代表，明代岭南地区经济、文化、教育等都有了突破性发展，人才蔚起，这改变了岭南文坛的作者队伍结构，岭南地区的文学创作也从此取得了全国性地位。就石刻文学创作而言，与前代相比，既有继承又有新变。

一、岭南本土文人之作

与前朝相比，明代岭南文坛涌现了许多本土作者，名家辈出，其影响波及全国。杨权《岭南诗派研究与诗歌文献整理》一文论道："据不完全统计，自汉至元末，有诗作流传的岭南诗人不到200家；而仅有明一代就有诗人2200余家。考虑到版籍散佚、资料匮缺等因素，实际参与创作活动的明代诗人当远超上述统计。"① 从这一

① 杨权：《岭南诗派研究与诗歌文献整理》，《深圳大学学报（人文社会科学版）》2015年第4期。

统计数据来看，岭南文学在明代进入了飞速发展的时期。“岭南诗家到元末明初发展成了一股颇具影响的创作力量，以群体形式崛起于诗坛，其标志是‘南园五子’（亦称‘前五先生’）——孙蕡、王佐、赵介、李德、黄哲的崛起”①。不仅“南园五子”“南园后五子”影响着岭南文坛。湛若水、丘濬、霍韬、方献夫、蒋冕、吕调阳、戴缙等岭南出生的士人仕至朝廷重臣，他们刷新了时人的岭南印象。加之陈献章、翁万达、黄佐、海瑞、张鸣凤、黎民表等岭南文化名人的参与，岭南文化在明代绽放出新的魅力。陈献章创立的“白沙学派”，经湛若水等人之发扬，影响了有明一代之学术进程。在此背景之下，考察岭南地区的明代石刻文学创作，其作品无论内容还是形式都较前代有了新的变化。

左东岭《中国诗歌通史·明代卷》论述道：“陈献章是明代性灵诗歌的真正开创者，他不仅是明代思想史的转折点，同时也是诗歌史的转折点。”② 张诩《白沙先生行状》称陈献章诗曰：“功专而入神品，有古人所不到者。”郭棐评价曰：“其为诗自成一家，与江浦庄昶齐名，世称‘陈庄’。”③

陈献章的部分诗歌镌刻成了石刻作品。如《赠刘宗信还增城四首》曰：

夜宿黄云坞，秋登碧玉楼。归时一片石，见月过罗浮。
山到铁桥西，青天乙角低。送君高处望，天与帽檐齐。

---

① 杨权：《岭南诗派研究与诗歌文献整理》，《深圳大学学报（人文社会科学版）》2015 年第 4 期。

② 左东岭：《中国诗歌通史·明代卷》，北京：人民文学出版社，2012 年版，第 11 页。

③ ［明］郭棐：《粤大记》，广州：广东人民出版社，2014 年版，第 388 页。

菊花笑我前，梅花撩我后。问花花不言，驻楫增江口。
山人偶出村，送客村南道。江山风日佳，岁月乾坤老。①

四首诗随情任性，自由灵活，带有作者洒然独得之心性体悟色彩。其《浴日亭追次东坡韵》一诗则苍茫雄浑，情感朗健。“顾影未须悲鹤发，负暄可以献龙颜。谁能手抱阳和去，散入千岩万壑间”②。其《白沙钓台诗碑》阐述了学问之传承，他特传衣钵予湛若水：“莫道金针不传与，江门风月钓台深。”③

诗歌之外，岭南石刻作品中亦存有陈献章的文章，如《祭崔清献像文》行文流丽、文辞明洁，其《处士陈君墓志铭》叙事平易真切。

翁方纲《石洲诗话》论及岭南作者曰：“有明一代，岭南作者虽众，而性情才气，自成一格。”④ 陈献章的学生湛若水继承和发展了陈献章的心学思想，形成了与王阳明“致良知”不同的另一条明代心学思想路线，各立门户。湛若水历官两京，官至南京兵部尚书，他高寿且门生满天下，“置仓廪以馆谷多士，刻《崇俭约言》以挽奢俗，置讲田以赡四方学者”⑤。湛若水对明代思想界产生了深远影响。岭南石刻作品中存有湛若水部分诗文作品。

---

① 招念慈修，邬庆时纂：《民国龙门县志》，台北：成文出版社，1967年版，第465页。

② 冼剑民、陈鸿钧：《广州碑刻集》，广州：广东高等教育出版社，2006年版，第362页。

③ 同上，第1070页。

④ ［清］翁方纲：《石洲诗话・卷一》，收录于《清诗话续编・第三册》，上海：上海古籍出版社，1983年版，第1366页。

⑤ ［明］郭棐：《粤大记》，广州：广东人民出版社，2014年版，第389页。

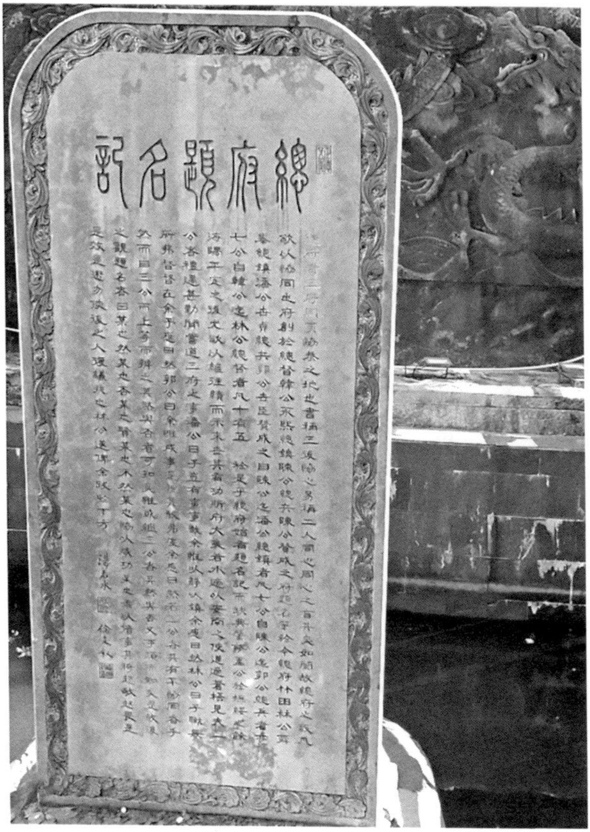

梧州·龙母庙重刻：湛若水《总府题名记》

湛若水《仰辰台诗》感恩帝德，“感得圣恩深似海，外臣早许作巢由”①。其《千忍亭诗碑》阐述修心之道：“鸿炉煅顽铁，千炼千精坚。自兹化有容，习惯成自然。”② 其《和王阳明赠方吏

① 冼剑民、陈鸿钧：《广州碑刻集》，广州：广东高等教育出版社，2006 年版，第 1072 页。

② 同上，第 1072 页。

部归西樵诗》也着重阐述道理："无情知见真知见，到了参前即性灵。"① 其《五仙观湛甘泉诗碑》则感慨人生："七十年前灯火地，东寻无路白云封。"②

湛若水的文章注重阐明心性之学，如《湛文简增城儒学明伦堂颂》一文论道："曷明曷伦，先明诸心。匪行匪习，由仁义行。于变时雍，五典克从。曷从以变，万心攸同。此何以然，人心即天。"③ 这是他"随处体认天理"之说的发挥。其《重修海珠李文溪祠记》行文凝练概括，对岭南宋代名臣李昴英给予了较高的评价。《太子太保礼部尚书霍文敏公墓表》为文凝练，夹叙夹议，评论了霍韬一生之功业。其文章见解独特，个性鲜明，文辞情感激越，显现了湛若水墓志写法求变之特点。其《总府题名记》一文则以"协同"立论，希望镇守梧州的官员能同心协力，处理好政事。

广州府南海县人方献夫官至吏部尚书、太子太保、武英殿大学士。《明史》称他："饰恬退名。"郭棐评价曰："公生平以清忠自许，以匡辅为志，处则讲学明道，出则格心行道，俨然有大臣风度。"④ 方献夫《明礼部尚书掌詹事府事谥文敏渭厓霍公墓表》是为同邑友人霍韬所撰，霍韬官至礼部尚书、太子少保，与方献夫、梁储同被称为明代南海县的"三阁老"。该文概述了霍韬之为人与为政，叙述了"大礼议"以及霍韬的多次上疏劝谏，文章评论道："公立朝，遇事敢言，冰清玉洁，直声震天下，百司庶

---

① 冼剑民、陈鸿钧：《广州碑刻集》，广州：广东高等教育出版社，2006 年版，第 1073 页。

② 同上，第 249 页。

③ 同上，第 119 页。

④ ［明］郭棐：《粤大记》，广州：广东人民出版社，2014 年版，第 450 页

府，闻风惕肃，人无敢以私干者，盖公鲠廉劲正，由衷率性，故威武祸患不足屈，声色货利不足移，谄佞柔邪不足惑，运谋应变不足动，由其先立者大也。”① 文章叙议结合，塑造了忠于国事，忧心社稷的大臣形象，其结构谨严，观点鲜明，行文流畅。方献夫《和钓台诗碑》咏叹陈白沙江门钓台之事：“一台筑石江心起，风月先生钓且吟。此是江门旧衣钵，当时分付意何深。”② 诗歌缅怀前贤，感叹深沉。

陈永正《岭南诗歌研究》一书论道：“明中叶诗人、学者黄佐，被称为‘粤中昌黎’，他的诗歌风格雄奇瑰丽，壮浪恣肆。”③ 郭棐《粤大记》中记载黄佐在广西：“修书院，育人材，日与诸生讲明‘理一分殊’之旨，因辑《理学本源》以端士习。”④

黄佐《达摩石》一诗体现了他诗歌雄奇恣肆之风格，“羲娥断送千年梦，龙象终成一聚尘。便合拈花发微笑，苍波无语月华新”⑤。在俯仰古今之际，作者体悟禅悦之道。黄佐的石刻文章写法求变求出新，其《湘泉吕侯去思碑记》一文以“颂”的文体来歌颂吕侯之功德，文辞简明概括，行文流畅；其《番禺二山小记》则采用方志之写法，简明扼要概述番、禺二山之历史，表现出作者重视考证之风。

岭南本土文化名人，霍韬、丘濬、海瑞、蒋冕等人都有不少

---

① 冼剑民、陈鸿钧：《广州碑刻集》，广州：广东高等教育出版社，2006年版，第581页。

② 同上，第1071页。

③ 陈永正：《岭南诗歌研究》，广州：中山大学出版社，2008年版，第9页。

④ ［明］郭棐：《粤大记》，广州：广东人民出版社，2014年版，第744页。

⑤ ［清］梁鼎芬等修，［清］丁仁长等纂：《民国番禺县志》，收录于《广东历代方志集成》，广州：岭南美术出版社，2006年版，第514页。

诗文作品镌刻于岭南各地，他们关心家乡的局势，支持家乡文教事业的发展，其作品展现了岭南士子深厚的家乡情结。

二、流寓士人之作

明朝时因各种原因南来岭南的士大夫很多，他们秉承着文化传统，记载岭南风物，书写岭南印象，反映了岭南各时期之事件。

茅坤文章擅海内，钱谦益评曰："为文章滔滔莽莽，谓文章之逸气，司马子长之后千余年而得欧阳子，又五百年而得茅子。疾世之为伪秦汉者，批点唐宋八大家之文以正之。人谓顺甫之才气殆可以追配古人，而惜其学之不逮也。"① 茅坤"屡迁广西兵备佥事，辖府江道。坤雅好谈兵。瑶贼据鬼子诸砦，杀阳朔令。朝议大征，总督应槚以问坤。坤曰：'大征非兵十万不可，饷称之，今猝不能集，而贼已据险为备。计莫若雕剿。倏入歼其魁，他部必詟，谋自全，此便计也。'槚善之，悉以兵事委坤。连破十七砦，晋秩二等。民立祠祀之"②。

此次战事茅坤非常得意，他特地撰写《府江纪事》一文镌刻于阳朔白面山岩内，以兹纪念。《府江纪事》一文洋洋洒洒，记载了阳朔之地理特征、当时的政策、详细的军事筹划过程，以及作者之布置与行军指挥过程。作者自我评价道："以雕剿而行大征之法，古今所创。其以瑶为导，俘斩数多且千人以上，抑亦古今所未睹者。"③ 茅坤详细记载战事之本末，镌刻山崖，扬名后世之

① ［清］钱谦益：《列朝诗集小传》，上海：上海古籍出版社，1983年版，第560页。

② ［清］张廷玉等撰：《明史·列传第一百七十五》，北京：中华书局，1974年版，第7374页。

③ 张岳灵修，黎启勋纂：《阳朔县志》，台北：成文出版社，1975年版，第421页。

想法很明显。虽然茅坤因此迁为大名兵备副使，但他很快落职，家居近五十年。钱谦益叹曰：“以一书生提一旅之师，深入崖箐，荡累年负固之贼，大功不赏而吏议随其后。于是乎息机摧撞之思，浩然不可挽矣！”①

明中叶名臣张岳，字维乔，福建惠安县人。于嘉靖三年（1524）外放广西提学佥事。张岳在岭南仕宦多年，后任广东盐课提举、廉州知府、广东参政、总督两广军务兼巡抚等职。张岳在两广多次平定起义，为政廉洁。《明史》言他：“岳博览，工文章，经术湛深，不喜王守仁学，以程、朱为宗。”②

嘉靖二十一年（1542），张岳与翁溥登览灵山县六峰山，张岳撰写了两首五言诗，言志抒怀。一为：“秋日登高兴，天涯野望开。群山连瘴海，一水隔蓬莱。磴曲迷深树，岩空响薄雷。羁心应不尽，何处更孤台。”③ 其诗寄托深远，言辞老劲。另一首为五言排律，叙写游玩之乐，三海岩风景之美，“玲珑开户北，峭壁排银榜。初骇溜石悬，渐喜琼芽长”。接着抒发自己之志向，“徒闻海上洲，终宵勤梦想。聊兹永日留，真性非外奖”④。诗歌感叹深沉，内蕴浑厚。

张岳为灵山县城的重修撰写了《重修灵山县城记》。文章叙事平稳，夹叙夹议，见解独到。作者认为：“苟利民而以忠信恻隐之心行之，真能效死以赴长上也。”借修城之举，表达行政之看法，为文显有深意。

---

① ［清］钱谦益：《列朝诗集小传》，上海：上海古籍出版社，1983年版，第560页。

② ［清］张廷玉等撰：《明史·列传第八十八》，北京：中华书局，1974年版，第5298页。

③ 灵山县政协主编：《六峰山石刻风景名胜区崖刻选》，南宁：广西美术出版社，2014年版，第120页。

④ 刘运熙等纂修：《民国灵山县志》，收录于《广东历代方志集成》，广州：岭南美术出版社，2006年版，第597页。

周进隆，字绍立，莆田人。“由进士任监察御史，巡按江西，风纪振肃。巡历所至，污吏解印绶去。按部南安，胥吏舞文蠹法者，悉置罪，不遗一人，巨奸悚服。岁试士，鉴别精明，录文典赡，累升广西左布政使致仕”①。在广西任布政使期间，周进隆酷爱桂林山水。他在白龙洞、叠彩山、刘仙岩、月牙山、韶音洞、虞山、水月洞、还珠洞、玄风洞、会仙岩等处均有题刻诗，并和友人翁茂南、詹玺等人唱和题诗，乐在桂林山水之间。

桂林·虞山：周进隆题诗

周进隆叠彩山题诗为：“树色岚光翠共流，无尘能染自深幽。清风爱静时时到，过鸟知闲去去留。石壁多为苍藓古，洞门半与白云游。老僧更洗前修竹，好看南山万顷秋。”② 诗歌流丽生动，

① ［明］刘节纂修：《嘉靖南安府志》，明嘉靖十五年刻本，第587页。

② 桂海碑林博物馆编：《桂林石刻碑文集·中册》，桂林：漓江出版社，2019年版，第204页。

勾画出叠彩山所见美景，下笔轻灵而寓意深远。其刘仙岩题诗咏叹刘仙之事，“刘郎跨鹤高飞仙，野草寒烟空自碧”①。其月牙山题诗写景道：“画图舒卷随朝暮，禽鸟争鸣任去留。”② 其会仙岩题诗曰：“一统山川绵亘，四时风景鲜妍。乐会金枝玉叶，地行却讶群仙。”③ 在周进隆眼中桂林山水清幽美丽，良辰美景，佳友助兴，其所镌诗歌优美轻灵。

茅坤、张岳、周进隆等人只是明朝时寓居岭南的士人之代表，他们以自己的笔生动地记载了所见岭南之风景以及在岭南所经历之政事。他们在唐宋文人岭南书写的基础上，进一步丰富了岭南的文化内蕴，加深了时人的岭南印象。

三、王室与朝廷大员之作

明代靖江王室在桂林屏藩 280 余年，成为有明一代最早建立而最后灭亡的藩国。在二百多年中，靖江王族繁衍生息，传了十一世，共十四王。明代王室待遇丰厚，人口增长迅速。据统计，“明初，朱守谦及其王妃属僚不过 10 多人，明中期 2000 人，明末增长至 3000 人左右”④。在靖江王室众多成员中，有些人文采较佳。因明太祖规定其子孙不能从事四民之业，全由明政府包养，“有明诸藩，分封而不锡土，列爵而不临民，食禄而不治事”⑤。以此明代王室成员极其闲暇。藩居桂林的靖江王室成员得桂林江

---

① 桂海碑林博物馆编：《桂林石刻碑文集·中册》，桂林：漓江出版社，2019 年版，第 203 页。

② 同上，第 201 页。

③ 同上，第 209 页。

④ 钟文典：《广西通史·第一卷》，南宁：广西人民出版社，1999 年版，第 318 页。

⑤ ［清］张廷玉等撰：《明史·卷一百二十》，北京：中华书局，1974 年版，第 3659 页。

山清淑之气，不少人文采风流，参与创作，与寓居桂林的士大夫交游酬唱，留下了不少石刻作品。

“五世。庄简王，讳佐敬。悼僖王长子。永乐九年袭封，天性孝友，书史无所不读，善楷书，颇得钟王体。国中诸寺观扁额多出楷书”①。

朱佐敬《独秀岩记并诗》一文颇显其文采。开头言桂林之形胜，“府在独秀山前，其地为广西甲盛之最，一峰堑插霄汉，四时林木荣辉，下涌流泉，潭如新月，巍然上下绝秀丽乎龙飞凤舞之胜”。再写自己全家奉常澍为师，谨遵佛教。接着叙写与常澍共览独秀岩刻石之事。结尾续诗曰：“碧峰禹迹几经今，上接云霄匪不钦。绝顶两轮乌兔跃，幽禽齐奏管弦音。无时树木冬森翠，最喜林峦夏有阴。每展黄庭岩畔玩，默知天地化工深。”② 诗歌清幽深韵，既颂眼前所见之景，又赞祖宗功业深远，显现了作者雅致的审美情趣。

在靖江诸王中，九世安肃王经扶有贤王之誉。《明史·诸王·靖江王传》言他：“好学有俭德，尝为《敬义箴》。”③ 正德元年（1506），朱经扶观雪而作诗曰：“郭外奇峰列斗天，晓来雪片倩缤纷。松杉忽讶成瑶树，岩谷惊看拥白云。光射玉楼呈瑞兆，影摇银海静尘氛。边氓不用嗟贫病，垂拱而今有圣君。”④ 朱经扶八九岁时就开始执掌王府之事，少年老成，关心民瘼。其任上，靖

---

① ［明］黄佐：《广西藩封志》，载于《粤西文载校点·第二册》，南宁：广西人民出版社，1990 年版，第 6 页。

② 桂海碑林博物馆编：《桂林石刻碑文集·中册》，桂林：漓江出版社，2019 年版，第 66 页。

③ ［清］张廷玉等撰：《明史·卷一百一十八》，北京：中华书局，1974 年版，第 3614 页。

④ 桂海碑林博物馆编：《桂林石刻碑文集·中册》，桂林：漓江出版社，2019 年版，第 187 页。

江王国之事颇有改观。庄廷鑨《明史》称："王好读书，能下士，有惠于国，国人爱之。"①《观雪诗》显现了朱经扶关心时局，体恤民瘼之情怀。

靖江王室之中，端懿王、恭惠王文采亦不错。宗室成员中以松坡为代表，能文之士不少。王府属官中周垚、潘洋、陶真等人亦较有文采。他们均在桂林留刻了石刻诗文作品。

岭南地区还保留了部分明代朝廷大臣之作，他们并未在岭南仕宦，因名气大，受人之托而创作，其作品在岭南地区刻石留存。明代开国文臣之首宋濂"于学无所不通。为文醇深演迤，与古作者并。在朝，郊社宗庙山川百神之典，朝会宴享律历衣冠之制，四裔贡赋赏劳之仪，旁及元勋巨卿碑记刻石之辞，咸以委濂，屡推为开国文臣之首"②。洪武四年（1371），受吏部侍郎张度之托，宋濂为其父作墓志铭《赠侍郎张公墓志铭》。张度其人"以誉望振一时，弹劾务持大体，高皇帝重之"③。在叙写张氏家世之时，宋濂文章突出其家庭诗书礼教传统。"番禺有乡曰黄歧角，皆张姓环居之，室庐栉比。当秋宵月白，灯火连接，而读书之声相闻"。在如此环境熏陶之下，墓主"府君熏炙家庭之教，而于易学尤精，发为大义，顷刻千余言，出入程朱二氏，无乖释者"。其子张度"受荐入朝，拜监察御史，以至今官，风采凛然，贪墨为之屏迹，君子贤之"④。作者写人物不求全，突出其家庭教育之一面，以一

---

① ［清］庄廷鑨：《明史》，吴县潘氏蘧盦藏石门吕氏钞本，第4279页。

② ［清］张廷玉等撰：《明史·宋濂传》，北京：中华书局，1974年版，第3787页。

③ ［明］郭棐：《粤大记》，广州：广东人民出版社，2014年版，第469页。

④ 冼剑民、陈鸿钧：《广州碑刻集》，广州：广东高等教育出版社，2006年版，第563页。

面而代其全，全然不露谀颂之迹。

《明史》称李东阳："为文典雅流丽，朝廷大著作多出其手。工篆隶书，碑版篇翰流播四裔。奖成后进，推挽才彦，学士大夫出其门者，悉粲然有所成就。自明兴以来，宰臣以文章领袖缙绅者，杨士奇后，东阳而已。"①

弘治十一年（1498），受梧州官员之邀请，李东阳为梧州府学的修建撰写《梧州府重建庙学记》。该文叙事简明，简要概述了梧州府学之历史。文章重在阐述"文以治内，武以治外"的治国策略，在议论之中，突出文教之重要，批评缓文急武者，褒扬兴学者之功。文章以议论为主，观点鲜明，体现了一代政治家之胸襟眼光。

综上所述，明代岭南石刻文学创作队伍中既有本土士人又有流寓士人，兼之靖江王府成员以及朝廷大员的参与，使得明代岭南石刻文学较前代有了更大的发展。明代岭南文学队伍的崛起也带动了岭南石刻文学之创作。

就文体而言，岭南石刻文学作品各体皆备。诗歌有五绝、五律、五排、五古；七绝、七律、七排、七古；六言、杂言等形式。文章有记、颂、墓志、禁约、赋等体裁。从创作方式而言，有个体创作、群体唱和、联句等。就内容而言，反映了岭南地区多元之信仰，丰富的民俗行为；反映了岭南之地理特征及大事件；反映了地方之治理与山水景区之开发；也再现了南海贸易兴盛之场景。从文学艺术方面来看，岭南石刻文学作品体现了明代文学复古与性灵之争，既受全国文化风气影响，又具有岭南地域文化色彩。

① ［清］张廷玉等撰：《明史·李东阳传》，北京：中华书局，1974 年版，第 4825 页。

第二节　明代岭南学记碑文研究

学记是中国古代文学中的一类重要文体。学记体创自中唐梁肃，其渊源可追溯到后汉时“史传”类的《文学官志》，学记体兴盛于宋代①。目前学界对宋代学记的研究已有一些成果。在中国古代教育发展史上，明代教育成就显著。张廷玉《明史》言：“盖无地而不设之学，无人而不纳之教。庠声序音，重规叠矩，无间于下邑荒徼，山陬海涯。此明代学校之盛，唐、宋以来所不及也。”② 与明代教育兴盛相共生的是明代学记的兴盛。目前学界对明代学记研究甚少。明代岭南地区教育得到了长足发展，人才辈出，以此明代岭南地区存有不少学记碑。这些学记碑目前尚未得到充分研究。本节拟从人文方面对明代岭南学记碑文进行探讨，以期抛砖引玉。

一、明人的岭南印象

（一）明人笔下的岭南

明人对岭南地区的印象与前人相比有相同点又有不同点，在不同的历史时期有所变化。这与岭南地区的山川风物有关，也与明时的发展状况有关。叶官谋《论明代诗人“广西印象”的嬗变》一文中称：“明代广西各方面较之前朝旧代有了较大的发展，诗人们对于广西的印象亦在有明一代的三百余年间发生了明显变化。简言之便是：明代初期的‘瘴乡’‘南蛮’印象；明代中期

---

① 刘成国：《宋代学记研究》，《文学遗产》2007 年第 4 期。

② ［清］张廷玉等撰：《明史·选举一》，北京：中华书局，1974 年版，第 1686 页。

的‘僻壤’‘炎州’印象；明代后期的‘胜地’‘仙境’印象。”①

不仅是明代诗人的广西印象在发生改变。由于社会经济的发展以及岭南地区的开化，明代士人的广东印象也发生了变化。如王士性笔下的潮州，“潮州在唐时风气未开，去长安八千里，故韩文公以为瘴疠之地。今之潮非昔矣，闾阎殷富，士女繁华，裘马管弦，不减上国”②。明人对广州更多赞叹，广州由于地理位置优越，是明王朝重要的海外贸易城市，富庶繁华，为华南大都会。屈大均《广东新语》中描绘道：“当盛平时，香珠犀象如山，花鸟如海，番夷辐辏，日费数千万金。饮食之盛，歌舞之多，过于秦淮数倍。”③

明代居于岭南的士大夫记录了岭南的发展变化，他们中不少人喜爱岭南地区秀美的山川。广西人张鸣凤《桂胜》一书，详细描绘了桂林山水之胜。万历十八年（1590），两广总督刘继文为《桂胜》所作记赞道：“每临眺间，则簇峰澄练与目谋，松笙涧濑与耳谋，而诗篆之幽丽奇绝者，又与心谋。色色象象，总命曰山川之胜，而丛聚于桂林，即吴山、武夷、匡庐当不少让。”④

虽然明人笔下的岭南与前代相比有了不小变化，但“瘴疠”“荒僻”“贫瘠”“野蛮”这些印象依旧存于士大夫脑海之中。

王士性言广西瘴气曰：“广右石山分气，地脉疏理，土薄水

① 叶官谋：《论明代诗人“广西印象”的嬗变》，《钦州学院学报》2017年第11期。

② ［明］王士性撰，吕景琳点校：《广志绎》，北京：中华书局，1981年版，第101页。

③ ［清］屈大均撰：《广东新语》，北京：中华书局，1985年版，第475页。

④ ［明］张鸣凤著，杜海军、阎春点校，《桂胜·桂故》，北京：中华书局，2016年版，第4页。

浅，阳气尽泄，顷时晴雨叠更，裘扇两用，兼之岚烟岫雾，中之者谓之瘴疟，春有青草瘴，夏有黄梅瘴，秋有黄茅瘴，秋后稍可也。”① 魏濬《西事珥》对“瘴母”的记载仍受唐人影响，“《岭表录》或见物自空下，始如弹丸，渐大似车轮，遂飘撒四散，人中之者即病。土人谓之瘴母。又闻瘴起时，望之有气一道，上冲如柱，少顷散漫，下似黄雾，人皆伏地，俟其过方起”。

在明人看来，瘴疠之地，民风彪悍，人物野蛮。郭棐《粤大记》记载：“五岭多崇山绝巘，深林丛箐。群不憓者啸聚其间，时出流劫，累为民害。其山徭种类不一，曰生徭、曰熟徭、曰僮人、曰款人、曰伶人、曰獠人，皆以犷悍而为名。”② 王临亨《粤剑编》中言：“百粤之民，喜于为盗，见利如膻，杀人如饴，其天性也。”③ 王士性记到：“瑶僮之俗，祖宗有仇，子孙至九世犹与杀伐，但以强弱为起灭，谓之打冤。”④

王士性、魏濬、王临亨、郭棐等人均为明中后期士大夫，由其记载可见明人眼中的岭南始终不是邹鲁之地。学记的作者或为当代名士或为督学使者，他们对岭南也有自己的看法。

（二）学记中的岭南

蒋冕是明朝弘治、正德及嘉靖前期重要的政治人物，官至首辅。《明史·蒋冕传》赞他：“冕当正德之季，主昏政乱。持正不

---

① ［明］王士性：《广志绎·卷之五》，北京：中华书局，1981 年版，第 116 页。

② ［明］郭棐：《粤大记》，广州：广东人民出版社，2014 年版，第 57 页。

③ ［明］王临亨：《粤剑编·卷之二》，北京：中华书局，1987 年版，第 74 页。

④ ［明］王士性：《广志绎·卷之五》，北京：中华书局，1981 年版，第 119 页。

挠，有匡弼功。”① 可能因为家乡的缘故，蒋冕笔下的全州风气清淑。其《全州修学记》中言道：“全古洮阳县也，地当楚粤之冲，山水奇秀，风气清淑。”② 他对全州士子印象也较好，“诸士生长斯地，为郡秀民”③。蒋冕《灌阳县迁学记》中言灌阳：“自是士风民俗，皆有可观。”灌阳庙学建成后，蒋冕信心很足，“士风由是而盛，民俗由是而美，不但仅有可观如在宋时而已”④。不过，身为朝廷大臣的蒋冕对岭南局势洞若观火，文章写道：“今岭外诸蛮，其狞犷狡悍，未必过于淮夷。而乃凭恃险阻，频年弗靖，扰我疆场，戕我黎庶。”从这些学记来看，蒋冕对于岭南山水，颇有感情；对于岭南士子，循循诱导；对于叛乱的民众，则蔑称为蛮，较为憎恶。

学记作者对于入学就读的岭南士子印象较好，毕竟这些人是选拔出来的，有一定文化基础。《洪武二年御碑》中提及：“生员入学定例。凡各处府、州、县，责任守令于民间俊秀及官员子弟选充，必须躬亲相视，人材俊秀，容貌整齐，年及十五之上，已读语孟四书者，方许入学。”⑤

潘恩为兴安庙学撰写的《兴安县改建庙学碑记》中言他对岭南士子的印象：“余校诸弟子文，视其才质甚休美，然鲜知学。”⑥

---

① ［清］张廷玉等撰：《明史·列传第七十八》，北京：中华书局，1974 年版，第 5045 页。

② ［清］金鉷修，［清］钱元昌、陆纶纂：《（雍正）广西通志》，南宁：广西人民出版社，2009 年版，第 1675 页。

③ 同上，第 1676 页。

④ ［清］汪森编辑，黄盛陆等校点：《粤西文载校点》，南宁：广西人民出版社，1990 年版，第 320 页。

⑤ 冼剑民、陈鸿钧：《广州碑刻集》，广州：广东高等教育出版社，2006 年版，第 11 页。

⑥ ［清］汪森编辑，黄盛陆等校点：《粤西文载校点》，南宁：广西人民出版社，1990 年版，第 324 页。

郭应聘《上思州学记》言："新溪李公讳时芳，以长宁令迁思守，至则越三日谒庙视学。见多士衣冠楚楚，礼度雍雍，叹曰：'美哉！士去夷态远矣。但养育之地卑隘荒陋，营度位处，率多失宜。'"① 崇祯十六年（1643），李盘在怀集修建南溪书院，其《新建南溪书院记》中言："余滥吹西粤怀远，得日与怀之人士相亲。观其为人，士率多清淳茂美，好古读书，无巧伪以散其朴。"② 但岭南僻远，士人素质参差不齐。"万历元年，南昌高公以宗伯郎出参广右，适分守兹土，大惧士习之不振，闻见之日益寡陋也，思欲联聚以淑之"③（张翀《浔江书院记》）。

对于岭南地区的叛乱者，学记作者多蔑称为"蛮"，黎澄《隆安县学碑记》曰："隆安旧属南宁，极西边之地，为诸蛮出入之门户。去府治稍远，民夷杂处，剽掠无宁日。"④ 这些百姓不仅好剽掠，且没有一点文化。谢杰《养利州学记》曰："先是州有学舍，远州治二里许，博士弃之不居，鞠为茂草。蛮入直储，胥目之去，则牧竖饭牛，叩角其间，有司弗能诘也。"⑤ 黄士俊《思明府建学记》曰："二百余年来，虽奉声教，称藩臣，然獉獉狉狉，忘于大造，《诗》《书》之道阙如也。"⑥

学记作者描绘岭南山川，多言其"僻远、险峻、贫瘠"，如

① ［清］汪森编辑，黄盛陆等校点：《粤西文载校点》，南宁：广西人民出版社，1990年版，第331页。

② 同上，第364页。

③ ［清］谢启昆修，［清］胡虔纂：《广西通志》，南宁：广西人民出版社，1988年版，第3967页。

④ ［清］汪森编辑，黄盛陆等校点：《粤西文载校点》，南宁：广西人民出版社，1990年版，第329页。

⑤ 同上，第328页。

⑥ ［清］谢启昆修，［清］胡虔纂：《广西通志》，南宁：广西人民出版社，1988年版，第4013页。

秦金言："广东列郡维十，廉州僻处海隅。"[1] 祝守骥《重修启宫碑记》中言庆远府："硗土瘠民。"他们谈民风多用"强悍"，甚而评价某些地区为"盗贼渊薮"。

弘治元年（1488），周孟中提学广西，他"性刚毅，重名节。权珰敛束，不敢与抗"[2]。周孟中遍历郡县，颇有作为。《陆川县学记》写他对于陆川的看法："兹地盗贼渊薮"[3]，又言民众习俗"强悍"。黄瀊《新建文庙记》记载道："天河隶庆远，其地僻，其江山险竣，其民与伶佷僮属错处，其俗椎鲁者半，犷悍者半，威不能治，恩亦不能给。兼之兵燹频仍，饥祲荐告。"[4] 张翀《建思恩居民府儒学碑记》中言道："故习，各酋长皆以征战为务，不知尚学，坐是土俗鄙陋，人性犷悍，违羽毛类不远矣。"[5]

上述诗文作者均有过岭南地区的生活经历，他们或在岭南为官，或生长于岭南，其作品真实地展现了明人对岭南地区的印象，这些印象影响了时人解决岭南问题之道。

二、治理之道与人才培养

（一）复杂的形势

明代岭南地区农业、手工业、商业、交通等都得到了长足发展。蒋祖缘《明代广东农业的飞跃发展》一文称："有明一代，

---

① ［清］阮元：《广东通志·第四册·卷一百四十》，收录于《续修四库全书》，上海：上海古籍出版社，2002年版，第206页。

② ［清］郝玉麟：《广东通志·卷四十》，文渊阁四库全书本。

③ ［清］汪森编辑，黄盛陆等校点：《粤西文载校点》，南宁：广西人民出版社，1990年版，第305页。

④ ［清］谢启昆修，［清］胡虔纂：《广西通志》，南宁：广西人民出版社，1988年版，第3901页。

⑤ 同上，第3096页。

广东农业的发展，突出表现在农田水利的大量兴修；耕地面积的大量增加；耕作技术的改进和耕作制度的发展。而集中到一点则是粮食产量的大幅度提高。”① 广西经济也得到了较大的发展，钟文典《广西通史》中言：“明代广西农业经济在唐宋的基础上有了进一步发展，耕地面积逐渐增多。”② “明代广西人口也不断增加”③。《广西通史》一书还描述了明代广西手工业、商业、交通等方面的发展。

然而，明王朝在岭南的统治并不太平，由于苛重的赋税和徭役、土地问题、食盐问题、自然灾害以及土官与朝廷之间的矛盾加上土官之间的矛盾等，整个明朝岭南地区各族人民起义不断。

“广西是多民族杂居之地。在明王朝的残暴统治下，广西各族人民不断起义，此起彼伏，终明之世，从未间断”④。明代广西少数民族人民大起义，从洪武初年到崇祯末年，贯穿整个明代。用封建统治阶级的话来说，那是“连年为患”“积岁不灭”。就各地起义情况看，无论是藤峡、八寨，还是府江、古田以至马平、怀远等地的农民起义，都坚持达数十年，有的甚至上百年之久⑤。

明代广东的局势也不好，练铭志《广东明清时期黎、瑶、壮、畲等民族起义述论》一文概括道：明洪武年间，黎、瑶、壮三族起义多达 19 次。从明洪熙元年（1425）定安黎揭竿至清末光绪三十四年（1908）崖州黎最后一次起义，480 多年间起义凡 63 次

---

① 蒋祖缘：《明代广东农业的飞跃发展》，《广东社会科学》1985 年第 4 期。

② 钟文典：《广西通史（第一卷）》，南宁：广西人民出版社，1999 年版，第 376 页。

③ 同上，第 377 页。

④ 同上，第 339 页。

⑤ 徐硕如：《明代广西少数民族起义的几个问题》，《广西师范大学学报（哲学社会科学版）》1985 年第 3 期。

（其中明代 37 次、清代 26 次），起义次数为广东各族之冠。从明正统十三年（1448）泷水瑶赵音旺起义开始至清光绪十五年（1889）八排瑶最后一次起义止，瑶族起义共 48 次（其中明代 36 次，清代 12 次）。广东壮族起义均发生在明天顺至万历年间，共 7 次。粤东畲族起义凡四次①。

周伟民、唐玲玲《海南通史》中言："明代海南黎族的抗争，有记载的就有 76 次之多，已使'海南之境，被其摇动'。"②

岭南地区的人民起义，沉重打击了明王朝的统治，明廷的历次大规模征剿劳民伤财，让王朝背上了沉重的财政负担。练铭志言："为了镇压这些起义，统治阶级不仅耗费了大量的人力物力，损兵折将，财政陷入捉襟见肘、寅吃卯粮的困境，而且正常的统治秩序也受到干扰。仅弘治十四年至万历五年的 76 年中，其调动的兵达 66 万，且耗资巨大。"③

基于岭南严峻的政治形势，明王朝有识之士纷纷献计献策。他们在自身岭南印象基础上，认真思考叛乱的原因，寻求解决问题的良策。海南琼山人丘濬总结道："两广之贼徒所以倍蓰于前日者，其祸起于前日总戎之滥杀无辜也。"④ 广东南海县人霍韬言："诚得良有司训谕乡民，十家为甲，百家为堡，互相防守。险要路径立为寨堡，乡民互相守护。仍乡立社学，导之礼义。此亦化盗

---

① 参见：练铭志《广东明清时期黎、瑶、壮、畲等民族起义述论》，《广西民族研究》2002 年第 4 期。

② 周伟民、唐玲玲：《海南通史 · 明代卷》，北京：人民出版社，2017 年版，第 37 页。

③ 练铭志：《广东明清时期黎、瑶、壮、畲等民族起义述论》，《广西民族研究》2002 年第 4 期。

④ ［明］丘濬：《琼台诗文会稿 · 事宜》，海口：海南出版社，2006 年版，第 4444 页。

为良之要也。”①

武力镇压之外，设立学校、教化礼义是明代政治家们对岭南地区复杂局势提出的治理良方。王守仁戎马倥偬之际，尚在南宁设立敷文书院，亲自讲学，可为这类政治主张之代表。以此，明代岭南学记与岭南动乱的局势紧密相连，学校的建设承担着明确的柔化目标，官员们希望借此解决动乱的本源。

（二）治理之思考

明代岭南学记作者不少是朝廷重臣，他们熟悉国家政治，密切关注岭南局势，借为岭南学校作记的机会，表达他们对治理岭南的思考。

丘濬是明中期著名的政治家、经济学家、文学家、史学家、思想家，明孝宗御赐为“理学名臣”。《明史·丘濬传》赞道：“濬在位，尝以宽大启上心，忠厚变士习。”② 丘濬因家乡的缘故，对岭南地区学校建设比较关心，他为梧州府学、太平府学、南海县学、文昌县学、万州府学、崖州府学、高州府学等学校的建设撰写了记文。他在《梧州府学记》中阐明韩雍办学之目的：“武功虽可以遏绝乱略，然非圣人之所尚也。所以柔人心而销软其强梗之气，莫若修文教，莫若兴学校。”③ 韩雍这一做法，得到当时镇守梧州的各位官员的认可，于是梧州府学得以迅速修建。府学建设的规模较大，“讲诵之堂，斋祭之室，会食休宿之所，以至庖、湢、庾、庤，凡学制所当有者，皆备焉。闳丽靓深为两藩学

① ［明］郭棐等撰：《粤大记》，广州：广东人民出版社，2014 年版，第 57 页。

② ［清］张廷玉等撰：《明史·丘濬传》，北京：中华书局，1974 年版，第 4809 页。

③ ［清］汪森编辑，黄盛陆等校点：《粤西文载校点（二）》，南宁：广西人民出版社，1990 年版，第 300 页。

校之冠。议者谓非独岭以南所未有，虽中州亦不多见也”。赞颂学校建得宏伟，并非丘濬文章之主旨。他笔锋一转，接着论道：“窃惟有虞舞干羽于两阶，而有苗格；鲁僖作泮宫而淮南服。孔子亦云远人不服，则修文德以来之。则用文德以服远，其来尚矣。虽然文德之敷，必在徂征之后，盖先有以折其气，而后有以服其心。苟非大禹先有徂征之师，则两阶之间，七旬之舞，岂能遽格有苗于万里之远哉？是故文德武功必相为用，又必有定所，有常时，而后可行之久远焉。”① 通过这段话，丘濬明确地表明了自己解决岭南问题的方法：征伐之后，复兴文教，只有加强学校教育才是久远之道。

三亚·崖州学宫

① ［清］汪森编辑，黄盛陆等校点：《粤西文载校点·第二册》，南宁：广西人民出版社，1990 年版，第 300 页。

丘濬是成化十年（1474）撰写此文的，其后，弘治十年（1497）都御史邓廷瓒重修梧州府学。名臣李东阳为其作记，李东阳为明朝著名政治家、文学家。《明史·李东阳传》称赞道："为文典雅流丽，朝廷大著作多出其手。工篆隶书，碑版篇翰流播四裔。奖成后进，推挽才彦。学士大夫出其门者，悉粲然有所成就。自明兴以来，宰臣以文章领袖缙绅者，杨士奇后，东阳而已。立朝五十年，清节不渝。"① 李东阳在《重修梧州府学碑记》一文中明确表达自己的政治见解："予惟古者文武一道，然禹定绥服，则分文教武卫而为之制。盖所谓绥服者，文以治内，武以治外。虽其势不可偏废，而轻重之序，有不容紊者。周以六师统于司马，而受成献馘，皆于学行之，则文之该乎武可见，为政者宜亦知所重矣。"② 文以治内，武以治外，文武并用，作为当朝内阁大臣的李东阳在学记中阐明了他的见解，这应该是当时明政府治理岭南的大体政策方针。

嘉靖三年（1524），蒋冕为灌阳县庙学修建撰写了《灌阳县学记》，文中蒋冕也认为，兴办学校是解决叛乱的好方法。"予闻昔淮夷病杞及鄫，而鲁为之惧。兴学崇化，夷患始息"③。回顾历史之后，蒋冕思考如何平定岭南的动乱，总结为："兴学崇化以息夷患。"

嘉靖七年（1528）六月，王守仁在南宁创办敷文书院，他认为："理学不明，人心陷溺，是以士习日偷，风教不振。"他要改

① ［清］张廷玉等撰：《明史·李东阳传》，北京：中华书局，1974 年版，第 4825 页。

② ［清］吴九龄修，［清］史鸣皋等纂：《梧州府志》，收录于《故宫珍本丛刊》，海口：海南出版社，2001 年版，第 419 页。

③ ［清］汪森编辑，黄盛陆等校点：《粤西文载校点·第二册》，南宁：广西人民出版社，1990 年版，第 319 页。

变当时南宁乃至广西这番现状，以引领风教，从根本上解决动乱之因。王守仁亲自撰写《敷文书院记》阐述了他对叛乱原因的看法，“凡乱之起，由学不明。人失其心，肆恶纵情。遂相侵暴，荐成叛逆。中土且然，而况夷狄”。他叙述建设书院，亲自讲学之作用，“爰进诸生，爰辟讲室，决蔽启迷，云开日出。各悟本心，匪从外得。厥风之动，翕然无远。诸夷感慕，如草斯偃”。王守仁一直认为“破山中贼易，破心中贼难”。一旦人心感化，太平的局面将随之而来，“旬日来归，七万一千。濈濈道路，踊跃欢阗。放之还农，两省以安”①。

丘濬、李东阳、蒋冕、王守仁均为明朝著名政治家，他们在不同时期撰写的学记都表明了要重视学校教育，兴办学校，这才是平息岭南动乱，治理岭南之良策。

南宁·人民公园：陈希美《左江道修复王文成公敷文书院记》

（三）人才之培养

明太祖朱元璋非常重视学校教育，洪武二年（1369）十月，即诏天下府州县立学。明政府制定了统一的学制与师生待遇制度，规定：“生员之数，府学四十人，州、县以次减十。师生月廪食米，人六斗，有司给以鱼肉。学官月俸有差。生

---

① ［清］汪森编辑，黄盛陆等校点：《粤西文载校点·第二册》，南宁：广西人民出版社，1990年版，第358页。

员专治一经，以礼、乐、射、御、书、数设科分教。务求实才，顽不率者黜之。”① 洪武十五年（1382），颁布学规于国子监，又颁禁例十二条于天下，镌立卧碑，置明伦堂之左。其不遵者，以违制论。明政府“还把‘劝课农桑’和兴建学校作为考核地方官员政绩的主要内容，并严格执行升降，以促进各级官员努力办好学校，培育人才”②。在统治者的重视之下，有明一代的教育得以蓬勃发展。岭南地区学校建设也取得了前所未有的发展。

经过明初六十多年的努力，广东的府州县学不仅“学制大备，文教日兴”，就连“穷荒绝域”“莫不皆有学校”。学校建设初具规模，在校生员不断增加③。明中后期书院办学兴盛，“到了明代，广东书院猛增到207所，跃居全国第二，成为全国书院最发达的省区”④。明中叶后，广东社学发展迅速。“广州府社学最多（241所），南雄府最少（19所）。如果以县计，则南海县位居第一，105所；最少者仅1~2所，如从化县、临高县等”⑤。

据黄佐《广西通志》等地方志所载，明朝广西各地普遍建立了学校。府一级的学校称为府学，当时广西有府学10所，即桂林府学、柳州府学、庆远府学、平乐府学、梧州府学、浔州府学、南宁府学、太平府学、思恩府学、思明土府学。各州、县办的学校成为州学、县学，明朝广西有州学13所，有县学42

① ［清］张廷玉等撰：《明史·选举一》，北京：中华书局，1974年版，第1686页。

② 蒋祖缘：《明代广东教育事业的发展与人才蔚起》，《广东社会科学》1995年第2期。

③ 同上。

④ 孔详龙：《明代广东书院发展轨迹初探》，《黑龙江史志》2013年第15期。

⑤ 方志钦、蒋祖缘：《广东通史·古代下册》，广州：广东高等教育出版社，1996年版，第655页。

所。明代广西共有府、州、县学 65 所，另外还在桂林设立武学 1 所①。明中叶，书院教育兴盛，“明代广西各地建立的书院共有 68 所，其中属于修复前朝旧书院的 4 所，明代创建的 64 所”②。

据上可知，明代岭南地区学校建设远超前代。学校建设好后一般都要请名人撰写学记，以铭记功业或弘扬办学精神，鼓励后来之人。明代岭南地区的学记既贴近岭南特殊政治环境，关心岭南地区之治理，又配合王朝的兴学举措，关心人才之培养。学记作者以身说法，从各方面启迪诸生。

蒋冕《全州修学记》为学生树立学习之榜样：“吾全去九嶷甚近，南望苍梧，仅数日程。帝舜南巡，盖尝经行其间，渐被声教，自虞时已然。及子周子挺生濂溪，倡明孔孟不传之绝学，以开程朱理学之源。吾全于濂溪，尤为密迩，不异曲阜之视滕峄，盖大圣大贤过化之近地也。尔诸士生长斯地，为一郡秀民，而来游来歌，于庠校一新之初，岂徒逸居坐食，诵说于其间哉？夙夜孜孜，思所以讲明圣贤之学，以求无负焉，庸非尔诸士之志乎？”③

张翊《怀集县学记》教导学生学习要讲究方法：“人性本天道，学得其门，无远弗至。我欲仁斯仁至者，吾敢薄望吾人哉？所愿为师者，知所以教；为弟子者，知所以学，而首风化者又知所以躬行以表率之。”④

---

① 钟文典：《广西通史·第一卷》，南宁：广西人民出版社，1999 年版，第 397 页。

② 同上，第 399 页。

③ ［清］汪森编辑，黄盛陆等校点：《粤西文载校点·第二册》，南宁：广西人民出版社，1990 年版，第 318 页。

④ ［清］金鉷修，［清］钱元昌、陆纶纂：《（雍正）广西通志》，南宁：广西人民出版社，2009 年版，第 1673 页。

钟继英《太平府尊经阁记》则教诲学生学习要抓住核心：“夫圣人之经非徒文也，道也。士之于经，非徒尊其文也，贵尊其道也。诸士诚能庄诵其言，仰维其义，专精致志，使圣经之理无不融会于吾之一心，而珍之如琰琬，信之如蓍龟。由此而穷，则以是道继往圣；由此而达，则以是道开太平；由此而常，则以是道植人纪；由此而变，则以是道振大纲。”①

周孟中《北流县学记》则要求学生要经常自我勉励：“居敬以持己，穷理以修身，本之四书以求其端，参之群经以会其全，博之子史以尽其变。居则孝亲，出则忠君。时平则建功立业，时危则伏节仗义。随其所遭，其无愧而已。”②

学记作者或为当世名人，或为督学使者，或为理学名家，他们的说教并不死板而是扣合政治形势，扣紧时代需求，现身说法，颇有说服力。

三、学记中的人文情怀

（一）贤哲的家乡情结

明代岭南地区教育发展迅速，涌现了一批杰出人才。蒋祖缘《明代广东教育事业的发展与人才蔚起》一文论道：“任内阁首辅和阁员者有梁储、方献夫、丘濬、何吾驺 4 人；任各部尚书者，有陈绍儒、王宏诲、王佐、谭大初、梁有誉、张度、王缜、张翀、薛远、盛端明、叶梦熊、翁万达、霍韬、何维柏、李待问、袁崇焕 16 人；任都察院左、右都御史者，有何泾、张泮、陈德文、张泰 4 人；任巡抚、总督者，有卢祥、鲁能、彭谊、李嗣、陈道、

---

① ［清］金鉷修，［清］钱元昌、陆纶纂：《（雍正）广西通志》，南宁：广西人民出版社，2009 年版，第 1685 页。

② ［清］汪森编辑，黄盛陆等校点：《粤西文载校点 · 第二册》，南宁：广西人民出版社，1990 年版，第 306 页。

张津、何经、蒙诏、李焘、唐胄、黄衷、王缜、庞尚鹏、王宏诲、海瑞 15 人；至于任职翰林院、詹事府及任各部侍郎、都察院御史者更多。在地方，任各省布政使者，有岑万、梁有年、郑旻、钟芳、祁顺、苏葵、陈锡、梁廷振 8 人。”①

明代广西也是人才辈出。钟文典《广西通史》记载道：“据谢启昆《广西通志》记载，明代广西通过科举考试而录取的进士有 212 人、举人 4634 人，其中不少人成为著名的学者、教育家、军事家和政治家。”② 该书接着以蒋冕、蒋昇、吕调阳、张翀、徐养正、屠楷等人来加以论证。

从岭南走上仕途的这帮贤哲多数较为关心家乡教育事业，他们受邀为岭南学校建设撰写记文，其学记体现了明显的家乡情结。

“清谨有器识，雅负时望”③ 的蒋冕多次为广西学校的建设撰写学记。其《全州修学记》一文坦陈自己的家乡情结：“昔欧阳文忠公记其乡郡吉州新学，谓幸予他日归荣故乡，因得以谒学宫，问民俗、颂国家太平，咏守长遗爱。予于文忠无能为役，而其心则固无以异也。故因记斯学之修，辄以致予惓惓之意，且以励诸士之志。”④ 其《灌阳县学记》一文既出谋划策：“兴学崇化以息夷患”，又谆谆教诲学生：“孝悌、忠信、礼义、廉耻以修其身；颂诗读书，求师取友以穷事物之理，二者交尽，一遵子

---

① 蒋祖缘：《明代广东教育事业的发展与人才蔚起》，《广东社会科学》1995 年第 2 期。

② 钟文典：《广西通史 · 第一卷》，南宁：广西人民出版社，1999 年版，第 400 页。

③ ［清］张廷玉等撰：《明史 · 列传第七十八》，北京：中华书局，1974 年版，第 5043 页。

④ ［清］汪森编辑，黄盛陆等校点：《粤西文载校点 · 第二册》，南宁：广西人民出版社，1990 年版，第 318 页。

朱子之教。"①

孝宗朝文渊阁大学士丘濬关心岭南地区教育的发展，他为梧州府学、太平府学、南海县学、东莞县学、高州府学、文昌县学、万州府学、崖州府学、琼山县学等学校的建设撰写了学记。在这些学记中，丘濬或论治理岭南之道，或谆谆教诲士子努力为学，同时也直陈他作为家乡人的情感。《琼山县学记》一文中他两次提及自己是家乡人。一曰："予邑人也，知琼之教事为详"，他坦陈自己对家乡的教育非常了解。结尾时，他写道："予忝生是邦。于邑士，为乡先达，故因记学之成。广二宪副公作兴之盛意，而规之以言，非独儆于今，且以示来者于无穷云。"② 从此可见，为家乡学校撰写记文，使其传之久远，于丘濬而言，这是他应该做的事情。

与其他学记作者不一样，著名教育家湛若水是学校建设的积极践行者。《明史》称："若水生平所至，必建书院以祀献章。"③他一生修建书院 40 多所，遍布南京、衡山、增城等地，他的学生有近四千名，而在他的努力下，岭南地区儒学氛围浓厚，延至清朝中期四五百年，他大兴书院的善举也带动了全国各地书院的修建，他的影响力在当时是极为罕见的④。湛若水对明代思想界影响深远，"一时学者，遂分王、湛之学"⑤。湛若水《四会县儒学

---

① ［清］汪森编辑，黄盛陆等校点：《粤西文载校点·第二册》，南宁：广西人民出版社，1990 年版，第 320 页。

② ［清］阮元：《广东通志·第四册·卷一百四十》，收录于《续修四库全书》，上海：上海古籍出版社，2002 年版，第 219 页。

③ ［清］张廷玉等撰：《明史·儒林二》，北京：中华书局，1974 年版，第 7267 页。

④ 张锋：《湛甘泉对明朝教育事业的影响》，《兰台世界》2014 年第 30 期。

⑤ ［清］张廷玉等撰：《明史·儒林二》，北京：中华书局，1974 年版，第 7267 页。

记》一文教导学生要知晓“合一之说”。“呜呼，诸子知学之坏而不知儒者之学之坏也。原本要始，故知合一之说。知合一之说，则可化举业而之道矣。或问：‘何谓合一？’曰：‘执事则敬，作事则学。’”① 文中湛若水教导殷切，对岭南士人期待不低。

（二）督学使者的期盼

提学使是专司各布政司学校教育的官员，《明史》：“提学之职，专督学校。”提学使又称督学。修建学校是提学使、御史、按察使职责之一。《明会典》：“凡学内殿堂斋房等屋损坏，即办料量工修理。若恃有提学宪职，将学校中一切合行之事，推故不行用心整理者，量加决罚惩戒。”②

黄佐是明代岭南著名学者、诗人、教育家，其“学以程、朱为宗，惟理气之说，独持一论”③。黄佐曾督学广西。他任上“闻母病，引疾乞休，不俟报竟去”④。他在广西任督学使者的时间虽然不长，但兢兢业业于职责，有所建树。谢启昆《广西通志·建制略》中有两条关于黄佐建学校的记载：“湘山书院，在湘山寺东，堂曰培桂。明嘉靖九年督学黄佐建，今废。”⑤ 道乡书院，“（嘉靖）九年，提学道黄佐属知府龙大有重建，以祀邹浩”⑥。嘉靖时，全州建设名宦乡贤祠，黄佐出力较多。蒋冕《全州名宦乡贤祠记》中言：“佥事香山黄君佐来督学政，既表异孝子贞妇

---

① ［清］郝玉麟：《广东通志·卷五十九》，文渊阁四库全书本。

② 张德建：《明代学记文的集体形态及其超稳定性特征》，《文史哲》2013年第3期。

③ ［清］张廷玉等撰：《明史·文苑三》，北京：中华书局，1974年版，第7366页。

④ 同上，第7365页。

⑤ ［清］谢启昆修，［清］胡虔纂：《广西通志·建制略八》，南宁：广西人民出版社，1988年版，第3865页。

⑥ 同上，第3919页。

之间，而于名宦、乡贤二祠，尤兢兢致慎而不苟。公是公非，不少假贷。”①

黄佐为廉州府学的建设撰写了《廉州府学儒学记》。廉州在明代是偏僻落后的地方，王士性《广志绎》中称：“廉州中国穷处。”② 黄佐并不鄙夷廉州人民，文中称：“廉视海南为迩，其人多聪颖朴茂。”在他眼中廉州人民淳朴、聪明，需要好好教导。他对廉州士人期待殷切，“廉士而宾兴之，必有超琼州才俊而上追邹鲁者矣，然则图回化理，用对圣天子之休命，其在兹哉”③。

弘治元年（1488），周孟中提学广西，政绩突出。“岭表缝掖稀少，孟中振兴有道。士愈知学。所历郡县凡吏治之臧否，闾阎之利病，夷情之向背，山川之险易，兵粮之虚实，靡不究知。有问即答，问者惊服。广西旧志皆所裁定，著述尤多云”④。周孟中为陆川县学、北流县学、岑溪县学等的修建撰写了学记。弘治四年（1491），陆川县学的重修是在周孟中的主导之下才得以实现。“谒庙之日，徘徊周览，大惧无以仰称上旨……图所以重修者，奈何寇贼之余，公私并无可措手者”。筹到钱后，周孟中“因地画图，授同知李智督役”⑤。学校建成后，周孟中教导道，“励之当如何？穷理以明道，立诚以达本，尊君而亲亲，重义而轻利，宁直而死，不曲而生，推是心以往，无不可矣”。告诫一

---

① ［清］金鉷修，［清］钱元昌、陆纶纂：《（雍正）广西通志》，南宁：广西人民出版社，2009年版，第1683页。

② ［明］王士性撰，吕景琳点校：《广志绎·卷之四》，北京：中华书局，1981年版，第103页。

③ ［清］郝玉麟：《广东通志·卷五十九》，文渊阁四库全书本。

④ ［清］金鉷修，［清］钱元昌、陆纶纂：《（雍正）广西通志》，南宁：广西人民出版社，2009年版，第1185页。

⑤ ［清］汪森编辑，黄盛陆等校点：《粤西文载校点·第二册》，南宁：广西人民出版社，1990年版，第305页。

番后，周孟中对士子提出较高目标：“异时出而仗大节，为臣死忠，为子死孝，顾不尤易也哉！”① 他在《北流县学记》中对士人提出了高要求：“居则孝亲，出则忠君。时平则建功立业，时危则伏节仗义。”② 岑溪县学也是在周孟中的主持之下才得以修建的，“予忝督学，心甚病之”③。在周孟中的张罗之下，岑溪县学才得以建设。

彭甫，“字原岳，莆田人，弘治八年官提学，尚志节，端表仪，正己率物，时称为笃实君子”④。彭甫的学记多次提及提学的职责。他在《怀集县学记》一文中表达自己专心致志于学校建设：“予督学广右，惓惓于兴复，固非一日，而未有能悉吾志者。”⑤ 其《重修郁林州学记》中再次强调：“偏州下邑，皆命立学校之官，必择其人付之。有司以修，举其废替，而又专敕宪臣一人以督察之。三载考绩，视学校之举替为殿最。”⑥

正如彭甫所言，明代学校建设是考核官员政绩的主要指标之一，以此，我们可见学记中刻画了许多兢兢业业兴学的官员。

（三）官员的敬业精神

明代学校的建设经费来源广泛，既有政府拨款，又有民间筹资，还有学田租金等，张德建言：“显示开办教育已带有一定的全

---

① ［清］汪森编辑，黄盛陆等校点：《粤西文载校点·第二册》，南宁：广西人民出版社，1990 年版，第 306 页。

② 同上，第 306 页。

③ 同上，第 307 页。

④ ［清］金鉷修，［清］钱元昌、陆纶纂：《（雍正）广西通志》，南宁：广西人民出版社，2009 年版，第 1185 页。

⑤ ［清］汪森编辑，黄盛陆等校点：《粤西文载校点·第二册》，南宁：广西人民出版社，1990 年版，第 310 页。

⑥ 同上，第 311 页。

民参与性质。”①

岭南学记为我们展现了主持修学的官员均有奉献精神，他们中不少人自掏腰包资助学校建设。

周孟中《北流县学记》中记道：“罗令亦捐俸为倡，仍以礼劝。”② 吴梁栋《重修荔浦儒学记》言：“计用在官银二百五十九两二钱，外有油烟册及砖瓦等项，估计不敷者，共银六十四两，侯皆捐俸充之。”③ 郭棐《重修南海县学记》言：“侯则诹日庀材，程工鼓役，捐俸禄以佐资其始。”④ 有些官员还多次捐款。谢杰《养利州学记》中言：“矧数捐薪俸以助工役。”有时参与筹划的众多官员还集体捐款，陈伯献《重修宣成书院立田记》中记道：“于是，右方伯翁公茂南、宪使宗公玺、参政黄公衷、宪副傅公习、张公祐、宪佥俞公缁，悉各捐俸。”⑤ 不仅如此，这些官员对于学校的建设，非常负责，颇为敬业。

欧阳铎于嘉靖二年（1523）督学广东，他“明礼教，崇信义，劝督有程……所奖拔，多名士”⑥。其《重修藤县学记》记载了嘉靖六年典史孙懋修藤县学之敬业：“毅庵适至，然犹幕职也。皇皇然以为己责，惴惴然虑民之病之也。募工于佣，取材于淫祠。以丙戌三月始事，殿庭门庑，若斋舍馔堂，次第维新，以其余力

① 张德建：《明代学记文的集体形态及其超稳定性特征》，《文史哲》2013年第3期。

② ［清］汪森编辑，黄盛陆等校点：《粤西文载校点·第二册》，南宁：广西人民出版社，1990年版，第306页。

③ ［清］金鉷修，［清］钱元昌、陆纶纂：《(雍正）广西通志》，南宁：广西人民出版社，2009年版，第1675页。

④ ［清］郝玉麟：《广东通志·卷五十九》，文渊阁四库全书本。

⑤ ［清］金鉷修，［清］钱元昌、陆纶纂：《(雍正）广西通志》，南宁：广西人民出版社，2009年版，第1689页。

⑥ ［清］郝玉麟：《广东通志·卷四十》，文渊阁四库全书本。

于学。东作南麓书院讲堂，学舍咸备，前辟重门，门之左为育贤坊，示民以志也。于是藤之学遂甲于他邑。毅庵公事闲辄至书院，亲为诸生讲解，考业肄习，俱有定法。藤之士益知趋向，骎骎乎齿于中州矣。”① 孙懋因论江彬之事而贬谪藤县，他虽然职位卑微，却关心教育，兢兢业业。其后，孙懋在广西颇有善政，“创南麓书院。藤人尸祝之。嘉靖中累官广西右布政，力划宿蠹，汰冗费，而涵容敦大，人服其雅量”②。

张灿《贵县学记》中记载了成化时两广总督朱英军旅倥偬中尚关心贵县学校建设：“成化辛丑，巡抚都御史桂阳朱公英，以斧钺征木头峒诸瑶，实会军兵于兹。停骖入学，顾见庙宇不饬，堂舍倾圮。叹曰：‘此非风化之地也，盍迁之城内?’既以戒于吏，则发官帑七百金以为之资，取材于山，凿石于岩，工庸匠隶百须之务，各以次举。军暇辄亲莅指授经画，凡三月始班师，而规模大具，未就绪也。”③

朱英在岭南为官清廉，政声颇佳。“先是韩雍经略断藤峡等地方，府藏耗竭。英继之，撙节数年，府藏颇充，储以备缓急之用。每有所建白，皆务爱民。自奉如寒士。在督府不以家累自随，惟一老苍头而已。绥辑流民，复业者十五万家。召入为左都御史，加太子少保。英为人端方俭约，清净简易，一时名卿皆自以为不及。比卒，广人莫不哀悼”④。

---

① ［清］汪森编辑，黄盛陆等校点：《粤西文载校点·第二册》，南宁：广西人民出版社，1990 年版，第 317 页。

② ［清］金鉷修，［清］钱元昌、陆纶纂：《（雍正）广西通志》，南宁：广西人民出版社，2009 年版，第 1190 页。

③ ［清］汪森编辑，黄盛陆等校点：《粤西文载校点·第二册》，南宁：广西人民出版社，1990 年版，第 308 页。

④ ［清］郝玉麟：《广东通志·卷四十》，文渊阁四库全书本。

仕宦岭南的官员，如孙懋、朱英这般致力于教育事业的人很多，萧信《重建启圣祠记》写怀集县令李广之致力于修建："当是时，造版籍，抚瑶僮，诸务冗集，而公不忘督责。虽暮夜或叩学扃视之，其用心如此。乃工匠则倩之他郡，畚负则借之军余，供亿之需，咸公所自备"①。

（四）作者的弘道意识

在岭南文化史上，陈献章、湛若水影响深刻，"由陈白沙、湛甘泉创立和承传的江门学派，在宋明理学中自成一家，在岭南文化史上占据重要地位"②。李锦全《岭南江门学派在宋明理学及中国传统文化中的历史地位》一文进一步归纳陈献章在儒学发展史上的地位："这里（黄）宗羲概括白沙的学术成就，归结到'作圣之功'，上承濂（周敦颐）、洛（程颢、程颐）之'精蕴'，下启阳明以大成，即承认白沙在正统儒学中的地位。"

何国华《明代著名教育家湛若水》一文言他们对岭南地区的影响："自陈白沙、湛若水之后，粤中文士，几无一不受过他俩倡导的理学的洗礼。这个影响直延至清中叶以后的五六百年间，岭南文化，几乎完全呼吸于理学气氛之中。"③

身为著名教育家的陈献章、湛若水为岭南地区学校建设撰写的学记文并不遵从学记文章传统的程式，他们借机发挥，阐述自己的为学观念，弘扬经过重新阐释的儒家道义。

陈献章《重修梧州府学记》阐明了治学修身之道："夫人之

① ［清］谢启昆修，［清］胡虔纂：《广西通志》，南宁：广西人民出版社，1988年版，第3959页。

② 李锦全：《岭南江门学派在宋明理学及中国传统文化中的历史地位》，《孔子研究》1994年第3期。

③ 何国华：《明代著名教育家湛若水》，《岭南文史》1991年第3期。

去圣人也远矣！其所望以至圣人者亦在乎修之而已。苟能修之，无有不至。修之云者，治而去之之谓。去其不如圣人者，求其如圣人者，日日修之，修之于身，修之于国家，修之于天下，不可一日而不修焉者也。"① 这与陈白沙一贯倡导的涵养心性，静养"端倪"之说是一脉相通的。

湛若水在《四会县儒学记》中大抒己见："夫道一而已矣。学修之以复乎道而已矣。是故，圣人修道以成天之能，君子修身以复己之命。故古之学者本乎一，今之学者出乎二。二则支，支则离，支离之弊也久矣。故夫文武二而天下无全材矣；岂惟文武为然，才德二而天下无全人矣；岂惟才德为然，体用二而天下无知道矣；岂惟体用为然，知行动静二，而天下无善学矣；岂惟知行动静为然，德业举业二，而天下支离甚矣！非其本然也。孟子之时，其杨墨矣。程子之时，其释老矣。故自支离之说兴而儒学坏，儒学坏而天理几乎息矣！呜呼！诸子知学之坏而不知儒者之学之坏也。原本要始，故知合一之说。知合一之说，则可化举业而之道矣。或问何谓合一？曰：'执事则敬，作事则学。'吾闻其语矣，未见其人也。故学在修其二而复之一而已矣。"

这分明是湛若水心学主张的阐释。孟淑媛《湛若水"体用浑一"修养工夫的思想理路》一文论道："湛若水认为佛学、程朱理学和陆王心学在不同层面都存在支离的弊端，意图以'体用浑一'模式建立一个'合一之学'，以救助支离学弊。"②

张翊是陈献章的弟子，他"从白沙，祖濂洛，为岭南学者所

---

① ［清］吴九龄修，［清］史鸣皋等纂：《梧州府志》，收录于《故宫珍本丛刊》，海口：海南出版社，2001 年版，第 420 页。

② 孟淑媛：《湛若水"体用浑一"修养工夫的思想理路》，《江淮论坛》2013 年第 6 期。

师友”。张翊《怀集县学记》一文阐述自己对于道统的见解：“嗟夫！学所以求造乎圣域也，中庸所谓博学、审问、慎思、明辨、笃行者也，皆所以为学也。所谓上天之载，无声无臭者则圣域也。然自梦楹之后，承其正绪，仅仅孟氏一人而已。孟氏之后，寥寥数千载，仅仅周程朱张三四人而已。然去圣人已为有间，此固元气之难会，而亦岂非讲学不究之罪乎？”① 厘清正源后，他希望“学得其门，无远弗至”。

不少学记作者亦如陈献章、湛若水、张翊这般在学记中阐述个人对于传统儒学之见解，教导学生修身治学之方法，他们希望士子们借此找到正确的入门途径，今后能成为国家的栋梁之材，不辜负朝廷之培养、有司之期盼。

综上所述，人是社会的中心，人是衡量社会的尺度，站在“人本位”的立场上来审视明代岭南学记，我们能了解明人的岭南印象，理解他们对岭南问题的思考以及他们对岭南人才培养付出的努力，更能深刻认知学记中蕴含的人文情怀。

第三节　明代岭南石刻诗歌研究

“意象”是诗歌生命的细胞，是诗人情感的载体及其存在的生命符号，是中国诗歌最具民族特色的美学品格之一②。中国古典诗歌艺术本质上是一种意象经营的艺术，古典诗歌艺术的流变及其向现代新诗艺术的转换，亦常呈现为意象艺术的流变与转换，

---

① ［清］金鉷修，［清］钱元昌、陆纶纂：《（雍正）广西通志·卷一百三》，南宁：广西人民出版社，2009 年版，第 1673 页。

② 吴晟：《中国意象诗探索》，广州：中山大学出版社，2000 年版，第 3 页。

故研究中国诗歌的原理不能不以其意象建构方式的探讨为重心①。明代岭南地区经济与文化得到了长足发展，岭南诗派对后世产生了深远的影响。目前对明代岭南诗歌的关注多着眼于“南园五子”“南园后五子”以及整体研究等，较少从意象角度对明代岭南诗歌展开研究。以石刻为载体的明代岭南诗歌更缺乏关注，本节拟从意象角度来解读这类作品。

一、意象之嬗变

（一）唐宋岭南印象与诗歌意象

在唐宋时期岭南是化外之地，是安置贬谪官员之地。岭南地区高温多雨，湿热郁蒸，瘴疠充斥，植被茂密，生态原始，给士人们留下了蛮荒、瘴疠的大体印象。刘恂《岭表录异》言：“岭表山川，盘郁结聚，不易疏泄，故多岚雾作瘴。人感之多病，腹胀成蛊。”② 北人南来，很难适应岭南地区的气候与水土，非常容易生病。至南宋时这情形也未改变。周去非《岭外代答》记载：“南方凡病皆谓之瘴，其实似中州伤寒。盖天气郁蒸，阳多宣泄。冬不闭藏，草木水泉，皆禀恶气。人生其间，日受其毒，元气不固，发为瘴疾。轻者寒热往来，正类痁疟，谓之冷瘴。重者纯热无寒，更重者温热沈沈，无昼无夜，如卧灰火，谓之热瘴。最重者，一病则失音，莫知所以然，谓之痖瘴。冷瘴未必死，热瘴久必死，痖瘴治得其道，间亦可生。”③ 《岭外代答》不仅详细记载

① 陈伯海：《意象艺术与唐诗》，上海：上海古籍出版社，2015 年版，第 1 页。

② ［唐］刘恂撰，商壁、潘博校补：《岭表录异校补》，南宁：广西民族出版社，1988 年版，第 23 页。

③ ［宋］周去非著，屠友祥校注：《岭外代答》，上海：上海远东出版社，1996 年版，第 83 页。

了岭南气候致病，更将岭南各区域，按照瘴疠程度，分为“大法场”与“小法场”。可见，在宋人心目中岭南之可怕。

于唐宋士人而言，岭南可怕之处更在于岭南是安置贬谪官员的重要区域。据尚永亮统计，唐代289年中各类贬官近三千人次，其中岭南道有429人次，为南方诸道之最。仅盛唐玄宗一朝，贬赴岭南者即高达71人次，遥遥领先于其他区域①。金强《宋代岭南谪宦》一书言道：“岭南是两宋时最主要的谪地，根据《岭南谪宦表》，两广二路相加，谪宦近500人次，密度最高。”② 唐宋时期，贬谪岭南于多数士大夫而言是其仕途之最低谷，作为戴罪之身，许多贬谪岭南的官员继续受到政治迫害，缺医少药，水土不服，其中不少人贬死岭南，如宋之问、李德裕、范祖禹、黄庭坚、秦观、赵鼎等。

岭南瘴疠充斥，气候不适应，身体易病、仕途失意、心情郁闷、民风彪悍等这些使得唐宋时期入岭南的士大夫对岭南地区心生畏惧。他们的诗文作品淋漓尽致地展现了这种心态，其居于岭南创作的不少诗歌之意象明显带有惊恐特点。

沈佺期来到岭南，极不适应，其《入鬼门关》诗写道：“马危千仞谷，舟险万重湾。问我投何地，西南尽百蛮。”③ 柳宗元居于柳州情绪低落，其《别舍弟宗一》一诗写广西之瘴：“桂岭瘴来云似墨，洞庭春尽水如天。”④ 《岭南江行》写道路艰险难行：

---

① 尚永亮：《唐五代逐臣与贬谪文学研究》，武汉：武汉大学出版社，2007年版，第68~70页。

② 金强：《宋代岭南谪宦》，广州：广东人民出版社，2009年版，第229页。

③ ［清］彭定求：《全唐诗·第一册》，长沙：岳麓书社，1998年版，第794页。

④ 同上，第371页。

“射工巧伺游人影，飓母偏惊旅客船。”① 韩愈《八月十五夜赠张功曹》一诗描写了路途险阻，岭南居住环境之可怕：“十生九死到官所，幽居默默如藏逃。下床畏蛇食畏药，海气湿蛰熏腥臊。”② 射工、飓母、蛇等，让中原士人很难接受、认可。

唐代大批文人士子由中原核心文化区移入处于汉文化边缘的岭南地区，造成了其身份和心态的巨大落差，这种落差感与岭南特殊的地域文化环境相作用，使唐人岭南诗歌在意象特征和意象体系方面发生了明显的异变，形成了一个特色鲜明的、以“岭海和瘴疠”“客和囚”“虞翻和尉佗”三种形态为标志的岭南诗歌意象群落；这一意象群文化心理内涵丰富，普遍表现为“去中原化”审美倾向，有着突出的悲惧感特征③。

悲惧感特征之外，唐宋士人的岭南诗歌还体现了浓郁的归情。“梅”也常常与岭南意象一起组合出现在唐宋南贬诗中，其中最突出的是大庾岭之梅。这里的梅花作为中原与岭南的最后一道分界线，提醒着诗人从此便长辞乡国，落拓异乡，走向漂泊无依的途程。因而，大庾岭之梅，自然成为南贬诗人抒写归情的悲怨载体之一④。

可见，唐宋士人岭南创作的诗歌不少带有悲惧感，其诗歌意象体现了诗人的畏惧与怀归心理。与大众熟悉的纸质文本诗歌相

---

① ［清］彭定求：《全唐诗·第一册》，长沙：岳麓书社，1998 年版，第 370 页。

② ［清］彭定求：《全唐诗·第四册》，长沙：岳麓书社，1998 年版，第 215 页。

③ 罗媛元、赵维江：《岭南地域文化环境中的唐诗意象创造》，《暨南学报（哲学社会科学版）》2008 年第 5 期。

④ 侯艳：《岭南意象视角下唐宋贬谪诗的归情》，《广西社会科学》2013 年第 5 期。

比，唐宋岭南石刻诗歌展现了士人对岭南山水的另一番看法。南来士人久居岭南，自我慰藉，渐发现岭南之美，他们借对山水的赏析，来消解内心怀归之情绪。李渤、刘禹锡、元结、苏轼、曾布等人创作的岭南石刻诗歌均体现了这类心态，但唐宋时无论是描写岭南蛮荒还是表现岭南山水美丽的石刻诗歌，其作者一旦能获得北归的机会，则如脱离樊笼之鸟，在作品中感叹抒怀，对岭南并无多少眷恋之情。如李渤《留别隐山诗》："如云不厌苍梧远，似雁逢春又北归。"① 李师中："乞得衰身出瘴烟，一麾仍许视于藩。"② （《留别桂林诗并序·其三》）张洵《蒙亭唱和诗》："恨我到此情难忘，遥指白云思故乡。"③ 朱希颜《游白龙洞唱和诗并序》："花朝几共湘南醉，萍迹何当岭北还。"④ 可见，无论是纸质文本，还是石刻作品，唐宋时流寓岭南的士人其诗歌虽然对岭南的书写有差异，但他们情感极为相似，都带有较强的怀归之情。

进入明代，这一情形发生了较大的改变。以岭南石刻诗歌为例，即可窥其端倪。

（二）明人岭南印象与石刻诗歌意象变化

相比唐宋士人而言，明人的岭南印象发生了较大的改变，虽然瘴疠、蛮荒的整体印象依然存在，但明人对岭南地区的看法明显趋于多元。

魏濬《西事珥》记载的明人对岭南地区瘴疠的看法与唐宋士

---

① 杜海军：《桂林石刻总集辑校》，北京：中华书局，2013 年版，第 19 页。

② 桂海碑林博物馆编：《桂林石刻碑文集·上册》，桂林：漓江出版社，2019 年版，第 114 页。

③ 同上，第 227 页。

④ 同上，第 405 页。

人相比没有太大改变，“闻之土人：瘴一岁数发，其名有青草、黄梅、新禾、黄茅之异。盖概举四时物候，皆乘草木蓊勃，日气焮歊所成。而青草、黄茅尤为毒烈，春夏之交，草长而青，谓之青草；秋冬之交，草衰而黄，谓之黄茅”①。可见几百年间，岭南的山川地貌、气候特征，整体变化不大。

岭南民风依旧彪悍，王临亨《粤剑编》中言：“百粤之民，喜于为盗，见利如膻，杀人如饴，其天性也。”② 王士性《广志绎》中言：“瑶僮之俗，祖宗有仇，子孙至九世犹兴杀伐，但以强弱为起灭，谓之打冤。”③

虽然蛮荒、瘴疠的大体印象仍可见诸明人的各类文献，但明代很多人眼中的、笔下的岭南地区形象发生了较大的改变。

赞美岭南者在在有之，以孙蕡为代表的“南园五子”创作了不少讴歌岭南的诗篇。孙蕡《广州歌》赞道：“广南富庶天下闻，四时风气长如春。长城百雉白云里，城下一带春江水。少年行乐随处佳，城南南畔更繁华。朱帘十里映杨柳，帘栊上下开户牖。闽姬越女颜如花，蛮歌野曲声咿哑。岢峨大舶映云日，贾客千家万家室。”④ 孙蕡笔下的广州富庶、繁华、热闹、物产丰富，贸易兴盛，俨然是乐土。无论身处何方，广州之南园一直是孙蕡眷念的场所。

不止“南园五子”赞美怀念岭南，以岭南石刻诗歌来观照，我们可大致了解明人岭南印象的变化。石刻文化源远流长，石头

---

① 武朝文：《〈西事珥〉校注》，广西师范学院硕士学位论文2011年，第79页。

② ［明］叶权、王临亨、李中馥：《贤博编》，北京：中华书局，1987年版，第74页。

③ ［明］王士性：《广志绎》，北京：中华书局，1981年版，第119页。

④ ［清］郝玉麟：《广东通志·卷六十一》，文渊阁四库全书本。

作为一种特殊的载体，能久远保存重要信息。岭南地区的明代石刻诗歌既反映了明人岭南观念的改变，又隐含着丰富的文化信息。

历代的岭南诗人，多以唐诗为宗，不随风气转移①。就岭南石刻诗歌而言，这些诗歌选用的意象，并没有越出唐人之藩篱。不同的是这些岭南诗歌意象之形象特点在明人笔下发生了改变，作者的心理机制也截然不同，其蕴含的情感也发生了变化。

按照意象的属性，可大致将石刻诗歌中的意象分为动物意象、植物意象、自然意象等类型。从动物意象来看，唐宋士人笔下险恶的岭南动物意象多被美丽、吉祥的动物取代。

粗略统计岭南各地方志及已有的石刻文集，明代岭南石刻诗歌中动物意象以出现次数多寡来列，分别为鸟（包含鸿、鹭、凤、莺等）、龙、鹤（因出现频次多，单独列出）、猿、马、虎、鹿、青牛等。这些物象本身有实有虚，龙、青牛、凤凰多是诗人根据传说与神话故事加工联想而勾勒出的虚幻意象。

飞鸟意象则自《诗经》时代就与诗歌结缘。早期先民长期形成的对飞鸟的普遍认识、信仰和观念，无疑是构成当时“飞鸟诗”创作的文化背景和土壤②。岭南诗人也用飞鸟意象，搭配自然物象，构建岭南山水画卷。林锦《游三海岩》诗写道：“瑶草琪花闲白昼，夕阳啼鸟自流年。”③ 刘子仕《应试过灵山》诗中言：“绿树团阴莺语滑，画桥环翠水流湾。”④ 戴仪《叠彩山唱

---

① 陈永正：《岭南诗歌研究》，广州：中山大学出版社，2008 年版，第 33 页。

② 杨滨：《飞鸟与诗学：中国古代诗歌鸟类意象系列的主题学研究》，北京：人民日报出版社，2017 年版，第 7 页。

③ 灵山县政协编：《六峰山风景名胜区崖刻选》，南宁：广西美术出版社，2014 年版，第 28 页。

④ 同上，第 88 页。

和诗》："花鸟有情留客住，菊松无意待人还。"① 周进隆《题月牙岩诗》："画图舒卷随朝暮，禽鸟争鸣任去留。"② 这些诗歌中的飞鸟自由自在，有情有义，声音动听，衬托了岭南山水之美丽。

"鹤"因其形貌俊逸，鸣声清丽，舞姿优美，飞举高远，且父慈子孝，雌雄情笃，步行规矩，性情雅致，自古以来一直受到人们的关注与喜爱，被视为吉祥之鸟③。岭南石刻诗歌亦多描写鹤，并且将其与仙人故事融合，使得诗歌韵味无穷。周进隆《题刘仙岩诗》言："刘郎跨鹤高飞仙，野草寒烟空自碧。"④ 周谟《游风洞用韵》言："独鹤卧云泉乳渐，老仙飞羽石床留。"⑤ 傅伦《初春登叠彩山诗》借鹤衬托叠彩山之美丽，"洞口烟萝明月挂，数声嘹唳鹤飞来"⑥。

猿的形象在石刻诗歌中也发生了转变，不再是"猿鸣三声泪沾裳"或"清猿啼在最高枝"那般引发愁情。胡智《七星岩唱和诗》中写道："危亭炫丹霞，奇观霏苍雾。猿坐涧边石，鹤巢岩外树。"⑦ 戴仪《七星岩次沈林壁间韵》其三："猿挽藤梢探涧水，仙收松子扫云堆。"其五："落霞孤鹜皆诗料，幽草闲花半药材。

① 杜海军：《桂林石刻总集辑校》，北京：中华书局，2013年版，第514页。

② 桂海碑林博物馆编：《桂林石刻碑文集·中册》，桂林：漓江出版社，2019年版，第201页。

③ 沈志权：《中国古代文学中的鹤意象》，《浙江学刊》2011年第3期。

④ 桂海碑林博物馆编：《桂林石刻碑文集·中册》，桂林：漓江出版社，2019年版，第203页。

⑤ 同上，第247页。

⑥ 同上，第264页。

⑦ 杜海军：《桂林石刻总集辑校》，北京：中华书局，2013年版，第428页。

云外狝猿攀树立，雨中苔藓上岩堆。”[①] 在这些诗歌中，猿猴可亲可近，它们与自然风景融为一体，从它们闲适的状态我们可以感知诗人的闲暇之心。

明代岭南石刻诗歌动物意象多具美丽吉祥之意，虎豹豺狼、蛇这类凶恶意象较少，纵使出现也多将其凶恶特性淡化，蛇还往往与龙搭配，带有仙化色彩。

植物意象方面，粗略统计，以出现次数多少排列分别为：花（包括菊、莲、桃、芙蓉等）、苔藓、树、草、藤萝、竹等。诗人们表现这些植物意象时，往往展现其漂亮、清丽的特征。林民悦《游三海岩、六峰观》：“琪花翻蝶影，石壁已苔痕。”[②] 胡惟弼《游勾漏洞和吏部王同休诗韵三首》其二：“石室烟深笼砌草，岩天露洒湿琼花。”[③] 袁凯《游龙隐岩题诗》其一：“杨柳当门沽酒店，桃花临水钓鱼矶。”其二：“山联桂岭峰峦秀，地胜桃源草树香。”[④] 在他们笔下岭南的花草树木形态美丽，气味芬芳。连植物中最不起眼的苔藓，他们也津津乐道，热衷描写。张玉描写肇庆七星岩：“几处摩崖苍藓合，一溪流水落花香。”[⑤] 傅伦《游象山诗一绝》：“尚有诗人包万象，琢磨苔藓注纹龙。”[⑥] 尹祖懋《过三

---

① 杜海军：《桂林石刻总集辑校》，北京：中华书局，2013 年版，第 264 页。

② 陈秀南、苏馨：《灵阳石刻选注》，灵山县政协文史资料委员会、县志编写委员会办公室编印，1989 年版，第 153 页。

③ ［清］张允观纂修：《北流县志》，乾隆十三年刻本，第 706 页。

④ 桂海碑林博物馆编：《桂林石刻碑文集 · 中册》，桂林：漓江出版社，2019 年版，第 96 页。

⑤ 《肇庆星湖石刻》编委会：《肇庆星湖石刻》，北京：红旗出版社，2005 年版，第 56 页。

⑥ 桂海碑林博物馆编：《桂林石刻碑文集 · 中册》，桂林：漓江出版社，2019 年版，第 273 页。

海岩忆旧》：“洞忆旧游胜，诗看苔藓侵。”① 在他们眼中苔藓不仅可赏，苔藓覆盖之下的前人石刻诗歌更值得研读。

自然意象方面，粗略统计地面上的物象以出现次数多寡来列，分别为：山、洞、水、峰、岩、石、石壁、泉。空中意象分别为：云、风、霞、雨、烟、日。这些意象组合在一起，体现出了岭南地区山多、水多、岩穴多、气候富于变化的特点。

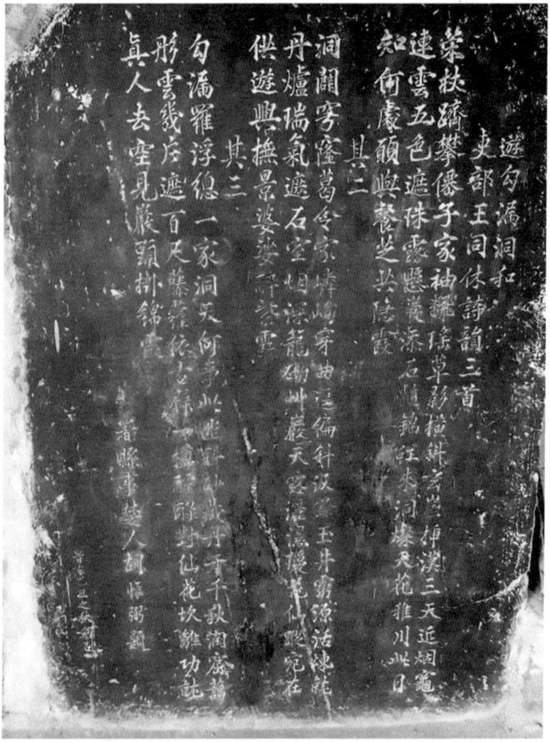

广西 · 北流 · 勾漏洞：胡惟弼诗

① 灵山县政协编：《六峰山风景名胜区崖刻选》，南宁：广西美术出版社，2014 年版，第 147 页。

诗人们驱遣着各类意象，组合成意象群，共同表现岭南山水之美。翁晏《三海岩唱和诗》中道：“一点寒泉垂露滴，四时春意自天来。云依洞口舒还卷，花满枝头落又开。”泉水、白云、花朵，灵山的春天因三海岩这一胜景而变得格外动人。陈伯献《题虞山诗》道：“苍梧云起疑华衮，湘浦月明想玉珂。山下江篱斑竹在，庙前莎草落花多。”① 云、月、江、竹、草、花等共同烘托出诗歌明丽之境。诗人们不再像唐宋士人那般纠结于岭南之瘴，石刻诗歌极少写瘴疠，烟、雾、水、日等在他们笔下都成了美丽的物象。黎近《七星岩诗》写烟雾缭绕中肇庆七星景区之美丽：“娥眉半露朝烟淡，螺髻双盘晚雾浓。”② 徐文溥《浴日亭次东坡韵》中描写海上日落之壮景：“碧浪翻空吞晓日，暝烟渡鸟落秋山。”③ 从这些石刻诗歌来看，诗人们多陶醉于岭南各地美景，庄诚《南岩唱和诗》表达了融于岭南山水之快意，“明月清风无限侣，野花啼鸟漫为朋”。章曰慎赞美岭南之地：“锦绣江山侯作主，林泉麋鹿我为朋。”④

柳州・龙潭公园：张翀题诗

① 桂海碑林博物馆编：《桂林石刻碑文集・中册》，桂林：漓江出版社，2019 年版，第 293 页。

② 《肇庆星湖石刻》编委会：《肇庆星湖石刻》，北京：红旗出版社，2005 年版，第 56 页。

③ 冼剑民、陈鸿钧：《广州碑刻集》，广州：广东高等教育出版社，2006 年版，第 360 页。

④ ［清］卢蔚猷修，［清］吴道镕纂：《海阳县志》，台北：成文出版社，1967 年版，第 341 页。

岭南在诗人笔下从唐宋时期瘴疠、蛮荒非人所居之地转变为“锦绣江山”，几百年间，众多因素促成了这些变化。

二、变化之因

（一）岭南经济文化的发展

与唐宋时相比，明代岭南地区经济得到了长足发展，文化也发展迅速。《广东通史》论道：“由于明太祖朱元璋采取颇为得力的重农政策，而明成祖朱棣又保持了政策的连续性，因此，广东的农业在明前期恢复和发展较快，到永乐、宣德年间，广东已称‘殷富’。”① 明前期，广东已发展至“殷富”，这与唐宋时期经济落后情形很不一样。不仅如此，“明代中后期，广东农业跨入前所未有的迅猛发展的阶段，走在全国农业发展的前列”②。从落后到前列，广东农业发展后来居上。广州作为广东政治、经济、文化中心，“以其优越的地理条件、广阔的经济腹地和全国外贸中心优势，保持着南中国举足轻重的商贸中心地位。澳门、佛山、南雄、梅菉等新旧港埠、城镇，发挥各自优势，成为各地商品集散重地”③。在经济发展基础上，广东的文教事业得到了长足发展。

明前期广东文化教育大致处于恢复、养蓄阶段，其主要成就表现为：府州县学与民间社学的创建，科举考试的恢复，诗作的兴盛与名扬海内的南园诗社等。这就为明中后期广东文化教育的繁荣昌盛奠定了坚实的基础④。

明中叶后广东文化教育进入迅速发展的繁荣鼎盛时期。全省

① 方志钦、蒋祖缘：《广东通史·古代下册》，广州：广东高等教育出版社，1996 年版，第 107 页。

② 同上，第 303 页。

③ 同上，第 514 页。

④ 同上，第 179 页。

城乡学校、书院林立，人才鼎盛，大儒名宦辈出。诗歌、书画、理学均迈入黄金时代，积聚起深厚的文化根基。广东崛起了一批具有全国性影响的人物，如陈献章、湛若水、丘濬、林良、黄佐、梁有誉、海瑞、袁崇焕等。后人每谓“广东文化，至明而大盛”“吾粤文化，莫盛于明”。于是，广东文化开始步入全国主流文化行列，日益扮演重要角色①。

“明代广西社会经济得到了进一步发展，主要表现是：农业方面，耕地面积增加，屯田盛行，水利灌溉事业取得不少成就，农作物生产得到较大发展；手工业方面，纺织业、采矿冶炼业、造纸、酿酒、陶瓷业、木材加工和建筑业等，都得到了较大发展；商业方面，桂林、南宁、柳州、梧州广西四大城镇的工商业得到较大发展，农村圩市蓬勃兴起，水陆交通亦相当发达”②。明代广西的文化教育事业得到了较大发展，原来文化落后的面貌有所改变，广西文化逐渐赶上了中原地区③。

在岭南经济与文化普遍得以发展的情况之下，明人的岭南印象逐渐改变，尤其是岭南文化名家的涌现，让南蛮之地无教化的印象，得到大改观。明中叶时，岭南理学名家陈献章、湛若水深刻影响了明代士人之思想，出现了“天下言学者，不归王，则归湛”之盛况。

在这样的背景下，岭南石刻诗歌中出现像萧子鹏歌颂药洲这样的诗歌不足为奇，“药渚百年夸胜，濂泉一派维新。大易阴阳有象，中天风月无尘。庭草自家意思，池莲若个精神。体道虽由圣

---

① 方志钦、蒋祖缘：《广东通史·古代下册》，广州：广东高等教育出版社，1996 年版，第 650 页。

② 钟文典：《广西通史·第一卷》，南宁：广西人民出版社，1999 年版，第 376 页。

③ 同上，第 396 页。

圣，传心犹在人人”①。诗歌选用月、草、莲等美丽清秀的意象，既颂药洲胜景，又写岭南文化承传濂溪一脉，源远流长，进而融合作者体道之经验，写得渊深厚重，引人深思。

（二）作者境遇与身份的不同

明代以前，流寓岭南的诗人对于岭南空间的书写，主要是异物和贬谪书写，人们有关岭南的地方感主要是蛮荒和边缘②。进入明代这一情形发生了很大的改变，这与作者的境遇及身份变化关系密切。

唐宋时期，士人来到岭南，多意味着仕途最低谷，部分人甚至身家性命难保。明代这一情况发生了转变，岭南变成了不少士人建功立业的场所，他们的仕途往往因岭南的任职经历而获得快速升迁。

韩雍因镇压大藤峡农民起义而来到岭南。大藤峡农民起义是明代广西规模最大的农民起义，也是明中期全国较大的农民起义之一③。从正统十一年（1446）起，大藤峡起义军开始越省作战，队伍打到广东、湖南、江西等州县，震动了明朝廷。明廷于“成化元年正月大发兵，拜都督赵辅为总兵官，以太监卢永、陈瑄监其军。兵部尚书王竑曰：‘韩雍才气无双，平贼非雍莫可。’乃改雍左佥都御史，赞理军务”④。韩雍“先后破贼三百二十四砦，生擒大狗及其党七百八十人，斩首三千二百有奇。坠溺死者不可胜

① 高旭红：《药洲石刻》，广州：广东人民出版社，2016年版，第49页。

② 陈恩维：《空间、记忆与地域诗学传承——以广州南园和岭南诗歌的互动为例》，《文学遗产》2019年第3期。

③ 覃延欢：《明代广西大藤峡农民起义及其历史地位初探》，《广西师范学院学报（哲学社会科学版）》1983年第3期。

④ ［清］张廷玉等撰：《明史》，北京：中华书局，1974年版，第4733页。

计。峡有大藤如虹，横亘两崖间，雍斧断之，改名断藤峡，勒石纪功而还。分兵击余党，郁林、阳江、洛容、博白次第皆定”①。韩雍因军功，升迁为左副都御史提督两广军务。

韩雍镇守两广，“两地镇守宦官素骄恣，亦惕息无敢肆……令行禁止，民得安堵”②。他刻于肇庆七星岩的诗，感情浓烈，满是报国之情。“举觞劝满引，浩歌激壮烈。丈夫感知遇，图报心孔切。所愧才德荒，弗能继前哲。正谊不谋利，临事秉大节。仰视苍苍天，此心誓如铁”③。

张岳因张璁之迫害，贬任广西提学佥事，又贬谪广东盐课提举，迁廉州知府。后因毛伯温荐举“抚治郧阳。旋移抚江西，进右副都御史，总督两广军务兼巡抚。讨破广东封川僮苏公乐等，进兵部右侍郎。平广西马平诸县瑶贼，先后俘斩四千，招抚二万余人。诛贼魁韦金田等，增俸一级。召为刑部右侍郎，以御史徐南金言命留任。连山贼李金与贺县贼倪仲亮等，出没衡、永、郴、桂，积三十年不能平。岳大合兵讨擒之。莅镇四年，巨寇悉平，召拜兵部左侍郎”④。张岳在岭南期间建功立业，成为一代名臣。

嘉靖二十一年（1542），张岳与翁溥同游广西灵山县六峰山、三海岩，镌刻题诗，抒咏情怀。其《与翁溥游三海岩》中抒怀：“天末多风波，陈迹成俯仰。徒闻海上洲，中宵勤梦想。聊兹永日

① ［清］张廷玉等撰：《明史》，北京：中华书局，1974年版，第4734页。

② 同上，第4735页。

③ 曹腾骈、黄道钦：《广东摩崖石刻》，广州：广东人民出版社，1998年版，第111页。

④ ［清］张廷玉等撰：《明史》，北京：中华书局，1974年版，第5297页。

留，真性非外奖。暝色望征途，何由释尘坱。”① 诗歌运用山、云、水、峭壁、泉等意象，描摹了三海岩周边秀丽的风景，抒发任重道远之感慨。

因岭南倭寇频发，嘉靖四十二年（1563），吴桂芳调任岭南。“两广总督张臬以非军旅才被劾罢，部议罢总督，改桂芳兵部右侍郎兼右佥都御史，提督两广军务兼理巡抚”②。吴桂芳在两广平定李亚元、叶丹楼之患，平定倭寇，擒斩王西桥、剿杀吴平，功劳显赫。“召为南京兵部右侍郎，寻改北部”。

吴桂芳任职岭南时，与下属同游七星岩，镌刻了《与钟鲤山参戎游七星岩十二韵》，其诗风景与时局兼咏，情怀与责任兼具，体现了爽朗明健之风，“飞濑鸣丹液，云岑缀紫旒……跻攀疑梵阁，缥缈见蓬洲”③。在吴桂芳眼中七星岩宛若神仙之境。

韩雍、张岳、吴桂芳等人均因岭南之政绩，仕途升迁快捷，他们镌刻在岭南的石刻诗歌，多抒建功立业之情怀，这和唐宋贬谪岭南士人相比，心境完全不同。

岭南石刻诗歌作者中，另有部分人的经历与唐宋流寓文人大不相同，他们出生于岭南，成长于岭南，岭南是其家乡。作为本土文人，很多时候他们笔下的岭南是诗意审美的呈现，截然不同于唐宋士人的贬谪与异物书写，这包括陈献章、湛若水、黄佐等人。

陈献章《浴日亭追次东坡韵》一诗壮丽雄浑，阳刚健拔：

---

① 刘运熙等纂修：《民国灵山县志》，收录于《广东历代方志集成》，岭南美术出版社，2006 年版，第 597 页。

② ［清］张廷玉等撰：《明史》，北京：中华书局，1974 年版，第 5874 页。

③ 《肇庆星湖石刻》编委会：《肇庆星湖石刻》，北京：红旗出版社，2005 年版，第 101 页。

残月无光水拍天，渔舟数点落前湾。赤腾空洞昨宵日，翠展苍茫何处山。

顾影未须悲鹤发，负暄可以献龙颜。谁能手抱阳和去，散入千岩万壑间。①

诗歌选用月、水、天、渔舟、山、崖、壑等意象，表现空间极其宏大，展现了岭南山水之壮美。其诗情感积极，韵味深厚。陈献章意犹未尽，又作《扶胥口书事·借浴日亭韵》一诗，诗歌言道："老向烟波真得地，晚来风日更开颜。明朝去觅南川子，与话平生水石间。"② 作为理学大师陈献章擅于由眼前之景而转入心灵世界的探讨，其《赠刘宗信还增城四首·其三》："菊花笑我前，梅花撩我后。问花花不言，驻楫增江口。"③ 诗歌将花这一意象写得极动情，本性原情，自然超妙。"陈献章以诗歌写其心灵体验，而其心灵体验又通向自然，通向人格觉醒，通向情绪体验和审美意识，他的文学思想已呈现出了晚明重真情、重风韵的文学思想的雏形样态"④。

陈献章的门生理学名家湛若水刻于西樵山的《和王阳明赠方献夫诗》："千秋云谷还归我，三二求羊作近邻。莫种桃花临水岸，引人来问武陵津。"诗中将西樵山比作世外桃源，作者乐居其间，自在悠游。其《和王阳明赠方吏部归西樵诗》："一念正时便

---

① 冼剑民、陈鸿钧：《广州碑刻集》，广州：广东高等教育出版社，2006 年版，第 362 页。

② 黄兆辉、张菽晖：《南海神庙碑刻集》，广州：广东人民出版社，2014 年版，第 194 页。

③ 招念慈修，邬庆时纂：《民国龙门县志》，台北：成文出版社，1967 年版，第 465 页。

④ 孙学堂：《明代诗学与唐诗》，济南：齐鲁书社，2012 年版，第 54 页。

是惺，要知念处也无情。无情知见真知见，到了参前即性灵。”①诗歌着重谈心性体验与了悟功夫，这方面内容与唐宋岭南诗歌相比发生了很大变化。

明中叶诗人、学者黄佐，被称为“粤中昌黎”，他的诗歌风格雄奇瑰丽，壮浪恣肆，朱彝尊谓“岭南诗派，文裕（黄佐谥号）实为领袖，不可泯也”，并称其有“起衰”之功②。黄佐《达摩石》一诗体现了他壮浪恣肆之诗风：

> 凌空飞锡结嶙峋，薝葡香中草自春。鸟度云移今此世，鸿冥天阔我何人。
>
> 羲娥断送千年梦，龙象终成一聚尘。便合拈花发微笑，苍波无语月华新。③

诗歌因石头而咏达摩之事，组合薝葡、草、鸟、鸿、天、云、花、月等意象，表现宏阔辽远之景，在俯仰千年之际，体悟佛家之境。诗歌意味深邃，韵味无穷。岭南本土诗人笔下的岭南诗歌无论内容还是情韵都显现出了与唐宋流寓文人不一般的面貌。明代是岭南诗歌大发展时期，“据不完全统计，自汉至元末，有诗作流传的岭南诗人不到200家，而仅有明一代就有诗人2200余家。考虑到版籍散佚、资料匮阙等因素，实际参与创作活动的明代诗

---

① 冼剑民、陈鸿钧：《广州碑刻集》，广州：广东高等教育出版社，2006年版，第1073页。

② 陈永正：《岭南诗歌研究》，广州：中山大学出版社，2008年版，第9页。

③ 梁鼎芬等修，丁仁长等纂：《民国番禺县志》，收录于《广东历代方志集成》，岭南美术出版社，2006年版，第514页。

人当远超上述统计"①。明代众多岭南本土诗人创作的诗歌呈现出的岭南印象与情感大不同于唐宋流寓文人之作。

唐宋士人着重表现的贬谪与归情，偶尔也会出现在明代贬官诗作当中，不过这类作品非常少。崇祯年间西宁知县谢天申劣迹颇多，他在西宁期间所作的诗歌，充满郁闷之情。《西宁感怀》其一则描绘西宁之荒凉与偏僻："瘴烟昼不开，天地为昏黩。孤城寄其间，荒凉如村谷。四郊烟火疏，万壑葳蓁簇。白日驰豺狼，阴岩卧蛇腹。"其二写其内心之失落："九重辞北阙，万里入南蛮。自许心如水，谁知门即山。"② 谢天申这十余首《西宁感怀》诗，其情感以及意象选择，承袭了唐宋士人岭南诗之特点。可见入岭南的作者境遇与心情左右着其诗歌的审美体验。不过，明代岭南石刻诗歌无论意象还是情韵均比唐宋时期发生了大的变化，这还与明代的审美风尚以及石刻诗歌特性有关。

（三）时代审美风尚的变化

"知者乐水，仁者乐山"（《论语·雍也》），中国古代士人很早就与山水结缘。至明代，明人对山水的喜爱发展到"癖好"的程度。明代中叶士人爱山成癖，多见名山大川，又历览偏远地区奇山异水，对山水个性美的感知更加丰富③。时人游山，志存高远幽深，情寄奇怪灵异，以遍游五岳自期自豪，许多人以"五岳山人"为号，以足迹几遍天下为艳羡，为荣耀④。

---

① 杨权：《岭南诗派研究与诗歌文献整理》，《深圳大学学报（人文社科版）》2015 年第 4 期。

② ［清］诸豫宗修，［清］周中孚纂：《道光西宁县志》，收录于《广东历代方志集成》，岭南美术出版社，2006 年版，第 574 页。

③ 夏咸淳：《明代山水审美》，北京：人民出版社，2009 年版，第 262 页。

④ 同上，第 213 页。

明人还对各地山水作研究，形成山水品鉴理论。如杨慎《升庵集》卷七六《山岩之异》中评论道："玲珑剔透，桂林之山也；巉嵯窳窆，巴蜀之山也；绵衍庞魄，河北之山也；俊俏巧丽，江南之山也。"①

岭南山水与物产对于爱好游玩、喜欢猎奇的明代士人来说，自然值得探索。王士性对各地风物与民俗充满兴趣，其《广志绎》写广东物产曰："广南所产多珍奇之物。如珍则明珠、玳瑁……石则端石、英石。端溪砚贵色紫润而眼光明，下岩为上，子石为奇；英德石色黑绿，其峰峦窝窦摺纹，扣之有金玉声，以为窗几之玩。"② 他评价广西之山："广右山川之奇，以赏鉴家则海上三神山不过，若以堪舆家，则乱山离立，气脉不结。"③

徐霞客是晚明爱游士人之典型，他考察了广西多地秀丽奇异的山水。桂林、阳朔、柳州、融水等地，他都认真描摹，其《粤西游日记》占了整个游记约三分之一的篇幅，可见徐霞客对岭南山川兴趣之浓厚。

因时代审美风尚的变化，岭南山水成了明人眼中的品鉴对象。以这般眼光来打量，诗人笔下的岭南山水，多形象美好。

徐淮游月牙岩与孟洋等人唱和，其诗曰："石洞连云起，山形带月新。树分千壑秀，花占四时春。"④ 镇守广西太监傅伦在桂林任职达15年，他遍游桂林名山胜景，题刻近二十件。他非常喜欢桂林风景，其《登风洞览景诗》写道："对面天开一段奇，桂林风景

① ［明］杨慎：《升庵集》，文渊阁四库全书本，第1464页。

② ［明］王士性：《广志绎》，北京：中华书局，1981年版，第98页。

③ 同上，第115页。

④ 桂海碑林博物馆编：《桂林石刻碑文集·中册》，桂林：漓江出版社，2019年版，第253页。

四时宜。虽无金谷园中树，别有丹崖洞里诗。”① 广西巡抚杨芳《同王鸣鹤小集逍遥题诗》：“逍遥楼上赋逍遥，极目韶光好景饶。四面青山环㟍峙，数声黄鸟唤人娇。徜徉仿佛庄生梦，唱和依稀帝女箫。尘世几逢开口笑？座中况有霍嫖姚。”② 他们笔下桂林山水优美，生活自在逍遥。

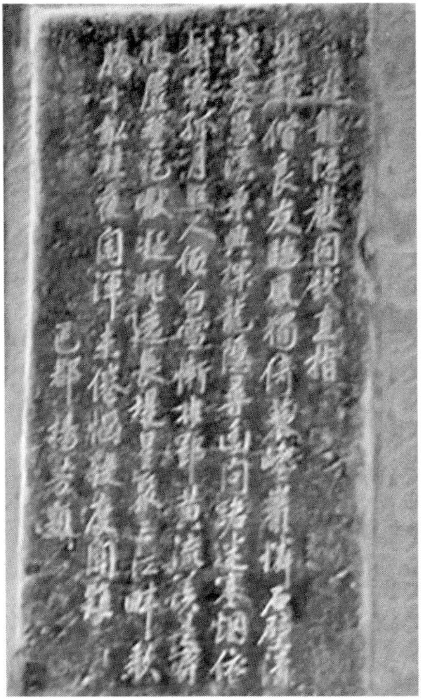

桂林·龙隐岩：杨芳同钱梦得游龙隐岩题诗

另外石刻作为特殊的载体，与纸质文本不一样，石刻作品多可久远保存于当地。因其公开性、久远性、地域性特征，石刻诗歌倾向于选择优美的作品，含批评、多抱怨的诗歌刻石相对要少，这样我们不难理解明代石刻诗歌作品中的岭南形象美好的种种原因。

三、明代岭南石刻诗歌之意义

左东岭《中国诗歌通史·明代卷》论及：“明代诗歌的发展从总体趋势上讲，就是性灵诗派与复古诗派相互对立消长的

① 桂海碑林博物馆编：《桂林石刻碑文集·中册》，桂林：漓江出版社，2019年版，第281页。

② 同上，第555页。

过程。”① 在对明代性灵诗学的考察中，我们更能理解岭南诗作之诗史意义。岭南诗派代表人物“陈献章是明代性灵派诗歌的真正开创者，他不仅是明代思想史的转折点，同时也是诗歌史的转折点，而后一点是前人很少注意到的”②。从地域文学角度来看，陈献章深刻影响了岭南诗歌之创作。“明诗史上，岭南诗凡四变，初变于南园五先生，再变于陈献章，三变于黄佐与南园后五先生，四变于黎遂球等岭南十二子”③。

在明代诗歌发展史上，岭南士人以结社为依托，形成了影响深远的岭南诗派。胡应麟最早标举“岭南诗派”，他先后论道：“国初吴诗派昉高季迪，越诗派昉刘伯温，闽诗派昉林子羽，岭南诗派昉于孙蕡仲衍，江右诗派昉于刘崧子高。五家才力，咸足雄据一方，先驱当代。”④ “自吴、楚、岭南外，江右独为彬蔚”⑤。岭南诗派自元末明初诞生之后，绵延发展，影响至今。

明代岭南石刻诗歌因其载体为石刻，系统研究者较少。事实上，明代岭南石刻诗歌是岭南诗歌的有机组成部分；其作者队伍中既有我们熟悉的岭南文化名家，又有不少当世名人，当然大部分作者是名声不显的士人。他们通过镌刻诗歌表达在特殊情境之下对岭南事物的看法，进而书写自我情怀。其作品中的岭南意象内蕴已明显不同于前代，通过对这类诗歌意象的梳理，我们

---

① 左东岭：《中国诗歌通史·明代卷》，北京：人民文学出版社，2012年版，第2页。

② 同上，第11页。

③ 李圣华：《初明诗歌研究》，北京：中华书局，2012年版，第246页。

④ ［明］胡应麟：《诗薮·续编·卷一》，北京：中华书局，1962年版，第336页。

⑤ 同上，第354页。

能理解其变化的原因。作为岭南诗歌中的一部分，明代岭南石刻诗歌同样具有雄直、清淡、性灵的特点，又因其多描写岭南山水，更显秀美之风。考察明代岭南诗歌时，我们不应忽视这类诗歌。

第四节　明中期靖江王室之石刻文学创作

洪武三年（1370），朱元璋为了巩固其皇权，保证明王朝的长治久安，在南京分封藩王。第一批分封了十个王：二子樉为秦王、三子㭎为晋王、四子棣为燕王、五子橚为周王、六子桢为楚王、七子榑为齐王、八子梓为潭王、九子杞为蜀王、十子檀为鲁王。侄孙守谦为靖江王。朱元璋因其长兄朱兴隆唯有朱守谦这一血脉，又因侄子朱文正功高未赏，因而对侄孙朱守谦特别照顾，自幼育之于宫中，特将其第一批封王。朱守谦就藩之时，朱元璋还“泪下沾襟，敕其文武从臣曰：‘从孙幼而远镇西南，善导之。’为著《昭鉴录》”[①]。自此靖江王室在桂林生活繁衍近二百八十年，成为明代最早建藩，而最后灭亡的宗藩。在明代所册封的51个藩王中，靖江王是唯一以旁支身份被直接册封的藩王，其独特的研究价值不言而喻[②]。目前对靖江王室的研究多着眼于其待遇、陵墓等史实资料。实际上，靖江王室是诗书簪礼之族，二百多年里其族中能文之士不少，他们影响了有明一代广西的文学创作。从现存石刻文献资料中，我们可以整理出明代中期靖江王室成员的部分文学作品，对其进行深入研读，能增加我们对靖江王族的认知。

---

① ［清］金鉷：《广西通志·卷六十二》，文渊阁四库全书本。

② 徐晔：《论靖江王地位的特殊性及在明代的社会影响》，《文物世界》2018年第6期。

一、王室的文学创作

（一）靖江王的作品

靖江王的世系从朱元璋长兄南昌王（朱兴隆）算起。第一位就藩的靖江王朱守谦为三世，《明史》称他："知书，而好比群小，粤人怨咨。召还，戒谕之。守谦作诗怨望。帝怒，废为庶人。居凤阳七年，复其爵。徙镇云南，使其妃弟徐溥同往，赐书戒饬，语极挚切。守谦暴横如故。召还，使再居凤阳，复以强取牧马，锢之京师。二十五年卒。"① 朱守谦虽然暴横，其子朱赞仪却"恭慎好学，能书"。黄佐《广西藩封志》对历代靖江王有大致的评价。靖江王中较有文采的几位，分别为五世庄简王朱佐敬、八世端懿王朱约麒、九世安肃王朱经扶、十世恭惠王朱邦苧。据黄佐记载："五世。庄简王，讳佐敬。悼僖王长子。永乐九年袭封。天性孝友，书史无所不读。善楷书，颇得钟王体。国中诸寺观扁额多出楷书。"② 朱佐敬享国五十八年，是享国最久的靖江王。朱佐敬在位期间虽有不少违法之事，但他文采风流，棋琴书画均精通，又酷爱戏剧，推动了桂林的戏曲发展。

闲暇时间里，朱佐敬爱好游山玩水，在独秀峰镌刻了《游独秀岩记》《独秀岩西洞记》等作品。这些作品凸显了朱佐敬的文学造诣，汪森《粤西诗载》对粤西历代诗歌进行了遴选，他特地选录了朱佐敬的《独秀岩诗有序》。可见，清人汪森对朱佐敬文学才华的认可。朱佐敬《游独秀岩记》描写王府旁独秀峰："夫独秀岩者，据岭表之胜，控藩国之雄。上方、真境拔引乎西南，

---

① ［清］张廷玉等撰：《明史·列传第六·诸王三》，北京：中华书局，1974年版，第3613页。

② ［明］黄佐：《广西藩封志》，载于《粤西文载·第二册》，南宁：广西人民出版社，1990年版，第6页。

尧峰、舜洞峙立乎东北，桂岭、西山巨镇乎后先，訾洲、东渡映带乎左右。于乃有峰屹然，高插天半，势压鸿厖，盖八景之奇无出其最者，故名独秀。”① 文章描写独秀峰所见桂林风景之壮丽，回顾此地人文之盛，表达自己和僚属的山水之乐。文章平和雍容，辞藻练达。朱佐敬刻于独秀岩的诗，引发了后代靖江王、宗室与地方官员的浓厚兴趣，几十年后，他们纷纷追和，成为王室一盛事。

九世安肃王朱经扶是难得的贤王。蒋冕《大明靖江安肃王神道碑》记载道：“年十二，敕掌国事，赐一品服。逮袭爵后，日益老成慎重，事无小大，动遵成宪。”② 朱经扶之父端懿王朱约麒“幼而秀颖，长而仁孝宽裕。读书通义，好贤礼士，御下不求小疵”③，但他信奉道教，自称朱真人，常穿着道士衣服出入市中，加之身体有病，朱约麒干脆早早将国事交给年少的儿子来掌管。以此朱经扶八九岁时就接管了靖江王府内外之事。治理国事之余，朱经扶“时登眺焉。兴之所至，辄形于诗，长篇短章，多至数十首”④（《大明靖江安肃王神道碑》）。朱经扶确实是靖江王室中少有的贤王。正德元年（1506），时年 13 岁的朱经扶在独秀峰观雪，赋诗一首：“郭外奇峰列斗天，晓来雪片倩缤纷。松杉忽讶成瑶树，岩谷惊看拥白云。光射玉楼呈瑞兆，影摇银海静尘氛。边氓不用嗟贫病，垂拱而今有圣君。”⑤ 诗歌虽带稚嫩之气，但展现出的是王者情怀：关切时局、关爱百姓，于这般年龄的少年而言，

---

① 桂海碑林博物馆编：《桂林石刻碑文集·中册》，桂林：漓江出版社，2019 年版，第 56 页。

② 同上，第 321 页。

③ ［明］黄佐：《广西藩封志》，载于《粤西文载·第二册》，南宁：广西人民出版社，1990 年版，第 6 页。

④ 桂海碑林博物馆编：《桂林石刻碑文集·中册》，桂林：漓江出版社，2019 年版，第 321 页。

⑤ 同上，第 187 页。

确实难能可贵。随着年龄的增长，朱经扶的诗越写越好，创作于正德十四年（1519）的《中秋玩月诗》：“凉浸琼楼宿雨收，卷帘坐对一轮秋。山河有影悬霄汉，风露无声下斗牛。夜色阑珊催玉漏，桂香馥郁漾金瓯。霓裳仙曲犹堪听，不羡当年汗漫游。”① 诗风雍容华贵、工整富丽。

朱经扶之子十世恭惠王朱邦苧在位期间与宗室关系紧张，且与巡按御史徐南金互相攻讦，被嘉靖皇帝夺禄米，并问罪于其属下官员。在朱邦苧当国期间，靖江王府内部较乱，与地方百姓关系紧张。但朱邦苧年轻时好学、博闻强识，其诗文亦甚了得。他刻在独秀峰太平岩的诗歌平和雍容，“西广俗淳邦有赖，南州气暖地无阴。百年事业惭无补，才际昇平感荷深”②。他悼念妃子滕氏的文章写得肝肠寸断，字字情真，“我有所忧，汝能纾之。我有所为，汝能相之。汝之心事，我则真知。汝之贤淑，女中之稀。举国称颂，同出一词”③（《十代靖江王悼妃滕氏石刻》）。其妾刘氏后宫闹事，他也气得一度生病，外出居住，妃子滕氏竟然被刘氏气死。因刘氏以子为贵，又仗王太妃之势，朱邦苧竟对她奈何不得。身为靖江王的朱邦苧只能在悼文中哭泣，“奈何内政窒理，致妃如此！且悍妾之罪，又幸有覆庇而获脱谴罚，岂非天耶？岂非数耶？予荼毒之余，叩地号天，妃，不可复作矣！”④（《十代靖江王悼妃滕氏石刻》）朱邦苧的痛苦感情，只能托之于文章，刻之于石头，深埋于地下。

---

① 桂海碑林博物馆编：《桂林石刻碑文集·中册》，桂林：漓江出版社，2019年版，第189页。

② 同上，第348页。

③ 同上，第368页。

④ 同上，第373页。

（二）宗室的作品

朱守谦长子朱赞仪于洪武二十三年（1390）袭封靖江王。永乐元年（1403），朱赞仪的八位兄弟及其家眷随着他一起就藩桂林。靖江王室从此在桂林繁衍生息，二百余年里，王室成员增长较快。《图说靖江王城史》一书中有大致的统计：真正成为宗室的只有四十一位辅国将军一位奉国将军及其子嗣。这些宗室，在孝宗弘治年间有二百三十余位，在世宗嘉靖年间超过七百人，在神宗万历年间有三千余人，至崇祯年间则可能已超过四千人①。明太祖朱元璋规定其子孙不得出仕，不得为四民之业，也就是其子孙全部由明政府供养起来。这在明初、明中叶国家经济状况较好的时候，政府财政尚可以开支。在后期国家经济状况不好的时候，贵族子弟则成为沉重的财政负担。《中国经济通史·明代经济卷》中提到："明中期以后，贵族地主成为阻碍社会经济发展的主要力量，政治上的保守性，经济上的寄生性，生活上的奢靡性是他们的阶级特性。"② 明代宗室成员靠着俸禄生活，那些大宗血缘亲近者，职位较高、俸禄较厚者，生活倒悠游自在。职位低、俸禄薄、家口多的宗室则度日艰难。靖江王族众多宗室成员中，违法犯纪的不少，这些前人论述较多。不过，其宗室成员中也有不少人文化素养高，与地方官员关系较好，他们声誉不错。

《明靖江王二百八十年》一书中提及在朱经扶为王世子时期，"宗室中能诗文的，当然也不只是松坡居士约踌父子……如号为治庵的、筠庵的、诚庵的、定庵的、玉庵的、逸庵的、慎庵的、东槐的、逸轩的、毅庵的、德庵的、壁峰的、晴山的、和庵的，林

---

① 周长山、漆招进：《图说靖江王城史》，桂林：广西师范大学出版社，2012 年版，第 126 页。

② 王毓铨主编：《中国经济通史·明代经济卷》，北京：经济日报出版社，2000 年版，第 12 页。

林总总，有二十余人之数，辈分高的，数辅国将军筠庵相璁；继之的有规字辈的逸轩规志，德庵规性；再继之的就是约字辈的松坡居士约䟷等人了”①。

众多宗室成员中，奉国将军朱规聪（庄简王朱佐敬第十四子辅国将军朱相继之子），号静庵。永乐初年，幼年的他就与大学士解缙唱和，当时有神童之誉。朱规聪以诗文自娱，不喜俗事。弘治年间购得叠彩山，在山上清修，吸引不少文人墨客前往拜访。朱规聪之子镇国中尉朱约䟷，自号松坡居士，好结交士大夫，是宗室成员中文学创作较为活跃的人物。

朱约䟷的诗歌儒雅清丽，如其在会仙岩刻像并诗：

> 策杖苦幽寻，松筠入径深。清时闲傲吏，雅集笑云林。漫拟耆英乐，聊追修禊吟。风流千古事，视昔一如今。②

他游华景洞与周进隆等人的唱和诗为：“小隐仙岩耽僻静，盘旋云磴自巍巍。谁知蓬岛居尘世，天设峰峦拥翠围。人乐尧天歌击壤，诗题石壁护灵晖。名山且共留踪迹，漫拟春鸿踏雪归。”③

朱约䟷诗风健朗，内蕴深沉，辞藻雅致，其文学修养较为深厚。

正德六年（1511），15 位宗室成员与王府属官周垚等共同游玩会仙岩，各人分别赋诗，这次活动展现了正德时期靖江王宗室

---

① 朱方桐：《明靖江王二百八十年》，桂林：广西师范大学出版社，2010 年版，第 262 页。

② 桂海碑林博物馆编：《桂林石刻碑文集·中册》，桂林：漓江出版社，2019 年版，第 222 页。

③ 杜海军：《桂林石刻总集辑校》，北京：中华书局，2013 年版，第 622 页。

成员之文才。

（三）王府属官的作品

明代藩王府均配备有一定数量的属官，薛向阳《明初靖江王封藩的特殊性》一文论道：“亲王府官属，洪武九年二月定，王相府设左右相二人，武相一人，文相一人；左右傅二人，武傅一人，文傅一人；首领官长史二人，录事二人，伴读四人。靖江王府，洪武九年正月实录：‘以广西护卫指挥佥事董勋为靖江府左相，浙江参政李质为右相，飞熊卫指挥佥事徐礼为左傅，户部尚书李泰为右傅。’又靖江府长史有赵埙等，伴读有国子生王谦……洪武三十五年八月实录：吏部重定靖江王府官属，‘靖江府长史依亲王府例设置，其余官属止设纪善、伴读、审理、典宝、奉祠、典岳、典仪、典膳、良医、工正、仓大使各一员，引礼舍人二员。’”①

历代靖江王府属官中，有部分人文学素养较高，如《明一统志》中记载道：“李质，字文彬，德庆州人。元末兵起，质募民二万余保障乡里。洪武初，同何真归附，授中书省断事，累官刑部尚书。断狱平恕，出为浙江行省参政，有惠爱。终靖江王府右相。质好书史，其文学为时所称。”②

安肃王朱经扶好文，常与审理周垚讨论文史，其属官承奉正潘洋、典宝陶真、典膳马用彬、仪卫魏鼎等人均擅诗文。朱经扶掌国事时期，靖江王室文学创作活跃，属官们与宗室成员交游唱和。周垚《会仙岩记》记载了正德六年（1511）属官们与宗室成员共26人的一次聚会，他们一道游玩会仙岩，各自赋诗刻石以兹纪念。

---

① 参见：薛向阳《明初靖江王封藩的特殊性》，《广西师范大学学报（哲学社会科学版）》1988年第4期。

② ［明］李贤等纂修：《明一统志》，明天顺五年内府刻本，第12839页。

桂林·会仙岩：陶真刻像并题诗

审理周垚《会仙岩记》学周敦颐《爱莲说》起笔：“桂岭之山川奇秀，岩谷幽深可爱者甚繁，凡遇昔贤品题，遂播之声诗，载诸方册，名显于天下，而斯岩则未之闻，若有待也。”行文接着学习苏轼《赤壁赋》之写法：“仰睇苍峰，俯瞰幽谷，顿觉心旷神怡。于是命仆张具洗盏更酌，盘桓留恋，有弗能舍。文起举杯酹客而言曰：‘身际盛世，辅弼贤王，藩屏清穆，时和岁丰，故得以放浪于林泉之间。’”① 这次聚会让众人有地行仙般感慨，非常开心！文章流丽、结构规整、文辞清雅，是篇佳作。这次聚会发起者潘洋的诗歌畅快淋漓，他坦言“不觉襟怀超物表，恍疑身世

① 桂海碑林博物馆编：《桂林石刻碑文集·中册》，桂林：漓江出版社，2019年版，第216页。

隔凡尘”[①]（《潘洋刻像并诗》）。

二、组织文学交流活动

于上所述，靖江王族及其属官中有不少能文之士，日常生活中，他们的创作并不是孤立的，他们经常相互唱和，并且与驻扎桂林的广西地方官员诗文交流，成为明代广西文坛一个不容忽视的文学圈子。

（一）靖江王组织的文学活动

嘉靖十二年（1533）十月，十世恭惠王朱邦苧复开独秀岩西洞，西洞自五世朱佐敬开辟后就封闭了。此番，朱邦苧在西洞看到了太高祖庄简王次元僧师澄诗作，感慨万千。“十月复开西洞之后，十一月复开工程完工，朱邦苧将西洞更名为太平岩，并作诗二律，摩刻上石，又举行了盛大的开视仪式，邀请宗室、属官以及镇巡藩臬诸司官员参观太平岩，唱和作诗”[②]。

这次仪式邀请了广西左布政使万潮、右布政使夏邦谟、按察使周忠、按察副使龙大有、湖广左布政使徐乾、巡按御史邹尧臣、副使邹槐、巡按御史诸演、广西右参政杨志，还有滕妃之父北城兵马副指挥滕榆、都指挥梁鼎、礼科给事中钱薇、府江兵备副使钱铎、镇守广西地方副总兵官张经、佥事操松以及王府属官右长史吴兴，宗室辅国将军约曧、相综等，外加士人秦树华等人，众人一道参观太平岩，各自赋诗，刻石纪念。

朱邦苧的诗歌写得平和雅正。其一为：“一柱擎天动古今，高

---

① 桂海碑林博物馆编：《桂林石刻碑文集·中册》，桂林：漓江出版社，2019 年版，第 223 页。

② 秦冬发：《十代靖江王的“双十一”》，《桂林日报》2018 年 11 月 13 日。

岩孑立起人钦。他山自是无肩并，吾祖从来有德音。不羡繁花春绚灿，却宜丛木夏生荫。洞中此日风光满，帝德亲恩覆载深。”①诗歌追思祖德，颂扬皇家恩情，赞美独秀峰之独特，充满感恩之情。第二首诗歌中言道：“百年事业惭无补，才际升平感荷深。”②朱邦苧对自己之功过是非倒实事求是，追思祖宗之诗，写得雅致不凡。

这次和诗的众多官员中，为官清正，口碑不错者不少。巡按御史邹尧臣，字廷俞，云南赵州人。《明一统志》中言：“嘉靖中进士，由御史历参藩，所至皆有政绩，而边功尤著。”③ 邹尧臣的诗歌工整、健朗，写景开阔，内蕴深厚。“藤萝直上余千尺，鸟雀和鸣集众音。尧岭东来云积翠，虞山北拥地生阴”。诗歌用夸张之笔描写了眼前所见之景，又宕开一笔，虚写桂林城之山川地貌，集中突出“洞中乳石累累异，问道真源深复深”④。作者由太平岩，联想到靖江王室百年治理，又想起治世之真道，由不得感慨深沉。

广西右参政杨表一生政声颇佳，《本朝分省人物考》言杨表：“正德甲戌进士，授南京户部主事，升郎中，督税两广，劳业大著。擢知长沙府，清慎自持。改知雷州，兴学校，表节义，浚水利，作文以祭城隍，猛象为之出境。郡人异之，升浙江盐运使，削去常例，浙人谓三十年来清官杨表一人而已。升广西参政致仕，

---

① 桂海碑林博物馆编：《桂林石刻碑文集·中册》，桂林：漓江出版社，2019 年版，第 348 页。

② 同上，第 348 页。

③ ［明］李贤等纂修：《明一统志》，明天顺五年内府刻本，第 13785 页。

④ 桂海碑林博物馆编：《桂林石刻碑文集·中册》，桂林：漓江出版社，2019 年版，第 353 页。

以廉介终其身。”[①] 杨表的和诗劲健，写景细致，生气勃勃，“泉流泽物探无底，石窍通天动有音。静对岩花秋不老，早占云气昼腾阴”[②]。

按察副使龙大有，亦为刚直之人，他为兵部右侍郎时，忤权贵，谪戍全州。龙大有之诗虚实相生，既写岩中之景，又联想丰富，“诗留绣壁虬蟠篆，乐奏瑶台鹤度音。百种烟花明淑景，半天云叶□□阴。□将兴到亦□处，明月穿松坐更深”[③]。

众人的和诗围绕着王室祖宗盛德而写，歌圣德、慕先祖、咏山水，尽显太平之乐，展现闲适之风。

（二）宗室组织、参与的文学活动

在众多宗室成员中，朱规聪（静庵）与其子约跨（松坡），声誉高，他们与寓居桂林的士大夫交往频繁。

包裕，字好问，桂林人，是正德年间活跃于桂林的著名士大夫，他常与端懿王朱约麒、安肃王朱经扶及宗室朱约跨交往。包裕为官口碑极佳，“任抚州府推官，仁恕公廉，郡无冤狱，时称为小包公云”[④]。“弘治元年，巡按贵州。务通民情，不怒而威。已出为云南副使，尝督兵讨边夷之叛。分巡临元道，处地方事，图为经久，遗利甚广。滇人赖焉”[⑤]。

正德三年（1508），包裕撰写《跋朱约跨刻祖孙三人画像》，该文刻于叠彩山混沌岩，赞文中包裕称赞了相继（一庵）、

---

① ［明］过庭训：《本朝分省人物考》，明天启刻本，第 3354 页。

② 桂海碑林博物馆编：《桂林石刻碑文集·中册》，桂林：漓江出版社，2019 年版，第 359 页。

③ 同上，第 360 页。

④ ［清］谢旻：《江西通志·卷六十二》，文渊阁四库全书本。

⑤ ［清］汪森编辑，黄盛陆等校点：《粤西文载校点·第五册》，南宁：广西人民出版社，1990 年版，第 215 页。

规聪（静庵）、约踌（松坡）祖孙三代。“一庵诚明雍雅，静庵颖敏刚毅，松坡聪明俊伟，俱孝友读书，亲贤乐士，卓乎其不可及矣”。包裕进而赞美道：“自祖而子，自子而孙，振振绳绳，世有积德。”①

静庵、松坡参与聚会活动时，往往起到领头作用。如弘治六年（1493）八月，“桂林户侯方瑛，仗义捐金构造通济桥成，大方伯李公孟旸、宪长杨公守随、宪副周公孟中、武公清、亚参事吴公昭、宪佥周公信，具彩缎往嘉其贤劳。时宗室静庵聪与裕叨情主席，酒既，李公名其处曰：‘九仙岩’，托裕书之，以纪岁月云”②（包裕《九仙岩记》）。于此可见，此次活动主席者为静庵与包裕。

与父亲静庵相比，松坡参与社会活动更为活跃，在士人中声望非常高。正德四年（1509），广西布政使司左少参前监察御史王经特意为松坡题诗一首，该诗摩崖在七星岩。“松坡清趣许谁知？静里相看总自宜。苍霭扑檐秋雨后，翠涛落枕晚风时。霜皮凝冻龙鳞瘦，月影生寒鹤梦迟。况值宗枝蕃衍日，长沾优渥荷恩私”③。于诗来看，松坡确实在士人中颇有人缘。

正德二年（1507）丁卯四月朔，松坡与包裕、傅金、许良、徐纲、于福等人一道在还珠洞联句赋诗。包裕跋尾记载道：“维时宗室约踌备酒肴，偕寓士于福、宪佥傅金、挥使许良、徐纲与裕往观。酒既，喜而联句成律，命裕识之。”④ 可见这次活动是松坡组织的，他还特地准备了酒水、佳肴，款待大家。

---

① 桂海碑林博物馆编：《桂林石刻碑文集·中册》，桂林：漓江出版社，2019 年版，第 146 页。

② 同上，第 134 页。

③ 同上，第 211 页。

④ 同上，第 144 页。

正德四年（1509）九月初旦，松坡招游杨茂元等人游玩华景洞及其别业，杨茂元《游松坡别业诗》开头即曰："公子招游华景洞，国门之内郁崔嵬。山连雉堞云千顷，水满鱼塘介四围"①，直咏其事。

正德十年（1515）正月十二日，朱约踌与方良永、徐淮、周进隆、刘台、杨玮、王政等人同游七星岩，各自赋诗刻石。正德十年初夏朱约踌与徐翊、黄一隆、戴仪等人一起游玩叠彩山，并赋诗刻石。他还与沈林、周进隆、薛金、孙徽、包裕等人同游华景洞，并赋诗。

于此可见，松坡是靖江王宗室中非常活跃的人物，他文才极好，人缘又好，组织并参与了正德年间的不少士大夫聚会。

（三）王府属官组织的文学活动

正德六年（1511）孟冬，王府官员与宗室的聚会则缘于靖江王府承奉正潘洋"作寿域于母塘岭，携酒肴，速朋俦以游观焉"。潘洋，字德誉，临桂人，弘治十一年（1498）举人，历任德安推官、同仁府推官、靖江王府承奉正。他历侍四代靖江王，"其在庄简、怀顺二王时，已得近幸矣。至昭和王，始请于上，官之为门副，而德夫供职惟谨。今王又请于上，迁承奉正，以相王于内。既而王有疾，府中事无小大，悉委之德夫"（蔡鍊《靖江王府承奉正潘公寿藏碑》）。潘洋是端懿王时期靖江王府的实际管事人，因已年届七十，遂对身后之事，作了规划，"而德夫得之，遂营为寿藏，以俟夫百岁之后，辞逆旅之馆而永归焉"②（蔡鍊《靖江王府承奉正潘公寿藏碑》）。营建寿藏之事，潘洋非常看重，请了广

① 桂海碑林博物馆编：《桂林石刻碑文集·中册》，桂林：漓江出版社，2019年版，第210页。

② 同上，第198页。

西按察司佥事蔡鍊撰写碑文、广西布政司参政陈崇德篆额、广西按察司副使丁隆书丹。不仅如此，他还邀请了一帮同事以及宗室朋友一道去观看，于是便有了这次26人的聚会。

参与聚会的宗室成员有辅国将军筠庵、诚庵、定庵、玉庵、慎庵、恕庵；镇国中尉东槐、逸庵、松坡、毅庵、和庵、德庵、壁峰、晴山。王府官员有承奉正潘洋、审理周垚、典宝陶真、典膳马用彬、指挥许秉忠、徐仁、曹勋；另外有国舅杨用瑠、仪宾魏鼎，地方官员有包裕等人。

这一天，作为主持活动者潘洋喜气洋洋，其诗也非常喜悦，“神物留藏待后人，今朝光景焕然新。奇峰叠翠真如画，秀色䌌缊常似春”。他把这次活动当作了难得的交流聚会，“这般佳胜人间罕，结社来游莫厌频”①。典宝陶真高度赞许此次聚会，“洛社群贤集，香山九老吟”②，他以白居易隐居洛阳时的香山九老来比拟此日众人之聚会。指挥曹勋之诗，歌颂太平闲适之乐：“美景喜偕文字饮，清时赢得宝刀闲。酒杯放浪烟霞里，诗社流连丘壑间。”③ 指挥徐仁诗曰：“登山着屐远追谢，入社攒眉尚忆陶。笑傲云林遭盛世，徜徉诗酒谢尘劳。”④ 众人诗歌多提到了诗社，可能他们已组织了诗社，此次或许是其诗社的一次文学活动。

三、文学创作与社会地理

（一）安定的社会环境

上述靖江王室文学作品创作的时间在正统至嘉靖年间。王毓

① 桂海碑林博物馆编：《桂林石刻碑文集·中册》，桂林：漓江出版社，2019年版，第223页。

② 同上，第223页。

③ 同上，第225页。

④ 同上，第225页。

铨《中国经济通史·明代经济卷》对明代历史有如下论述：“明代的历史大体可以分为三个时期：前期（洪武至宣德，14 世纪中叶至 15 世纪前叶），中期（正统至万历中期，15 世纪前叶至 16 世纪末），后期（万历中期至明亡，17 世纪初至 17 世纪中叶）。在前期和中期，社会生产力从总的趋势来说，是在逐步提高和发展，并且分别出现过经济繁荣时期；后期，生产力遭到破坏，社会经济转向低落。”① 从这段论述来看，靖江王室现为大众所知

桂林·会仙岩：杨用瑨刻像并题诗

① 王毓铨主编：《中国经济通史·明代经济卷》，北京：经济日报出版社，2000 年版，第 1 页。

的文学创作多发生在明中期，此期社会环境相对而言较为安定，经济持续发展。

国家环境大体上较为安定，经济发展。广西经济也在前中期取得了进一步的发展，钟文典《广西通史》论述道："主要表现是：农业方面，耕地面积增加，屯田盛行，水利灌溉事业取得不少成就，农作物生产得到较大发展；手工业方面，纺织业、采矿冶炼业、造纸、酿酒、陶瓷业、木材加工和建筑业等，都得到了较大发展；商业方面，桂林、南宁、柳州、梧州广西四大城镇的工商业得到较大发展，农村圩市蓬勃兴起，水陆交通亦相当发达。"①

明代王族待遇丰厚，《明史》记载："明制，皇子封亲王，授金册金宝，岁禄万石，府置官属。护卫甲士少者三千人，多者至万九千人，隶籍兵部。冕服车旗邸第，下天子一等。公侯大臣伏而拜谒，无敢钧礼。亲王嫡长子，年及十岁，则授金册金宝，立为王世子，长孙立为世孙，冠服视一品。诸子年十岁，则授涂金银册银宝，封为郡王。嫡长子为郡王世子，嫡长孙则授长孙，冠服视二品。诸子授镇国将军，孙辅国将军，曾孙奉国将军，四世孙镇国中尉，五世孙辅国中尉，六世以下皆奉国中尉。其生也请名，其长也请婚，禄之终身，丧葬予费，亲亲之谊笃矣。"②

在安定的环境之中生活的靖江王，待遇优厚，洪武年间朝廷每年赐给靖江王"米二万石，钞一万贯，余物比亲王减半"。靖江王室成员俸禄也较优厚。"《明会典》卷二十八载《各王府禄

---

① 钟文典：《广西通史·第一卷》，南宁：广西人民出版社，1999年版，第376页。

② ［清］张廷玉等撰：《明史·列传第四·诸王》，北京：中华书局，1974年版，第3557页。

米》，其中靖江王府王及各将军、中尉的岁支禄米是：靖江王本色禄米1000石，辅国将军禄米800石，奉国将军禄米600石，镇国中尉禄米400石，辅国中尉禄米300石，奉国中尉禄米200石”①。王府属官的俸禄也可观。靖江王还在广西兼并土地，设立王庄，征收高额地租。不仅如此，个别靖江王还搞投机生意，派内官贩卖私盐以获利。

总的来说，在明中期，靖江王室尚无之后那么大的人口负担，这段时间广西经济正处于上升期，社会环境也较为安定，不似后来农民起义风起云涌，广西财政难以负担王族的开支。因此我们阅读明中期靖江王室的文学作品，印象最深的是他们对太平盛世的歌颂，对祖宗德业的感恩、颂赞。另外，朱元璋在初行分封时规定："分封而不锡土，列爵而不临民，食禄而不治事。"② 按这一规定，王室成员不得参与地方政事，这样不难理解，这群领着俸禄、衣食无忧的王室成员，日常生活中多寄情山水、谈佛论道、棋琴书画以打发时光，王府属官和他们一道乐得悠游。

会仙岩聚会之时，辅国将军诚庵题诗曰："得以频赓和，开樽互劝酬。太平无可报，嵩祝万年秋。"③ 辅国将军玉庵题诗曰："地位清高尘俗迥，悠游洞府白云深。"④ 辅国中尉槐庵题诗曰：

---

① 覃慰俭：《在广西衣食租税近三百年的明代靖江王家族》，《广西民族学院学报（哲学社会科学版）》1994年第2期。

② ［清］张廷玉等撰：《明史·卷一百二十·诸王五》，北京：中华书局，1974年版，第3659页。

③ 桂海碑林博物馆编：《桂林石刻碑文集·中册》，桂林：漓江出版社，2019年版，第219页。

④ 杜海军：《桂林石刻总集辑校》，北京：中华书局，2013年版，第493页。

“无分功名缘国禁，自娱诗酒足乐谋。”① 筠庵题诗曰：“洞里能消三伏暑，个中常贮一壶秋。金樽交错忘宾主，锦句铿锵喜倡酬。”② 可见他们确实是快乐悠游。

桂林·会仙岩：明人刻像与题诗

十世恭惠王朱邦苧《太平岩和庄简王诗》开篇即曰：“独秀声华古胜今，太平万岁总皆钦。”③ 王室成员咏歌太平快乐的诗文往往是在聚会场合创作的，他们当时欣欣然，均欲刻之名山，传之后人。因此，现今我们仍能在桂林见到留存的部分靖江王族成员石刻文学作品。

（二）桂林山川形胜

靖江王族成员的文学作品除赞颂太平盛世之外，对所居之地桂林的山水亦进行了热情赞美，这缘于桂林自身之山川形胜。

桂林虽处岭南，在明代却是岭南重镇，是全国 33 座城市之一，是西南地区政治、军事和文化的中心，其地理位置极其重要。

① 桂海碑林博物馆编：《桂林石刻碑文集·中册》，桂林：漓江出版社，2019 年版，第 222 页。

② 同上，第 219 页。

③ 同上，第 348 页。

《读史方舆纪要》言桂林："奠五岭之表，联两越之交，屏蔽荆衡，镇慑交海，枕山带江，控制数千里，诚西南之会府，用兵遣将之枢机也。"又云："桂林以密迩湖南，支援易达，故藩司设焉。"可见，桂林地处中原与岭南交通之枢纽，既为府治、布政使等地方行政机构所在，又为都指挥使司等军事机构所在，兼之文化发达，实行镇服政策，确实是最理想的位置①。因桂林地位非常重要，明中期镇守桂林的官员，不乏干练有文采之人，靖江王室成员得以和这些士大夫诗文交流，组织了多次文学交流活动，裨益彼此的文学创作。王室成员闲暇时和官员们联袂游览桂林山水，诗文以诵之，影响了明代广西文坛。

"桂林山水甲天下"，千百年来，桂林以其奇山秀水吸引着无数人观览。翻开典籍，历代士人对桂林山水称誉者比比皆是。范成大《桂海虞衡志》一书详细记载了广西的山川风物。他对桂林山水作了高度评价："桂之千峰，皆旁无延缘，悉自平地，崛然特立，玉笋瑶篸，森列无际，其怪且多如此，诚当为天下第一。"②

洪武五年（1372），明政府在桂林独秀峰下营建靖江王府，洪武二十五年（1392）建成。明人张鸣凤《桂胜》卷一对独秀峰旁的靖江王府作了描绘："踞城稍东，凝秀独出，颇与众山远，故曰：'独秀'。国初，考卜其阳，为靖江宫殿。朱邸四达，周垣重绕，苍翠所及皆禁籞间地。以故彤亭画观上出云表，下渐清池，最为诸山丽观焉，外人鲜得至者。③"

---

① 薛向阳：《明初靖江王封藩的特殊性》，《广西师范大学学报（哲学社会科学版）》1988年第4期。

② ［宋］范成大著，胡起望、覃光广校注：《桂海虞衡志辑佚校注》，成都：四川民族出版社，1986年版，第4页。

③ ［明］张鸣凤著，杜海军、阎春点校：《桂胜·桂故》，北京：中华书局，2016年版，第11页。

从这些描述可见靖江王府占据桂林最为形胜之地。范成大言："独秀峰，直立郡治后，为桂主山。傍无坡阜，突起千丈。"① 历代靖江王诗文作品对独秀峰多有赞颂。庄简王朱佐敬《游独秀岩记》称道："夫独秀岩者，据岭表之胜，控藩国之雄。"② 其《独秀岩西洞记》描绘周边环境："独秀岩西，有洞屋如，幽邃衍迤。旁则竹树丛郁，灵羽翔集；前则宫垣叠带，后则涟漪濯秀。"③ 安肃王朱经扶《独秀峰诗》赞道："擎天一柱镇南州，四序宜人景最幽。丽日花枝鲜冉冉，薰风树影密悠悠。"④ 恭惠王朱邦苎《太平岩和庄简王诗有序》："一柱擎天动古今，高岩孑立起人钦。"⑤

独秀峰奇特，王府恢弘壮丽，桂林山水清奇秀美，这些滋养了王室成员的文学创作。操松曰："林桂摇风香满洞，岫云含雨昼多阴。公余乘兴时登眺，俯仰乾坤自得深。"⑥（《太平岩和靖江王诗》）松坡赞曰："谁知蓬岛居尘世，天设峰峦拥翠围。"⑦ 朱经援则陶醉于山水之间："褰裳登绝巘，倚石俯清流""暮雨山梯滑，忻乘竹杖归"⑧（《四仙岩题诗三首》）。朱经櫄《游七星岩题诗》曰："七点青螺云外秀，一湾碧练日中辉。"⑨ 靖江王府成员钟爱

---

① ［宋］范成大著，胡起望、覃光广校注：《桂海虞衡志辑佚校注》，成都：四川民族出版社，1986 年版，第 9 页。

② 桂海碑林博物馆编：《桂林石刻碑文集 · 中册》，桂林：漓江出版社，2019 年版，第 56 页。

③ 同上，第 64 页。

④ 同上，第 187 页。

⑤ 同上，第 348 页。

⑥ 同上，第 362 页。

⑦ 杜海军：《桂林石刻总集辑校》，北京：中华书局，2013 年版，第 622 页。

⑧ 同上，第 659 页。

⑨ 桂海碑林博物馆编：《桂林石刻碑文集 · 中册》，桂林：漓江出版社，2019 年版，第 390 页。

所居之地，沉醉于桂林山水之间，其诗文流露出桂林山水清幽之韵。

（三）闲适淡雅的旨趣

靖江王室成员中能文之人不少，这当然与明代的教育发展息息相关。明太祖朱元璋十分重视教育事业，把教育视为治国安邦之本。洪武二年（1369）他曾说："朕惟治国以教化为先，教化以学校为本。"在全国大兴办学之风，中央设立国子监，地方设府、州、县学，乡村设社学、义学①。永乐十三年（1415），明成祖朱棣下诏各藩王、郡王府，应设宗人之学。靖江王朱赞仪早在永乐元年（1403）就藩后就遵照母妃徐氏之命，在王府东侧辟室创设宗学，让其兄弟子侄都入学读书。"至万历年间，朝廷又在各王府设立了宗学，对'世子、长子、众子、将军、中尉'十岁以上且'年未弱冠者'进行统一教授，教师由'王府长史、纪善、伴读、教授等官择学行优长者教授'"②。广西宗学的建设，广西地方官员较为关注。"宗学在府北丽泽书院，原祀督学东泉姚公镆。隆庆五年，巡按御史李良臣请建，知府彭文质改建，前一堂仍祀姚公。后一堂以备宗人讲学行礼"③。

以此来看，靖江王室成员俸禄优厚，又自幼受到良好的教育，因其宗室身份，明中期他们还不能参加科考，博取功名，也不能从事四民之业。其文采风流，只能用于抒写性情，日常交友酬唱。这导致了其诗歌创作普遍呈现出闲适淡雅之调、富贵悠游之情。

八世靖江王朱约麒信奉道教，身体不太好，很早就将国事交给年幼的世子朱经扶管理，他自个修行乐得清闲，还自称"朱真

---

① 钟文典：《广西通史·第一卷》，南宁：广西人民出版社，1999年版，第397页。

② 谢贵安：《明代皇室子弟教育初论》，《长白学刊》2014年第4期。

③ ［清］汪森：《粤西诗文载》，四库全书本，第1422页。

人”。其《独秀峰诗》曰：“清游道士赴霞祥，万古稀名独秀山。蓬莱云风仙凡景，殿宇宫廷锦世间。”① 独秀峰俨然成了王爷的修仙之所，他既好蓬莱仙境，又热爱他巍峨的宫殿，眷恋着锦绣的世间生活。于他而言，这样并不矛盾。

九世靖江王朱经扶《中秋玩月诗》描写王府中秋之景：“夜色阑珊催玉漏，桂香馥郁漾金瓯。”② 安肃王虽体恤民情，但其诗文脱不了王者的富贵之气。朱约踌与徐翊、黄伟等人游玩叠彩山时的赋诗写道：“曲歌金缕行云遏，脍切银丝入馔鲜。更喜雄谈霏玉屑，俗尘一洗乐陶然。”③ 朱相璁刻于会仙岩的诗曰：“金樽交错忘宾主，锦句铿锵喜倡酬。”④ 这些王室成员的诗歌均流露出富贵之气，展现了他们的清雅之趣。

于文章创作而言，明中期的文章随着世风的变化而在不同历史阶段呈现出不同的特点。罗宗强《明代文学思想史》阐述道：“弘治的短期中兴，到正德间朝政又混乱起来。这时的文学思想，既有台阁文学观的遗存，讲求为文的政教之用，且此一种之文学观，不唯反映在诗文中，也反映在戏曲创作里……此时与教化说并存的，还有重自然、重真情的抒情说，将诗的自然抒情与诗的声律联系起来，提出了格调说。”⑤ “正德后期至嘉靖末，出现了文学思想多元并存的局面”⑥。

---

① 杜海军：《桂林石刻总集辑校》，北京：中华书局，2013 年版，第 465 页。

② 桂海碑林博物馆编：《桂林石刻碑文集 · 中册》，桂林：漓江出版社，2019 年版，第 189 页。

③ 同上，第 261 页。

④ 同上，第 219 页。

⑤ 罗宗强：《明代文学思想史》，北京：中华书局，2015 年版，第 3 页。

⑥ 同上，第 3 页。

正德、嘉靖年间靖江王室的文章创作也受到时风的影响，既有台阁文学的影子，又有真情实感的作品。身为王室子孙，俸禄优厚，闲暇无事，其创作受到曾经盛行的台阁文章影响是可以理解的。

郭英德、张德建《中国散文通史·明代卷》中论述台阁文章道："台阁重臣主张'以其和平易直之心，发而为治世之音'……这种散文创作趋向的形成与对北宋欧阳修、曾巩散文的推重密切相关，故一时文章多以欧阳修所谓'雍容醇厚气象'为准的，平正纡徐，淡泊简易。在此基础上，台阁体形成了冲淡平和、雍容大雅的文风。"①

嘉靖二年（1523）癸未，九世安肃王朱经扶春祀山川，经过虞山，感慨为文《论人性并诗》。该文阐述了朱经扶对尧舜之道的理解，他感叹"今之人仰太古之道如天，皆谓生知不可及，遂置而不之求，故不责性而成者少矣"。其行文，亦学习欧文感慨多情，"呜呼！人不古，若者性耶？气耶？"② 靖江王镌刻此文，目的是教化众人学习尧舜之道，以求有益于治世。王室成员的文章学习了台阁派和平雍容雅致之风，但台阁派文章鸣国家之盛的做法，到靖江王室成员这里发生了变化，他们热衷的是对太平的赞颂、对圣德的歌颂、对皇恩的感激。五世庄简王朱佐敬《游独秀岩记》中称颂道："吾与尔等幸际太平之盛，可无一语传诸永永，以昭今日之胜览乎？"③ 靖江王室成员文学作品中对太平之歌颂比比皆是。安定的社会环境、尊贵的身份、丰厚的俸禄、悠游的生

---

① 郭英德、张德建：《中国散文通史·明代卷》，合肥：安徽教育出版社，2013 年版，第 3 页。

② 桂海碑林博物馆编：《桂林石刻碑文集·中册》，桂林：漓江出版社，2019 年版，第 190 页。

③ 同上，第 56 页。

活让靖江王室成员之文章多显现雍容淡雅之风。

十世恭惠王朱邦苧因内宫矛盾，钟爱的滕妃早逝，其撰写的两篇悼文，感情真挚，催人泪下。文章感情浓郁、文辞铿锵，发人感慨。因悼念文章文体的特殊性，这在朱邦苧的作品中属于特例，并不能遮蔽朱邦苧平时作品的雍容雅致之风。

总的而言，明中期靖江王室成员生活在安定的社会环境之中，他们俸禄优厚，生活富足，这段时期他们创作的文学作品给我们展示了明代王族成员诗书通达的一面。可以说，靖江王室成员的文学创作是明代广西文坛上的重要现象，他们不仅深刻影响了明代广西的政治与经济，而且影响并促进了明代广西文化的发展。

第五章
清代岭南石刻文学研究

第一节　概述

有清一代近三百年时局几经变化，前期一百多年社会稳定、经济发展，史称“康乾盛世”。嘉道之际，“仍然维持着大一统的局面和表面的繁荣，可以看作是康乾盛世的余波。而在康乾盛世后期逐渐开始显露的各种社会危机，到嘉庆、道光时也变得愈加严重”①。鸦片战争后，清王朝内忧外患，帝国主义国家入侵、风起云涌的农民起义以及统治集团内部的腐化等最终让清帝被迫退位，持续了两千多年的封建帝制消亡。

石刻与社会局势关系密切，清代岭南地区石刻反映了清代各时期之社会情形。因经济发展、教育发展、士人交往频繁以及距离当今较近等因素，岭南地区存有的清代石刻数量超过以往历朝。笔者据现有文献统计出的清代岭南石刻数量在4600件以上。

① 张帆：《中国古代简史》，北京：北京大学出版社，2001年版，第343页。

一、各类型石刻概况

从文体角度来看，这些石刻中，文章类石刻占三分之二，也就是说清代岭南石刻以碑刻为主。这些碑刻中工程建设碑占46%，这包括庙宇、学校、楼阁、道路、桥梁、城池等的建设。其中庙宇建设类碑刻最多，笔者辑录出1047件，约占全部石刻的23%。

庙宇碑刻数量多，这与岭南地区的泛神信仰密切相关。“古代岭南的民间信仰大致经历了三个阶段，俗鬼重巫的上古时期（先秦至两汉）；尊神拜仙的中古时期（两晋至隋唐）；多神崇拜、官民共祀的近古时期（唐宋至明清）”①。明清时期岭南地区的多神崇拜现象颇受学界关注。在众多的神灵中，岭南因其多水近海，各地水神崇拜现象较为突出。从享受国家正祀的南海神、玄武到天妃娘娘（妈祖）、龙母、龙王等，岭南各地水神信仰源远流长。许多庙宇香火鼎盛，影响至今。因清代社会背景历经变化，武将崇拜现象也很明显，关帝庙、张飞庙、伏波将军庙等遍及岭南各地。

在中国佛教发展史上，六祖慧能是里程碑式的人物。因其缘故，曹溪成为禅宗之祖庭。岭南地区佛教兴盛，大量寺庙得以建设。其中广州的光孝寺、六榕寺、海幢寺、华林寺、大佛寺、能仁寺，韶关的南华寺，全州的湘山寺，桂平的龙华寺，桂林的栖霞寺等成为著名寺庙。这些寺庙历史悠久，历代多次维修。至清朝，由于经历了明末清初的大动乱，不少寺庙遭到损毁。清初地方官员注意维修寺庙，以此稳定世道人心。无论是定南王孔有德、平南王尚可喜，还是清初各处的地方官员，都注意修缮庙宇。

---

① 何方耀、胡巧利：《岭南古代民间信仰初探》，《广东社会科学》2002年第6期。

官方与民间都注重修缮庙宇，这与中国的“神道设教”传统密切相关。历代王朝多借助神道来达到其统治目的。官方重视封祀神灵，地方通过庄严的民间祭祀来宣扬神灵的作用。这些都表现在岭南庙宇碑文中。凌鱼《鼎建观音洪圣庙碑记》开头即阐述“神道设教”之必要性。“粤稽孔子系《易》曰：‘圣人以神道设教而天下服。’”作者进而解释神道之作用，“盖人固有不畏名节，不恤人言，善政弗能移，严刑弗能纠，忽而侧身神威煊赫之下，不觉搏颊泚颡，熄邪敛戾，莫知恧愳之奚从者，然后晓然圣人设教之意，非若古竺先生漫以荒幻虚无惑黔首也。今天下自京畿郡县，莫不立庙，而观音之庙尤夥且隆”①。如凌鱼这般，尚可喜、吴荣光、郭遇熙等人撰写的庙宇碑也阐明了神道设教之目的。

在清代文学整体繁荣的背景之下，地域文学亦繁荣兴盛。蒋寅论及：“清代文学发达的突出现象，如家族、性别、社团、流派都与地域概念胶着在一起，抓住地域因素能收纲举目张之效。”②在岭南古代文学史上，清代为其最高峰。以“岭南三大家”“粤东三子”“岭南四家”“岭西五大家”“杉湖十子”“临桂词派”等为代表的作家群体崛起，他们的影响波及全国，受到时人注目。清代岭南人才辈出，这与清代岭南地区经济与教育的发展密不可分。《广东通史》中论道：“清代广东文化教育在明代基础上继续发展，至鸦片战争前后盛极一时，不过已有西学东渐的影响。教育方面，府州县学体系完备，社学、书院遍及城乡各地。”③ 清初广东各地书院，在明代兴盛的基础上，仍然呈现较快

① 冼剑民、陈鸿钧：《广州碑刻集》，广州：广东高等教育出版社，2006年版，第447页。

② 蒋寅：《清代文学研究的回顾与展望》，《江海学刊》2004年第3期。

③ 方志钦、蒋祖缘：《广东通史·古代下册》，广州：广东高等教育出版社，1996年版，第1064页。

南宁·人民公园：陈元龙《重修式南书院记》

的发展态势。自顺治十一年到雍正十年（1654—1732），广东新创书院102所，其中官立90所，私立12所[①]。雍正十一年至道光二十年（1733—1840），广东新创书院192所，其中官立145所，私立47所[②]。清代广东书院数量居全国前列。

《广西通史》论述广西的情形为："有清一代，广西的府、州、县学和书院、义学、书塾、蒙馆等都有较大的发展。清代的广西官学，仍沿明制。除恢复原有之府、州、厅、县学64所外，还在'改土归流'的镇安府、泗城府、奉议州、归顺州、东兰州、西隆州、恩阳州、百色厅、崇善县、西林县、镇边县、太平土州和土田州新设府、州、厅、县学14所。各地的学额与办学经费亦多有增加，以此提高官学的

① 方志钦、蒋祖缘：《广东通史·古代下册》，广州：广东高等教育出版社，1996年版，第1070页。

② 同上，第1071页。

地位，笼络各方士子。至于书院、义学等，由于官绅的提倡和兴办，也比宋、元、明各朝有了更多的发展。据地方志书的记载统计，清代，广西全省新建书院153所，旧有书院仍存者14所。而新建的书院有三分之二以上是19世纪中期以前建立起来的。与此同时，义学也有很大发展……据各地方志书记载，有清一代，广西全省义学共计201所。”①

古代各类学校的建设都有撰写学记并树碑纪念之传统，以此岭南留存了系列学记碑。各类文献辑录的清代岭南学记碑有四百多件。根据上述学校的数量来看，历史上学记碑的实际数量远超文献辑录数量。这些学记碑反映了清代岭南地区教育的发展、社会的变化，也体现了学记这类文章之嬗变，有一定的研究价值。

相较以往朝代而言，清代岭南地区禁约类碑刻明显增多，现有文献辑录有六百三十多方，约占总数的14%。从镌刻时段来看，这些碑刻多出现在道光及其后的年代。禁约类碑刻包括民间制定的乡规、民约，也包括官方发布的禁令、法律条文等。禁约类碑刻的大量出现，反映了晚清时期碑刻应用功能的加强。事实上，碑的发展一直与其实用性相关。“在汉魏时代，人们对于碑的观念，大概只限于墓碑和祠庙碑两种，其共同点是都限于纪念过去的人物，现实的和神话传说中的人物”②。汉魏时代墓碑、祠庙碑用于纪念先人；之后，随着社会的发展，工程类碑（含学记碑、亭台楼阁碑等）大量出现。晚清禁约碑的大量出现是碑刻实用功能发展的自然结果，在当时人眼中，将约定、法律条文等刻于石

① 钟文典：《广西通史·第一卷》，南宁：广西人民出版社，1999年版，第34页。

② 施蛰存：《金石丛话》，北京：中华书局，2013年版，第6页。

碑上，方便保存且利于传播。晚清禁约碑的大量出现还跟晚清时局息息相关。“到乾隆中叶以后，清朝统治由盛转衰，政治腐败，经济拮据，阶级矛盾尖锐”①。“广大的农村中，连年水旱，灾害频仍”②。在土地激烈兼并的同时，清代的人口急剧增长，而耕地数目又远远赶不上人口的增长。这样就形成了土地集中、人口激增、耕地不足的突出矛盾，这是清朝中叶直至近代社会动荡不安的一个重要原因③。再加上统治阶级日益腐朽，吏治败坏，贪污公行；军队腐化，军纪废弛；帝国主义的入侵战争等，使得清王朝的统治面临严重危机。各地农民起义风起云涌，其中太平天国起义持续了 14 年之久，这些让原有的社会秩序遭遇了大的冲击。孟森言：“道光之季，两广群盗如毛，广西尤遍地皆匪。”④ 在此背景之下，社会亟待稳定，秩序尤需恢复。岭南不少清代禁约碑内容多是禁盗安民，如同治三年（1864）灵川县塘源村所立禁约碑，禁止偷盗谷子、豆、麦、芋头、芋苗、禾草、鸡、狗等，强调“禁窝留贼盗。如有犯出者，家业一并俱完，捆人送县……禁拐诱妇女。倘有犯出，其家业俱完，捆人送县”⑤（《塘源村众立禁约碑》）。从碑文来看，处罚相当严厉，反映了乱世用峻法之现象。

墓碑（包括神道碑）为碑刻中最常见的类型，是陵墓建筑的重要组成部分。“墓碑文往往鸿篇巨制，是古代文体中的一种重要

---

① 戴逸：《简明清史·第二册》，北京：中国人民大学出版社，2018 年版，第 692 页。

② 同上，第 692 页。

③ 同上，第 684 页。

④ 孟森：《清史讲义》，北京：中华书局，2016 年版，第 346 页。

⑤ 曾桥旺：《灵川历代碑文集》，北京：中央文献出版社，2010 年版，第 355 页。

形式，它结合了散文、骈文、赋、诗、词等多种文体的特点，叙述详尽，文辞典雅华丽，但往往夸张失实，后人称为谀墓之文"①。各类文献辑录清代岭南墓碑近三百件，相对而言，这个数量不算多。这与各文献辑录标准有关，能辑录进来的碑文其墓主多为有身份者。代表作品有吴荣光《重修诗人梁药亭先生故墓碑记》等。

吴荣光，字伯荣，号荷屋，广东南海人。嘉庆四年（1799）进士，官湖南巡抚②。曾署湖广总督。此碑墓主为"岭南三大家"之一的梁佩兰。张维屏称梁佩兰："清洁自好，流览名山，与诸名宿唱酬，主持风雅。新城王士正、秀水朱彝尊、吴江潘耒皆推重之。"③ 吴荣光此文以议论开篇："诗人之笔，茹古涵今，抑浮振靡，裁伪体，亲风雅，喤喤厥声，以鸣其世。乡党僚友，翕然宗之。"作者以诗人来定位梁佩兰，论其文才，叹其不得志，"先生之才固在也，则先生之所以争千古，不争一时者，亦固在也"④。行文一唱三叹，贯注深情，颇为感人。

汉代以后，摩崖仍然是一种常见的石刻形式。"在各地名山胜地的崖壁上，处处都有各种各样的摩崖铭刻，除长篇铭颂外，以题名、题记、诗词佳句为多"⑤。清代岭南摩崖石刻近 1200 件，其中诗歌千余首（注：一件石刻有时包含多首诗歌）。这与清代

① 赵超：《中国古代石刻概论》，北京：文物出版社，1997 年版，第 18 页。

② ［清］张维屏：《国朝诗人征略二编》，清道光二十二年刻本，第 262 页。

③ ［清］张维屏：《国朝诗人征略》，清道光十年刻本，第 270 页。

④ 冼剑民、陈鸿钧：《广州碑刻集》，广州：广东高等教育出版社，2006 年版，第 665 页。

⑤ 赵超：《中国古代石刻概论》，北京：文物出版社，1997 年版，第 5 页。

岭南诗坛兴盛有关。

王德明《广西古代诗词史》言："清代是广西古代诗歌创作发展史上的高潮期。在这一时期，诗人的数量迅速增加，涌现了大批著名诗人。翻开任何一部广西诗歌总集，无论是《三管英灵集》，还是《峤西诗钞》《粤西十四家诗钞》《广西诗征》等，无一不是清代诗人占绝大多数。更重要的是，清代广西诗人中，许多已成为当时全国知名诗人。"① 陈永正《岭南文学史》一书论及清代广东诗坛道："岭南诗坛中程可则、梁佩兰、吴文炜、方殿元等，都是自明入清的诗人。"乾隆、嘉庆时期，"广东出了冯敏昌、黎简、宋湘三位优秀的诗人"②。"嘉庆、道光年间，岭南诗人继出，号称'粤东三子'的谭敬昭、黄培芳、张维屏驰突于诗坛之上"③。清代岭南地区文学兴盛亦影响了石刻文学的创作。在清代文学、艺术、学术繁荣的大背景下，清代岭南石刻文学亦取得了不错的成就。

二、代表作家作品

清代岭南石刻文学的作者队伍按照籍贯可分为：岭南本土士人与外来士人。本土士人中广东屈大均、陈恭尹、梁佩兰、黄培芳、黎简、张锦芳、吴荣光、康有为、陈维湘、许炳焘等人，广西高熊征、冯敏昌、吕璜、谢光绮、李秉礼、李秉绶、郑献甫、李宗瀛等人可为代表。外来士人中王如辰、王士禛、赵执信、陈元龙、翁方纲、袁枚、阮元、谢启昆、查礼、李调元、曾燠、张

① 王德明：《广西古代诗词史》，桂林：广西师范大学出版社，2009 年版，第 3 页。

② 陈永正：《岭南文学史》，广州：广东高等教育出版社，1993 年版，第 11 页。

③ 同上，第 12 页。

之洞、张联桂、梁章钜、秦焕、黄铮、李彦章等人可为代表。这之中有清代诗坛的领袖人物王士禛、翁方纲、袁枚等人。

王士禛生于明末，长于清初，主要活动在康熙一朝。他一生居官四十余年，位列台阁，以刑部尚书致仕。王士禛标举神韵，诗作清新俊逸，朝野风雅名士众口交誉，尊为诗坛泰斗，后进之士多入其门，私淑执弟子礼者几遍天下。赵翼评价道："其名位声望，为一时山斗者，莫如王阮亭。"① 康熙二十三年（1684）十一月，王士禛奉命祭告南海，翌年二月抵达广州，四月归。这段时间里，王士禛顺道出游，他在岭南创作了《二禺祠》《半山亭》《归猿洞》《羚羊峡》等诗，其中部分刻石。王士禛的这些石刻诗歌清新雅致，颇富韵味。

翁方纲，字正三，一字忠叙，号覃溪，晚号苏斋，顺天大兴人。清代书法家、文学家、金石学家。乾隆十七年（1752）进士，历督广东、江西、山东三省学政，官至内阁学士。翁方纲自"乾隆二十九年（1764）起连任广东学政，前后达八年。离开广东时年未四十，已著成《石洲诗话》六卷，成为名满南北的诗界总持"②。翁方纲在广东搜集金石不遗余力，"他曾七历寒暑访寻《重刻张九龄神道碑》，五到清远峡趁枯水时拓得'东坡钓矶'四字，费时四年搜寻米芾题'药洲'石"③。多年辛勤，翁方纲辑成《粤东金石略》一书，为广东金石文献的保存做出了大贡献。同时，他又在广东各地镌刻有石刻诗文，其中药洲遗址就保留有他

① ［清］赵翼：《瓯北诗话 · 卷十》，南京：凤凰出版社，2009 年版，第 126 页。

② 严迪昌：《清诗史》，北京：人民文学出版社，2019 年版，第 641 页。

③ ［清］翁方纲著，欧广勇、伍庆禄补注：《粤东金石略补注》，广州：广东人民出版社，2012 年版，第 6 页。

14件石刻作品。翁方纲将金石考据引入诗歌中，淡化了诗歌之抒情特质，其“肌理说”主张反映在他岭南创作的石刻诗歌中。其《九曜石歌》带有明显的考据特色。“昨归经冬水初退，坐看家僮洗萍块。雨溜磨崖字尚存，泥淤仙掌痕还在。卢程许刻次第寻，陈九仙书竟晦昧。不知米家诗句刻何处，想在老榕巨根内”①。翁诗也有清秀灵动的一面，其刻于清远峡山寺的《飞泉亭观瀑用苏文忠庐山韵二首并序》二首诗，写得生动自然而富有雅趣。如“苍藤震啼鸩，长松落飞狖。白翻溪更怒，绿洗山逾瘦。净水磨大砚，笔墨歌舞奏。亦不让新泉，脱手箭发彀。兴到风雨快，扫罢尚长昼。但乞泉一罂，烹茶助芳漱”②。诗歌写景传神，腾挪跌宕，富有韵味，与其考据类诗歌风格明显不同。

翁方纲对广东诗坛贡献较大，“翁氏自乾隆二十九年（1764）起在广东连任两期学政，称诗弟子不仅多，而且经他的誉扬，名声亦渐广；特别是其中登科第者，影响已不限于岭南一域，岭南诗歌的第二个高潮就出现了”③。在翁方纲众多弟子中谢启昆、冯敏昌是他的得意门生。其自述曰：“予与及门诸子论诗所知之最深者无若谢、冯二生。”④

谢启昆，字蕴山，江西南康人；乾隆二十六年（1761）进士；先后任镇江知府、扬州知府、浙江按察使、山西布政使等职；嘉

① 高旭红：《药洲石刻》，广州：广东人民出版社，2016年版，第105页。

② 吴凤声、余棨谋修，朱汝珍纂：《民国清远县志》，收录于《中国地方志集成·广东府县志辑》，上海：上海书店出版社，2013年版，第608页。

③ 严迪昌：《清诗史》，北京：人民文学出版社，2019年版，第821页。

④［清］翁方纲：《复初斋文集·冯鱼山诗集序》，收录于《续修四库全书·第1455册》，上海：上海古籍出版社，2002年版，第382页。

庆四年（1799），擢广西巡抚[①]。谢启昆在广西巡抚任上政绩突出，他禁止土司重利盘剥客民，照顾平民百姓生计；兴修灵渠石堤岸，消弭水患；弥补仓库亏空，深得嘉庆皇帝赞许[②]。政事之暇，谢启昆开局修《广西通志》，其幕府聚集了一群才俊。暇日里，宾佐吟咏，题刻山崖。谢启昆有16首诗刻于桂林的虞山、龙隐岩、刘仙岩等处。这些石刻诗歌学问深厚、辞藻凝练、感情深沉、诗风雄健，是典型的学人之诗。如《栖霞寺和陈文简公诗二首》其一为："方舟灵剑溯桥东，霞蔚层城上界通。孤盖湿沾融树雪，兼裘寒御试镫风。亭虚皎月樵踪歇，人去青衣笛响空。一径僧房散华竹，飞鸾骖向画图中。"[③] 诗歌辞藻典雅，意境深远，韵味悠长，情感沉郁。《清史稿》评他："启昆少以文学名，博闻强识，尤善为诗。"[④] 谢启昆亦如其师喜好金石，在桂期间，编纂成《粤西金石略》一书，且将其编入《广西通志》，首开省志收录金石之先河。其书考证翔实、引用广泛、敢于立论，价值重大。

冯敏昌，字伯术，钦州人；童年补诸生；翁方纲按试廉州，以拔贡选入国学；乾隆四十三年（1778）进士，授编修；大考，改户部主事，调补刑部[⑤]；辞归粤中后历主端溪、越华、粤秀等书院；著有《小罗浮草堂诗集》。冯鱼山早年诗颇富情韵，以秀

---

① 赵尔巽等撰：《清史稿·列传一百四十六》，北京：中华书局，1977年版，第11357页。

② 何婵娟：《桂北石刻文学研究》，南宁：广西人民出版社，2015年版，第279页。

③ 桂海碑林博物馆编：《桂林石刻碑文集·下册》，桂林：漓江出版社，2019年版，第326页。

④ 赵尔巽等撰：《清史稿·列传一百四十六》，北京：中华书局，1977年版，第11358页。

⑤ 赵尔巽等撰：《清史稿·文苑二》，北京：中华书局，1977年版，第13401页。

华见长。师事翁方纲后，学韩昌黎、黄山谷益力，以至素不喜岭南诗的钱载盛加推誉①。冯敏昌《题浴日亭》为：“百尺危亭拾级登，海天纵目气飞腾。未从北极瞻双阙，先见南溟起大鹏。万里梯航争八贡，三更若木看将升。拟携采笔干霄汉，翻羡眉山一老能。”② 诗歌爽朗豪迈，既写景又咏前贤，内蕴丰富。嘉庆十二年（1807），冯敏昌刻于肇庆七星岩的五首诗歌，辞藻瑰丽，想象丰富，富于变化，展现了腾挪跌宕之美。张岳菘评价他：“于诗始学山谷，继乃腾踔百家，由韩苏而归于杜，至其炉锤炼冶，生面独开，则自成一家言焉。”③

李调元，字羹堂，号雨村，又号赞庵、鹤州等；四川罗江人；乾隆二十八年（1763）进士，历官广东提学使、直隶通永兵备道。李调元在乾嘉学者之中是颇有成就的，尤其对蜀学的发展做出了杰出的贡献。同时，他也是诗人，以至被认为其诗与袁枚诗在诗坛相对峙，或与袁枚、王文治、赵翼并称为“乾隆四家”④。

李调元曾于乾隆三十年（1765）七月以吏部主事充甲午科广东主考，又于乾隆四十二年至四十六年任广东学政。在任期间，注重选才，广东士人“岭南四家”中黎简、黄书丹受其知遇。李调元几次经过英德，特题诗摩崖。其《碧落洞题诗》生动描写了碧落洞周边生态优美，景色秀丽，清幽凉爽。“清风两腋生，送我入山腹。晃荡垂云崩，银潢就中出。古洞何年开，破壁自成屋。

---

① 严迪昌：《清诗史》，北京：人民文学出版社，2019 年版，第 822 页。

② 冼剑民、陈鸿钧：《广州碑刻集》，广州：广东高等教育出版社，2006 年版，第 386 页。

③ ［清］冯敏昌著，李寅生、杨年丰校注：《小罗浮草堂诗钞校注》，上海：上海古籍出版社，2018 年版，第 402 页。

④ 谢桃坊：《李调元与学人之诗及性灵诗派》，《西华大学学报（哲学社会科学版）》2020 年第 1 期。

巢岩集珍禽，扑面飞蝙蝠。沉潭蝌蚪影，异石虎豹族。翻令白昼寒，六月不知伏"。作者游玩极爽，诗成之后，欲与苏轼之诗比试，"诗成问山灵，何如苏玉局"①。诗歌生动、清新，富于趣味。其《游南山题诗》则苍劲浑厚，显现了其诗歌之功力。李调元题刻于肇庆七星岩的诗歌风趣自然，挥洒随意。严迪昌评价道："李调元诗潇洒有致，语意清朗多趣。"②

黎简，字简民，号二樵，广东顺德人。中年以后，其诗名、画名、书名逐渐流播人口，作品受到本地与岭外人士的喜爱，当时具有全国影响的名家如翁方纲、李调元、黄景仁等都对他青眼有加③。黎简刻于肇庆七星岩石室的诗歌被黄培芳评为"石室三绝"之一。其诗为："南服陨石，北斗降精。日入壁曜，霞标赤城。人寒无语，山秋有声。云崖争力，已割未倾。地深天高，心奇语平。阖骑五羊，斟酌七星！"④ 诗歌立论高远，想象奇特，虚实相生，典故运用自如，兼之书法漂亮，此方石刻艺术成就较高。

在清诗史上，袁枚是继王士禛之后主盟诗坛的性灵派的核心人物，他与赵翼和蒋士铨被誉为"江右三大家"，他们推动了清诗的发展，影响非常巨大⑤。"康熙至乾隆之间诗学的嬗变，显示

---

① 《英德摩崖石刻》编委会：《英德摩崖石刻》，广州：广东人民出版社，2014 年版，第 225 页。

② 严迪昌：《清诗史》，北京：人民文学出版社，2019 年版，第 850 页。

③ 董上德：《岭南文学艺术》，广州：广东人民出版社，2019 年版，第 47 页。

④ 《肇庆星湖石刻》编委会：《肇庆星湖石刻》，北京：红旗出版社，2005 年版，第 170 页。

⑤ 谢桃坊：《李调元与学人之诗及性灵诗派》，《西华大学学报（哲学社会科学版）》2020 年第 1 期。

为一个王渔洋神韵诗学被扬弃而袁枚性灵诗学逐渐主导诗坛的过程”①。袁枚曾于乾隆元年（1736）到广西依其叔父，受到广西巡抚金铁重视，特荐举其到北京应“博学鸿词”之试。乾隆四十九年（1784），袁枚再次游桂林，入住李秉礼之宅邸，与当时桂林士大夫交游唱和，文酒诗会，对广西文坛影响深远。袁枚刻于桂林的诗歌《独秀峰》《游风洞登高望仙鹤明月诸峰》等诗歌被后人反复追和。乾隆四十九年，袁枚之弟肇庆知府袁树邀请其游玩肇庆，袁枚在肇庆留下诗文十多篇。其《同杨兰坡明府游鼎湖作》一诗生动活泼，充满奇思妙想，显现了性灵之诗风。

以王士禛、翁方纲、李调元、袁枚等人为代表的外来士人影响了清代岭南地区士人的文学创作，清代岭南文学正是在外来士人与本土士人相互交流融合之下而开启了绚烂的篇章。

“岭南三大家”中陈恭尹，字元孝，号独漉子，顺德人。明清鼎革之变中，其父陈邦彦、庶母、二弟、三弟、四弟均亡于清军。国仇家恨一直是陈恭尹心中难却之痛，他以“遗民”自居，布衣终老。其诗歌豪迈雄奇，慷慨悲凉。其文章沉郁凝练，寄托深远。陈恭尹《重修安期岩碑记》撰写于康熙五年（1666），文章明洁凝练，极得归有光之笔法。如写景道：“前槛临深溪，枝峰叶绕，下见其脊，皆若藤蔓，风聒聒从山背鸣。高空送云，日光下漏，游移去来，阴晴倏忽。东南极望无际，浮青点点，落积水中者，虎门之山。稍近如潢汇而不波者，扶胥之口也。”② 文章打破建设类文章惯例，侧重写景。陈恭尹心中有很强的故乡情结，

---

① 蒋寅：《“神韵”“性灵”的消长——康、乾之际诗学观念嬗变之迹》，《北京大学学报（哲学社会科学版）》2012 年第 3 期。

② 黎志添、李静：《广州府道教庙宇碑刻集释》，北京：中华书局，2013 年版，第 595 页。

他为顺德锦岩庙修建而撰写的《重修锦岩三庙碑记》描写了记忆中故乡风土人情，充满故国之思。

陈澧，字兰甫，号东塾，世称“东塾先生”，番禺（今广州）人，是清代具有全国影响的著名学者。道光二十年（1840）冬十月，31岁的陈澧被举荐为“学海堂学长”①。《广州碑刻集》中辑录了陈澧撰写的5篇墓志。其中《皇清敕授儒林郎内阁中书衔琼州府学教授加一级谭君墓志铭》撰写于同治十一年（1872）。全文用衬托手法写墓主之才。以阮元、翁心存、徐士芬等人的赞誉来衬托墓主的才华。文章开篇议道：“岭南自古多诗人，而少文人。阮文达公开学海堂，雅才好博之士，蔚然并起。而南海谭君莹，最善骈体文，才名大震。”第一段言谭君之才，第二段写其博学多识，学术成果丰硕。突出其个性：“初以华赡胜，晚年感慨时事，为激壮凄切之音。性真率不羁，饮啖兼人。杯酒间，谈笑无所避。晚年目疾，颓然静坐。默诵生平所读古诗文，目恒数十百篇，其强记如此。”② 文章突出墓主的才华学识，夹叙夹议，评论墓主“文人之福，惟君独全”。文章行文稳健，拿捏得当，章法井然。

吕璜，字礼北，号月沧，广西永福人，嘉庆十六年（1811）进士，历官浙江庆元、奉化、山阴、钱塘知县；以廉能称升杭州西塘海防同知，因会检德清民妇徐蔡氏尸骨不实革职③。吕璜回到桂林后，先后受聘主讲榕湖精舍、秀峰书院，开始了桐城义法在广西的传播。吕璜带回的桐城派古文义法理论，吸引了一批才

---

① 参见：董上德《岭南文学艺术》，广州：广东人民出版社，2019年版，第66页。

② 冼剑民、陈鸿钧：《广州碑刻集》，广州：广东高等教育出版社，2006年版，第698页。

③ ［清］黎庶昌：《续古文辞类纂》，光绪十五年刊本，第535页。

学之士。在求学诸生中，以朱琦、彭昱尧、龙启瑞、王拯等最为突出①。“岭西五大家”中吕璜为其他四人之老师，可见他对清代广西文坛之贡献。道光十三年（1833），吕璜与友人马秉良、周商彝、俞言甫等人登独秀峰，吕璜题刻诗歌一首。其《独秀峰题诗》工整、典雅、健朗；诗句“略穷桂海吟眸豁，渐近云霄风力刚。料得骖鸾无籍在，欲招仙子共翱翔”颇富想象力。

郑献甫，字小谷，象州人，道光十五年（1835）进士；授刑部主事，供职廉勤，以亲老乞终养回籍定省，温清顷刻不忍离；广东巡抚郭嵩焘以学深养邃、通达治体奏调，力辞得免；广西巡抚张凯嵩以孝友廉洁、守正不阿、足为地方矜式奏保；赏五品卿衔；主讲象台、秀峰、桂山、榕湖及广东越华各书院；勖诸生以植品为先，生平著述宏富；为文博称旁证，不分汉宋；性情外和易而内廉介；从不为人请托，人亦不敢干以私②。郑献甫所作《新建德胜书院记》《重修临阳义塾记》以及柳州陆道岩的题诗分别刻石于宜州、贺州、柳州。道光二十五年（1845），郑献甫为广西宜州德胜书院的新修而撰写记文。文章先从宜州山川地貌写起，“自宜州西出，山如张屏，如连伞，如走马，左右夹道，其中平正。凡行四五十里，有镇曰怀远，有阛阓，无城郭，民之商贾者集焉”。作者由地理写到人文，突出邑侯萧柳溪新建之功劳，严肃的行文中时露灵动之笔，“后枕小丘，前临远峰，岑而锐上如文笔，正而屹立如屏风，横而左曳如挂榜，郁而深藏如会仙。微雨初晴，远峦乍滴，其光蓦然在门”。作者进而对比韩愈、范仲淹兴学之举，与历史人物对比中突出观点：“然使无良有司主之，则虽

① 张维：《清代广西古文研究》，桂林：广西师范大学出版社，2008年版，第99页。

② ［清］沈秉成修，［清］苏宗经纂：《光绪广西通志辑要》，清光绪十七年刊本，第252页。

擅山水之奇，极人文之盛，亦未有创非常而起者。”[1] 作者进一步讴歌萧侯之政。文章从容不迫，娓娓道来，内蕴深厚，章法井然。嘉道时期粤东大儒陈澧以“学”“识”“才”兼备来评价郑献甫的古文，既肯定了其古文内容的充实丰富，也对其古文艺术技艺深表赞赏[2]。

清代岭南本土杰出士人多。《粤诗人汇传》是目前收录古代岭南诗人最全的书籍，收录5817位诗人；其中，汉至元324位，明、清、近代有5059位；此外，还有闺阁、方外434人。数字是枯燥的，但也能说明问题：岭南诗歌在明清时代走向繁荣，为岭南诗歌在近代走向领先打下了坚实的基础[3]。《桂林通史》论及广西文坛道：“若论文学，陈宏谋被乾隆帝弘历尊为‘岭表儒宗’。嘉庆、道光之际，有以吕璜、朱琦、龙启瑞、王拯和彭昱尧为代表的‘岭西古文五大家’，以及朱琦、龙启瑞等为代表的‘杉湖十子诗派’。同治、光绪年间，又有以王鹏运、况周颐为代表的‘临桂词派’，还有以石涛、周位庚为代表的‘临桂画派’。”[4]

综上所述，清代岭南人才济济，文学兴盛。在此背景之下，在外来士人与本土士人的共同努力下，清代岭南地区诞生了大量文学艺术佳作。此时期的岭南石刻文学创作也进入高峰，作品数

---

① 李楚荣：《宜州碑刻集》，南宁：广西美术出版社，2000年版，第54页。

② 张维：《清代广西古文研究》，桂林：广西师范大学出版社，2008年版，第184页。

③ 张琼：《清中叶岭南四家诗歌创作研究》，南昌：江西人民出版社，2012年版，第11页。

④ 钟文典：《桂林通史》，桂林：广西师范大学出版社，2008年版，第9页。

量多，成就亦佳。

第二节　清代岭南庙宇碑文研究

原始信仰与崇拜是人类最早的精神活动之一，也是远古人们对自然与人类本身的最初认知[①]。原始信仰逐渐发展，部分与国家政权结合，成为国家正祀，部分存留民间，成为有地域特色的民间信仰。岭南因其地域偏远，长期被视为化外之地，其俗信神尚巫，信仰多元。岭南地区的泛神信仰历来备受关注，如肖起清论述西江流域民间信仰之多元："壮、汉、瑶既有丰富的自然崇拜对象和自然信仰体系，也有多样的灵魂崇拜内涵，同时还形成了客家的祖先崇拜、瑶族的盘瓠图腾崇拜和壮族的蛙崇拜，在宗教信仰上既有佛教信仰，也有道教信仰，还有本土保护神龙母、冼夫人、伏波将军等的信仰。"[②]

现实生活中，泛神信仰造就了众多的庙宇，而在中国古代，庙宇建设多有刻碑纪念的传统。因此，岭南地区存留了众多庙宇碑。根据《广东碑刻集》《广州碑刻集》《广东历代地方志集成》《桂林石刻碑文集》等文集以及岭南各地地方志，我们可以整理出清代岭南庙宇碑近千方。当然这数字囿于文献记载，历史上岭南地区清代庙宇的实际数量应远超这个数字。

清人樊封言："岭南十郡濒海，司海之神，庙食处处不绝。"因各种原因，古代很多庙宇已经消失。文献辑录的这些庙宇碑具有多方面的价值。以往学者多侧重从神的谱系、空间分布、社会

---

① 杨清虎：《中国民间信仰学研究与评述》，北京：中国书籍出版社，2017年版，第52页。

② 肖起清、张意柳：《文化认同与传承——西江流域神谱研究》，桂林：广西师范大学出版社，2017年版，第28页。

功用以及庙宇的现存状况等方面展开研究，这些研究集中在社会学、人类学、民俗学方向，甚少学者对此展开文学方面的研究。事实上，这些庙宇碑文本身就是中国古典文章中一类，其发展变化体现了岭南地域文学之多样性，从文学方面而言，这些碑文有其值得探讨之处。

广州·南海神庙碑廊

一、深厚的历史

庙宇的重修与新建于地方而言是件大事，大型寺庙建设往往费钱不少，历时久，工程浩繁。因此庙宇碑文的撰写是件重要的事情，其作者往往是有身份的人，或为地方官员，或为名士，或为主持者。这些作者中有尚可喜、耿继茂、卫哲治、曾燠、吴荣光、叶名琛、郭遇熙等官员，又有陈恭尹、梁佩兰、黄培芳、张锦芳、陈澧等岭南名士。他们每个人境遇不同，所处时代有别，但面对共同的文学主题，其庙宇碑文呈现出共通的特性。这类文章重视阐述神之缘起与庙宇的发展历史，追本溯源，以让民众清楚所祀神灵之来历，达到弘扬教化之目的。

（一）信仰缘起

“岭南海岸线漫长，岛屿众多，海上交通便利，因此，岭南文化具有很多海洋文明的特色”①。在众多的自然神中，水神成为西江流域被敬奉为地位最高的，是能进寺庙的神，祝融作为专职水神，是各代帝王祭海的主要对象之一，也是管理河海水系的神祇；龙母、妈祖、伏波将军等则兼顾航运和水上安全，被广为敬奉；而龙作为中国传统的行云布雨之神，在西江流域宗教场所则以龙表、龙图、龙雕、龙神等形象出现②。

李殿华《重修龙母庙碑记》撰写于康熙三十二年（1693），文章详细讲述了龙母信仰之缘起：“考诸志乘，秦始皇时龙母媪夫人者拾一卵于江岸，大如斗，归箴于器中，数日，有物如玉，穿卵而出，长数尺，性喜水，投之江中，嬉游自适而去，数年复还，遍体生鳞，文成五色，头有两角，始知其为龙也。秦始皇□□修礼聘夫人，纳于宫舟至始安郡，一夕，龙引所乘舟还于水，夫人卒，葬西源上。后大风雨，五龙移于北岸，昼夜号哭，有声如人，远近听之，共立龙母庙于墓傍，祈祷辄应。”③ 李殿华的描述非常详细，这与清初屈大均《广东新语·龙母》的记载大同小异，屈氏曰：“秦始皇尝遣使尽礼致聘。将纳夫人后宫。夫人不乐。使者敦迫上道。行至始安，一夕，龙引所乘船还程水。使者复往，龙复引船以归。夫人没，葬西源上。龙尝为大波，萦浪转

① 高敬：《岭南文化》，北京：时事出版社，2013年版，第7页。

② 肖起清、张意柳：《文化认同与传承——西江流域神谱研究》，桂林：广西师范大学出版社，2017年版，第55页。

③ 冼剑民、陈鸿钧：《广州碑刻集》，广州：广东高等教育出版社，2006年版，第430页。

沙以成坟。”① 从两人的记载来看，岭南的龙母信仰始于秦朝，历史悠久，故事清晰，在清初得以持续发展。龙母信仰发展至今，故事流传深广，仅西江流域敬奉龙母的庙宇就有 300 多座。龙母流传之广、影响之大并不亚于海神妈祖。

梧州：龙母庙

在众多的神灵中，“玄武事迹，不仅是中国神灵史中最富幻想的代表，也是道教与民间信仰混染现象的典型事例”②。岭南地区玄武信仰盛行，有其地域原因。屈大均曰：“吾粤多真武宫，以南海佛山镇之祠为大，称曰祖庙。……祀赤帝者以其治水之委。祀黑帝者以其司水之源也。吾粤固水国也。民生于碱潮，长于淡汐，

---

① ［清］屈大均：《广东新语》，北京：中华书局，1985 年版，第 212 页。

② 陈器文：《玄武神话、传说与信仰》，西安：陕西师范大学出版总社，2018 年版，第 1 页。

所不与鼋鼍蛟蜃同变化。人知为赤帝之功，不知为黑帝之德。家尸而户祝之。礼虽不合，亦粤人之所以报本者也。”① 真武庙遍布广东各地，仅《南海县志》里记载的真武庙就有二三十座②。佚名《清复灵应祠租杂记》论述了真武信仰之缘起：“五帝之祀，载于《月令》，其一为黑帝。黑帝者，颛顼之神，居水之位，司冬之令，而为大一之佐。盖周天之度，三百六十有五，而二十八宿为经。北方七宿，曰斗，曰牛，曰女、虚，曰危、室、壁。象曰龟蛇，谓之元武，武者星形，元者水形。北帝者，元武之精也。吾粤星分牛女，同隶北垣，呼吸与帝座通，由此言之，神之为民捍灾御患，成民忠义，而为累朝崇报所由归者。”③ 文章从星野位置来说明岭南玄武信仰之必然性，这与屈大均的水域地理方面解释可互相补充。

（二）庙之历史

庙宇碑文作者注重梳理脉络，讲清神灵缘起，以让民众明明白白虔祭。同时又注意阐述庙宇本身的历史，在回顾历史过程中，思考兴废之理，寄予情思。

欧阳健《重塑光孝寺佛像题名记》作于嘉庆五年（1800），其文详细回顾了广州光孝寺之历史：“寺本为孙吴虞仲翔故宅，种诃子于中，故曰诃林。自昙摩耶舍、求那罗跋陀二尊者创建道场，寺名制止。嗣后初祖、六祖后先显迹。在晋为王园寺，唐为乾明法性寺，宋改崇明万寿，寻又改报恩广寺。至明成化年间，始赐额为光孝寺。

---

① ［清］屈大均：《广东新语》，北京：中华书局，1985年版，第208页。

② 肖海明：《北帝（玄武）崇拜与佛山祖庙》，《佛山科学技术学院学报（社会科学版）》2002年第3期。

③ 黎志添、李静：《广州府道教庙宇碑刻集释》，北京：中华书局，2013年版，第623页。

净域宝坊，号粤中名刹，与罗浮洞天、峡山福地，均嗓名于宇内。”①光孝寺乃岭南名寺，因六祖慧能在此瘗发、论辩而驰名海内外。

长善《重修六榕寺佛塔记》作于光绪元年（1875），文章记载了广州净慧寺现名六榕寺之因：“城西有窣堵坡焉，大同三年昙裕法师建塔，赐号宝庄严者是也。唐王勃尝撰舍利塔记，宋瑞拱中修缮之，改名净慧寺，后毁于火，塔无存……昭圣时苏文忠公谪戍岭南，侨寓天庆观，沙门道综丐公题额，公喜其地有六榕，古翠浓荫，大书‘六榕’二字，与之悬诸门榜，由是来游者仰玩东坡墨宝，群以六榕呼而不知寺名之为净慧也。”② 在对六榕寺历史回顾之中，作者表达了对苏轼等前贤的缅怀之意。

道光二十五年（1845），黄恩彤为广州五仙观重修撰写《重修五仙观碑文》。文章详述了神与道观之来历：“周显王时，有五仙人来集楚庭，乘五色羊，衣应五方，各持嘉禾一茎，穗皆六出。授观者曰：‘愿而阛阓永无灾疠。’须臾仙去，羊化为石。粤人自是建祠并石祀之。秦汉而后，崇奉惟谨。宋初，祠迁他所，厥民弗康。政和间，经略使张劢因民吁请，仍复旧址。今之观即其地也。明洪武二十年，毁于火，中书平章廖永忠重加修建……二百年来，翼翼济济，克壮其猷。”③ 文章既阐述了广府五羊仙信仰之来由，又记载五仙观之历史变迁，观古鉴今，落足到现实政务之上：“方今粤东旗民，生齿繁衍，养生之计，视昔尤亟。”作者祈愿神灵“锡福兹土，雨阳时若，嘉禾遂生”。

追缅历史、纪念前贤，作者们俯仰古今之际，思考着神道设

---

① 冼剑民、陈鸿钧：《广州碑刻集》，广州：广东高等教育出版社，2006 年版，第 147 页。

② 同上，第 169 页。

③ 同上，第 251 页。

教。虽然“子不语怪力乱神”，孔子并不崇拜鬼神，但历朝统治者均重视祭祀制度，“祭祀制度是国家礼仪制度的一部分，是国家权力在意识形态和文化心理层面的体现……宋代以降，一方面，沿海地方士绅寻求利用各种方式将地方神灵纳入国家祭祀的神统；而另一方面，国家通过赐额或赐号的方式，把沿海地方上比较流行的民间信仰纳入国家的正祀系统中，便于控制地方社会”①。从王元林的论述可知庙宇的新建与教化之密切关系。吴荣光（1773—1843），字伯荣，南海佛山人；嘉庆四年（1799）进士，历任福建盐法道、湖北按察使、贵州布政使、湖南巡抚，署湖广总督。他关心家乡建设，多次为佛山庙宇建设撰写碑文。其《重修佛山三官庙碑记》作于道光八年（1828），文中明确阐述了“神道设教”之道理。“天不言而恐懦者遂而不知警，黠者遁而且自悻也，复设为所司纠察，以激之劝之。善果福，淫果祸，昭然确然，使有所可为，有所不可为。故神道设教，所以辅王道之穷也。道家言天官、地官、水官，承天命以诇察人间善恶”②。

城隍信仰起源于原始社会中上古先民的土地神信仰，祭祀城隍其实也就是上古社祭的延续。元明以降，城隍受到统治者的青睐，地位更加显要③。雍正十一年（1733），沈曾同撰写的《重修城隍庙记》一文开头即阐述城隍神治理之道，“国家设城以卫民，惟神凭之，以司民命，而降之福；宰治其明，而神治其幽，势若

---

① 王元林：《国家正祀与地方民间信仰互动研究——宋以后海洋神灵的地域分布与社会空间》，北京：中国社会科学出版社，2016年版，第4页。

② 黎志添、李静：《广州府道教庙宇碑刻集释》，北京：中华书局，2013年版，第56页。

③ 参见：范军《城隍信仰的形成与流变》，《华侨大学学报（哲学社会科学版）》2007年第4期。

相需者焉：故神之庙祀遍天下”①。郭遇熙康熙二十八年（1689）任从化知县时见到：“邑蔽民浇，似难化理。然俗尚祀神，岁时伏腊，辄为报赛”，“余窃喜曰：‘是即化民成俗之机也。迎其机而导之，又何患民俗之不善哉。’”②（《重建清宁庙碑记》）吴荣光、沈曾同、郭遇熙等人均为地方长官，负有守土安民之责，又是饱读诗书的士人，他们的庙宇碑文，既追叙历史，更着眼现实，充分激发信仰的社会功用，以达到治理地方之目的。

二、多方之信息

从文体学角度来考察庙宇碑文，它们大多属于“记”体类文章。明吴讷《文章辨体序题》曰：“大抵记者，盖所以备不忘。如记营建，当记日月之久近，工费之多少，主佐之姓名。叙事之后，略作议论以结之，此为正体。”③ 在发展过程中，记体文多次变化，宋代则极尽其变。“在欧阳修的影响下，北宋诸多营建记亦充分淡化或略化记中的建筑元素，而人事元素却得到不断的强化；重视环境与建筑、自然与人文相互交融，相映生辉；写景、抒情、叙事、议论的完美融合，催生出传世的经典杰作”④。发展至清代，清人面对前人丰硕的文化遗产，在尊唐与尊宋之间兼取其长，又受到时代政治环境影响，在文章方面，清代学人调和骈散，追求雅洁文风，创立桐城文派，影响深远。庙宇记的写作，清人大

① 黎志添、李静：《广州府道教庙宇碑刻集释》，北京：中华书局，2013年版，第1076页。

② 同上，第1103页。

③ ［明］吴讷著，凌郁之疏证：《文章辨体序题疏证》，北京：人民文学出版社，2016年版，第162页。

④ 洪本健：《欧阳修承前启后引领营建记演变的贡献》，《福州大学学报（哲学社会科学版）》2019年第6期。

多遵从记体文正体写法，着重叙事，同时又学习宋代文章，部分庙宇记突出营建过程中的人事因素，反映不同时期各方面的社会信息。

（一）时代背景

曾弘《重修大殿记》创作于顺治六年（1649），是年二月尚可喜、耿继茂两路平靖大军抵达广州，围困城池长达十个月，“攻陷广州后，下令屠城，十万无辜平民惨遭杀害”①。大军所过之处，哀鸿遍野，在此背景之下，韶关南华寺重新修缮有其迫切的社会功用。南华寺，又称曹溪，在韶州南 60 里，为六祖慧能驻锡之所。曹溪为天下禅宗道脉之源，一脉派五宗，人称“禅林洙泗”②。曾弘记载道：“大军之后，白骨如麻，予两人百计以掩之。一骼未收，泣数行下。当路者以其事上闻，遂赐紫实公，廉让不遑，愀然曰：‘所贵为佛子者，将此身心奉尘刹耳。曹溪一滴，五宗于此支分焉。今大殿高危，墙壁陨落，梁栋倾斜，能不愧于心乎？’诸善人感其诚，施以千金。”③ 戎马一生的尚可喜非常注重借用宗教来强化统治。他在《重修玄妙观记》中言：“版图既定，罪人斯得，间以军旅之暇，修崇文庙，黉序聿新。”④ 尚可喜清楚神道化民之作用，其《鼎建大佛寺记》曰：“作忠孝教，均在乎是。”⑤ 于是，尚可喜以实力支持各地庙宇建设。其《东德胜庙

① 方志钦、蒋祖缘：《广东通史 · 古代下册》，广州：广东高等教育出版社，1996 年版，第 737 页。

② 同上，第 701 页。

③ 莫昌龙、何露：《韶关历代寺院碑记研究》，广州：暨南大学出版社，2014 年版，第 75 页。

④ 黎志添、李静：《广州府道教庙宇碑刻集释》，北京：中华书局，2013 年版，第 196 页。

⑤ 冼剑民、陈鸿钧：《广州碑刻集》，广州：广东高等教育出版社，2006 年版，第 195 页。

碑》曰："兹列郡皈诚，民物阜安，以叨承平。爵士之荣，其敢忘冥佑哉？爰新庙宇，祗荐春秋。"① 康熙七年（1668），尚可喜倡导了南华寺之重修，他自述向往之心："顺治己丑，奉简书，同靖藩恢克东粤。过回龙之峡，指象岭之峰，为低回者久之。至于今垂二十年，以戎务方殷，未遂瞻礼。康熙丁未春，幸藉国灵，境内安堵，燔燧不惊，军府多暇，遂得一展谒焉。"②

两广总督叶名琛为近代史上著名的封疆大吏，他善于内政，长于理财，对侵略者态度强硬。《清史稿》言："名琛性木强，勤吏事，属僚惮其威重。初以偕徐广缙拒英人入城被殊誉，因狃于前事，颇自负，好大言，遇中外交涉事，略书数字答之，或竟不答。"③ 第二次鸦片战争中叶名琛被英军俘虏而客死他乡。多年督粤，叶名琛明了时局，其《重修南海神庙碑记》描述当时形势道："今则风气日开，沿海数十郡县，地袤物博，舶贩往来，大利大害，丛芽其间，外宄内奸，蜮伏狙伺，而海疆滋以多故。神秩最尊，统摄群元，捍患御灾，与守土分任其责，而功亦于今为烈。乃者英夷构乱，香港业许通商，复有入城之请，小大战战，惧畏无艺。而廉、琼诸郡，巨涛环缭，琼岛孤悬，薮萃逋逃，未归约束，海氛交煽，亦云棘矣。"④ 第一次鸦片战争后，系列不平等条约的签订，加速了清王朝的沦陷。广州作为第一批开放的通商口岸，贸易虽兴盛，但危机重重。叶名琛希望借助神力来凝聚民心，

---

① 冼剑民、陈鸿钧：《广州碑刻集》，广州：广东高等教育出版社，2006年版，第416页。

② 莫昌龙、何露：《韶关历代寺院碑记研究》，广州：暨南大学出版社，2014年版，第84页。

③ 赵尔巽等撰：《清史稿·列传一百八十一》，北京：中华书局，1977年版，第11764页。

④ 冼剑民、陈鸿钧：《广州碑刻集》，广州：广东高等教育出版社，2006年版，第382页。

故重视庙宇兴修。

马盛治“中法战争后授广西柳庆镇总兵，仍留边防统领全军，辅佐苏元春建设边防。他修筑镇南关（今友谊关）、平而关、水口关和大小连城的炮台营垒，事必躬亲，功绩卓著”①。在建设边防的同时，马盛治在广西凭祥伏波岭以及镇南关的隘口修建伏波庙，借纪念东汉伏波将军马援之际表达他保卫疆土之决心。“盛治追维前烈，慨然有光复铜柱之思。而将军在天之灵，当必有默为阿护以竟其志者。爰于隘口右山之麓，买民基一区为神祠之，俾居民尸视，用隆报享，且志盛治景仰之忱”②。马盛治身为边将，以伏波将军为追崇对象，“盛治思侯之征蛮也，历周一岁，而征侧、征贰就擒，越疆平，立铜柱，标汉界，拓洪荒，未辟之基，赖侯之功德在民，至今思慕勿替，于□伟矣”③。

和平时期，祀神以求风调雨顺、国泰民安；动乱时期，民众对神灵寄予的希望更多，庙宇碑文承载了不同历史时期士人之思绪与感慨，反映了其时人心之需。

（二）建筑的历史

部分庙宇碑文回顾庙宇修缮之历史，在历史进程中突出本次修缮承继传统之意义。光绪十六年（1890），赵从端撰写的《重修佛山塔坡古庙碑记》记载了佛山塔坡古庙在清朝的历次维修，“至国朝，一修于雍正元年，再修于乾隆□年，又再修于嘉庆元年、道光四年、道光十七年、道光三十年，此则有联匾及旧碑可

---

① 滕兰花、胡小安：《清代广西民间信仰、族群与区域社会研究》，北京：民族出版社，2017年版，第31页。

② 同上，第32页。

③ 同上，第30页。

考者"①。可见，历史悠久的庙宇蕴含着深厚人文内涵，凝聚了多代建设者之心血。

部分碑文详细描写本次建设过程。邓士宪《重修三元宫碑记》叙述道："爰将头门、斋堂、香亭、三官殿、灵官殿、雨仙殿、观音殿、祖堂、新客厅、山舫各处，或加以补葺，或始事经营。费用不赀，工程非一；竭尽绵力，克告成功。"② 可见此次建设工程浩大，花费较多。赵鸣玉《重修北帝祖庙碑记》写佛山祖庙重修情形："于是卜吉鸠工，抡材兴作。度之量之，前后开扩，为栋为梁，为甍为廉。小大具举，上礅下砌，葺然改观。圬者饬之，墁者□□，正殿明堂，门亭庑舍，焕然一新。玉容金相，晋丽庄严，益增惶栗。"③ 从碑记可见，每次修缮都不容易，一群人为此殚精竭虑。

乾隆四十一年（1776），张天植撰写的《重修罗浮精舍记》突出了寺庙建设之不易，僧人自置田地以筹款。"询厥由成，则以其师承言自置糊口之田三十亩鬻修。於戏！释子事佛，能捐伊蒲之资，顿就旃檀之宇，而且百日之间，跣足垩涂，俱亲厥役，瓦砾颓垣，克成兰若"④。伍奕芳《重修云门寺记》坦陈自己多年筹措经费之不易："予低徊者久之，即有兴复之意，奈一时囊中羞涩，不克如愿。至丙子冬，予独捐俸金，命匠鸠工，将祖殿重新焉。而三宝工费浩大，壬午春，复谋于朝桂刘君，各捐□□余金，将三宝并大士诸佛像，一概装饰，而金碧辉煌。更募于□善信，

---

① 黎志添、李静：《广州府道教庙宇碑刻集释》，北京：中华书局，2013年版，第902页。

② 同上，第47页。

③ 同上，第251页。

④ 冼剑民、陈鸿钧：《广州碑刻集》，广州：广东高等教育出版社，2006年版，第235页。

外则筑以照墙，内则砌以围墙，弗致旷荡。”① 伍奕芳一人承担不了这么多经费，多年经营，多人出力，才得以成功。

可见，庙宇修缮既费钱财，又费心力，工程浩大，正是一代代人坚持不懈，文化传统才得以延续。

（三）感怀今昔

“岭南三大家”之一陈恭尹为广东顺德龙山乡人，其父陈邦彦参加晚明抗清斗争，最终失败被杀。陈恭尹的庶母、二弟、三弟、四弟均亡于清军。国破家亡，陈恭尹毅然投身于抗清事业，“为了拯救民族，反抗清统治者的压迫，他到处奔走，虽然壮志未酬，但却表现出一种炽热的爱国主义激情”②。“翻天覆地的时代变化，水深火热的民族剧痛，家破人亡的惨重打击，不能不在恭尹的思想上乃至文学创作上产生深刻的影响和反映”③。康熙三十一年（1692），时年 61 岁的陈恭尹为顺德锦岩庙修建撰写《重修锦岩三庙碑记》。碑文充满着故国之思，颇露遗民情结。作者写道：“岩前溪水如带，潮汐时至，古榕高桥，荫映左右，市廛环列，而虚其中，以为远近居人岁时酬赛、烟花百戏之所集。余童时犹及见承平之遗风，繁华之积习，猗欤盛哉！五十年来不可复睹矣。”作者回忆晚明乡情民俗，贯注深情，进而抒发感慨：“予生长岩之东隅，弱岁避乱移家，然维桑之敬、钓游之地，未尝暂忘。”④ 曾经

---

① 谭棣华、曹腾騑、冼剑民：《广东碑刻集》，广州：广东高等教育出版社，2001 年版，第 148 页。

② 宁祥：《陈恭尹：与屈大均、梁佩兰齐名的诗人》，《佛山大学佛山师专学报》1989 年第 3 期。

③ 郭培忠：《陈恭尹生平及其〈独漉堂集〉》，《中山大学学报（社会科学版）》1989 年第 2 期。

④ 黎志添、李静：《广州府道教庙宇碑刻集释》，北京：中华书局，2013 年版，第 1029 页。

的家与国已消散，现在的太平浮现眼前，复杂的情绪交杂在晚年陈恭尹心中，虽只是为神庙作记，但浓烈的思绪难以抑制。《清史稿》曰："其为诗激昂顿挫，足以发其哀怨之思。自言平生文辞多取诸胸臆。"① 此文亦是陈恭尹自抒胸臆之作。

杨廷璋《清虚道院碑记》记载了作者雍正年间任桂林知府时与钵园的主人韦铁髯之交往。韦氏悬壶济世，晚年将宅院钵园施舍为道院。文章着重塑造韦公之形象。韦公博学，精通医理。"与之言道术，上极于阴阳翕辟、动静互根之理，下至摄生养性，凡所以延年而却病者，罔不元元本本，洞若观火，而朗若鉴渊。要其指归，殆所谓运而无积，顺而不扰，有以守乎中而应乎外，虽崆峒具茨之学无以过焉"。作者评价韦公捐钵园之举："先生宁肯以宅身者为身累，而并以为心累乎？老子谓：'清以澄神'，庄叟谓：'虚以集道'，先生殆将心游寥廓，而安居于太清太虚之间矣！"② 文章叙述了韦铁髯生平事迹，年轻时随幕主来桂林谋生，行医济世，晚年鳏寡孤独，将其住宅施为道院，其心飘然无挂碍。易凤庭《重修宝峰庙碑》从自己小时记忆写起，"余总角时即闻其地香火最盛，届期男女祈福，及往来游客络绎不绝，心向往之，而未亲见也"。此次作者因事来桐木十三村，受蒋公之邀而作记，实地考察后回顾历史，感怀今昔，"矧乡曲庙貌乃能自宋迄今几修而不废，于以想见其神之为灵昭昭，而一方风俗甚古也"③。

---

① 赵尔巽等撰：《清史稿》卷 484《文苑一》，北京：中华书局，1977 年版，第 13331 页。

② 桂海碑林博物馆编：《桂林石刻碑文集 · 下册》，桂林：漓江出版社，2019 年版，第 215 页。

③ 曾桥旺：《灵川历代碑文集》，北京：中央文献出版社，2010 年版，第 212 页。

《金石例》云："记者，记事之文也。"① 清代岭南庙宇碑文遵循着记体文叙事之传统，展现了多方面的人事信息，同时又展现了这类文章守正出新之特点。

三、守正出新的文章

真德秀曰："记以善叙事为主。《禹贡》《顾命》，乃记之祖。后人作记，未免杂以议论。"② 自宋人在营建记中大开议论之风后，清人为文学其所长，庙宇碑文作者注意处理叙事与议论之关系。

（一）承继文章传统

1. 叙事与议论

庙宇碑文有以叙事为主者。乾隆四十五年（1780），胡一鸿撰写的《南越王庙重修碑记》略写南越王事迹后叙写了庙之历史，突出作者为龙川令时的几次修缮。先前"徒以簿书填委，未遑鸠工，仅饬守者泛扫尘翳，补苴罅漏而已"，后来见到朽坏之状，遂于秋天开始大规模修缮，"构材督匠，几尽一年"③。文章注重叙事，平淡中突出辛苦之功。同治六年（1867），梁玉森撰写的《重修仁威祖庙碑记》首先写真武大帝之灵验，接着叙写泮塘祀真武大帝之缘由。"我泮塘乡近连珠海，远接石门，无旱干水溢之虞，具菱芡菇茭之利，以水乡而虔祀水神，理固然也"④。文章叙

① ［明］吴讷著，凌郁之疏证：《文章辨体序题疏证》，北京：人民文学出版社，2016 年版，第 159 页。

② 同上，第 160 页。

③ 谭棣华、曹腾骈、冼剑民：《广东碑刻集》，广州：广东高等教育出版社，2001 年版，第 866 页。

④ 冼剑民、陈鸿钧：《广州碑刻集》，广州：广东高等教育出版社，2006 年版，第 255 页。

述仁威祖庙的历史，着重突出咸丰四年（1854）红匪之乱中作者与黄醴泉、洪钧等人组织武装团练保卫家乡之事迹。乱后修庙，以祈太平。从作者的叙述可知晚清广州局势之动荡。

有以议论为主者。顺治十一年（1654），广东巡抚李栖凤所撰《重修张桓侯庙记》见解深刻，情感激越。文章开门见山，“从来英雄本色，多负刚大之气，一往直行，睥睨千古，报国家必为猛士，许肝胆必为义友。盖其性自天生，绝无矫揉造作，直可屹山岳而动鬼神”。文章接着议论张飞之战功，言其“臣忠友义，足以克全无愧，迄今上下千百祀，山陬海澨，瞻仰犹昔”①。康熙六年（1667），尚之信所作《重修张桓侯庙记》亦议论张飞之功绩。“建安之末，魏吴雄踞鼎峙，英杰并起，各事一姓。而翼戴汉室，卓然大义，终始不渝，以事一君者，则唯汉寿亭侯、桓侯两人尔”。歌颂桓侯功德之后，表达崇敬之情，“固知侯非独有勇且有礼，令人敬，又令人畏也”②。战乱纷争的时候，武将们特别崇信关羽、张飞这类武功赫赫之神。

多数为叙议结合者。《艺概·文概》曰：“叙事有寓理，有寓情，有寓气，有寓识。”③ 乾隆二年（1737），辛昌五所作《重修东塔殿碑记》，则表达其见解“求佛于佛，不若求佛于心。外心以求佛，则佛流于寂灭；外佛以求心，则心入于冥顽。佛与心，殆有不可歧而二者”④。阐述完世人体佛之道后，又描写密照深公

---

① 冼剑民、陈鸿钧：《广州碑刻集》，广州：广东高等教育出版社，2006年版，第417页。

② 同上，第419页。

③ ［清］刘熙载著，袁津琥笺释：《艺概笺释》，北京：中华书局，2019年版，第214页。

④ 冼剑民、陈鸿钧：《广州碑刻集》，广州：广东高等教育出版社，2006年版，第144页。

“慨然捐其俭积，鸠工庀材，力而新之，画栋连云，朱霞映月”。作者进而赞美“积善则善心洽，善心洽则佛心融，谓之即佛即心可，谓之即心即佛亦无不可也”。文章观点鲜明，叙事围绕着论点而展开，既褒扬了密照捐资修殿之举，又阐明了作者的看法。安甸《重修慈佑冼太夫人庙碑》从回顾历史写起，详细叙述了冼夫人之功绩：抚循部众，治理州政，平定岭南之多次叛乱，拥戴隋朝，对国家统一及地方安定做出了杰出贡献。作者议论道：“太夫人一女流耳，五岭荒服，义仅羁縻，且尔时朝局如棋，数十年而三易姓，即闭关拒守，窃帝号以自娱，亦何所畏忌哉？乃割恩断爱，慷慨勤王，无少徘徊，非天性忠贞而克明君臣之大义者，固未足以语此也。”① 冼夫人是岭南历史上传奇人物，千百年来成为岭南之地方神，备受虔祭。

2. 衬托与铺陈

古人信风水之说与形家之言，建庙一般都要选风水佳处。记体文好用衬托与铺陈手法，极力展现庙宇所在地山水秀美，民风淳厚，神灵庇佑，俨然是乐土。

李士桢《关帝祠重修碑记》作于康熙二十二年（1683），文章开头论述山水与庙宇的关系。“余尝览粤东名胜，山之五岭，地总百粤。而大庾岭则分衡岳之一枝，历浈江，过湟溪，峰峦盘郁，结秀孕灵，绵亘千里，汇为省会。大海环其南，层沙拱之，此神皋天府之区也。从来胜都名壤，必先有忠灵显赫之神明为之呵护，而后可建牙树纛，自邦畿以迄侯甸，靡不然矣”②。可见神灵与江山城郭之关系。庙宇碑作者或写江山雄丽，或写市镇繁华与民俗

① 谭棣华、曹腾騑、冼剑民：《广东碑刻集》，广州：广东高等教育出版社，2001 年版，第 606 页。

② 黎志添、李静：《广州府道教庙宇碑刻集释》，北京：中华书局，2013 年版，第 953 页。

之胜，以衬托神灵之灵验。

嘉庆十年（1805），梁殿珍所作《重建华光庙碑记》将家乡描绘为福地。“吾邑当广州海道之中，山水韶美，往往大乡小落，前临大河，雕甍飞阁，回映江碧，烟火腾茂，弥望深蔚，若练溪乡其尤著也。盖乡实居新造海之上游，沐日浴月，以趋汇于南溟，而湾环吐吞，回澜紫烟，萦抱如法”①。家乡山水壮美，神灵喜居，自当得福。道光二十七年（1847），何若瑶所作《重修华帝庙碑记》进一步描写了番禺练溪乡风水之佳。“练溪香火庙奉祀华光神，其显灵为最着，前人论之最详，毋庸具述，而风水之所钟聚，形势之所蟠结，维神实主之。至于山川之明秀，海鳌莲花鱼珠狮石之拱峙而回翔，与夫风月澄清，烟雨晦冥之俯仰而百变，靡不交流而汇集于斯。观其上下波光，水天一色，长江白练，金碧相辉，而神之灵光显烁，实与为式凭焉”②。铺陈漂亮的文辞，描绘壮美的山水以衬托神庙之环境。乐土与福神，以期邀福。

冼煜《重修锦香池记》通过描写市镇繁华来突出神灵庇佑之功。“佛山乡夙称巨镇，牂牁之水西来，青螺之嶂北峙，勋名文物，埒于中邦。五岭以南，亦一都会也。其间四方之贝货，商旅之辏集，仕宦之往来，络绎于兹”③。黎崇基《重建嘉猷古庙碑记》则铺陈祭祀之盛况，借以表达神道设教之意。“岁时伏腊，吹豳饮蜡，七乡人士，齐明盛服以承祭祀，车毂击，人肩摩，藉以联气谊而伸洽比，敦古处而劝农桑”④。

---

① 冼剑民、陈鸿钧：《广州碑刻集》，广州：广东高等教育出版社，2006年版，第463页。

② 同上，第487页。

③ 黎志添、李静：《广州府道教庙宇碑刻集释》，北京：中华书局，2013年版，第619页。

④ 同上，第921页。

3. 人物刻画与抒情

部分庙宇碑文注重刻画人物形象，突出主持修建者之功劳，承继了记体文塑造人物之常法。李宜民《华盖庵碑记》着重突出其友沈小楼。文章叙述道："余友武林沈小楼者，乃狷介乐善人耳，顾而怀恋反侧，思复振兴，毅然以倡议督责为己任，而更栖心净域，掉脱尘坱，敝屣名利，此亦达者之旷识也。"经过作者与友人的精心经营之后，庵堂焕然一新，作者评述道："余虽勉力捐输，未足称述。若小楼之操任勤劳，更兼张景云之勷勷厥事；其殿之左右各壁石刻经文，暨词章联额，皆王竹塘手书；则此三君子之功，乌可堙没而弗彰！"① 记，纪也，纪有功之人。庙宇碑多在后段镌刻众多捐资者姓名，此乃碑文之常法，突出主修者形象亦为常见之法。黄甲先《重建大魁阁记》文章为二段，一段叙写大魁阁历史与修建情况，一段专写龚崧林之功劳。叙其政绩道："余甫下车，锄奸宄以兴善类，则善人乐于助；禁低伪以通商贾，则商人乐于助；省耕劝农，则农人乐于助；观风课士，则士人乐于助。四民踊跃，子来复歌，有如是乎？"② 龚公政绩卓著，深得民心，倡导修建，一呼百应。一位爱民勤政的好官员形象跃然纸上。张德桂《建天妃庙文峰塔记》刻画了康熙年间从化县令郭遇熙之形象。"幸我郭贤侯，莅治两载，百废具举，如修学宫，修大魁阁，修蓝田庙，建乡约，建茶亭，建迎恩，凡可以兴文教、维民风、利民事、培地脉者，创之不言劳，修之不遗力"③。郭遇熙勤政爱民，政声颇佳，有粤东廉吏之誉。

---

① 桂海碑林博物馆编：《桂林石刻碑文集·下册》，桂林：漓江出版社，2019 年版，第 301 页。

② 黎志添、李静：《广州府道教庙宇碑刻集释》，北京：中华书局，2013 年版，第 1089 页。

③ 同上，第 1096 页。

俯仰古今、追缅历史、回顾现实、审视环境、赞美人物，行文至此，作者情怀毕露。庙宇碑文中有间接抒情、直抒胸臆或反复抒情之作。许锡龄《韩文公祠堂记》一文反复表达作者对韩愈的景仰之情，文章直抒胸臆，一唱三叹。作者结合自身仕宦经历，言与前贤之因缘，借以自勉。作者先从文章中认知前贤，“锡少时读唐史及公文，至鳄鱼篇，未曾不掩卷而叹也”，后在庙宇中“睹公之像，魁奇俊伟，拜跪悚栗者。盖锡之企慕乎公久矣”。作者出任潮州太守后深刻感受到：“乡之缙绅先生及里巷小民，啧啧颂公者，不可殚记。”于是“遂于莅州之次日，拜公之祠，瞻公之像，而后乃快然无恨矣”①。几十年中，许锡龄以韩愈为精神偶像，文章政事均以韩愈为榜样，因缘际会，出守潮州后，他更倾慕韩文公之德业。

梁佩兰《金花庙前新筑地基碑记》创作于康熙三十年(1691)，文章叙写了家乡山水雄丽，文物兴盛，“士绅大夫，尚风节而谈道义。三公六卿、大儒名将，师师济济”。进而描述风景秀丽，市井繁华，人物嬉游，满是怀旧之感。“至于郊原远近，园林梵宇，绮绣相错。时节嬉游，珠江桃坞、白云越秀之间，笙歌珠翠，毂击肩摩”。作者追怀脑海中的故乡风物，间接抒发浓烈的今昔之情。世移时变，新庙建设，“吾有感乎庙宇之维新，而追思吾郡畴昔之盛，冀旦夕复见之也”②。对于经历过王朝迭变的文人而言，沧桑的历史永远横亘于胸中，其情郁茂，难以拂去。

叙事、议论、衬托、铺陈、刻画人物、注重抒情等为传统古文之手法，也是营建记常用手法，清人继承传统并因时代变化而

---

① 谭棣华、曹腾騑、冼剑民：《广东碑刻集》，广州：广东高等教育出版社，2001年版，第251页。

② 冼剑民、陈鸿钧：《广州碑刻集》，广州：广东高等教育出版社，2006年版，第397页。

力出新意。

（二）清代文章的特色

1. 骈体兴盛

乾嘉以后，多主张骈散融合，强调两者相辅相成①。骈文到了乾隆、嘉庆间更其盛行，“胡天游、邵齐焘、袁枚、孔广森、吴锡麒、洪亮吉等名家辈出，成了唐代以后的未曾有的盛时”②。在这样的时代风气影响下，清代岭南庙宇碑文打破了古文一统的局面，出现了不少骈体之作，部分文章融骈入散，展现了清人兼收并取的文章特色。

曾燠于嘉庆十五年（1810）至二十年任广东布政使。他热心文化事业，在扬州任两淮盐运使时主持扬州文坛风雅十余年，影响深远。嘉庆十八年（1813），曾燠为广州白云山粤岳祠题写《粤岳祠记》。文章开篇铺叙，描述仙灵之境。“麻姑开镜，真人卓锡。架彩虹而作琴，聚紫霞而成绮。离内烟雨，若远若近，呼吸水露，为酥为醪。冲虚观外，丹气贯于青霄；河耨池畔，水濂接于银汉。则有紫石之英、黄精之药、寿藤符草、灵禽神龟。梅花万树，乃是美人之魂；蝴蝶五彩，宛然仙子之服”③。描写完灵境之后，作者用散句插叙粤岳祠之来历，继而纵论天下名山，指出“矧罗浮君作镇南越，尊厥称号，名实元符”。极力铺述后，最终突出白云山粤岳祠之重要。

汪瑔《重修广州三元宫碑铭》记述了广州三元宫毁于战火之历

① 吕双伟：《清代骈文研究》，上海：上海古籍出版社，2018 年版，第 233 页。

② ［日］青木正儿：《中国文学思想史纲》，太原：山西人民出版社，2015 年版，第 147 页。

③ 冼剑民、陈鸿钧：《广州碑刻集》，广州：广东高等教育出版社，2006 年版，第 273 页。

史。文章突出三元宫悠久历史以及此次重修之不易。用典、议论、抒情融于一体。“是后恢崇基域，聿至再三，绵历岁年，殆将二百。挹三山之绝境，开百粤之胜因”。如此宫观毁于英国侵略者，作者借住持黄佩青之口来抒发悲情，“感墉台之已废，朱紫房空；悲瑶殿之云颓，丹青盖偃”。黄佩青艰难重修之后，“平临珠海，气连聚凤之洲；近倚玉山，势接呼鸾之道。珍林绕舍，八桂遥分，瑶草盈阶，九芝相映”①。宫观复原后，作者赞美振兴之功。“兹宫处都会之中，为道流所集，洞宫三十六所，近接朱明；太宵百二十宫，宏开紫馆。虽暂逢于劫会，讵无待于振兴，则其开拓金城，恢崇玉局，岂独南宫校籍，增九琳日月之辉；亦将东壁镌经，壮五管山川之色”。作者接着在铭文中再次褒扬黄佩青艰苦劬劳。黄鹤飞《天后元君庙形真迹碑》作于同治五年（1866），文章简短，对仗工整，如“右通云岭，左达珠江，望彩虹之飞腾曜舞，倚两极之巍坐嵩居。神安斯土，必也人杰地灵；景色悠扬，故谓物华天宝”②。

大体上，庙宇碑文中的骈体文章，注重文采，使事用典，简易流畅，既言之有物，又言之有序。

2. 考证之法

乾隆、嘉庆年间，社会承平，国力富强，汉族知识分子的反清意识渐已息止，一时号称盛世。这一时期的墓碑文，思想上不再具有某种特出的倾向性，而在为文的理念和实践上颇有发展。与其他记叙体散文一样，墓碑文的主流风气也归于天下共知的桐城派③。姚鼐提出了“义理”“考证”“文章”三者交相

---

① 冼剑民、陈鸿钧：《广州碑刻集》，广州：广东高等教育出版社，2006年版，第262页。

② 同上，第503页。

③ 陈惠琴、莎日娜、李小龙：《中国散文通史·清代卷》，合肥：安徽教育出版社，2013年版，第216页。

为用的观点①。庙宇碑文作者受到时代考证风气以及桐城文风影响，但这类文章并不是对文献、文义、字句考索论证，而是好梳理山川地理之源流以突出文章主旨。

乾隆二十四年（1759），查礼在广西太平知府任上作《丽水龙神庙碑》。文章开头论述江之源流，详细交代水文地理。“环太平之水曰丽江。江之源有三：其二来自交趾，未详其所出。一进水口关，交人名牧马江；一进平而关，交人名威猛江。二水东流至龙州合。又东六十里与明江水合。明江出南宁上思州十万山，西南流进太平土思州界，又西过宁明州东，又北与牧马、威猛二水合。三水会流，东北绕崇善县城又东经左州永康州界，又东北过新宁州西，又东北至宣化县境，合温水”。作者接着引经据典，考证出：“今之丽水，即古之斤水也。”又指出“《粤西省志》与《太平府志》仅载丽江，而均未详斤水之名，何未之前考欤”②。借这次修庙作记的机会，查礼要让世人明白郡城绕城河丽江之来龙去脉，从而提出“山川有能润于百里者，天子秩而祭之”，以此祭祀龙神乃情理中之事。文章曲折稳健，行文似散而神聚，体现了查礼文章博学渊深好考证之特点。

凌扬藻《凤凰冈社稷坛碑》详细考证了社稷祭祀之流变。“余惟共工氏之子勾龙平九土得配社，厉山氏之裔柱为田正得配稷，此唐虞夏后以来社稷所由始也。汤以弃代柱，欲更勾龙无可代者。汉元始中，乃以禹代之。然唐、宋及元，卒复勾龙而弃之配，不易。明初，用尚书张筹言，罢勾龙、弃，而以仁祖配。建

---

① 马茂军、刘春霞、刘涛：《中国古代散文思想史——文化生态与中国古代散文思想的嬗变》，北京：人民出版社，2011 年版，第 461 页。

② 林剑平等修，吴龙辉、张景星纂修：《民国崇善县志》，民国二十六年抄本，第 33 页。

文时，更以太祖。洪熙后，又以太宗，弘治甲子，始率旧典。我朝定鼎燕京，戡平乱略，乃立冢土，以为民请命于干戈扰攘之余。故顺治五年，即遣官祭告郡国社稷，而于乡社里社，亦听闾阎所自为，诚有合乎‘大夫以下，成群立社’之义”①。作者讲述社稷祭祀之演变历史，脉络清晰，文字一丝不苟，言虽简而味无穷。

如查礼、凌扬藻这般在庙宇记中考证的作者不是少数，庙宇碑文或多或少显露了清人好考据之风。

3. 雅正简洁

清朝统治者强调“清真古雅”，主要侧重于内容上要求文章符合传统道德之“正”，达到中正平和的境界。方苞提出的“清真古雅”之说，与清朝统治者倡导的主流风尚一致②。清代文章历经变化，《清史稿·文苑传》描述为：“康、乾盛治，文教大昌。圣主贤臣，莫不以提倡文化为己任。师儒崛起，尤盛一时。自王、朱以及方、恽，各擅其胜……道、咸多故，文体日变……同治中兴，文风又起……光宣以后，支离庞杂，不足言文久矣。”③ 盛世时期的这种清真古雅的文风以及桐城之文影响了各时期的碑刻文创作。

朱廉《重修玄帝庙碑记》创作于乾隆四十八年（1783），文章引用《诗》《周书》等多处典故，引经据典，古雅流丽。以《诗》中“明明在下，赫赫在上”来证明天人相感。以《蔡仲之命》“皇天无亲，惟德是辅”来说明“神所凭依将在德矣”。文章

① 冼剑民、陈鸿钧：《广州碑刻集》，广州：广东高等教育出版社，2006年版，第466页。

② 马茂军、刘春霞、刘涛：《中国古代散文思想史——文化生态与中国古代散文思想的嬗变》，北京：人民出版社，2011年版，第455页。

③ 赵尔巽等撰：《清史稿》卷484《文苑一》，北京：中华书局，1977年版，第13315页。

以流丽之笔来描绘笔村乡的环境，“番禺握五羊郡城东南之秀，为百粤名区。循城逦迤而东，山行五六十里，有笔村乡，以佛迹岭为屏翼，居人尽背岭而家，林木森蔚，地古风淳，宛然流水桃花渔人问道处”。如此美丽清幽的地方建有玄帝庙，乡人虔诚，“岁时伏腊，挈牲牷，分酒体，击社鼓，报土功，乡之父老子弟胥婆娑奔奏于其地”①。因庙貌倾颓，乡人积极重修，作者赞誉道：“将风俗益厚，人心加厚。”文章结构谨严，叙事有法，文风雅致。简湘元《重修三帝庙碑记》，文章简明，仅一段，共12句，二百余字，简洁而流丽。写家乡之胜境：“三帝庙在我乡之东青云桥内，碧水通流，丹荔交荫。其清可以濯，其芳可以采，其幽可以隐，诚栖神之胜境也。”② 作者关心家乡，“予久有重修之志，而寄迹羊城，有志未逮”。

“粤东三子”之一的黄培芳于道光二十一年（1841），为肇庆府梅庵修建撰写《重修肇庆府梅庵碑记》。文章仅一段，简洁利落。开头讲述梅庵历史，“创建于宋至道二年。相传唐六祖大鉴禅师经行地，尝插梅为标识，庵以梅名，示不忘也”。寥寥数字，讲述了梅庵深厚的历史。作者略写历代变迁，“迨明万历间，僧自聪由宝林来，复兴其地，廓而大之，从化黎参议民表为之记”。突出黎民表碑记是因黎为名士，前贤之作值得重视；另外黎民表为“先文裕公入室弟子”，乃黄佐之弟子，与作者家族有渊源。“至于古井老梅，足增山川之色，与夫一切烟云草树之变态，宜登览者自得之”③。文章简洁古雅，作者惜墨如金，言有尽而意无穷。

---

① 黎志添、李静：《广州府道教庙宇碑刻集释》，北京：中华书局，2013年版，第519页。

② 同上，第58页。

③ 谭棣华、曹腾骓、冼剑民：《广东碑刻集》，广州：广东高等教育出版社，2001年版，第651页。

雅洁是由方苞文论总纲义法论衍生的一条具体的古文写作要求，它将前人有关行文简洁和语言雅正的作文经验和追求合而为一，并且提出了更加严格的限制①。方苞文风静重简雅，才代表了桐城派雅洁之风而影响于后人②。时移世迁，清代文章因社会变化而迭变，但雅洁论与桐城文风对庙宇碑文创作影响深远。

综上所述，清代岭南庙宇碑有着深厚的历史内蕴，反映了不同时期多方面的人事信息。在文章创作方面既因袭传统，又体现了清代文章之特色。融合骈散，追求雅洁，适当考证，使得这类严肃的碑文具有较强的文学意蕴。

第三节　清代岭南学记碑文研究

岭南地区清代传统教育发展迅速。广东“教育方面，府州县学体系完备，社学、书院遍及城乡各地”③。清代全国有书院 4365 所，广东有 531 所，在全国各省排行第一名。海南岛虽然孤悬海外，地处南荒，也有书院 42 所④。清代广西共设有府、州、县学 84 所，其中 69 所是兴复前代的⑤。清代广西书院数量大增，仅是有可靠文献出处的就达 272 所⑥。

---

① 王运熙、顾易生：《中国文学批评史新编》，上海：复旦大学出版社，2019 年版，第 221 页。

② 同上，第 222 页。

③ 方志钦、蒋祖缘：《广东通史·古代下册》，广州：广东高等教育出版社，1996 年版，第 1064 页。

④ 周伟民、唐玲玲：《海南通史·清代卷》，北京：人民出版社，2017 年版，第 334 页。

⑤ 蒙荫昭、梁全进：《广西教育史》，南宁：广西人民出版社，1999 年版，第 198 页。

⑥ 孙先英：《广西书院文化研究》，桂林：广西师范大学出版社，2016 年版，第 18 页。

与儒学、书院建设相对应，清代岭南地区出现了大量的学记碑，这些碑文承载了岭南古代学校的众多信息。碑文体例属于学记体。学记体创自中唐梁肃，其渊源可追溯到后汉时“史传”类的《文学官志》，学记体兴盛于宋代①。目前学界对于清代学记缺乏研究，对清代岭南地区的学记也缺乏研究。从岭南各地方志及各类文献可辑出清代岭南学记碑文四百多篇，具体情况如下表：

清代岭南地区学记碑统计表

时间	顺治	康熙	雍正	乾隆	嘉庆	道光	咸丰	同治	光绪	宣统	时间不明
数量	10	118	34	87	28	33	8	13	26	1	55

按照古人新建或重修学校多撰写记文的做法来推断，历史上清代岭南学记远不止这个数量，但这些也能让我们了解清代岭南地区教育之情形。从学记文章数量来看，清代岭南一隅可以媲美前朝。目前学界辑录出前代学记数量为：宋代400余篇，金代76篇，元代630余篇②。与清代其他地区相比，岭南地区学校建设成效显著，以书院为例，广东建有书院531所、广西272所，岭南地区共803所；云南238所、安徽200所、重庆176所、贵州133所、甘肃103所③。可见，从纵向与横向两方面来看，清代岭南地区的学记有其代表性意义，清代岭南地区既经历了传统教育兴盛的局

① 刘成国：《宋代学记研究》，《文学遗产》2007年第4期。

② 参见刘成国《宋代学记研究》、郑军帅《金代学记研究》、周倩《元代学记研究》。

③ 参见高丽萍《清代甘肃书院研究》、张晓婧《清代安徽书院研究》、吴洪成《清代重庆书院研究》、古永继《清代云南官学教育的发展及其特点》，庞思纯、郑文丰《明清之际的贵州书院》。

面，又引领了近代新学风气，值得关注。

清代教育较前代发展较快，但随着王朝命运历经变化。“有清一沿明制，二百余年，虽有以他途进者，终不得与科第出身者相比。康、乾两朝，特开制科。博学鸿词，号称得人。然所试者亦仅诗、赋、策论而已。洎乎末造，世变日亟。论者谓科目人才不足应时务，毅然罢科举，兴学校，采东、西各国教育之新制，变唐、宋以来选举之成规。前后学制，判然两事焉”①。在清王朝二百六十余年统治时间里，国家历经迭变，各时期政治、军事、社会风气影响了其时各地的教育，这些都反映在学记碑文中。

一、社会印迹：盛世与乱世

“清王朝是以满族亲贵为核心的满汉地主阶级的联合专政。它一方面采取种种军事和政治措施，镇压汉族及各族人民的反抗斗争；另一方面又十分注意利用汉族的儒学、藏族蒙古族的喇嘛教，在意识形态领域中加强控制，以巩固自己的统治”②。清代各时期统治者均注重采用这两手策略来治理天下，镇压之方与文教之道反映在其时的学记文之中。

在文化教育方面，清朝入关之后，很快就举行科举考试，大力提倡尊孔读经。康熙南巡，过曲阜，谒孔庙，召集官吏儒生，讲论经义，甚至以天子之尊，向孔子行三跪九叩首之礼。对历代重要的儒家代表人物都优礼有加，为他们建祠庙，立牌坊，赐匾

---

① 赵尔巽等撰：《清史稿·选举一》，中华书局，1976年版，第3099页。

② 参见：戴逸《简明清史·第二册》，北京：中国人民大学出版社，2018年版，第581页。

额。“先儒”的后裔都世袭五经博士，倍加荣宠①。雍正朝对孔子的尊崇，超越历代帝王。雍正元年，追封孔子五代先人为王爵；二年将皇帝的“幸学”，改称“诣学”，表示对孔子的特别尊重；三年为孔子名字避讳；四年祭孔，雍正帝亲行跪拜大礼；五年将孔子诞日的中祀礼改为大祀②。清朝皇帝非常崇孔，注重以儒家思想来管控世道人心。

与崇孔思想对应的举措是各地儒学纷纷修建，清代儒学均崇奉孔子，岭南地区儒学多为庙学，与文庙其实是一体的。其主体建筑为棂星门、大成殿、启圣祠、明伦堂、名宦祠、乡贤祠、尊经阁、泮池、廊庑等。从谢启昆《广西通志·建置略·学校》及各地方志可知：广州府学、梧州府学、南宁府学、浔州府学、郁林州学、富川县学、平乐县学、平南县学、武宣县学、番禺县学、从化县学、怀集县学等均如此，其建筑大同小异。钟衡鉴《迁建文庙碑序》一文特意区分古代学校与庙学后指出：“今郡县所立中为大成殿，后为崇圣祠，旁则东西庑，外大成门、戟门、泮池、棂星门，环以宫墙，则庙之制也。”③ 可见在清代兴建府州县学与崇孔是相互关联的。新建或维修学校响应了帝王的号召，同时也与地方官员的政绩挂钩，从清初到清末，地方官员的兴学活动前后相继，在盛世时期一度形成高潮，乱世中亦勉力为之，这些均可从岭南学记碑文中窥其端倪。

康熙朝岭南学记碑文数量多，其崇孔之举，在学记碑文中多

---

① 参见：戴逸《简明清史·第二册》，北京：中国人民大学出版社，2018 年版，第 581 页。

② 参见：冯尔康《清朝通史：雍正朝分卷》，北京：紫禁城出版社，2003 年版，第 420 页。

③ 梁培煐、龙先钰等纂修：《贺县志·卷八》，台北：成文出版社，1967 年版，第 297 页。

有反映。郭遇熙《重建从化县学宫碑记》中言："方今圣天子崇儒重道，幸临曲阜，亲谒孔庙，祀以太牢，御制碑文，勒诸贞珉。"① 佚名《重修学宫碑记》："圣天子崇道右文，鸾辂东幸先师孔子庙，躬亲释特生内帑，修其殿宇，一时辟雍镛鼓，圜桥观听。又御制训饬士子文，遍勒天下郡县学宫，棫朴菁莪之化，可谓至矣！"② 曾凤举《学宫棂星门外扩地建坊记》："圣天子丕阐文教，亲莅宸翰，颁之学宫，训饬士子，百尔宣职于下，莫不仰承德意，以学宫为务。"③

清初几代帝王励精图治，国力蒸蒸日上，四海升平，文教发达，出现了繁荣盛世。学记文作者生逢盛世，又逢学校新建，文章多讴歌赞扬，既颂盛世，又颂官员兴学之举。刘秉权《重修广州郡学碑记》言当时教育成效："我国家昭文德以治天下，声教久敷于遐方。"④ 黄与坚《穗城书院记》评价道："汉唐以来，教屡衰，道亦以寝熄，今当盛世，风化洋溢，被于四裔，而益以前言往行，表率岭峤之间，使世有所规，趋千百世之下闻其风者，犹藉以兴起。"⑤ 黄兴礼《汾江义学记》既赞扬盛世文教，又借机勉励学子成才："圣天子侧席求贤，孜孜图治。各宪仰承德意，以振兴文教为己任。如端溪、粤秀两书院，皆遴聘宿儒，厚给饩廪。朔望亲枉车骑，稽其课程。诸生生当斯时，勉自树立，究明体达用之实学。异日出，膺民社用，治行著闻，使天下憬然想慕苏湖

---

① 冼剑民、陈鸿钧：《广州碑刻集》，广州：广东高等教育出版社，2006 年版，第 112 页。

② 谭棣华、曹腾骓、冼剑民：《广东碑刻集》，广州：广东高等教育出版社，2001 年版，第 917 页。

③ 冼剑民、陈鸿钧：《广州碑刻集》，广州：广东高等教育出版社，2006 年版，第 115 页。

④ 同上，第 41 页。

⑤ 同上，第 959 页。

之教。”①

清朝在经历了一段政治稳定和经济繁荣的全盛时期之后，到乾隆后期，习俗日侈，风气日坏，贫富对立日益尖锐。统治阶级的骄奢淫逸正是社会问题日益严重的反映，而这种腐化之风又促使社会矛盾更加尖锐化。从此，人民的反抗斗争日益激烈，如风起云涌②。道光二十年（1840），鸦片战争爆发，外夷入侵，清王朝内忧外患，无有宁日。复杂的社会局势，使得学记文作者忧心忡忡，他们慨叹办学不易，借办学维系世道人心更不易。

方大甡《重修镇平县学宫碑记》写学校修建于乱世：“余维镇平一弹丸邑耳，其贫瘠特甚，况议修时，适值倭人渝盟，南北用兵，海内骚然。未几，又值邻邑寇警，□言雷动，居民多迁避，事起仓猝，筹饷练兵，公私兼学立，几莫可谁何。”③ 陈泰初《贲南书院碑记》也记载了书院建于乱后，“甲寅，属有会匪，绅士议局坑头，合两司互纠察，未集而莞邑、佛镇、鹿步相继蠕动，属司中陷贼窟，乃寄局省垣，画饷募勇，随官兵诛剿。贼平，当沙、茭之中南村乡，建贲南书院，为两司团练局，推乡望为院长正副，藉筹善后”④。

孟森言：“道光之季，两广群盗如毛，广西尤遍地皆匪。”⑤

---

① ［清］张凤喈等修，［清］桂坫等纂：《宣统南海县志》，收录于《中国地方志集成·广东府县志辑》，上海：上海书店出版社，2013 年版，第 324 页。

② 戴逸：《简明清史·第二册》，北京：中国人民大学出版社，2018 年版，第 706 页。

③ 谭棣华、曹腾骓、冼剑民：《广东碑刻集》，广州：广东高等教育出版社，2001 年版，第 891 页。

④ 冼剑民、陈鸿钧：《广州碑刻集》，广州：广东高等教育出版社，2006 年版，第 982 页。

⑤ 孟森：《清史讲义》，北京：中华书局，2016 年版，第 346 页。

佚名《续修社学序》中言海南琼中县："迨至道光年间，贼盗横行，耕牛被窃。"① 广西的学记碑文多反映了太平天国军事斗争对学校的毁灭性破坏。郑献甫《重修临阳义塾记》记载："兵兴以来，栋折榱崩，鞠为茂草。"② 刘楚英《重修藤县文庙碑记》："粤西军兴以来，各府州县文庙学宫半毁于贼。"③ 蒋寅《清代文学论稿》言及："当时真正对社会产生巨大影响的是太平天国起义。这场波及大半个中国的内战给文学带来的影响，不单是'沉重地打击了以孔孟为核心的文艺观'，而是整体冲击了传统的礼乐社会及其思想基础，从而使整个文学的创作风貌发生转变，连带文学批评也随之变异。"④ 如蒋寅所言，由于时代巨变，清代岭南学记文内容也随着变化。盛世时，言太平之治，颂文教之功；乱世时，反映民生之艰，办学不易，教化难为。

二、教育状况：书院官学化，新学兴起

书院在中国古代教育体系中扮演了重要的角色。"盛朗西在《中国书院制度》一书中说：'清代书院最盛，人主亦极提倡，或颁匾额，或颁书籍，较之前代，有过之而无不及。'"⑤ 清帝对书院的态度由初期抑制转变为积极提倡。

"顺治鉴于会讲议政风气的不良影响而对书院有所压制，不过随着政权的稳固，一些帝王对待书院的观念发生了转变，如康熙

---

① 谭棣华、曹腾骓、冼剑民：《广东碑刻集》，广州：广东高等教育出版社，2001 年版，第 959 页。

② 梁培煐、龙先钰等纂修：《贺县志 · 卷八》，台北：成文出版社，1967 年版，第 294 页。

③ 蒙秉仁等修，胡毓璠等纂：《光绪藤县志》，台北：成文出版社，1968 年版，第 840 页。

④ 蒋寅：《清代文学论稿》，南京：凤凰出版社，2009 年版，第 11 页。

⑤ 陶嘉：《清代前期学校教育概论》，《教育评论》1988 年第 4 期。

积极支持书院建设，雍正要求在各省建立省会书院。清廷积极干预山长的聘请工作，位于省城的大书院一般由总督、巡抚会同学政聘请，位于府、州、县的各地书院一般由地方官员聘请。乾隆还要求对山长进行定期考核，对有佳绩者实施褒奖。在清廷的大力支持与严加钳制下，清代书院官学化，很多书院重视科举文教育"①。在帝王的提倡下，清代各地书院兴起，岭南地区尤为突出。

"清代书院发达，'粤省所建最盛'"②。据《广东通史》记载：自顺治十一年到雍正十年（1654—1732），广东新创书院102所，其中官立90所，私立12所③。雍正十一年至道光二十年（1733—1840），广东新创书院192所，其中官立145所，私立47所④。随着清代儒学教育渐趋空疏，书院教育成效更为突显，孟森言："清一代学人之成就，多在书院中得之，此固发展文教之一事也。"⑤ 清代广东著名的书院有端溪书院、粤秀书院、应元书院、学海堂、广雅书院、菊坡精舍等，广西著名的书院有秀峰书院、桂山书院、经古书院等。清代岭南本土人才不少有书院培养经历，如粤西五大古文家中的朱琦、龙启瑞、彭昱尧、王拯均与广西的书院关系密切。

"清代书院的性质，已与前代有所不同。在清代以前，书院是山林派的讲学，纯然是主修养，居敬穷理，培植各自的学术中心。

---

① 程嫩生、文洋：《经史之学与清代书院科举文教育》，《湖南大学学报（社会科学版）》2018年第6期。

② 方志钦、蒋祖缘：《广东通史·古代下册》，广州：广东高等教育出版社，1996年版，第1072页。

③ 同上，第1070页。

④ 同上，第1071页。

⑤ 孟森：《清史讲义》，北京：中华书局，2016年版，第250页。

而到了清代，书院从私立改为官立，讲学的中心与每年应试的课题相衔接，书院主要是培养士子的应试能力，书院的一切设备，都以应试为目标。书院的变革，根据清代的学术、政治、社会背景而转移”①。

桂林中学：任玉森《重修广西省城桂林府学宫记》

清代岭南各地书院建设均援例请人撰写记文并刻碑，这些书院碑文体现了清代书院教育官学化特征。王魁衡《新建翰香书院记》中明确提到书院教育为科考服务：“我朝正学昌明，文敷海表，同科联袂，发轫有人，而登华者略少，所为设宾兴以扶士气，建书院以育人才，诚欲振兴文运，以媲美有明也。”② 佚名《重修铜山书院记》中提及书院教学以八股文等科考内容为主：“自圣学不讲，凡师之所教，弟子之所学，官司之所董而劝之者，自时文八韵，诗试赋外无闻焉。余甚惑之。”③ 龙为霖《韩山书院碑记》教导士子加强儒学修养，以待他

---

① 周伟民、唐玲玲：《海南通史·清代卷》，北京：人民出版社，2017年版，第355页。

② 谭棣华、曹腾骈、冼剑民：《广东碑刻集》，广州：广东高等教育出版社，2001年版，第913页。

③ 同上，第923页。

日建功立业："毋近名，毋欲速，沉浸浓郁于周孔之书，庶几养其根，以俟其实遇，则铭勋钟鼎，黼黻太平之盛，不则卷而藏之，善化乡隅，而著述有以自见于后。"① 史起贤《昌黎书院碑记》高度赞誉韩愈在潮州之政绩，"文公百世之师也"，作者为士子树立学习榜样，为官员树立楷模，"官斯土者以公为师，则爱人育才，□兴文教，起衰济溺，俗□风移，何难治至"②，也是强调书院为朝廷培养人才之作用。

清代官学教育逐渐沦为科举之附庸，儒学教育渐趋空疏，士人埋首八股文章，放弃学习经典，形成浮华的学风。针对这些弊病，阮元"提倡尊经崇汉，主张学习汉儒以考释儒经为办法进行研究，以达到通经致用"③。阮元是朝廷重臣又是学界泰斗，他"嘉惠后学，主持风会者五十余年，士林尊为山斗"④。其"历官所至，振兴文教。在浙江立诂经精舍，祀许慎、郑康成，选高才肄业；在粤立学海堂亦如之，并延揽通儒；造士有家法，人才蔚起"⑤。

嘉庆二十五年（1820），阮元在广州创办学海堂。他手订《学海堂章程》，规定：由学长 8 人同司课事，永不设山长，亦不容荐山长。学长们分门别类指导课业，轮流执掌堂务。分工治事，集体负责。士子教育不再囿于八股学习，不以科举为目标。"多士或习经传，寻疏义于宋齐；或解文字，考故训于仓雅；或析道理，

---

① 谭棣华、曹腾骓、冼剑民：《广东碑刻集》，广州：广东高等教育出版社，2001 年版，第 235 页。

② 同上，第 234 页。

③ 曲铁华：《中国教育史》，武汉：武汉大学出版社，2011 年版，第 143 页。

④ 徐世昌：《清儒学案 · 仪征学案上》，北京：中华书局，2008 年版，第 4799 页。

⑤ 赵尔巽等撰：《清史稿 · 阮元传》，北京：中华书局，1977 年版，第 11424 页。

守晦庵之正传；或讨史志，求深宁之家法；或且规矩汉晋，熟精萧选；师法唐宋，各得诗笔。虽性之所近，业有殊工，而力有可兼，事亦并擅”①（阮元《学海堂集序石刻》）。在阮元影响之下，岭南学术渐兴，人才蔚起。“陈澧、康有为、梁启超、陈垣、商承祚等辈继出，南学遂兴”②。

诂经精舍和学海堂以别具一格的教育内容和办学方式，为书院这种教育形式开辟了新的发展道路。其摒弃八股、务实求真、教学与研究相结合的特点，带头破除了书院浮华、空疏的学风，为推动教育和学术的发展做出了重要贡献③。金锡龄《重修镜溪书院碑记》是对这种实学思想的响应，“多士涵濡其中，争自濯磨，无望其速成，无诱于势利，将见实学，成人才众，出则明体达用，处则修学好古，以仰体盛世作人之雅化”④。著名文学家刘熙载于同治三年（1864）秋督学广东，四年他应邀为高州府怀新书院的修建而撰写文章。其《怀新书院记》强调“敦本务，崇实行”，提出“自新为新民之本，新民造新命之极，澡身浴德，相与争自濯磨，将师道立而善人多，处则敦孝弟忠信廉耻之风，出则隆忠君爱国庇民之业”⑤。刘熙载指出书院教育要求新，要以育人育德为根本，反映了求新求变的教育思潮。

---

① 冼剑民、陈鸿钧：《广州碑刻集》，广州：广东高等教育出版社，2006年版，第964页。

② 杨丽容、荀铁军：《论清代康乾时期岭南社会的士风——以何梦瑶为例》，《海南师范大学学报（社会科学版）》2015年第3期。

③ 曲铁华：《中国教育史》，武汉：武汉大学出版社，2011年版，第143页。

④ 冼剑民、陈鸿钧《广州碑刻集》，广州：广东高等教育出版社，2006年版，第978页。

⑤ ［清］杨霁修，［清］陈兰彬等纂：《光绪高州府志》，收录于《中国地方志集成·广东府县志辑》，上海：上海书店出版社，2013年版，第198页。

1840年鸦片战争之后，清王朝受到巨大冲击，清末的封建教育也呈现出衰颓之势，官学教育有名无实，教育内容空疏无用，科举考试弊端丛生……至于地方官学更是衰败不堪，府、州、县学教学活动也几于停废①。在此背景之下，以张之洞为代表的有识之士大力探索新型教育，以挽救危机。

张之洞"鸿才硕学，博极群书而宅中守正，操履笃实，终身不懈。生平乐育为怀，所至以兴学造士为急务。于四川设尊经书院，于山西设令德堂，于广东设广雅书院，于湖北先后设经心书院、两湖书院、存古学堂，教泽之宏，追继阮文达，足称媲美"②。张之洞热衷教育，在地方主政时，积极探索新学。

光绪十二年（1886），张之洞在广州创办广雅书院。"粤秀、越华、应元三书院专课时文，斋舍或少或无，肄业者不能住院，故有月试而无课程。前督臣阮元所建之学海堂，近年盐运司钟谦钧所建之菊坡精舍，用意精美而经费无多，膏火过少，又以建在山阜，限于地势，故有课程而无斋舍"③（张之洞《创建广雅书院奏折碑》）。鉴于当时广州书院之不足以及社会对实学人才的迫切需求，张之洞创办广雅书院，并带头捐银一万两成立广雅书局。

张之洞提倡"实学"，强调通读经史，注重经世致用。"选调两省士子肄业其中，严定学规，慎防流弊，分经史理学经济四门，随其性之所近而习之，各立课程日记，以便考核"④（张之洞《请

---

① 曲铁华：《中国教育史》，武汉：武汉大学出版社，2011年版，第170页。

② 徐世昌：《清儒学案·南皮学案》，北京：中华书局，2008年版，第7196页。

③ 冼剑民、陈鸿钧：《广州碑刻集》，广州：广东高等教育出版社，2006年版，第948页。

④ 同上，第949页。

颁御书匾额折碑》)。广雅书院摒弃了以科考为目标的传统教育方式，为社会培养了一批实干人才。光绪二十一年（1895），开平县知县刘凤堂主持修建凤山书院，其《凤山书院碑记》体现了他受到阮元、张之洞等人教育思想影响，“吴越楚蜀多雅材，其轨迹可睹已。粤中自仪征太傅开学海堂，提倡英流，为时冠冕。近南皮张尚书复立广雅书院，士习丕变，郡县皆仿行之”①。开平偏僻，民风刁蛮，主政者也受到新学思潮影响。于斯可见晚清教育之巨变。

三、文风演变与文体变化

（一）雅致自由的前期

康熙五十年（1711）之前清王朝的政治环境相对宽松、开明，文学创作氛围较为自由。“康熙帝崇奉理学，思想上以儒家经典和宋儒义理为指归，反映在文学批评上则表现为注重学问，尤以经史为根柢的风气”②。“康熙间学术，德性与学问并重，而稽古右文，公卿风雅，天下翕然，知所向往”③。文章创作上，康熙帝明确要求醇雅。镌刻于康熙四十一年（1702）的《圣祖御制训饬士子碑》中要求：“穷经考业，勿杂荒诞之谈；取友亲师，悉化骄盈之气。文章归于醇雅，毋事浮华；轨度式于规绳，最防荡轶。”④ 郭预衡先生论此期文章曰：“通观清代之文，此期

---

① 余棨谋、张启煌纂：《民国开平县志》，收录于《中国地方志集成·广东府县志辑》，上海：上海书店出版社，2013年版，第604页。

② 黄霖：《近代文学批评史》，上海：上海古籍出版社，1993年版，第7页。

③ 孟森：《清史讲义》，北京：中华书局，2016年版，第241页。

④ 冼剑民、陈鸿钧：《广州碑刻集》，广州：广东高等教育出版社，2006年版，第50页。

可称文之盛世。其特点是各家各派，主张不同，文风不同，各行其是，没有正宗。”① 在这样的背景下，清初岭南学记文多雅致，内容充实，议论自由，描写人物亦形象清晰，文章感情充沛，生气勃勃。

著名学者仇兆鳌于康熙三十七年（1698）为英德县近圣书院新建而撰写《新建书斋记》。其文渊博深厚，人物形象鲜明，有破有立，显现了此期自由的创作风气。文章开篇议论，强调兴学乃“致治之先务”，接着批评世风“近世所称良吏，惟急催科严缉捕，剖决狱讼，弥逢上司，无他案注误者，便得循例升迁而去。即有纠集耆老讲明乡约者，不过朔望间举，奉行故事而已”。在此基础上，作者接着突出县令田从典的政绩，“莅英德者三载，取俗吏之苟简，一切皆以实心行其实政”②。文章接着述写了英德贫穷、偏僻、赋税沉重，在此背景下描述英德民风刁蛮，凸显兴学之必要以及田公兴学之功。文章行文回环曲折，敢破敢立，充满生气。

康熙十一年（1672），广西巡抚马雄镇重建桂林府学，毛逵、诸葛鼎、李棠三人分别为之作记，同时为同一学校而撰写三篇学记文的现象较为少见。毛逵以钦差广西考试官的身份撰写了《大中丞马公重建桂林府学记》，开头即写其亲身所见所闻：“闻前之典是役者，往往以人才为虑，予用是惴惴焉，迨入其郊，则见其农服先畴，士食旧德矣。至其都，则见其城郭丽而阛阓肃矣。”毛逵阅卷，“披所录卷，则见其有典有则，而一归于醇正。迨歌鹿进

---

① 郭预衡：《中国散文史·下》，上海：上海古籍出版社，1999 年版，第 337 页。

② ［清］林述训等修，单兴诗、欧樾华等纂：《韶州府志》，台北：成文出版社，1966 年版，第 380 页。

诸士而揖之，或美秀而文，或简重而质，而一归于大雅”①。作者从侧面写来，歌颂马公兴学之功，接着正面褒扬，“大中丞马公开府是邦，甫下车，以为为政之道首在兴起文治。文治所出，首在学校。当自近始，亟亟乎有不欲须臾缓者”。行文中作者一再褒扬马公，给予兴学之举高度评价。诸葛鼎《重建桂林郡学记》一文则以人才重要起论，转而叙写马公兴学，对兴学举措描写较为详细，

桂林中学：毛逵《大中丞马公重建桂林府学记》

评价马公道：“家世诗书，久读中秘，秉钺西藩。三载以来，百废厘举，遂不难以数百年旷典，躬自为任。”② 李棠《重建桂林府儒学记》则从桂林山川风土写起，论述“为政莫大于移风，移风莫要于兴学”③。借马公兴学之举来警醒为政者要注意文教。马雄镇任广西巡抚，颇有政绩，“累疏请平鹾价，建学宫，定有司边俸，

① 桂海碑林博物馆编：《桂林石刻碑文集·下册》，桂林：漓江出版社，2019年版，第51页。

② 同上，第55页。

③ 同上，第56页。

省军粮运费，并罢诸采买累民者”①。后逢三藩之乱，马雄镇被孙延龄幽囚三年后以身殉国，谱写了一曲壮烈悲歌。这三篇文章，叙事流畅，议论源远流长，文辞简明流丽，高度评价了马雄镇兴学之功。

（二）博学考据的中期

康熙之后，雍正帝大力整饬吏治，加强思想管控。乾隆一朝在思想文化领域管控尤其严格，文字狱频发，士人噤若寒蝉。“嘉庆朝，承雍、乾压制，思想言论俱不自由之后，士大夫已自屏于政治之外，著书立说，多不涉当世之务。达官自刻奏议者，往往得罪。纪清代名臣言行者，亦犯大不韪。士气消沉已极”②。“这一时期中，清王朝的统治由盛转衰，表面上稳定繁荣的政治经济背后潜伏着危机。文化方面，传统的经史之学受到文人普遍的重视，出现了以考据为特点的乾嘉学派”③。黄人《国朝文汇序》曰：“康雍之文醇而肆，乾嘉之文博而精，与古为新无美不具。”④这时期的岭南学记文作者亦是小心翼翼，作品中很少如前期那般大力歌颂官员之功，突出个人形象，此期人物形象逐渐模糊化，文章写法上带有考据之风，显现博学而精的特征，行文亦较拘谨。

卫廷璞《重修番禺县学碑记》撰写于乾隆二十二年（1757），文章从历史写起，开篇即用《鲁颂》“思乐泮水”之诗，接着又回顾番禺县学历史，再写当今重修之举，对主持官员则是一笔带

---

① 赵尔巽等撰：《清史稿 · 卷二百五十二》，北京：中华书局，1977 年版，第 9725 页。

② 孟森：《清史讲义》，北京：中华书局，2016 年版，第 302 页。

③ 王运熙、顾易生：《中国文学批评通史：清代卷》，上海：上海古籍出版社，1996 年版，第 429 页。

④ ［清］沈粹芬：《国朝文汇》，清宣统元年上海国学扶轮社石印本，第 4 页。

过。简略交代修建之后，展开议论，又用韩愈“业精于勤荒于嬉”、《鲁颂》“济济多士，克广德心”之语典来加强说理，颂兴学之举时先颂圣，“而况圣天子在上雅化作人，宦于斯土者又皆英才乐育”①。文章简短，前后呼应，结构严谨，注重用典，叙写历史，模糊化处理兴学官员形象，显然受其时代影响。乾隆二十六年（1761），孙庆槐撰写的《修雷州府学碑记》也非常简洁，文章以议论起笔，“人心之邪正，视乎学校之废兴”；行文不忘引经据典，“尝思南轩先生常谕雷郡矣，著善利使人心知舜蹠所以分，由是学校兴于宋”②。文章不颂地方官之功，而言：“皇上训谕天下以为己之学，文教要荒。雷士争自濯磨，致其良知，严于幽独。为臣忠，为子孝，当必有兴于学校者。”兴学之功，首先归皇上，不突出地方官员之功劳。

乾隆二十二年（1757），广东著名诗人何梦瑶撰写的《重修端溪书院新建后楼碑记》，大段写书院的源流变革，略写建设者之功劳，略去书院概貌等的描写，显现了乾嘉时期学记好梳理源流之特色。作者将端溪书院的历史沿革叙写得非常清晰，“今之端溪书院则东邻高要学宫，故钱局也。总督吴公兴祚鼓铸于此，后罢为五营射圃。今之近光亭，其阅武亭也”③。乾隆二十四年（1759），太平府知府查礼撰写的《丽江书院记》先从书院历史写起，详述太平府以往之书院，“惟太平一郡为古骆越地，远寄边徼，向无创置，其郡志所载之静庵书院，实前明太

① 冼剑民、陈鸿钧：《广州碑刻集》，广州：广东高等教育出版社，2006年版，第64页。

② 梁成久纂，陈景棻续纂：《民国海康县志》，收录于《广东历代方志集成》，广州：岭南美术出版社，2006年版，第1513页。

③［清］屠英等修，［清］胡森、江藩等纂：《肇庆府志》，台北：成文出版社，1967年版，第820页。

守胡世宁祠，静庵，其号也。又肇化书院，亦前明参政翁万达祠也”①。“乾、嘉之际，为考据之风最盛之时”②，此时的学记碑文亦显现出喜梳理脉络，带有考据之风。

（三）真诚多元的晚期

晚清时期吏治腐败，贪污成风，土地兼并严重，贫富悬殊，农民起义风起云涌；道光朝外夷开始入侵，内忧外患。咸丰朝爆发的太平天国运动，更是动摇了清政府的统治根基。“迫于国运的由盛转衰，朝廷的文化专制政策趋于缓解，这也促使思想界进一步焕发活力，向往清初诸儒的经世致用之风悄然复苏。一些有识之士渐次萌发求变的意识，并在学术与文学建设上展现思想的风采”③。这时的岭南学记文章或回归清初自由表达之风，或随社会环境变化而出现新变，展现多元风貌。写法上，多叙议结合，叙得真实，议得坦诚。

道光年间金兰原任韶州知府，他带头捐俸银，建设相江书院。其《相江书院记》重点突出自己多年规划之功劳。文章言其筹款建设，调离多年后，依旧不忘书院之建设。“太守之莅斯土也，将周星纪矣，无日不蕲诸生之底于有成。幸而斋宇聿新，膳□罔缺，登斯堂者，宜如何砥砺以副太守之怀也?”④ 文章不再是文网严密时侧重考证源流之写法，而是回到清初自由行文之风，表达自己的真情实感。徐应照《镜溪书院碑记》撰写于道光十七年

---

① ［清］谢启昆修，［清］胡虔纂：《广西通志》，南宁：广西人民出版社，1988年版，第4005页。

② 郭预衡：《中国散文史·下》，上海：上海古籍出版社，1999年版，第517页。

③ 曹虹：《在学术与文章之间——清代散文发展历程侧记》，《古籍研究》2004年第1期。

④ ［清］林述训等修，［清］单兴诗、欧樾华等纂：《韶州府志》，台北：成文出版社，1966年版，第371页。

(1837)，文章突出办学之地风景秀美，“矧其地溪流如带，云木阴翳，戙旗诸峰，层峦迭嶂，龙气蜿蜒。前临波罗，江涛浩瀚，汪洋恣肆，百灵秘怪，变幻恍惚，不可名状”。如此地杰之地，作者惭愧自己未能办学，“予捧檄兹土三年矣，簿书凌杂，朱墨填委，无暇诏诸生以力学。兹者重来，使星旁午日，不遑给方，愧有志而未逮。不意都人振兴鼓舞，果能相与有成也”①。书院建立后，作者作记寄予厚望。行文回环曲折，注意书写个人，凸显真情实感。

清末部分学记文表现社会之乱象，办学之不易，或表达作者的切身感受以及对教育的看法。这类文章批评教育的弊端，感情真挚，直笔而书，富于变化。

严立儒《重修武功书院序》撰写于光绪四年（1878），文中叙写书院重修之困难：“无如星霜递变，兵燹频经，栋宇渐即倾颓，垣墙亦将朽坏，各房宗戚时相过从，谈及倡修一事，咸以为今日要图。然但见诸空言，未能措诸实事，迁延岁月，不溃于成，留心祖业者莫不惆然久之。”② 可见清末办学非常不易。光绪二十六年（1900）的《重修萝峰书院记》写当时世风发生了大变化：“吾粤风俗日坏，含诈浮薄，愈趋愈下”，在这种情况下唯有萝冈钟家能坚持书院教学，“甲寅之乱，盗贼蜂起，洞中课文如故”③。世乱频仍，要坚持传授礼义之学，确实不容易，作者对此颇为赞扬。

黄人评价道光、咸丰朝文章“激昂峭厉，纵横排奡，忠义之骨而参以仙侠之心，骚雅之音而出以幽并之气”，又言同治中兴后

① 冼剑民、陈鸿钧：《广州碑刻集》，广州：广东高等教育出版社，2006年版，第966页。

② 同上，第980页。

③ 同上，第981页。

文章“光怪瑰轶，汪洋恣肆”①。晚清岭南学记碑文也显现了这之中某些特征。

（四）变体之作

学记文章一般以纪功为主，吴讷曰：“大抵记者，盖所以备不忘。”② 具体行文中，往往回顾历史，对比今昔，言兴学之不易，以此学记文章以赞颂为正体；但清代晚期世事纷纭，世风不古，传统教育弊端丛生，部分学记文章写法发生了改变，出现了变体之作。

道光九年（1829），吴荣光撰写的《重修佛山田心书院碑记》一文记载了佛山田心书院文会风气之变化，“会文者，凡一纸一茶一面及奖赏所出，岁捐赀以取给焉。盛时会者至四五百人，每十数人主一会，岁则二十余会。会卷即日交主者受，越宿则不受。受则汇送乡先达，定甲乙，魁者奖制钱百余，以次递减”。自从书院有了经费后，弊端丛生，“佛山多学馆，使每馆月主一会，则受卷者越宿可受也。越二三四宿亦可受也。越宿可受，则馆中人能窥别卷之文。有佳者或剽窃其一段一股一对，润色其文以博取前列也。又其甚者，馆师擅加评阅，定甲乙，伪押先达印章以诳人。又其甚者，所伪印章，其人早已作古，而莫之知也”③。这段文字记载了田心书院自从有了官方资助后，弊端丛生，风气败坏，士子剽窃文章，馆师擅定评语。此篇文章痛斥弊端，其写法实为学

---

① ［清］沈粹芬等辑：《国朝文汇》，清宣统元年上海国学扶轮社石印本，第5页。

② ［明］吴讷著，凌郁之疏证：《文章辨体序题疏证》，北京：人民文学出版社，2016年版，第162页。

③ ［清］张凤喈等修，［清］桂坫等纂：《宣统南海县志》，收录于《中国地方志集成·广东府县志辑》，上海：上海书店出版社，2013年版，第335页。

记之变体。

陈璞《兴建贲南书院碑记》作于光绪四年（1878），全文重在描写匪乱，“红头贼起佛山，两属土匪乘间肆扰，林洸瀧踞钟村，李亚计踞市桥，陈显良踞新造，劫掠迫胁，以鱼肉我两属。两属士绅咸出避会城协谋，并办练勇集饷，申请大府会兵剿之”①。整篇文章都在写平乱，只用一句“于是谋建书院以永其后”来交代书院建设。这种写法也变化较大。

邝朝勋《重修和风社学碑记》作于嘉庆六年（1801），时管控之风已缓。“仁宗天资长厚，尽失两朝钳制之意，历二十余年之久，后生新进，顾忌渐忘，稍稍有所撰述”②。文章写作者三十年间所见所闻，“勋犹忆少年承先君子命，随诸父老后，与襄其事，落成之日，碑记贤劳与夫芳名，奕奕不胜屈……今勋年未老，而上下三十年间身与斯事者三焉”③。文章侧重写自己的感慨，并不着意交代建设过程与细节，亦为学记之变体。

桐城派是清代影响最大的散文流派，自中叶开始“墓碑文的主流风气也归于天下共知的桐城派”。桐城派追求“清真、雅致、质朴的文体，他们的墓碑文写作也体现了这样的追求与努力”④。晚期的学记文章直截了当，敢说敢议，明显别于主流之桐城文风。

除此之外，岭南学记之变，不仅体现在文章技法上，也体现在文体上。自宋开始，学记文渐至兴盛，但多是以散文来写。在

① 冼剑民、陈鸿钧：《广州碑刻集》，广州：广东高等教育出版社，2006年版，第979页。

② 孟森：《清史讲义》，北京：中华书局，2016年版，第302页。

③ 冼剑民、陈鸿钧：《广州碑刻集》，广州：广东高等教育出版社，2006年版，第927页。

④ 陈惠琴、莎日娜、李小龙：《中国散文通史·清代卷》，合肥：安徽教育出版社，2013年版，第216页。

清代骈体文复兴的背景下，岭南学记文章也较早出现了骈体之作。

赵弘灿为名将赵良栋之子。康熙四十八年（1709），赵弘灿任两广总督时为肇庆府学撰写《重建肇庆府儒学碑记》。文章言肇庆山川地理特征："古称端郡，独踞上游，五岭凝烟，三江吸浪。苍波杳渺，挟横潦以西来。高峡嵯峨，束怒涛而东注。"府学修后壮丽之貌："内则翚飞列庑，波萦藻之芹风。外而虹指修墙，香润坛花之杏雨。西屏叠翠，岫拱星寒，东阁流丹，棂移照晚"①。

黄铮为政精敏，"十三年任，纲纪整饬，莅政精明，缉盗锄奸，宁人息事。未几，升雷琼道。百姓讴思"②。其《重修府学记》为乾隆十年（1745）雷州府学建设而作。文章为骈文，流丽简明。文章写自己之职责："职忝分符，礼遵释菜。进旅退旅，每望海而难言。仲丁上丁，常抚云而高视。"建设过程为："梅梁桂柱，奎聚云章。梓匠轮舆，俨生徒而跄跻；塈涂丹雘，等冠佩之雍容。炳炳麟麟，昭四十九表之异；枚枚实实，壮七十二贤之观。"③

咸丰八年（1858），司徒光撰写的《康乐书院碑记》则骈散兼用，叙写修建缘起道："时事日非，人心叵测……前者红旗滋逆，此方白璧无瑕。诸先生倡义于前，有伦有脊；众勇士同心于后，是训是行。"建成后之作用："公是公非，同评月旦。言慈言孝，共树风声。上以体同风一道之休，下以安食德服畴之习。"④

---

① 谭棣华、曹腾騑、冼剑民：《广东碑刻集》，广州：广东高等教育出版社，2001 年版，第 641 页。

② ［清］余保纯修，［清］黄其勤纂：《直隶南雄州志 · 卷之四》，道光四年刊本，第 120 页。

③ 梁成久纂，陈景棻续纂：《民国海康县志》，收录于《广东历代方志集成》，广州：岭南美术出版社，2006 年版，第 1504 页。

④ 余棨谋、张启煌纂：《民国开平县志》，收录于《中国地方志集成 · 广东府县志辑》，上海：上海书店出版社，2013 年版，第 602 页。

于斯可见，以骈体写作学记，从清初至清末持续不衰，这明显受到清代骈文复兴的影响。“伴随骈文复兴而起的对骈体的提倡、鼓吹，在清初已经出现，但是将骈散之争推向高潮的则是在清代中期之后。这与朴学高度发达，而骈体易于表现才学，填使典实，因而比较受学者型文人喜爱有关，也反映出当时一部分文人写作文章更加注意追求精纯华美的语言艺术的风气”①。骈体学记多简明流丽，跳出了传统学记之窠臼，别有一番风貌。

四、时代性与地域性

与前代学记相比，岭南清代学记碑文在写法上继承了传统学记的程式化写法，既叙述建设缘起、过程以及工程规模、建后情形等，又发表见解，叙事、议论、抒情等多种手法并用。在内容上，岭南清代学记与前代学记相比有着鲜明的时代差异。它反映了清王朝由盛到衰之社会变迁，儒学教育渐趋空疏、书院官学化、新学兴起的教育变化过程。岭南清代学记碑文内容上鲜明的时代性，使其别于以往之学记。

在思想上，与以往学记相比，中晚期的清代岭南学记趋于世俗化。自宋人在学记文章中大开议论之风后，学记文章叙写完学校建设过程后，作者多会发表看法；这些议论文字或赞颂兴学之功，或表达作者对当世教育的看法，往往能显现作者之胸襟气度；以往议论部分多鼓励怀抱利器的士子治国平天下，达则为帝王师，不遇也应修身齐家，教化一方民众，理想崇高；但岭南地区清代中晚期的部分学记文章之作者则缺乏这番圣贤思想，他们表达出的想法较为现实。

① 王运熙、顾易生：《中国文学批评通史：清代卷》，上海：上海古籍出版社，1996 年版，第 547 页。

道光二十七年（1847），冯启蓁撰写的《重建始平书院碑记》叙写完书院建设过程后，抒发其愿望："继自今功德宏远，子孙蕃昌，亲谊明宗，支叙蒸尝，备典礼行，享祀春秋，于以不忒绳其祖武者，亦惟入庙思敬焉可尔。"① 冯启蓁盼望的是宗族和睦、子孙蕃昌，家族兴旺。

光绪二十七年（1901）的《义学堂碑记》："倘他年得藉东风，扶摇直上；皆此日同沾化雨，作育先施。庶或耀祖光宗，堪为上达；营生执业，免居下流。"② 文中着眼于个人前途，希望优秀的士子能耀祖光宗，一般的能营生执业。这些文章多关注自身前途命运，不高谈阔论，贴近现实生活。

中晚期的部分清代岭南学记内容琐细、零碎，作者更注重碑文之实用性，这与以往的学记文章有较大差异。

汤昭璘《重修步云书院碑记》作于嘉庆二十年（1815），该文主要讲述的是书院膏火收缴变化过程；"雍正八年，县主应抬即将钟金湖溢税田地，尽拨入步云书院，收税管业，以为师生膏火之需。迨至乾隆十五年，突遭冯东明、许坤正、邝佳柱等窥，田距书院颇远，无人出力稽查，胆诡瞒承耕，每年只约纳谷五百斛。田多租少，于书院已不敷费用。况又历年拖欠，指屈计算，数十余载，积欠多租，竟无一人出首呈控"③。此文简短，只有一段，叙事重心在追缴书院膏火。文章既不写书院建设过程，也不发表自己对教育之见解，不刻意追求文学性。

邝朝勋嘉庆六年（1801）撰写的《重修和风社学碑记》文末详细列出了近50位首事者姓名，同时又详细列出了各乡助工

① 冼剑民、陈鸿钧：《广州碑刻集》，广州：广东高等教育出版社，2006年版，第968页。

② 同上，第944页。

③ 同上，第963页。

钱的数目。如：九潭乡助工金贰两贰钱叁分，两潭乡助工金壹拾伍两壹钱壹分。文末共列举了20个乡捐助数目。作者详列这些人名与乡名，其扬名后世的意图非常明显。清代中晚期碑刻注重实用性，其文学性反而被削弱。学记碑如此写法，应与这种风气相关。

与清代其他地区相比较，岭南地区学校建设成效显著，新学教育开启较早，其学记碑文得时代之先声。又因本土影响，这些学记碑文书写了岭南之风土人情，带有鲜明地域性。

地域性首先表现在作者行文中以本地乡贤为榜样来劝谕学子。刘秉权《重修广州郡学碑记》中历数岭南乡贤，“惟其风土擅胜，是以人文蔚起，先达名世，难以悉数。如唐宋之最著，则有张文献、余忠襄、崔菊坡其人；于明则有智略之何东官、儒雅之丘琼山、经济之梁文康、理学之陈白沙、气节之海忠介其人”①。王士俊《重修广州府学碑记》言道：“矧广州自汉高固、杨孚而后，讫于前明，则有陈白沙、湛甘泉之理学，梁文康、霍文敏之功名，周志新、伦伯畴之清正，黄泰泉、黎瑶石之文章，皆所谓有猷有为有守之士。”② 文章所提到的张九龄、余靖、崔与之、丘濬、陈献章等人均为岭南本土名人，作者以他们为榜样来激励士人发奋有为。

地域性其次表现在文章注意梳理本土以及本校历史。王如辰《重修桂林府儒学碑记》记载桂林府学之历史道：“宋淳熙中，知静江府张宣公栻始廓其制，元岭南帅史公格重修，明初又迁县学于郡庠西隙地，为唐状元赵观文宅，提学佥事姚公镆重建大成殿

① 冼剑民、陈鸿钧：《广州碑刻集》，广州：广东高等教育出版社，2006年版，第41页。

② 同上，第55页。

及堂斋。本朝康熙十一年巡抚都御史马公雄镇移建迤西，实兼县学地基而一之。”① 文章接着讲述了桂林经历三藩之乱后，亟须加强学校建设，其所叙之事均为学校历经之真事。梁同新《重建学宫记》开头即写番禺学宫悠久的历史：“岭之南极于海，虞夏商周，声教未及。秦汉时，番禺称大都会，自梁析置今县，历唐迄宋始有学。而今学则建于明，逮我大清受命，培养熏陶，殆二百年，无智愚皆遵圣教。”②

地域性再次表现为描摹的多为本地风景。车腾芳《重修番禺学宫碑记》写重修后的美景，“巍峨为学宫后劲，上连粤秀之峰，下瞰珠江之水，左白云而右药洲，冠粤城而控都邑”③。文中所提粤秀山、珠江、白云山、药洲均为广州山水名胜。陈元龙《阜成书院记》描写书院周边环境：“其地在七星岩，为桂林东郊名胜，峻岭峙其后，清溪环其右，梵宇傍其左，群峰如画，原田在目，来游者必众。”④ 峻岭、清溪、群峰、原田是美丽的桂林山水掠影。

于上所述可知，清代岭南学记碑文受到清代政治环境、教育状况、社会风气影响，在不同时期有变化。清代岭南学记碑文既有时代性又有地域性，它如同一面镜子，折射出不同历史时期清代社会之方方面面。随着科举废除、新学兴起，儒学、书院退出历史舞台，学记这类传统文体也在清末完成了其最后的演绎。

---

① 桂海碑林博物馆编：《桂林石刻碑文集 · 下册》，桂林：漓江出版社，2019 年版，第 77 页。

② 冼剑民、陈鸿钧：《广州碑刻集》，广州：广东高等教育出版社，2006 年版，第 94 页。

③ 同上，第 65 页。

④ 桂海碑林博物馆编：《桂林石刻碑文集 · 下册》，桂林：漓江出版社，2019 年版，第 166 页。

第四节 清代岭南雅集石刻诗歌研究

在中国文学史上，文人雅集历史悠久。魏晋时期，文人雅集活动大量增多，其中部分雅集产生了较大影响。曹氏父子曾多次在邺下组织文人雅集，这促进了当时的文学创作。西晋时“华林园集”“金谷园集”、东晋时“兰亭集会”等均为文人雅集之盛事。历代文人雅集多吟诗作赋或图画丹青，与雅集相伴随的是诞生了一批相关的文艺作品。发展至清代，由于教育发展、士人队伍扩大、经济发展、交通便利、交往频繁等因素，清代文人雅集较前代有过之而无不及。目前学界对历代文人雅集有不少探讨，对清代文人雅集亦有所研究，其中对于岭南地区的文人雅集虽有关注，但研究并不多。

在岭南文学发展史上，清代为其高峰，涌现了一批本土著名文人。“岭南三大家”“粤东三子”“岭西五大家”“杉湖十子”等人的崛起，影响了清代文坛之地域格局。外来士人中翁方纲、李调元、阮元、张之洞等人或主政岭南或督导教育，他们深刻影响了岭南的学术文化。清代岭南本土士人与外来士人交往非常频繁，士人之间雅集活动不断，他们将其中部分雅集作品刻石纪念，以此岭南地区保存了一批反映清人雅集之石刻作品。目前对岭南石刻中清人雅集尚缺乏研究，以此，笔者拟对其进行探讨。

一、雅集之风与岭南士人雅集

（一）清人雅集之风

清代文人继承了传统文人之雅致风尚，其聚会由头不少，地点场所经常变化。从北到南，从西到东，不论地域差异有多大，均留下了清代文人之风流雅致。

“京师作为首善之区，历来文会最盛。乾隆十七年（1752）值皇太后六十大寿，以二月举乡试，王昶偕褚寅亮正月之金陵，宝山朱桓大会名士240余人于秦淮，为江南友声二集，重现明末十郡大社的盛况。而台阁官僚的生活，一直都持续着风雅化的趋向”①。

京师如此热闹，地方也不逊色。以阮元、张之洞等人为代表的清代地方大员热衷吸纳人才，且不拘以幕客吏事，其幕府往往是优秀的学术团队。“当时著名的幕府，宾客少则数十人，多至上百人，人才济济之盛，可谓古来罕有”②。“当时以聚集文人学士著名的幕府，严迪昌已提到卢见曾、朱筠、朱珪、王昶、翁方纲、曾燠、毕沅、阮元等，我还可以补充钱陈群、方观承、孙星衍、朱一蜚、雷鋐、谢启昆等。这些人物的公署，如翁方纲的小石帆亭，王昶的兰泉书屋、蒲褐山房，朱筠的椒花吟舫，曾燠的邗上题襟馆，阮元的定香亭、揅经室、琅嬛仙馆，都是著闻一时的文艺沙龙，雅集唱和，传诵于时。最为人乐道的，如卢见曾任两淮盐运使时，‘凡名公巨卿、骚人词客至于其地者，公必与选佳日，命轻舟，奏丝竹，游于平山堂下，坐客既醉，擘笺分韵，啸傲风月’。又承渔洋遗风，发起红桥唱和，盛传一时。嘉庆初曾燠继任该职，名士归附，再修风雅盛事，编有《邗上题襟集》。毕沅幕府也是诗酒之会，常年不绝，编有《乐游联唱集》”③。

不仅地方大员热衷主持文人雅集，各地富商也不乏雅爱文艺者，他们出资资助文会，常在其宅邸雅集，诗酒流连，成为清代诗坛另一道风景线。“事实上到明清两代，乡绅阶层很大程度上已

---

① 蒋寅：《乾隆朝诗学研究引论》，《古代文学前沿与评论》2019年第1期。

② 同上。

③ 同上。

充当了地方文化事业的主持者或赞助者。而文化沙龙由达官贵人的府邸下移到各地富商的宅第，似乎也是乾隆间出现的一个醒目现象”①。扬州玲珑山馆、天津水西庄、杭州小山堂等均为享誉天下的文艺沙龙场所。袁枚《随园诗话》曰：“升平日久，海内殷富，商人士大夫慕古人顾阿瑛、徐良夫之风，蓄积书史，广开坛坫。扬州有马氏秋玉之玲珑山馆，天津有查氏心穀之水西庄，杭州有赵氏公千之小山堂，吴氏尺凫之瓶花斋。名流宴咏，殆无虚日。”②

在这样的背景之下，清代文人雅集的缘由很多，有为纪念前贤而举行的雅集。他们纪念的前贤有陶渊明、欧阳修、苏轼、黄庭坚、李东阳、顾炎武等人。翁方纲是清代著名的诗人、学者，他崇拜苏轼，自署书斋为“苏斋”。“乾隆四十四年（1779）冬，翁方纲嘱罗聘写《东坡戴毡笠折梅花像》供奉于苏斋，十一月十九日因罗聘次日出都，遂约程晋芳、张埙、吴锡麒、桂馥、黄景仁、洪亮吉等人聚于苏斋，为东坡预祝生日，兼为罗聘饯行，从此遂为故事，每年十二月十九日于苏斋聚会为东坡祝生日。法式善仿效之，则于六月九日为李东阳祝生日，都成为传诵一时的韵事”③。广西籍士人王拯，道光二十一年（1841）进士，授户部主事，充军机章京④。王拯为“岭西五大家”之一，他推崇欧阳修，在京城为官时，多次召集友人于六月二十一日欧阳修生日这天聚

① 蒋寅：《乾隆朝诗学研究引论》，《古代文学前沿与评论》2019年第1期。

② ［清］袁枚：《随园诗话·卷三》，南京：凤凰出版社，2000年版，第69页。

③ 蒋寅：《乾隆朝诗学研究引论》，《古代文学前沿与评论》2019年第1期。

④ 王德明：《广西古代诗词史》，桂林：广西师范大学出版社，2009年版，第217页。

会。据李惠玲《清代岭西词人群研究》一书《附录》可知：咸丰元年（1851），王拯补题为欧阳修祝寿诗卷。咸丰四年（1854），欧阳修生日，王拯与林寿图等于寓斋为寿，即席赋诗。咸丰六年（1856）六月二十一日，王拯、林寿图召集陶梁、张祥河、钱宝青、叶名澧、龙启瑞、孔宪彝、刘迥甫等人于松筠庵拜欧阳修绢本遗像。咸丰十一年（1861），欧阳修生日，王拯召集林寿图等同人集寓斋拜滁州遗像摹本。不仅如此，苏轼、黄庭坚、顾炎武生日，王拯都召集友人聚会。

为友人或自己生日而举办聚会，自古及今，均为时尚。“道光二十五年三月二十五日，是梅曾亮的六十寿辰，都中同人集于龙树寺置酒为寿。柳州王拯与仁和邵懿辰同为召集人，与会者朱琦、冯志沂、孔宪彝、秦缃业、王柏心、桂林唐子石（启华）、平南彭昱尧。众人皆有诗以贺，邵懿辰复为诗序，秦缃业‘雅善绘事’而为图附之，王拯以《龙爪槐寿筵记》纪其事”①。这次雅集既有诗作传世，又有绘画纪念。“咸丰六年三月四日，时逢王拯生日，召集朱琦、蒋达、龙启瑞及从子王必达为禊日之饮，全州蒋琦龄因病未能与会。这次在场的全都是广西同乡，当然是王拯有意为之的岭西文人京师重聚”②。

逢节假日，清代文人聚会更频繁。陈衍《石遗室诗话》曰：“庚戌春在都下，与赵尧生、胡瘦唐、江叔海、江逸云、曾刚甫、罗掞东、胡铁华诸人创为诗社，遇人日、花朝、寒食、上巳之类，世所号为良辰者，择一目前名胜之地，挈茶果饼饵集焉。晚则饮于寓斋若酒楼，分纸为即事诗，五七言古近体听之。

---

① 刘汉忠：《广西文人与晚清京师雅集》，《广西地方志》2015 年第 4 期。

② 同上。

次集则必易一地，汇缴前集之诗，互相评品为笑乐。其主人轮流为之”①。清代文人好结社，定期聚会。胡思敬提到：“庚戌之春，予在京与赵尧生、曾刚父、陈石遗、罗掞东诸君结访古诗社，月比数会，每会必游，游必有诗，凡前朝遗迹荒烟蔓草人迹所不到之区，吟眺搜访殆遍，亦一时盛事也”②。

上述缘由之外，官员的升迁调动、日常来往、喜庆事等也是士人雅集的契机。生活于岭南地区的清代士人继承了雅集传统，又受时代风气影响，同样热衷雅集。

（二）岭南士人雅集与刻石

在清代文人好雅集的背景之下，岭南地区士人雅集活动比较频繁。以广西为例，“清代是广西古代诗歌创作发展史上的高潮期。在这一时期，诗人的数量迅速增加，涌现了大批著名诗人”③，代表诗人有王拯、郑献甫、朱琦、龙启瑞等本土士人，袁枚、谢启昆、李宪乔、李彦章、梁章钜、康有为等外来士人；外地文人名士的到来，使得清代广西文坛极为活跃。

谢启昆是清中叶著名学者、方志学家、政治家，一生仕宦政绩突出，历任镇江知府、扬州知府、宁国府知府、浙江按察使、山西布政使、广西巡抚等职，嘉庆七年（1802）卒于广西巡抚任上。谢启昆在广西，禁止土司重利盘剥客民，照顾平民百姓生计；兴修灵渠石堤岸，消弭水患；弥补仓库亏空；深得嘉庆皇帝赞许④。谢启

---

① 陈衍：《石遗室诗话》，收录于《陈衍诗论合集·上册》，福州：福建人民出版社，1999 年版，第 180 页。

② 胡思敬：《题松筠庵话别图》，收录于《近代中国史料丛刊》第 45 辑第 443 册，文海出版社，1966—1982 年版，第 356 页。

③ 王德明：《广西古代诗词史》，桂林：广西师范大学出版社，2009 年版，第 2 页。

④ 何婵娟：《桂北石刻文学研究》，南宁：广西人民出版社，2015 年版，第 279 页。

昆曾在多地任地方官，其幕府聚集了不少人才。闲暇时光里，谢启昆常和幕客、僚友诗酒悠游。“嘉庆五年，大中丞谢公重修《广西通志》，桐城胡虔与嘉兴王尚珏、任兆鲸、苣江朱锦、吴范来沛、宣城张坤、临桂朱依真、周维堂、关瑛、同县张元辂共事纂辑。暇日辄遍探桂林奇胜，叠彩诸峰登眺尤数，题此以志一时之盛”①。

著名诗人袁枚两次入广西。乾隆元年（1736），袁枚到桂林依其叔父，受到广西巡抚金铁赏识。金铁待年轻的袁枚以国士之礼，护送其去北京参加科考。乾隆四十九年（1784），名满天下的袁枚再次游桂林，入住李秉礼之宅邸。“李秉礼，号松甫，临川人。多闻好学，胸次超旷，官刑部郎中。旋告归养亲，寓家桂林，不问生产。父殁，举先业让诸弟。笃嗜诗诗，专注一途而造其至。根柢于陶，涵濡于韦，出入于三谢及王孟储柳，非性近者不涉也。爰标旨趣，名其斋曰：‘韦庐’。与高密李宪乔刺史为诗友”②。李秉礼与其弟李秉绶、李秉钺、李秉铨等皆好文艺，其子侄亦多有书画之才。有“李氏一门风雅，为当时桂林之冠”的美誉。“袁枚六十九岁二游广西时，就以李秉礼家为中心，形成了一次辐射面非常广的诗会活动。杨仲义《雪桥诗话》中曾载此段故实：‘当乾隆甲辰、己巳间，少鹤官岑溪令，携兄石桐与松圃定交时，袁简斋亦来桂林，四方名宿，如杨石墟、李桐冈、许密斋、王若农、浦柳愚、朱心池、刘松岚，觞咏赠答，极一时缟纻之盛。存斋至比于赵文子垂陇之会。’袁枚《随园诗话》中亦载此一段盛事：‘桂林向有诗会。李松圃比部、马嵘山中翰、浦柳愚山长、朱

① 桂海碑林博物馆编：《桂林石刻碑文集·下册》，桂林：漓江出版社，2019 年版，第 329 页。

② ［清］许应鑅等修，［清］谢煌等纂：《光绪抚州府志·文苑六》，台北：成文出版社，1975 年版，第 1982 页。

心池明府，朱兰雪（即朱依真）布衣，时时分题吟咏。余到后，得与文酒之会，同访名山古刹。’”① “乾隆五十年（1785），李宪乔赴省，怀民随行拜访李秉礼。秉礼连举文宴，集诸友赋咏唱和，‘坐客喧喧，推尊石桐先生为掌教佛祖。’几年后李宪乔又在家书中提到自己在省城‘以诗名倾动上官’和‘自袁子才烘动以后，桂林辄尚诗咏’的盛况”②。以此可知，李家宅邸是乾嘉时期桂林文士经常雅聚之场所。

广西巡抚张凯嵩在《杉湖十子诗钞序》中记载了道光年间桂林文士雅集频繁。“朱、李既往，粤之诗人益多辈出，尤莫盛于道光之初。余来虽已不及其盛，然犹得与朱伯韩侍御、龙翰臣学士游，两君故时健者。松甫之客，零落久矣，然如陈君心芗，老犹健，在官学博。杨君柳塘，年更老于心芗，时亦尚存。而汪剑峰、曾芷潭、彭兰畹数君者，又各以其孤杰雄奡之才，兀律自起于粤诗人盛衰绝续之交。松甫之子小韦能读父书，为诗乃不相袭，于伯韩、心芗、剑峰、兰畹，故皆往来倡和。至黄香甫、赵淡仙者，又小韦客之尤者也”③。

可见，在地方官员、乡绅主持之下以桂林为中心的广西诗坛雅集不断，这促进了广西士人之文学创作。这其中部分雅集是在户外举办的，士人们游山玩水，吟咏歌唱，兴之所至，将雅集创作的文学作品镌刻于山崖，以此岭南地区保存了不少反映清人雅集的石刻作品。与京城士人雅集多在寓所或寺庙古迹之处不同的是：石刻中

① 赵志方：《李秉礼〈韦庐诗集〉校注》，广西大学硕士学位论文2001年，第7页。

② 蒋寅：《清代诗学史·第二卷》，北京：中国社会科学出版社，2019年版，第670页。

③ 王德明：《论清代广西诗派的形成、特征及其意义》，《南方文坛》2010年第5期。

反映的岭南士人雅集多在名山之麓、胜水之滨或园林胜景之地。

清代“四川三大才子”之一的李调元于乾隆四十二年（1777）至乾隆四十六年（1781）出任广东学政。李调元“襟怀潇洒，跌宕不羁，家藏书多至万卷。尝辑《函海》一书，卷帙繁富。又爱才若渴。撰《雨村诗话》。人有一联片语之佳者，辄采而录之”①。李调元注重选才，广东士人黎简、黄丹书均受其知。“学使李调元得其《拟昌黎石鼎联句》，奇赏之。补弟子员，人号之曰‘黎石鼎’”②。“黄丹书，字廷授。亦以诗受知调元”③。李调元曾于乾隆三十年（1765）七月以吏部主事充甲午科广东主考，赴任途中，经过英德观音岩，题诗《秋过观音岩》。乾隆四十三年（1778）二月，李调元与门生游玩英德碧落洞，作《碧落洞题诗》以纪念。乾隆四十五年（1780），李调元游英德南山，特题诗。以此英德保留了李调元数首石刻诗歌。

翁方纲一生屡任考官、学政，门下人才辈出，吴嵩梁、刘芙初、乐钧、谢启昆、梁章钜、冯敏昌、张维屏、黄培芳等都是名重一时的诗人④。“乾隆中叶翁方纲提学粤省，日与生徒讲论，论诗风气才慢慢兴盛于士绅间，到嘉、道以后终于出现诗话作者竞出的局面。黄培芳、张维屏、梁邦俊、梁九图、林联桂、李长荣、何曰愈、冯询、黄钊等一批有成就的诗论家，引发晚清广东诗学的繁荣局面”⑤。翁方纲督学广东时，常在学政署药洲和士人讨论

---

① ［清］张维屏：《国朝诗人征略》，清道光十年刻本，第688页。

② 赵尔巽等撰：《清史稿·文苑二》，北京：中华书局，1977年版，第13404页。

③ 同上，第13404页。

④ 蒋寅：《清代诗学史·第二卷》，北京：中国社会科学出版社，2019年版，第595页。

⑤ 蒋寅：《黄培芳与粤东诗学的发轫》，《中山大学学报（社会科学版）》2020年第1期。

诗歌，编纂成《石洲诗话》。药洲为广州著名园林，是南汉王朝的南宫御苑。“在明代为提学署，清代改为学政署，其园林类型已经由宫苑园林转化为庭园”①。现今药洲遗址仍保留有14件翁方纲书写的石刻作品，这些石刻记载了翁方纲对药洲石刻的考证与保护工作。督学广东期间，翁方纲编纂了《粤东金石略》一书，为广东金石文献的保存做出了大贡献。

桂林·龙隐岩：谢启昆题诗二首

前述谢启昆与其幕僚暇日遍游桂林山水，他分别在虞山、龙隐岩、刘仙岩、栖霞寺、碧虚亭等桂林著名景点篆刻石刻诗歌，以纪胜游。李秉礼在桂林隐山、南熏亭等处，李秉绶在叠彩山、伏波山等处均刻有诗歌。作为地方风雅之主持者，李秉绶接待了乾嘉时期另一著名的风雅主人——曾燠。曾燠在扬州任两淮盐运使十三年，他“旦接宾客，昼理简牍，夜诵文史，自若也。署中辟题襟馆，与一时贤士大夫相唱和”②。曾燠鼓吹风雅，提倡创

① 高旭红：《药洲石刻》，广州：广东人民出版社，2016年版，第8页。
② ［清］钱泳：《履园丛话》，北京：中华书局，1979年版，第215页。

作，振兴了扬州诗坛。嘉庆二十年（1815），曾燠调任贵州巡抚，途经桂林，在李秉绶等人陪同之下，曾燠游览了七星岩、栖霞洞、隐山等名胜之地。曾燠创作了两首五言古体诗歌分别镌刻在桂林普陀山七星岩口以及隐山北牖洞。

从现存与雅集相关的石刻作品来看，士人雅集创作的诗文能否刻石，首先与其雅集场所相关，刻石多在山崖石壁，雅集之地先得具备刻石条件；其次与其名气、官位、财力等相关，也就是说，士人或为官员或为著名人物或有钱，其作品才能得以刻石。袁枚之事可为佐证。袁枚34岁即辞官归隐，一生遍历名山胜水。在他的山水诗佳作中，其《同金十一沛恩游栖霞寺望桂林诸山》极具艺术个性，为其山水诗之杰作。诗歌作于乾隆元年（1736）袁枚21岁时，当时袁枚年轻没有名气，诗歌未被刻石。等袁枚晚年来游桂林时，所作《独秀峰》《游风洞登高望仙鹤明月诸峰》则被刻于独秀峰、叠彩山显眼位置，备受后人重视，追和之作颇多。以此可知，文人雅集所作的诗文能否刻石，是需要一定条件的。石刻文学作品因其公开性、保存久远性、明显地域性等特点又别于纸质作品，以此雅集石刻诗歌有其自身之特征。

二、雅集石刻诗歌及其意义

在岭南石刻发展史上，清代为其最高峰，这首先表现在现有文献辑录的有清一代石刻之数量超过前代之总和；其次，就质量而言，清代是岭南古代文学艺术之最高峰，人才蔚起，佳作枚不胜数；再次，就影响而言，屈大均、王士禛、赵执信、翁方纲、袁枚、李调元、阮元、张之洞、康有为等清代文坛学界大师对岭南山水歌咏题刻，使得岭南石刻文学影响范围扩大至全国。笔者根据现有文献统计出清代岭南石刻诗歌数量近千首，其中明确标注和友人雅集创作的诗歌近二百八十首，再加上不少雅集诗歌并未明言聚会之事，以此推断，雅集石刻诗歌约占清代岭南石刻诗歌总数三分之一多。

（一）文学传统与时代风气

蒋寅在《清代诗学与地域文学传统的建构》一文中论述道："明清以来区域经济的普遍开发，促进了地域文化的多元发展。人们对地域文化差异和地域传统的认识，随着交通和传播的发达而加深。与地方志编纂相伴的地方性文学总集、选集和诗话不断涌现，使文学的地域传统日益浮现出来，并在人们的风土和文化比较中得到深化，由此形成与经典文本所代表的'大传统'相对的地域性的'小传统'。"① 纵观岭南清代石刻诗歌，其创作明显受到传统的影响，同时又受到时代风气的影响，兼之其刻石的特性，又呈现出变化。

清诗是中国古典诗歌之殿军，在继承前人丰富的诗学遗产基础上，清人力树创新旗帜。从王士禛"神韵说"至沈德潜"格调说"、翁方纲"肌理说"发展至袁枚之"性灵说"，清代诗人在不断地探索。一代代诗人继承传统，思索新变，使得清诗呈现出多样化特点。在传统与当下世风影响之下，清代岭南石刻诗歌呈现出多元面貌。清代独树一帜的诗坛大家与岭南石刻文学渊源深厚，他们中部分人本身就是岭南石刻诗歌之作者。

王士禛是有清一代被王朝政权认可的诗的"开国宗臣"②。邓之诚评价道："诗格风流，吐辞修洁，倡为神韵之说，声气复足以张之，遂至名盛一时。洎乎晚岁，篇章愈富，名位愈高。海内能

---

① 蒋寅：《清代诗学与地域文学传统的建构》，《中国社会科学》2003年第5期。

② 严迪昌：《清诗史》，北京：人民文学出版社，2019年版，第387页。

诗者，几无不出其门下。主持风雅，近五十年。”① 康熙二十三年（1684）十一月，王士禛奉命祭告南海，翌年二月抵达广州，四月归。这段时间里公事余暇，王士禛顺道出游，他创作了《二禺祠》《半山亭》《归猿洞》《羚羊峡》等诗，部分诗被后人刻石留念。其《飞来寺》诗曰：“夹磴荔奴阴，青葱上初日。石壁留孤云，飞亭俯江色。沉沉晴川绿，活活流泉疾。敷座憺忘归，逍遥问摩诘。”② 诗歌描写了英德飞来寺周边之美景，诗歌生动形象，韵味悠长，颇显其倡导的“神韵”之风。

广州·药洲：翁方纲《九曜石歌》

乾隆二十九年（1764），翁方纲奉命督学广东，在广东八年时间里，翁方纲选拔人才，培养后进；暇日则发挥所长，遍搜广东金石，详细考证，撰写《粤东金石略》；期间创作的不少诗歌以金石考古为题材，带有明显的学人诗气息，实践了他“为学必以

---

① 邓之诚：《清诗纪事初编·上》，上海：上海古籍出版社，1984 年版，第 679 页。

② 吴凤声、余棨谋修，朱汝珍纂：《民国清远县志》，收录于《中国地方志集成·广东府县志辑》，上海：上海书店出版社，2013 年版，第 606 页。

考证为准，为诗必以肌理为准”的主张，体现了其“肌理说”诗歌之特色。翁方纲镌刻在药洲的石刻诗歌带有典型的考据气，如《九曜石歌》叙述了九曜石之历史，交代了作者所见之情况，“一石圆顶如建瓴，危根下削漱清泠。一石四达如疏棂，旁有直干撑跉屏”。接着叙写自己之洗刷辨认，“昨归经冬水初退，坐看家僮洗萍块。雨溜磨崖字尚存，泥淤仙掌痕还在。卢程许刻次第寻，陈九仙书竟晦昧。不知米家诗句刻何处，想在老榕巨根内”①。从诗歌可见翁方纲对金石作品辨认细致，考证非常认真。其一丝不苟、严肃认真的精神，使其成为乾嘉时期学人之代表。翁方纲“离开广东时年未四十，已著成《石洲诗话》六卷，成为名满南北的诗界总持”②。他对广东诗坛影响非常大，严迪昌曰：“广东诗歌在这一时期里受‘苏黄’诗风影响浓重，这无疑是翁方纲‘肌理说’薰陶之故。”③

著名诗人袁枚几度入岭南。乾隆四十九年（1784），袁枚重游桂林，在桂期间，与友人遍游各处山水，诗兴勃发，作诗三十八首，其中《独秀峰》《游风洞登高望仙鹤明月诸峰》刻石。《独秀峰》诗为：“来龙去脉绝无有，突然一峰插南斗。桂林山形奇八九，独秀峰尤冠其首。三百六级登其巅，一城烟火来眼前。青山尚且直如弦，人生孤立何伤焉。”④ 诗人以突兀的笔触、夸饰的语言，描写了独秀峰给人独特的审美感受。诗人触景生情，由雄伟

---

① 高旭红：《药洲石刻》，广州：广东人民出版社，2016 年版，第 105 页。

② 严迪昌：《清诗史》，北京：人民文学出版社，2019 年版，第 641 页。

③ 同上，第 823 页。

④ 桂海碑林博物馆编：《桂林石刻碑文集·下册》，桂林：漓江出版社，2019 年版，第 274 页。

奇特的独秀峰而生发出豪迈的人生感慨。《游风洞登高望仙鹤明月诸峰》："我身伛偻入，风迎更风送。折腰非为米，缩脰岂为冻？偶作謦咳声，一时答者众。"① 诗歌形象生动地描写了作者入风洞之感受，虽写眼前之景却能跳出窠臼展现傲岸的个性。这些石刻诗歌不拘传统，生动活泼，感染力强，显现"性灵"之风。

袁枚的弟弟袁树任肇庆知府，请袁枚到肇庆游玩。乾隆四十九年（1784）九月，袁枚和杨国霖、僧寮、马俊良等人游玩肇庆鼎湖山，众人分别赋诗。袁枚创作有七言古诗《同杨兰坡明府游鼎湖作》，诗歌挥洒自由，生动活泼。"守门狮象争相迎，扶筇先上半山亭。佳境从兹似海涌，教人高唱升天行"。鼎湖山雄壮之景在袁枚笔下有了生动的呈现："秋阳隔树笠帽凉，松阴覆地衣裳绿。溪声渐大人声小，高崖瀑布飞难了。万丈狂澜五道奔，轰雷掣电忘昏晓。"② 诗歌遣词造句自由灵动，生动形象地描绘了鼎湖山之美景。

王士禛、翁方纲、袁枚等人为清代前中期诗坛巨擘，他们既影响了其时诗坛的创作也影响了岭南诗人之创作。他们有关岭南的诗作部分刻石，这些诗歌在传统基础上融汇时代风气，可视为影响岭南石刻诗歌创作之大传统。与大传统相对而言，岭南文学有其地域性小传统。岭南士人学习张九龄之诗歌，学习贬谪南来的韩愈、苏轼诗歌，在长久的发展过程中形成了自身独有的地域性特征。严迪昌言："岭南诗风炽盛当起始于明之末，黎遂球、邝露、陈子壮、陈邦彦、张家玉等先后抗清殉身，作为屈大均、陈恭尹等的父师辈，他们慷慨赴难的悲壮雄劲之气，无疑播下了精

---

① 桂海碑林博物馆编：《桂林石刻碑文集·下册》，桂林：漓江出版社，2019 年版，第 273 页。

② 《肇庆星湖石刻》编委会：《肇庆星湖石刻》，北京：红旗出版社，2005 年版，第 344 页。

神种子和诗品基质。以屈大均为首的岭南诗群随之应运而起，终于构成如洪亮吉所说的‘尚得古贤雄直气，岭南犹似胜江南’的‘雄直’风调。”① 清诗继承了以往的传统，又以创新为终极目标。蒋寅提到：“清代是个学术的时代，尽管经有古今之分，学有汉宋之异，但追求学术的独创性、实证学风和学术史视野，始终是清代学术最显豁的特征，也是清代诗学的学术精神和方法论背景。”② 在创新意识主导之下，在大小传统以及时代风气影响之下，岭南石刻雅集诗歌显现出自身之特性。

（二）诗歌之特性

1. 环境之美

从内容上来看，石刻中所表现的雅集多有户外活动，即文人游山玩水，聚会于名胜之处。其诗歌对聚会之环境进行了相应的描写，表现聚会之地风景优美，生态多样，进而书写文人之闲情雅致。

查礼，字恂叔，号铁桥，在广西历任庆远同知、太平知府。“查礼在广西、四川任地方官，俱有善政。在任期间，适逢清廷进剿大小金川之役及缅甸之役。在进剿大小金川期间，查礼助襄之功尤著。由于在镇边抚夷、粮草接济等方面功勋卓著，受到乾隆皇帝的亲自接见，升任湖南巡抚”③。查礼与其兄查为仁乃天津水西庄主人，在天津时主持了多次文人雅集，与浙派诗人关系密切。王昶评价他：“中丞为莲坡先生弟，能吟咏，喜宾客，襟抱与其兄

---

① 严迪昌：《清诗史》，北京：人民文学出版社，2019 年版，第 292 页。

② 蒋寅：《论清代诗学的学术史特征》，《南京师范大学文学院学报》2003 年第 4 期。

③ 王小恒：《论查礼在浙派诗文化活动中的东道主地位及其贡献——兼论浙派宗主厉鹗的水西缘》，《图书与情报》2016 年第 4 期。

相似。尤嗜古印章，金玉铜瓷，自吾子行、王厚之而下，名人镌刻者，无所不备，藏弆至有千余。生平莅蜀最久，而居西南松潘徼外者，十尝七八。崎岖险阻，为羌人所服。偶归省，重筑杨文宪升庵，艺花竹，招邀为文酒之会。”① 以此可知，来广西前，查礼早负风雅之名。

乾隆十九年（1754），查礼与王世熙等人游玩桂林栖霞寺分韵赋诗。查礼得“西”字，其诗为：“胜地星岩侧，重来径转迷。鸟声空邃谷，树色老前溪。寺静闻秋梵，村深叫晚鸡。淹留不忍去，觅句石桥西。”查礼属浙派诗人，其诗在用典、技巧等方面都学习黄庭坚。此首诗用词精工锤炼，内涵深厚，诗风厚重。

同游者王世熙得“音”字，其诗为：“寺古开山麓，寻幽且放吟。几株丹桂老，一坞白云深。疏雨添秋色，残阳送梵音。沿流频伫望，大可豁尘襟。”查礼儿子查淳得“花”字，其诗为：“共有山游癖，携笻过梵家。片云横石壁，满径杂秋花。峰入天光淡，溪沿竹影斜。晚林看更好，一抹带残霞。”② 他们的诗歌共同描写了栖霞寺周边环境清幽美丽，白云、桂花、夕阳、晚霞、小溪、竹林、石桥、寺庙再配上闲游的文人，一幅山水画跃然于读者眼帘。

乾隆四十三年（1778）二月，李调元与何、李二生游玩英德碧落洞，赋诗一首。其诗想象丰富，描写了碧落洞周边瀑布奔腾，动物珍奇，生态多样。“晃荡垂云崩，银潢就中出。古洞何年开，

① ［清］王昶：《蒲褐山房诗话新编：“七四”》，济南：齐鲁书社，2011 年版，第 49 页。

② 桂海碑林博物馆编：《桂林石刻碑文集·下册》，桂林：漓江出版社，2019 年版，第 230 页。

破壁自成屋。巢岩集珍禽，扑面飞蝙蝠。沉潭蝌蚪影，异石虎豹族”①。李调元对英德胜景多有描绘，其《游峡山寺》诗描写峡山寺周边环境：“九天飞霰雪，喷薄出岩际。松风四山下，草木尽蓊翳。寿藤不知年，脚底争缠系。榕阴五色鸟，乱飞时落毳。”草木繁盛，爬藤满地，榕树高大，五色鸟乱飞，生态系统丰富而多样。李调元《飞来寺题飞泉亭怀远长老四首》既描绘了英德山水之美，又特意说明了岭南多奇花异果，诗歌写得生动活泼。其二：“叠翠浮青石壁横，奇花异果半无名。山童白日偷龙目，见客攀枝下不成。”其三：“凝碧湾头水不流，悬崖老木几千秋。蟠根尽作蛟螭瘦，踏破芒鞋始上舟。”② 这些诗歌立意奇巧，以出人意料的结局来展现岭南植被之繁富。

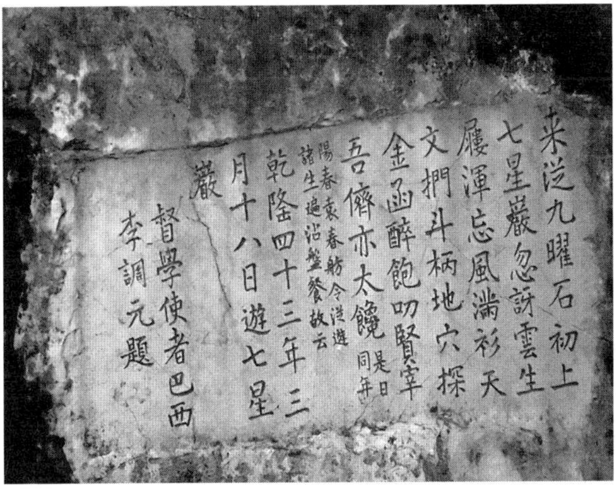

肇庆·七星岩：李调元诗

---

① 《英德摩崖石刻》编委会：《英德摩崖石刻》，广州：广东人民出版社，2014 年版，第 225 页。

② 吴凤声、余棨谋修，朱汝珍纂：《民国清远县志》，收录于《中国地方志集成·广东府县志辑》，上海：上海书店出版社，2013 年版，第 607 页。

七星岩位于广东省肇庆市，因七座石灰岩峰排列状如天上北斗七星而得名；以峰林、溶洞、湖泊、碑刻、寺观为主体景观，素有“岭南第一奇观”的美誉。李调元与袁春舫等人游玩肇庆七星岩时，赋诗讴歌：“来泛九曜石，初上七星岩。忽讶云生屦，浑忘风满衫。天文扪斗柄，地穴探金函。醉饱叨贤宰，吾侪亦太馋。”①

黄培芳，字子实，与张维屏、谭敬昭并称“粤东三子”。“性好游，尝六上罗浮，谓罗浮粤望也，可名‘粤岳’。因自号‘粤岳山人’。筑粤岳祠于绝顶以观日出。又与张维屏辈于白云山濂泉间筑云泉山馆，中祀苏文忠公、崔清献公及文裕公，以志景仰。著述甚富，尤邃于《易》。诗文书画俱工”②。道光二十一年（1841），黄培芳与林召棠、何子彬、周肇墉等人游肇庆七星岩，黄培芳诗兴大发，赋诗八首，僧涤尘命工刻石。这八首诗歌充分描写了作者所见七星岩之美景。如写玉屏峰：“玉屏光似雪，冰镜浴于池。下界凡尘绝，清都夜色奇。楼居仙可引，蓬阆梦迷离。”在诗人眼中此地乃人间仙境，游玩其中有游仙之幻觉。七星岩的山很美，如同芙蓉花，“石磴古音发，岩花春气浓。众青纷拱列，天外数芙蓉”。住在此处，妙处无穷，“小住烟霞境，烟霞笔底生。松花香作菜，山药妙为羹”③。

光绪五年（1879），李庭霖、叶文园、李菊影等人游玩肇庆七星岩，李庭霖赋诗：“踏遍星岩第七峰，峰峰高耸玉芙蓉。豁然异

---

① 《肇庆星湖石刻》编委会：《肇庆星湖石刻》，北京：红旗出版社，2005年版，第39页。

② ［清］田明曜修，［清］陈澧纂：《光绪香山县志》，收录于《中国地方志集成·广东府县志辑》，上海：上海书店出版社，2013年版，第309页。

③ 《肇庆星湖石刻》编委会：《肇庆星湖石刻》，北京：红旗出版社，2005年版，第236页。

境超凡界，别有壶天在此中。奇石珑玲插霄汉，慈云叆叇漫遥空。我来振笔龙蛇走，万丈光芒欲化虹。”① 在诗人们眼中七星岩乃别有洞天，超凡入仙，怎么赞美都不过分。

在优美的环境中雅集，士人们兴致更高，这类诗歌展现了他们雅聚之欢乐。

2. 雅聚之欢

乾隆九年（1744）九月，翰林院修撰钦命广东正考官金甡游广州越秀山镇海楼，有感而赋诗。其《镇海楼诗》中想象了一场文士之欢会，“一层置仆马，约敕毋喧啾。二层给厨膳，炙芳酒新篘。五层罗丝竹，押班居上头。三四启高宴，升降时环周。清淡味嘉旨，长啸临沧州。琴弦断续奏，壶矢纵横投。妙迹辨金石，珍赏陈尊卣。指挥鸲鹆杓，照耀珊瑚钩。兴酣呼把笔，落纸风飕飕。或标滕王引，或纪兰亭修。或超元虚作，或写仲宣忧。鲸吸百觚尽，蜃吐千篇酬。传观共绝叫，起舞聊中休。就中选佳句，旋遣新声讴。激扬清商调，缥缈凌云浮。扫除炎蒸气，飒爽成高秋”②。此一段虽然为作者的想象之词，却写出了当时文人心目中理想雅集场景：高朋满座，丝竹罗列，美酒佳肴，辨金石，作词赋，快乐悠游。金甡颇好雅聚，在浙江时，“讲课之暇，常羊湖山，与钱屿沙方伯、吴昆田编修，诸公皆皤然达尊，为五老六逸会。旬月无闲，赋诗谈谯，乡党望为神仙”③。

李彦章是翁方纲门生，素有诗名，《晚清簃诗汇》言他“受

① 《肇庆星湖石刻》编委会：《肇庆星湖石刻》，北京：红旗出版社，2005 年版，第 129 页。

② 冼剑民、陈鸿钧：《广州碑刻集》，广州：广东高等教育出版社，2006 年版，第 1058 页。

③ ［清］朱珪：《礼部侍郎金公甡墓志铭》，载于《清代碑传全集》，上海：上海古籍出版社，2018 年版，第 201 页。

诗学于翁覃溪，然清婉流逸，不尽守苏斋矩矱，固嘉、道中一作手也”①。自道光五年（1825）始，李彦章历任广西思恩府知府、庆远府知府、权守桂平梧郁道兼盐法道、浔州知府等职。“李彦章在桂七年，实官四年（其中三年丁忧）。其在思恩知府任上，兴办书院、兴修水利、革新农技，抑制豪强、保甲靖安、除弊兴利，政绩卓著，官声民望为一时之盛”②。道光七年（1827）六月二十四日，李彦章邀集同僚及诸生作“荷花生日”。“荷花生日”又称“观荷节”，历史悠久，是中国民间传统节日。在清代的吴越一带，因遍地是湖塘溪浦，荷花满目皆是，农历六月二十四日这天活动很多。百姓倾城而出，湖中画舫、箫鼓都汇集在荷塘赏荷，为荷莲庆寿，古称“荷诞”。吹拉弹唱、饮酒赋诗，热闹非凡。李彦章赓续这一传统，特为此次雅集而赋诗二首。其二为：“三分凉意十分香，久坐弥耽野趣长。新瓦雨声才漱玉，卷筒风味又传觞。无忘此乐花生日，所谓伊人水一方。不用家家团扇画，已收诗话满巾箱。”③ 趁荷花盛开，赏美景之时，李彦章邀请众人雅集，其风雅可见一斑。

道光十三年（1833），马秉良召集吕璜、李宗瀛等人登桂林独秀峰，吕璜、李宗瀛各为之赋诗。吕璜，嘉庆十六年（1811）进士，在当时有“广西第一才子”之誉，是晚清古文家，为“岭西五家”之一。其诗歌不拘一格，擅于变化。吕璜《独秀峰展重阳登高》为：“凌空斗绝一峰苍，丹垩鲜明出上方。山自众中推独秀，客从秋后展重阳。略穷桂海吟眸豁，渐近云霄风力刚。料得

① 徐世昌编，闻石点校：《晚清簃诗汇》，北京：中华书局，1990 年版，第 5361 页。

② 李波：《李彦章官宜州著述考略》，《河池学院学报》2018 年第 1 期。

③ 重庆市博物馆编：《中国西南地区历代石刻汇编·第七册》，天津：天津古籍出版社，1998 年版，第 99 页。

骖鸾无藉在，欲招仙子共翱翔。”① 诗歌描写了独秀峰之孤标独立，叙写了此次友朋重阳之会，抒发了游仙飘然之思。李宗瀛《题独秀峰登高诗》为七言长篇，诗歌追忆了袁枚来桂林时盛大的文会，“国朝文轸逮百粤，骚人学士来停骓。随园一作较称善，人生孤立何魁奇”。接着写目前之寂寞与此次聚会之意义，“迩来韵事颇就寂，台垣倾废无全规。云谷居士古健者，鸠工聚材宏其基。遂令一时《五君咏》，字画完好星日垂。今君更约展重九，茱萸遍插杯壶携。诸公自是斫轮手，贱子何幸操觚随”②。从诗歌我们可知此次聚会追叙古传统，插茱萸、登高、摆宴席、竞文事，作者认为有重振桂林文会之意义。

3. 镌刻与传播

纵观清代岭南文人雅集，他们雅集聚会创作的文艺作品有诗歌、题名、文章、绘画等，但以诗歌占大多数。这些诗歌只有部分得以刻石，前面已经叙述刻石的诗歌是经过选择的。能否刻石与作者之身份、地位、才气、财力等都有关系。以此，石刻诗歌与纸质文本的诗歌从内容到艺术等方面都有差异。

从题材上来看，雅集石刻诗歌多为山水题材。冯敏昌，字伯术，钦州人，与张锦芳、胡亦常并称为“岭南三子”，乃翁方纲之得意门生，一生对老师极尽师礼。翁方纲在《冯鱼山诗集序》中说：“予与及门诸子论诗，所知之最深者无若谢、冯二生。”③清人刘彬华在《岭南群雅》中对冯敏昌诗及其在岭南诗歌发展中的地位给予很高评价：“鱼山先生性笃孝友，学务力行，道德粹

---

① 桂海碑林博物馆编：《桂林石刻碑文集·下册》，桂林：漓江出版社，2019年版，第435页。

② 同上，第436页。

③ ［清］翁方纲：《复初斋文集》，收录于《续修四库全书·第1455册》，上海：上海古籍出版社，2002年版，第382页。

然，为人伦模范，非特以诗传，而诗笔雄深雅健，实足笼罩一切，巍然为岭南一大宗。”① 冯敏昌为肇庆七星岩题诗五首，诗歌作于嘉庆五年（1800）；嘉庆十二年（1807），其门生何元、冯经扬摹勒于七星岩石室；诗歌与李邕《端州石室记》、黎简《南服陨石》并称“石室三绝”。冯敏昌这五首诗歌都为五言长调，他才力富赡，历览天下山水，多好用长调来表现山水之姿态。“无论就才气、心胸还是游历而言，冯敏昌在当时广西诗人中无疑是个中翘楚”②。这五首诗歌，其一从整体来描绘七星岩之形态，“苍苍七岩开，各各标其形。厥阵回长蛇，又若轰连霆。峨冠耸正方，高屋建重瓴”。其二写石室历史及游玩之感受，“云构拟宫庭，羽卫罗旗仗。拊阖心踊跃，排闾精詄宕”。其三写莲花洞，“右转得嵁岩，钟乳垂斓瑞。其洞名莲花，已若窥一斑”。其四写玉屏峰，“玉屏睹侧立，云磴绝窈窕”。其五写仙峰，“峰形若笋苞，微开半岭岈。洞门仅通人，匍伏入如蛇”③。五首诗歌纵横捭阖，想象丰富，结构严谨，有总有分，局部描写细致生动，充分展现了七星岩景区环境之美。清代诗人好旅游，其雅集诗歌多展现名山胜水之美。经选择过的石刻诗歌多镌刻在景区山崖石壁上，与周边美景相得益彰，互相生色，石刻诗歌为风景名胜地增添了浓厚的文化内涵。

与其他类型诗歌相比，雅集石刻诗歌内容多局限于摹山范水，面对眼前山水，诗人的创作基本都是围绕着身边风景说开去，但

---

① 杨年丰：《论岭南诗人冯敏昌的诗歌》，《钦州学院学报》2008 年第 5 期。

② 王德明：《广西古代诗词史》，桂林：广西师范大学出版社，2009 年版，第 86 页。

③ 《肇庆星湖石刻》编委会：《肇庆星湖石刻》，北京：红旗出版社，2005 年版，第 164 页。

清代岭南人才济济，这类山水题材诗歌有不少写得厚重渊深，别有创意。张联桂，字丹叔，江苏江都人；历任广西灵川知县、桂林同知、广西按察使、广西布政使，光绪十八年（1892），升任广西巡抚。张联桂在桂林诸山篆刻有《重游风洞山放歌》《祀虞帝登南熏亭访韶音洞诗并记》《钵园诗》《游伏波岩放歌》等诗歌。其《游伏波岩放歌》作于光绪十七年（1891）冬天，张联桂与张安圃、孙友梅、任葆棠等人一起游玩伏波山而赋诗。张联桂好用长调，此篇七言古诗描写欢聚之乐。“山灵有约不敢迟，轩盖飞飞君莫笑。座中叔度波汪汪，况有金张嗟二妙。记事先知任昉才，歌声今愧孙登啸。一时宾主纵雄谭，交错觥筹饮正酣”。诗歌转而回顾历史，“功高不列云台将，薏苡明珠反遭谤。后人读史殊不平，地接南交资保障”①。作者对东汉名将马援在伏波山倾倒薏仁的历史进行了评价，结合现实，抒发对晚清时局之担忧。此诗从眼前山水借题发挥，写出了咏史诗之特色，赋予山水诗苍茫历史感。

石刻诗歌多摹勒在山崖或重要建筑物前面竖的碑上，其摹勒目的是让人参观，以期起到长久传播的效应；因而这类诗歌相比纸质文本诗歌而言，其传播时效性久，且带有鲜明的地域色彩，诗歌感情基调多以赞颂为主。镌刻者为本地山水增色的目的很明显，袁枚曾在《谒岳王墓》中说：“江山也要伟人扶，神化丹青即画图。赖有岳于双少保，人间才觉重西湖。”可以说，清代文人对这一点认知是很清楚的。乾隆四十九年（1784），袁枚游肇庆鼎湖山时，其同游者杨国霖之诗明确言道：“如此峰峦秀色殊，缘何题壁一人无？全凭大雅如椽笔，为我湖山补道书。”② 杨国霖于乾

① 桂海碑林博物馆编：《桂林石刻碑文集 · 下册》，桂林：漓江出版社，2019 年版，第 576 页。

② 《肇庆星湖石刻》编委会：《肇庆星湖石刻》，红旗出版社，2005 年版，第 344 页。

隆四十一年及四十五年两任高要知县，袁枚的到来让其喜不自胜，借袁枚之名气可为肇庆湖山做宣传。其二首诗曰："游罢罗浮到鼎湖，名山名士两相娱。先生济胜谁能继，策杖凌云入画图……我与湖山真有幸，一生几遇白头人。"① 可见，文人雅集游山玩水，吟诗作赋，不仅仅是他们一时之欢，其诗文作品还能起到很好的广告效应，长久以往，累积成故事，产生文化吸引力。

（三）雅集及诗歌的意义

从创作角度来看，雅集对文人的创作往往起到正面促进作用。通过雅集，文人交流了各方面的信息，得到了同辈之激励或受到前辈之指导，他们相互切磋琢磨，加深了彼此的情谊，增强了文学技艺。从地域文化角度而言，历代文人雅集累积了地方文坛故事，有助于地域文学小传统之形成，也深化了地方风景名胜区之文化内涵。从历史发展角度来看，著名文人主持参与的雅集活动千百年来成为文人不断追忆的盛事。岭南地区部分清人雅集活动以文艺作品形式摹勒在山崖石壁之上，因雅集而创作的诗歌经过了一定的筛选；这些石刻诗歌既叙写了雅集之欢，描绘了山水之美，又显现了自身之特性，表现了清代岭南地区诗人富赡的才华与迥异的个性。在清代众多诗歌文献中，这类作品是地域文学重要的一环，也是清代诗歌史上不可忽略的一环，值得我们予以持续关注。

---

① 《肇庆星湖石刻》编委会：《肇庆星湖石刻》，红旗出版社，2005 年版，第 344 页。

第六章
民国岭南石刻文学研究

概　述

自唐代开始，岭南各地石刻渐多，不仅数量可观，文学价值亦高，但岭南石刻的发展过程并不是节节上升的，而是有起有落，呈现曲线型。宋代为岭南石刻发展的繁荣期，但元朝岭南石刻衰落，数量少，文学价值亦不高。明清两代为岭南石刻发展的鼎盛期。尤其是清代岭南石刻数量几乎超过前代之总和，本土士人以及外来士人的参与创作，使得清代岭南石刻内蕴深厚，文学价值极高。清代之后，民国时期则为岭南石刻的又一衰落期。

首先从数量上来看，根据现有文献可辑录出的民国石刻不足四百件。这与清代 4600 件以上的数量完全不是一个等量级。当然，从时间角度来对比衡量，民国为 1912 年至 1949 年，才三十余年，时间非常短促，无法与前面统一的王朝进行对比。另外，文献整理是个渐进过程，今后民国石刻数量应会有变化。其次，从文学角度来看，清代岭南石刻作者云集了当时的文坛大家以及岭南名家。“岭南三大家”“粤东七子”“杉湖十子”“粤西五大家”以及王士禛、袁枚、翁方纲、阮元等名家都在岭南留下了石刻诗文作品。不仅如此，这些士人相互交游酬唱，使得清代岭南文学之影响辐射全国。民国时期经历了新文化运动，胡适提倡建设新文学。陈独秀提出了文学革命的三个原则：“推倒雕琢的阿谀的贵族文学，建设平易的抒情的百姓文学；推倒陈腐的铺张的古典文学，建设新鲜的立诚的写实文学；推倒迂晦的艰涩的山林文学，建设明了的通俗的社会文学。”① 在五四之后，新文学蓬勃发展，文学杂志、报纸、社团如同雨后春笋，遍地开花。优秀的现代文学作家着力于小说、戏曲、诗歌、散文等的创作，对碑刻文这一旧文学体裁兴趣不大，这也使得民国时期的碑刻之文学价值黯然失色。新文化运动以及动乱的时局等原因使得民国石刻创作骤然下降。

一、战乱的社会

中华民国三十多年里，国家经历了辛亥革命、军阀混战、抗日战争、解放战争等。战乱不停，人民流离失所，生活困顿，石刻作品也断崖式减少。

南京临时政府成立时就面临财政危机。“经济上，南京临时政府基本上是在财政枯竭的情形下运作的。‘建设伊始，庶政待兴，支出则刻不容缓，收入则的款无多。’武昌起义后，列强将东南独立地区的关税全部掌握在自己手中，决不向革命政府提供；四国银行团根本不承认南方政府有借款的资格；内债发行成效微乎其微”②。

---

① 〔美〕孙康宜、宇文所安：《剑桥中国文学史·下卷 1375—1949》，上海：三联书店，2019 年版，第 519 页。

② 李金强、赵立彬、谷小水：《中华民国专题史·从帝制到共和：中华民国的创立》，南京：南京大学出版社，2015 年版，第 194 页。

政治上，纷争不断，一派乱象。在军阀时期的12年，北京的中央政府始终动荡不定，变动无常；前后共有7人任国家总统或临时执政，其中1人是两次出任，实际是8位国家首脑①。张一麟《直皖秘史》论及军阀混战时期的历史曰：“按今知中国而论，固所谓统一之国家也，实则四分五裂，已成群雄割据相持莫下之局矣。试以古时分裂之形势喻之，则今之时局略似春秋战国时之分裂。中央政府之对于各省，犹东周之对于诸侯也。南北相攻，皖、直交哄，滇、蜀不靖，犹诸侯相侵伐也。易言之，又似三国时之分裂。黄河流域，以皖派占优势，可比之于魏；长江流域，以直派占优势，可比之于吴；西南半壁，以滇桂两派占优势，可比之于蜀。此三者俨然有鼎足之势。再易言之，又似南北朝之分裂。南方之军政府，不啻东晋偏安江左，皖派把持朝政，俨若拓跋魏雄视于北方。更易言之，又似五代之分裂，北京政府犹梁、唐、晋、汉、周之居于中原也，督军各有地盘，犹南唐、吴越、汉蜀、楚周之各踞一方也。”② 军阀混战造成连年的饥荒，“盗匪活动遍及于全国各地，抢劫和暴力行为成了家常便饭。战争得胜的军队随时可能会抢劫”③。陈恭禄评论此期政治道：“群酋峙立之际，唯知榨取于民，扩充军队，奉养之厚，有如帝王，而人民苦矣。”④

1928年国民革命军第二次北伐成功，完成了形式上的统一，但国家并没有迎来真正意义上的和平。20世纪30年代尚有军事集

---

① 〔美〕费正清：《剑桥中华民国史 1912—1949年·上卷》，北京：中国社会科学出版社，2017年版，第301页。

② 朱汉国、杨维真、林辉锋、陈佑慎等著：《中华民国专题史·国民革命与北伐战争》，南京：南京大学出版社，2015年版，第34页。

③ 〔美〕费正清：《剑桥中华民国史 1912—1949年·上卷》，北京：中国社会科学出版社，2017年版，第312页。

④ 陈恭禄：《中国近百年史》，北京：中国工人出版社，2018年版，第218页。

团内部的叛变、倒戈行为，国民党对共产党的围剿等军事斗争发生。1937 年 7 月 7 日，日本悍然发动了对中国的全面侵略战争。

据统计，全面抗战期间，中国（含国共两党）军队共进行大规模和较大规模的会战 22 次，重要战役 200 余次，大小战斗近 20 万次。全面抗战期间，中国平民则约有 900 万死于战火，另有 800 万平民死于其他因素，9500 万人成为难民。“据我们利用人口学的相关指数，结合 1953 年第一次全国人口普查统计资料对 1937 年和 1945 年中国实际可能保有人口数量的估计，可得出包括直接人口损失与间接人口损失在内的全面抗战时期中国人口损失总数的最低限数在 4500~5200 万之间；结合对中国战时经历的战争情形考察及兵役、劳工的巨大损失，战争期间自然灾害、疾病瘟疫等造成的人口非正常死亡的增长数及战争期间由于出生率下降、死亡率增高、人口增长率降低而直接导致的人口增长数的相对减少量等方面因素综合考虑，我们认为全面抗战时期中国人口损失总体上至少在 5000 万人以上”①。

岭南时局非常混乱，以广西为例，“据不完全统计，1937 年至 1944 年初的七年间，日军空袭广西 1600 多次，机群总量达 7600 多架次，造成广西 3300 多人死亡、5000 多人受伤，摧毁房屋约 38 万间，桂林、梧州、柳州、南宁等广西重要城市变成了焦土，全州等地的军事重镇受到严重破坏”②。

在这样乱糟糟的时局背景下，岭南地区民国三十余年间创作的石刻作品，很多蒙上了战争的阴影，这在岭南石刻中随处可见。

---

① 卞修跃：《抗日战争时期中国人口损失之初步估计》，中国社会科学院近代史研究所青年学术论坛 2005 年卷，2005 年 6 月。

② 梁宝渭：《抗日战争时期日军在广西的血腥暴行》，《广西日报》2020 年 8 月 25 日。

二、伤痛的纪念

邹鲁《红花岗四烈士之建墓立碑》撰写于民国十三年（1924）。邹鲁是民国时期著名政治家，革命党人；1923 年他出任广东省财政厅厅长，被誉为理财总舵手；1924 年，任国立广东大学（现中山大学）首任校长。“四烈士”是温生才、林冠慈、陈敬岳、钟明光，他们为了推翻清政府、维护革命成果而殉难。“温生才枪毙孚琦被杀，藁葬于是。同年闰六月，炸李准之林冠慈、陈敬岳先后死，藁葬于是……四年，炸龙济光之钟明光被处极刑，复藁葬于是。如是红花岗有四烈士”①。为了推翻清政府，维护革命成果，四烈士献出了宝贵的生命。树碑建墓之际，作者评价道：“吾党总理孙中山先生揭三民主义，以革命救国，自惠州首义以后，前仆后继，再接再厉，以至清朝既覆，民国成立，反革命者不息，吾党之奋斗亦不息，其时义烈之士，不惜以血肉之躯，与奇凶大恶偕亡，不求事之成，惟以摄敌气而振人心。”② 追述四烈士壮烈事迹之后，作者呜呼感慨：“民国之所以成，与绝而复续，岂偶然哉！”

胡汉民是中国国民党早期主要领导人之一，也是中国国民党前期右派代表人物之一；曾先后在南京临时政府、中华革命党、广东非常大总统府及南京国民政府中担任要职；曾任中华民国南京国民政府主席，中国国民党主席。民国十六年（1927），胡汉民撰写了《陆军上将邓仲元墓表》。邓仲元曾任广东军政府陆军司司长、粤军总参谋长兼粤军第一师师长，参加过广州黄花岗起义、

① 冼剑民、陈鸿钧：《广州碑刻集》，广州：广东高等教育出版社，2006 年版，第 768 页。

② 同上，第 768 页。

光复惠州、讨伐袁世凯、驱除龙济光、统一广东等战役，功勋卓著。1922 年 3 月 21 日，邓仲元在广州广九车站遇刺殉难，年仅 36 岁。文章先回顾邓仲元之功勋，“民国元年任陆军司司长、政参谋长，旋出镇琼崖，以龙济光入粤去职。及莫荣新督粤，乃助陈炯明治军，任参谋长，率师克闽南二十余县。九年，粤军返粤，逐去莫荣新，奠定广东，功最多，任第一师长兼总司令参谋长”。继而写其被刺，“十一年三月廿一日，因事之香港，归抵广九站下车，突被手枪轰击，中二弹，伤重，明日遂卒”。文章严厉批评了陈炯明的叛变行为，“先总理持三民主义黜清社，易数千年之帝制，建立民国，不幸袁世凯谋篡，事虽不成，遂有军阀之乱十余年未已。及百粤粗定，陈炯明高勋重寄，使其一德一心，竭诚辅弼，革命成功，计日可待。乃为陈氏谋者舍顺效逆，唯知剪除异己以快其私。仲元死，陈氏亦身败名裂，不亦左哉！”① 陈炯明的部属叶举率“陈家军”主力于 1922 年 6 月 16 日发动兵变，炮轰总统府和粤秀楼，欲置孙中山于死地，公然叛变。胡汉民此文一为缅怀邓仲元，一为批判陈炯明叛国，一褒一贬，反映了当时政治环境之复杂，以及革命党人追求共和之艰辛。

1932 年 1 月 28 日，日本海军第一遣外舰队司令盐泽幸一指挥海军陆战队分三路突袭上海闸北，第十九路军在总指挥蒋光鼐、军长蔡廷锴指挥下奋起抵抗，给日军以迎头痛击。“一·二八”淞沪抗战是十四年抗战的重要起点之一，是中国军队第一次与日军的全面对抗和较量，也是局部抗战阶段给予日军沉重打击的一次战役。这次战斗遏制了日军的嚣张气焰，为全面抗战争取了宝贵的备战时间，使全民族抗日救亡运动第一次高潮

---

① 冼剑民、陈鸿钧：《广州碑刻集》，广州：广东高等教育出版社，2006 年版，第 780 页。

得到空前体现。

1933 年，十九路军军长蔡廷锴为死亡将士撰写了《十九路军抗日死国将士之碑》。文章刚烈正气，慷慨哽咽。颂扬十九路军战绩道："十九路军其先曰十一军，所部多岭表子弟，而四方精英亦萃焉。革命一纪，大小百战，率为军锋。东穷泰岱，南极朱垠，山河两域，江海万里，莫不萦我军之魂气，埋我军之碧血。"文章详细记载了与日军的战斗，"辰师在战线者逾十万，几五倍加我。加以海舰、空机昼夜轰击，昼惊万日之射落，夜见繁星之雨陨。蚩尤之雾，不啻千重；雷霆之震，且越百里。我军以寡敌众，以弱敌强，以饥疲当饱逸，以苦械当利兵"。在如此不利的形势之下，"我军犹创痛俱起，以一当千，九天九地，十汤十决"。"是役也，鏖亘三十二昼夜，歼寇殆万，而我伤亦且盈千矣"。回顾战争之后，作者伤痛自责："廷锴不武，属当戎行，不能相从地下，精忠报国，犹腼颜人寰，坐视寇仇之宰割，亦可愧也，亦可痛也"①。

杜聿明《陆军第五军昆仑关阵亡将士纪念塔碑文》撰写于民国三十三年（1944），此为纪念昆仑关战役阵亡将士而作。1939 年 12 月 18 日，中日双方在广西南宁附近昆仑关展开大战。中方主力是当时装备最精良的、由杜聿明将军率领的国民革命军第五军。中国军队在当地群众的支援下，血战十余天，终于收复了昆仑关。"这一场激战，日军损失空前巨大。据日本战后公布的材料，昆仑关一战，日军第五师团第十二旅团长中村正雄、第四十二联队和二十一联队的联队长、第一、第二、第三大队的长官均被我击毙，该旅团班长以上的军官死亡达百分之八十五以上，士

---

① 冼剑民、陈鸿钧：《广州碑刻集》，广州：广东高等教育出版社，2006 年版，第 791 页。

兵死亡四千余人”①。这是抗日战争期间继平型关、台儿庄作战胜利后的又一重大胜利。文章开篇写昆仑关之重要：“昆仑关，古战场也。雄峙于邕宾路，岗峦环抱，中通隘道，为南宁东北之门户。地扼势险，易守难攻，且为古今攻守南宁所必争之地。”文章接着详述了战争经过及战果，“攻战之苦，牺牲之烈，殆兴军以来所罕有，而攻坚克险，实开抗战之先河。不仅足寒敌胆，抑且丕扬军威。翌岁，南宁、钦防之敌，相继奔溃，未尝不以斯役为之嚆矢”。时当乱世，作者呼吁：“凡我袍泽，尤当凛后死者之任重道远，驱寇复仇，以竟遗志。庶抗战建国大业，早观厥成。”②

南宁·昆仑关：杜聿明《陆军第五军昆仑关阵亡将士纪念塔碑文》

① 郑洞国等著：《杜聿明将军》，北京：中国文史出版社，1986 年版，第 39 页。

② 南宁市地方志编纂委员会编：《南宁市志·文化卷》，南宁：广西人民出版社，1998 年版，第 738 页。

民国三十余年，战火纷飞，矗立在各地的碑刻记载了这些苦难的战事。辛亥革命、军阀混战、抗日战争，无数志士仁人为了中华民族之前途命运抛头颅、洒热血，谱写了一曲又一曲壮烈悲歌。

三、裂变中的传统

民国时期社会战乱不休，天崩地裂，文学也经历了前所未有的大变革。“中国现代文学以 1917 年发难的文学革命为开端。自此，中国文学的发展历史进入了一个新的时期”①。轰轰烈烈的新文化运动使得中国现代文学面貌迥异于以往的古典文学。陈平原论道：“20 世纪中国散文，其基本面貌与唐宋古文、晚明小品、桐城文章大不一样，最明显的特征莫过于使用白话而不是文言。”② 报纸、杂志盛行，小说、戏曲、新体诗佳作纷呈，涌现出大批优秀的作家，三十余年里文学繁荣兴盛。处于如此背景中的碑刻文并没有因文学革命而发生大的改变，在裂变中反而呈现出一贯的传统性。

从内容上来看，民国岭南石刻均反映当世之事。以前述碑志文为代表的墓志、纪念碑文撰写者或为革命党人或为军队统帅，文章详细描绘了革命者生平事迹，赞颂抗战者之英勇顽强，殷切地盼望国家独立、富强。这些文章记载史实，反映了时代的风云变幻；但从形式上而言，这些文章写作方法上则承袭传统。民国岭南石刻类作品仍然多以文言为主；这应该与石刻文学本身特征有关，作为镌刻的作品，若文辞太多，镌刻起来既费力又耗工耗

① 凌宇、颜雄、罗成琰：《中国现代文学史》，长沙：湖南师范大学出版社，1998 年版，第 1 页。

② 陈平原：《中国散文小说史》，北京：北京大学出版社，2010 年版，第 183 页。

钱。文言简洁，依旧是石刻类文学作品的首选语言。上述碑志文多是用浅显文言撰写，其他石刻作品亦多如此。

寺庙碑刻中，民国六年（1917）柳桥金撰写的《六榕寺六祖铜像记》较有代表性。文章以一铜像写及历朝历代之事，以史家之精神来写轶事，严谨认真。“溯梁大同三年，昙裕法师于西域求得释迦舍利，奉敕建塔于广南，赐号宝庄严，即以名寺。当时但供奉舍利塔而已，若继起之觉皇宝殿与夫慧祖铜像，悉付阙如。迨宋端拱中始供有铜像，此时寺僧以崇奉慧祖为净业之目的，故改名曰净慧寺，可征名核实也”。文辞流丽、简练，叙述了六榕寺历史、铜像来由。至民国时，社会巨变，“二年，教育司有禁民迷信之令下，饬毁各街庙社一切土木金身偶像，罄移司署陈列，独寺佛侥免者，实赖佛教总会呈请大总统保护有案，山门藉以不摇，微铁上人之力不及此”①。世移时变，民国时期亟欲改变封建之风，六祖铜像险遭毁，幸得保存。文章叙事、议论，均采用传统古文之技法，实乃传统古文在民国延续发展之表现。

祠堂碑中，吴锦章《学成堂重修祖祠碑记》撰写于民国十三年（1924）。文章显现了宗法制社会之遗风依旧顽存。“春祀秋尝，遵万古圣贤礼乐；左昭右穆，序一家世代源流，此石溪所以有其祠也”②。佚名《重修龙山祖祠碑记》曰：“春秋祀先，两会以善其后，而储其荐馨，前人之于越对祖考，足以昭示来兹者。”③ 可见，虽然社会变了，政府变了，但文化仍是一脉相承，仍有很多方面是不变的。

工程建设类碑刻中，民国二十年（1931），陈融撰写的《广

---

① 冼剑民、陈鸿钧：《广州碑刻集》，广州：广东高等教育出版社，2006年版，第174页。

② 同上，第886页。

③ 同上，第885页。

州市市立图书馆碑记》为新时代建筑而作，但依旧是用文言文写就。“经之营之，阅十余月而馆成，土木之费，数十巨万，图籍称是地既得车马步履之所便，绕嘉树之扶疏，听鸣声之上下，游息既安，开卷有得，于以启发智慧，滋养身心，其有裨于市民岂浅鲜焉”①。文章阐述了图书馆之重要性，“跃而居近世教育之重要地位”。图书馆建成之后，极其裨益市民。民国十四年（1925）的《重修凌云桥碑志》文辞凝练、健朗，叙事畅达。文章纵论山川地理，内容深广。“河道浅狭，春夏则波翻浪涌，秋冬则水静沙明，舟楫不能渡，火车亦不能通，行者苦之，往往望洋兴叹，裹足不前矣”②。桥建成后，作用重大。“近附狮峰，远通花县，为通卫孔道，农工商贾所必经，樵牧妇孺所必适，往来便捷，以期永远不渝”。

民国时岭南地区山水游记类石刻作品虽然不多，但也显现了传统文风之沿袭。民国十八年（1929），广西灵川县长陈美文撰写的《海阳岩记》文辞畅达明快。文章纵论四大水域，从而突出海阳山地理位置之重要。接着描述了海阳岩周边优美的风景，论述修建之必要。“吾国四大流域，曰珠江、曰长江、曰黄河、曰黑龙江，夫人能知之。珠江著名之支流为漓水，长江著名之支流为湘水，同发于海阳山。亦夫人能言之，然则是山也，在地理史上占重要地位，千百世后不能移矣。惟世人但知是山地位之要，而鲜知是山风景之佳”③。作者接着描绘风景之美，“树木翁郁，苍翠欲滴，陟其巅，四野在望，烟火万家，历历如绘”。作者认为海阳

---

① 冼剑民、陈鸿钧：《广州碑刻集》，广州：广东高等教育出版社，2006年版，第1169页。

② 同上，第1164页。

③ 曾桥旺：《灵川历代碑文集》，北京：中央文献出版社，2010年版，第510页。

山是漓江与湘江的发源地（注：实为湘江源头，漓江源头为猫儿山），此山风景秀美，前人遗迹较多，作者支持修缮理所当然。赵翰《月山记》撰写于民国九年（1920），文章记载了陈善湘、李献华、毛荫棠、李树仁等人修缮广西永福县月山之举。作者认为："地赖人传"，文章回顾王羲之兰亭胜事，千古流传。"吾邑月山建筑告成，倘未经名笔题跋，岩壑静雅，建造不凡。不过壮观一时，乌足名胜千古负此山矣。吾愿揽胜月山者，集群贤少长觞咏其间，抒一己之雅怀，写千秋之佳话，妙笔名墨，脍炙人口"①。作者希望借此文章，月山能名声更显。

民国岭南石刻诗歌则承继古典诗歌传统，依旧以律诗或者古体诗为主。民国二十三年（1934），北流县县长关锡琨主持修缮勾漏洞，借机向社会各界征诗文，共得 1251 篇，关锡琨等人选择 7 篇镌刻于勾漏洞。这 7 篇作品中 5 篇为古体诗，或为七言或为五言，2 篇为赋。这些诗文长篇大调，咏叹了勾漏洞的历史，描绘了勾漏之美景，赞美了此次修缮之功。

第一名为陈树勋之作，诗歌想象丰富，生动活泼；"一溪活水暗通流，入可洗心出可浴。宝圭之宝世希有，廿二洞天曾著箓……忆昔葛洪作令日，政余时往洞中宿。要偕黄公共采芝，更学张良自辟谷。一朝解组入罗浮，此地空余苔藓绿。道成鸡犬尽化身，人去山川犹在目。白云悠悠千余载，谁能兴起继高躅。药炉丹灶何处寻，蔓草荒榛付樵牧。遂令东西南北人，欲访仙踪路不熟"。诗歌悠扬婉转，追述了葛洪成仙的传说，既表达羡仙之情，又赞扬时宰之功。周宝斋的诗歌则形象地描摹了勾漏洞鬼斧神工之貌。"巉岩崒嵂壁如削，陂陀迤逦相勾连。神工鬼斧不可

---

① 黄南津、黄流琪：《永福石刻》，南宁：广西人民出版社，2008 年版，第 210 页。

测，穿凿洞口成方圆。羊肠鸟道路仄逼，鬼物罗列森目前。行人且上石盈武，日光一线山巅穿。丹砂钟乳觅不得，清泉流水鸣潺湲”。诗歌描绘神奇洞景之后，叙议结合，高度赞扬修缮之举，“由来名胜在人耳，后者乃出前人先”。两首诗使事用典，文辞华美，在今昔对比之中，凸显此次修缮之风雅。这次诗文征集活动显然是古典诗文的一次集体创作。

广西·北流：勾漏洞，陈树勋、周宝斋等人诗刻

题刻在其他地方的民国石刻诗词不仅仅吟咏山水，这些作品浸润了时代风云，包含着作者的不平之气。民国二十八年(1939)，郑丙荧题写《游海阳山题诗》四首，诗歌慷慨悲凉，其一曰："十年戎马背乡关，素志未酬愧自还。此日登临悲感慨，究将何以对名山。"其三曰："狼烟弥漫遍东西，锦绣山河血染红。欲拯元元频拔剑，黄龙直捣乘长风。"① 时当抗日战争之际，作者跟随副指挥官兼游击司令秦廷柱麾下，怀想时局，内心激昂澎湃而题诗。民国二十七年（1938），夏禹刻于桂林龙隐洞的《水调歌头》一词豪迈雄壮：

桂林·龙隐洞：夏禹《水调歌头》

哀角起燕蓟，胡马挫江淮。廿年屈志和虏，愤慨亦悠哉。今日同仇薄海，自问书生无用，山水浪形骸。极目凭栏处，关塞莽然开。

又何事，销壮齿，转飞蓬，道傍苦李犹是，白石岂忘怀。苔剔丰碑三将，蔓抉名言五瘴，规抚谓安排。谓阙唾壶缺，

① 曾桥旺：《灵川历代碑文集》，北京：中央文献出版社，2010年版，第537页。

云气绕高台。①

词创作于日军全面侵华年余之际，国事堪忧，作者愤懑，游山之时，情感喷薄而发。

可见，由于时代变更，风气变化，民国岭南石刻诗文内容上反映了时代风云，但艺术上依旧承袭古典诗文之特征，这与其时方兴未艾的新文学创作俨然泾渭分明。

① 杜海军：《桂林石刻总集辑校》，北京：中华书局，2014 年版，第 1296 页。

结　论

综上所述，中华人民共和国建立以前岭南各地摩勒的石刻长久以来引起了研究者的广泛关注。清代中叶开始，翁方纲、谢启昆、阮元等著名学者热衷搜集整理岭南各地的金石。他们分别辑录的《粤东金石略》《粤西金石略》《广东通志·金石略》是岭南古代金石之重要文献，他们开启了省志收录金石之风。《中国西南地区历代石刻汇编》《故宫珍本丛刊》《中国地方志集成》《中国方志丛书》《广东历代方志集成》等大型丛书对岭南地区方志收录较为齐全；这些方志中“金石”卷对岭南地区石刻收录较为详实。方志辑录之外，学者们编纂有不少收集岭南各地石刻的专著，如《广东碑刻集》《广州碑刻集》《潮汕金石文征》《桂林石刻总集辑校》《桂林石刻碑文集》《广西恭城碑刻集》《灵川历代碑刻集》等，这些文献为岭南石刻的研究提供了丰富的资料。在这些文献的基础上，结合前人研究以及实地调研，本书之研究工作得以顺利开展。

本书对岭南地区石刻开展了断代研究，从文体分类着手，分诗歌、散文两类对历代岭南石刻中文学性较强的作品进行了探讨，围绕代表作家以及重要作品进行了归纳分析，提出了新问题，总结规律，得出如下一些结论：

从石刻类型来看，岭南石刻中摩崖石刻较多，且富有深厚的文化内涵。桂林、肇庆、英德等地汇集了较多的摩崖石刻。这些摩崖石刻或为擘窠大字或为简短题名或为诗词或为文章，其类型多样，大多书法漂亮，文辞秀美。摩崖石刻荟萃既与岭南山川地貌特征有关，又与文化传统有关。岭南地区多山，多石灰岩溶洞，山峰峭壁林立，为摩崖提供了天然的场所。自唐代以来，岭南成为安置贬谪官员的重要场所，南来的北方士人与本土士人积极创作，摩崖题刻，为岭南石刻增添了深厚的文化内涵。中国传统的文人聚会与题刻之风，又使得刻石之风在岭南发扬光大。

在岭南众多的碑刻之中，建设类碑刻最多。此类碑刻涉及古代工程建设的方方面面，建设寺庙、道观、祠堂、学校、城池、道路、桥梁、亭台楼阁、房屋、水井等，古人多树碑以纪念。这之中，寺庙、道观等庙宇类碑较多，这与岭南地区的泛神信仰关系密切。岭南为禅宗发源地，自唐以来，佛教渊源深厚。作为本土宗教的道教对岭南地区亦影响深远，如东晋时，道教理论家葛洪即隐居罗浮山炼丹。现今仅广州市范围内就保存着121所道教庙宇。另外岭南因其河网密布、濒临大海，水神信仰发达，南海神、妈祖、伏波信仰等盛行。岭南各地现存的各类神祇庙宇，都是岭南泛神信仰之表现。

明清时期岭南地区经济发展较快，教育发达，人才蔚起。人才的涌现与学校的培养密不可分，岭南地区存留的学记碑反映了岭南古代教育发展的情形。这些学记碑文记载了撰写者对岭南地区治理之思考，也体现了督学使者对教育的期盼以及岭南士人对家乡的美好愿望，这类文章的写作随着时代文风而转变，体现了一代文章嬗变之迹。

自清代道光以后，禁约类碑刻渐多，这类碑刻多具有法律效应，或为政府布告或为民间约定规章。其内容包括官方禁止官员搜刮百姓，禁止摊派等；又包括民间禁止村民赌博、偷盗、伐木、捕鱼等，内容驳杂，大到地方政务，小到禁止乱放牛马啃食田间草料等。这类作品是实用性公文，文学价值相对薄弱，但具有其他方面的价值。

在对岭南石刻进行了系统综合的文学研究之后，可对岭南石刻文学做出以下几方面的判断：

其一：唐宋时期岭南石刻文学与贬谪文化关系密切。唐宋时期，岭南是安置贬谪的官员的重要场所，至宋代甚至发展到首要场所。大批仕途失意的士人贬谪南来，他们成了唐宋时期岭南石刻文学创作的重要群体。这包括，唐代卢藏用、李邕、韩愈、柳宗元、刘禹锡、李绅、李渤等人，宋代苏轼、胡铨、李纲、范成大等人，他们在岭南期间创作的文学作品，部分摩勒上石，其作品被后人不断瞻仰追和，渐成地方人文胜景。

其二：明清时期岭南石刻文学贬谪色彩淡化。明清时期岭南本土士人群体崛起，以“南园五子”“岭南三大家”“岭西五大家”“粤东七子”“杉湖十子”等群体为代表，岭南本土士人之文学创作驰名全国。陈献章、湛若水等哲学家，丘濬、蒋冕、方献夫等政治家亦深刻影响了其所处时代。明清时期南来岭南任职的部分士大夫在岭南功业斐然，如王守仁、韩雍、张岳、殷正茂、俞大猷等人在岭南地区建功立业。翁方纲、谢启昆、阮元、张之洞等人深刻影响了岭南地区的学术文化。在岭南本土士人以及外来士人的共同参与之下，明清时期岭南石刻文学更为丰富多样，内涵深广，成就较高。

其三：岭南石刻文学成就较为突出。这首先表现在参与石刻文学创作的主体上。参与创作的人数多，身份杂，上至皇帝、亲王、贵族，下至普通百姓，他们都在岭南各地留有石刻作品。其次表现在石刻作品数量多。笔者根据各类文献统计，文献中辑录的岭南石刻作品在八千件以上。再次，作者队伍中名家较多，他们中不少为文坛大家，如唐代王维、韩愈、柳宗元、刘禹锡等人，宋代苏轼、范成大、张孝祥等人，元代揭傒斯、范梈等人，明代宋濂、李东阳、茅坤等人，清代王士禛、翁方纲、袁枚、李调元等人。他们创作的石刻文学作品价值高、影响大。

其四：岭南石刻文学带有地域文化特色。岭南石刻文学作品多是描写岭南山水、传说以及岭南风物与民俗，记载的是岭南地区的政治事件，反映的是岭南人风貌，带有明显的岭南地域特色。如摩崖石刻诗文描摹的以桂林为代表的岭南山水，山奇、水美、洞幽，其别具特色的喀斯特地貌与他处明显不同。碑文中反映的以广州为中心的海外贸易活动等，则展现了岭南地域文化中海洋文明之特色。

综而论之，岭南石刻文学是岭南文学史上非常重要的一环，其作品内涵丰富而多样，作者中名家众多，价值重大。

本书对岭南石刻文学作了系统全面的梳理，但仍存有诸多不足，期待大家的批评，也期待今后有更多的研究成果面世。

参考文献

一　专著

［后晋］刘昫等撰：《旧唐书》，北京：中华书局，1975年版。

［宋］欧阳修、宋祁撰：《新唐书》，北京：中华书局，1975年版。

［元］脱脱等撰：《宋史》，北京：中华书局，1977年版。

［明］宋濂等撰：《元史》，北京：中华书局，1976年版。

［清］张廷玉等撰：《明史》，北京：中华书局，1974年版。

赵尔巽等撰：《清史稿》，北京：中华书局，1977年版。

［明］陈邦瞻：《宋史纪事本末》，北京：中华书局，1977年版。

［明］陈邦瞻：《元史纪事本末》，北京：中华书局，2015年版。

邱树森：《元朝简史》，福州：福建人民出版社，1999年版。

孟森：《明史讲义》，北京：中华书局，2006年版。

孟森：《清史讲义》，北京：中华书局，2016年版。

朱诚如：《清朝通史》，北京：紫禁城出版社，2003年版。

冯尔康：《清朝通史·雍正朝分卷》，北京：紫禁城出版社，

2003 年版。

戴逸：《简明清史》，北京：中国人民大学出版社，2018 年版。

陈恭禄：《中国近百年史》，北京：中国工人出版社，2018 年版。

［清］秦缃业、黄以周等辑：《续资治通鉴长编拾补》，上海：上海古籍出版社，1995 年版。

〔美〕费正清、刘广京：《剑桥中国晚清史》，北京：中国社会科学出版社，2006 年版。

〔美〕费正清：《剑桥中华民国史 1912—1949 年》，北京：中国社会科学出版社，2018 年版。

李金强、赵立彬、谷小水：《中华民国专题史·从帝制到共和：中华民国的创立》，南京：南京大学出版社，2015 年版。

朱汉国、杨维真、林辉锋等著：《中华民国专题史·国民革命与北伐战争》，南京：南京大学出版社，2015 年版。

张帆：《中国古代简史》，北京：北京大学出版社，2001 年版。

卜宪群：《中国通史》，北京：华夏出版社，2020 年版。

［清］郝玉麟：《广东通志》，文渊阁四库全书本。

［清］阮元：《广东通志》，收录于《续修四库全书》，上海：上海古籍出版社，2002 年版。

方志钦、蒋祖缘：《广东通史》，广州：广东高等教育出版社，1996 年版。

周伟民、唐玲玲：《海南通史》，北京：人民出版社，2017 年版。

［清］金铁修，［清］钱元昌、陆纶纂：《（雍正）广西通志》，南宁：广西人民出版社，2009 年版。

［清］谢启昆修，［清］胡虔纂：《广西通志》，南宁：广西人

民出版社，1988 年版。

钟文典：《广西通史》，南宁：广西人民出版社，1999 年版。

钟文典：《桂林通史》，桂林：广西师范大学出版社，2008 年版。

杨万秀、钟卓安：《广州简史》，广州：广东人民出版社，2015 年版。

［明］郭棐：《粤大记》，广州：广东人民出版社，2014 年版。

《中国地方志集成 · 广东府县志辑》，上海：上海书店出版社，2013 年版。

广东省地方史志办公室：《广东历代方志集成》，广州：岭南美术出版社，2006 年版。

［清］周硕勋纂修：《乾隆潮州府志》，收录于《中国地方志集成 · 广东府县志辑》，上海：上海书店出版社，2013 年版。

［清］屠英等修，［清］江藩等纂：《道光肇庆府志》，收录于《中国地方志集成 · 广东府县志辑》，上海：上海书店出版社，2013 年版。

［清］田明曜修，［清］陈澧纂：《光绪香山县志》，收录于《中国地方志集成 · 广东府县志辑》，上海：上海书店出版社，2013 年版。

［清］戴肇辰、苏佩训修，［清］史澄、李光廷纂：《光绪广州府志》，收录于《中国地方志集成 · 广东府县志辑》，上海：上海书店出版社，2013 年版。

［清］张凤喈等修，［清］桂坫等纂：《宣统南海县志》，收录于《中国地方志集成 · 广东府县志辑》，上海：上海书店出版社，2013 年版。

王思章修，赖际熙等纂：《民国增城县志》，收录于《中国地方志集成 · 广东府县志辑》，上海：上海书店出版社，2013 年版。

余棨谋、张启煌纂：《民国开平县志》，收录于《中国地方志集成·广东府县志辑》，上海：上海书店出版社，2013年版。

刘运熙、李敏中纂修：《民国灵山县志》，收录于《广东历代方志集成》，广州：岭南美术出版社，2006年版。

[清] 潘尚缉修，[清] 邓士宪等纂：《道光南海县志》，收录于《广东历代方志集成》，广州：岭南美术出版社，2006年版。

[清] 诸豫宗修，[清] 周中孚纂：《道光西宁县志》，收录于《广东历代方志集成》，广州：岭南美术出版社，2006年版。

梁成久纂，陈景棻续纂：《民国海康县志》，收录于《广东历代方志集成》，广州：岭南美术出版社，2006年版。

[清] 梁鼎芬等修，[清] 丁仁长等纂：《民国番禺县志》，收录于《广东历代方志集成》，广州：岭南美术出版社，2006年版。

故宫博物院编：《廉州府志》，收录于《故宫珍本丛刊》，海口：海南出版社，2001年版。

[清] 吴九龄修，[清] 史鸣皋等纂：《梧州府志》，收录于《故宫珍本丛刊》，海口：海南出版社，2001年版。

招念慈修，邬庆时纂：《民国龙门县志》，台北：成文出版社，1967年版。

[清] 卢蔚猷修，[清] 吴道镕纂：《海阳县志》，台北：成文出版社，1967年版。

[明] 林希元：《嘉靖钦州志》，上海：上海古籍书店，1961年版。

[清] 易绍德等修，[清] 封祝唐等纂：《容县志》，台北：成文出版社，1974年版。

梁培煐、龙先钰等纂修：《贺县志》，台北：成文出版社，1967年版。

[清] 许应鑅等修，[清] 谢煌等纂：《光绪抚州府志》，台

北：成文出版社，1975年版。

吴凤声、余棨谋修，朱汝珍纂：《民国清远县志》，上海：上海书店出版社，2013年版。

［清］蒙秉仁等修，［清］胡毓璠等纂：《光绪藤县志》，台北：成文出版社，1968年版。

南宁市地方志编纂委员会编：《南宁市志·文化卷》，南宁：广西人民出版社，1998年版。

［唐］莫休符：《桂林风土记》，文渊阁四库全书本。

［唐］刘恂撰，商壁、潘博校补：《岭表异录校补》，南宁：广西民族出版社，1988年版。

［宋］范成大撰，孔凡礼点校：《范成大笔记六种》，北京：中华书局，2019年版。

［宋］范成大著，胡起望、覃光广校注：《桂海虞衡志辑佚校注》，成都：四川民族出版社，1986年版。

［宋］洪迈：《容斋随笔》，长沙：岳麓书社，1998年版。

［宋］周去非：《岭外代答》，上海：上海远东出版社，1996年版。

［明］王临亨：《粤剑编》，北京：中华书局，1987年版。

［明］王士性：《广志绎》，北京：中华书局，1981年版。

［明］张鸣凤著，杜海军、阎春点校：《桂胜·桂故》，北京：中华书局，2016年版。

［清］屈大均：《广东新语》，北京：中华书局，1985年版。

［清］叶昌炽撰，姚文昌点校：《语石》，杭州：浙江大学出版社，2018年版。

［清］汪森：《粤西丛载》，南宁：广西民族出版社，2007年版。

［清］汪森编辑，黄盛陆等校点：《粤西文载校点》，南宁：

广西人民出版社，1990 年版。

［清］赵翼：《瓯北诗话》，南京：凤凰出版社，2009 年版。

鲁迅、杨伟群点校：《历代岭南笔记八种》，广州：广东人民出版社，2011 年版。

［清］钱泳：《履园丛话》，北京：中华书局，1979 年版。

徐世昌编，闻石点校：《晚清簃诗汇》，北京：中华书局，1990 年版。

［清］翁方纲著，欧广勇、伍庆禄补注：《粤东金石略补注》，广州：广东人民出版社，2012 年版。

［清］阮元主修，梁中民点校：《广东通志·金石略》，广州：广东人民出版社，2011 年版。

伍庆禄、陈鸿钧：《广东金石图志》，北京：线装书局，2015 年版。

谭棣华、曹腾騑、冼剑民：《广东碑刻集》，广州：广东高等教育出版社，2001 年版。

曹腾騑、黄道钦：《广东摩崖石刻》，广州：广东人民出版社，1998 年版。

广东省文物局编：《广东文化遗产·石刻卷》，北京：科学出版社，2013 年版。

冼剑民、陈鸿钧：《广州碑刻集》，广州：广东高等教育出版社，2006 年版。

黎志添、李静：《广州府道教庙宇碑刻集释》，北京：中华书局，2013 年版。

黄挺、马明达：《潮汕金石文征》，广州：广东人民出版社，1999 年版。

高旭红：《药洲石刻》，广州：广东人民出版社，2016 年版。

高旭红：《越秀碑刻》，广州：广东人民出版社，2017 年版。

《肇庆星湖石刻》编委会：《肇庆星湖石刻》，北京：红旗出版社，2005年版。

《英德摩崖石刻》编委会：《英德摩崖石刻》，广州：广东人民出版社，2014年版。

黄兆辉、张菽晖：《南海神庙碑刻集》，广州：广东人民出版社，2014年版。

莫昌龙、何露：《韶关历代寺院碑记研究》，广州：暨南大学出版社，2014年版。

［清］吴兰修辑，陈鸿钧、黄兆辉补征：《南汉金石志补征》，广州：广东人民出版社，2010年版。

邬榕添：《罗浮山摩崖石刻》，香港：香港银河出版社，2001年版。

雷州历史文化丛书编委会：《雷州碑刻》，广州：岭南美术出版社，2013年版。

张维、姚奇丰：《潮阳石刻》，香港：香港天马图书有限公司，2008年版。

重庆市博物馆编：《中国西南地区历代石刻汇编》，天津：天津古籍出版社，1998年版。

［清］谢启昆修，［清］胡虔纂：《粤西金石略》，载于《中国西南文献丛书》，兰州：兰州大学出版社，2003年版。

广西民族研究所编：《广西少数民族地区石刻碑文集》，南宁：广西人民出版社，1982年版。

杜海军：《桂林石刻总集辑校》，北京：中华书局，2013年版。

李楚荣：《宜州碑刻集》，南宁：广西美术出版社，2000年版。

桂海碑林博物馆编：《桂林石刻碑文集》，桂林：漓江出版社，2019 年版。

潘晓军：《柳州摩崖石刻》，南宁：广西科学技术出版社，2017 年版。

灵山县政协编：《六峰山风景名胜区崖刻选》，南宁：广西美术出版社，2014 年版。

黄南津、黄流琪：《永福石刻》，南宁：广西人民出版社，2008 年版。

曾桥旺：《灵川历代碑文集》，北京：中央文献出版社，2010 年版。

陈秀南、苏馨：《灵阳石刻选注》，灵山县政协文史资料委员会、县志编写委员会办公室编印，1989 年版。

廖国一、李欣妍：《独秀峰摩崖石刻》，桂林：广西师范大学出版社，2013 年版。

周伟民、唐玲玲：《海南金石概说》，海口：海南出版社，2008 年版。

韦章运：《东山岭摩崖石刻文化》，海口：海南出版社，2012 年版。

杨其元：《海南天涯海角摩崖石刻》，海口：海南出版社，2008 年版。

［清］钱仪吉、缪荃孙、闵尔昌等编：《清代碑传全集》，上海：上海古籍出版社，2018 年版。

程朗：《柳侯祠文献汇编》，合肥：黄山书社，2004 年版。

唐兆民：《灵渠文献萃编》，北京：中华书局，1982 年版。

赵超：《中国古代石刻概论》，北京：文物出版社，1997 年版。

赵超：《石刻史话》，北京：社会科学文献出版社，2011 年版。

王宏理：《中国金石学史》，上海：华东师范大学出版社，2015年版。

施蛰存：《金石丛话》，北京：中华书局，2015年版。

［清］彭定求：《全唐诗》，长沙：岳麓书社，1998年版。

［唐］柳宗元：《柳宗元集》，北京：中华书局，1979年版。

［唐］韩愈著，马其昶校注，马茂元整理：《韩昌黎文集校注》，上海：上海古籍出版社，2014年版。

［宋］苏轼：《苏轼文集》，北京：中华书局，1986年版。

郭预衡：《唐宋八大家散文总集》，石家庄：河北人民出版社，1996年版。

［宋］范成大：《范石湖集》，上海：上海古籍出版社，1981年版。

许总：《宋诗史》，重庆：重庆出版社，1992年版。

许总：《宋诗——以新变再造辉煌》，桂林：广西师范大学出版社，1999年版。

孙望、常国武：《宋代文学史》，北京：人民文学出版社，1996年版。

王水照、熊海英：《南宋文学史》，北京：人民出版社，2009年版。

［清］厉鹗：《宋诗纪事》，上海：上海古籍出版社，1983年版。

周裕锴：《宋代诗学通论》，上海：上海古籍出版社，2019年版。

刘乃昌：《两宋文化与诗词发展论略》，济南：山东大学出版社，2005年版。

吴怀祺：《中国文化通史·两宋卷》，北京：北京师范大学出版社，2017年版。

王立：《宋元文化简史——理学与意趣》，北京：北京出版社，2017年版。

杨镰：《元诗史》，北京：人民文学出版社，2003年版。

赵景云、何贤锋：《中国明代文学史》，北京：人民出版社，1994年版。

郭预衡：《中国散文史长编》，太原：山西教育出版社，2007年版。

谭家健：《中国古代散文史稿》，重庆：重庆出版社，2006年版。

刘衍：《中国古代散文史论稿》，海口：南方出版社，2000年版。

马茂军、刘春霞、刘涛：《中国古代散文思想史——文化生态与中国古代散文思想的嬗变》，北京：人民出版社，2011年版。

徐子方：《元代文人心态史》，天津：天津人民出版社，2015年版。

程千帆：《元代文学史》，武汉：武汉大学出版社，2013年版。

朱则杰：《清诗史》，南京：江苏古籍出版社，1992年版。

邓之诚：《清诗纪事初编》，上海：上海古籍出版社，1984年版。

蒋寅：《清代诗学史》，北京：中国社会科学出版社，2019年版。

［清］刘熙载著，袁津琥笺释：《艺概笺释》，北京：中华书局，2019年版。

尚荣译注：《坛经》，北京：中华书局，2015年版。

［清］袁枚：《随园诗话》，南京：江苏古籍出版社，2000年版。

［梁］刘勰：《文心雕龙》，北京：中华书局，2016 年版。

［清］李慈铭：《越缦堂读书记》，沈阳：辽宁教育出版社，2001 年版。

王运熙、顾易生：《中国文学批评史新编》，上海：复旦大学出版社，2019 年版。

王运熙、顾易生：《中国文学批评通史》，上海：上海古籍出版社，1996 年版。

〔美〕孙康宜、宇文所安：《剑桥中国文学史》，上海：三联书店，2019 年版。

郭英德、过常宝：《中国古代文学史》，成都：四川人民出版社，2003 年版。

〔日〕青木正儿：《中国文学思想史纲》，太原：山西人民出版社，2015 年版。

陈平原：《中国散文小说史》，北京：北京大学出版社，2010 年版。

凌宇、颜雄、罗成琰：《中国现代文学史》，长沙：湖南师范大学出版社，1998 年版。

王水照：《历代文话》，上海：复旦大学出版社，2020 年版。

刑军纪：《一代文宗韩愈传》，北京：作家出版社，2016 年版。

曾楚楠：《韩愈在潮州》，广州：暨南大学出版社，2015 年版。

吴文治：《韩愈资料汇编》，北京：中华书局，2006 年版。

张海沙：《初盛唐佛教禅学与诗歌研究》，北京：中国社会科学出版社，2001 年版。

〔日〕户崎哲彦：《唐代岭南文学与石刻考》，北京：中华书局，2014 年版。

陈晓芬：《传统与个性——唐宋六大家与儒佛道》，上海：上海古籍出版社，2002年版。

胡可先：《新出石刻与唐代文学家族研究》，北京：北京大学出版社，2017年版。

［宋］计有功：《唐诗纪事校笺》，北京：中华书局，2007年版。

尚永亮：《唐五代逐臣与贬谪文学研究》，武汉：武汉大学出版社，2007年版。

杨庆存：《宋代散文研究》，北京：人民文学出版社，2002年版。

王水照：《宋代文学通论》，开封：河南大学出版社，2005年版。

钟乃元：《唐宋粤西地域文化与诗歌研究》，北京：民族出版社，2012年版。

金强：《宋代岭南谪宦》，广州：广东人民出版社，2009年版。

程民生：《宋代地域文化史》，合肥：安徽文艺出版社，2017年版。

赵玉强：《优游之道——宋代士大夫休闲文化及其意蕴》，上海：上海古籍出版社，2017年版。

罗敏：《北宋亭记研究》，长沙：湖南人民出版社，2015年版。

王小舒：《中国文学精神·宋元卷》，济南：山东教育出版社，2003年版。

查洪德、李军：《元代文学文献学》，北京：中国社会科学出版社，2002年版。

苏力：《元代地方精英与基层社会——以江南地区为中心》，

天津：天津古籍出版社，2009年版。

陈占山：《海滨“邹鲁”的崛起——宋元潮州研究》，北京：中国社会科学出版社，2015年版。

刘祯：《华夏审美风尚史·勾栏人生》，郑州：河南人民出版社，2000年版。

上海古籍出版社本社编：《明代笔记小说大观》，上海：上海古籍出版社，2005年版。

罗宗强：《明代文学思想史》，北京：中华书局，2015年版。

陈文新：《明代诗学》，长沙：湖南人民出版社，2000年版。

郭英德、张德建：《中国散文通史·明代卷》，合肥：安徽教育出版社，2013年版。

左东岭：《中国诗歌通史·明代卷》，北京：人民文学出版社，2012年版。

熊礼汇：《明清散文流派论》，武汉：武汉大学出版社，2003年版。

孙学堂：《明代诗学与唐诗》，济南：齐鲁书社，2012年版。

夏咸淳：《明代山水审美》，北京：人民出版社，2009年版。

王毓铨：《中国经济通史·明代经济卷》，北京：经济日报出版社，2000年版。

周长山、漆招进：《图说靖江王城史》，桂林：广西师范大学出版社，2012年版。

朱方桐：《明靖江王二百八十年》，桂林：广西师范大学出版社，2010年版。

吕双伟：《清代骈文研究》，上海：上海古籍出版社，2018年版。

陈惠琴、莎日娜、李小龙：《中国散文通史·清代卷》，合肥：安徽教育出版社，2013年版。

蒋寅：《清代文学论稿》，南京：凤凰出版社，2009年版。

［清］徐世昌：《清儒学案》，北京：中华书局，2008年版。

黄霖：《近代文学批评史》，上海：上海古籍出版社，1993年版。

四库全书研究所整理：《钦定四库全书总目》，北京：中华书局，1997年版。

［明］吴讷著，凌郁之疏证：《文章辨体序题疏证》，北京：人民文学出版社，2016年版。

吴承学：《中国古典文学风格学》，北京：北京大学出版社，2011年版。

王俊：《中国古代经济》，北京：中国商业出版社，2015年版。

吴晟：《中国意象诗探索》，广州：中山大学出版社，2000年版。

童庆炳：《文体与文体的创造》，北京：北京师范大学出版社，2016年版。

杨滨：《飞鸟与诗学：中国古代诗歌鸟类意象系列的主题学研究》，北京：人民日报出版社，2018年版。

陈永正：《岭南诗歌研究》，广州：中山大学出版社，2008年版。

陈永正：《岭南文学史》，广州：广东高等教育出版社，1993年版。

董上德：《岭南文学艺术》，广州：广东人民出版社，2019年版。

王德明：《广西古代诗词史》，桂林：广西师范大学出版社，2009年版。

王德明：《广西古代文学思想史》，桂林：广西师范大学出版社，2017年版。

王德明：《清代粤西文学家族研究》，桂林：广西师范大学出版社，2013年版。

李惠玲：《清代岭西词人群研究》，桂林：广西师范大学出版社，2015年版。

张维：《清代广西古文研究》，桂林：广西师范大学出版社，2008年版。

张琼：《清中叶岭南四家诗歌创作研究》，南昌：江西人民出版社，2012年版。

何婵娟：《桂北石刻文学研究》，南宁：广西人民出版社，2015年版。

孙先英：《广西书院文化研究》，桂林：广西师范大学出版社，2016年版。

陈泽泓：《广府文化》，广州：广东人民出版社，2012年版。

袁钟仁：《广州海上丝绸之路》，广州：广东人民出版社，2016年版。

张学松：《流寓文化研究　第一辑》，北京：中国社会科学出版社，2015年版。

曾庆江、周泉根、陈圣燕：《海南历代贬官研究》，海口：南方出版社，2008年版。

刘作义：《桂林胜概：风景·掌故·诗词·碑刻》，桂林：漓江出版社，1988年版。

高敬：《岭南文化》，北京：时事出版社，2013年版。

陈器文：《玄武神话、传说与信仰》，西安：陕西师范大学出版总社，2018年版。

王元林：《国家正祀与地方民间信仰互动研究：宋以后海洋神灵的地域分布与社会空间》，北京：中国社会科学出版社，2016

年版。

滕兰花、胡小安：《清代广西民间信仰、族群与区域社会研究》，北京：民族出版社，2017 年版。

郑洞国等著：《杜聿明将军》，北京：中国文史出版社，1986 年版。

陈青之：《中国教育史》，上海：上海书店出版社，2013 年版。

蒙荫昭、梁全进：《广西教育史》，南宁：广西人民出版社，1999 年版。

曲铁华：《中国教育史》，武汉：武汉大学出版社，2011 年版。

杨曾文：《隋唐佛教史》，北京：社会科学出版社，2014 年版。

李尚全：《简明中国佛教史》，上海：上海社会科学院出版社，2011 年版。

杨清虎：《中国民间信仰学研究与评述》，北京：中国书籍出版社，2017 年版。

肖起清、张意柳：《文化认同与传承——西江流域神谱研究》，桂林：广西师范大学出版社，2017 年版。

二　论文

沈志权：《中国古代文学中的鹤意象》，《浙江学刊》2011 年第 3 期。

陈寅恪：《论韩愈》，《历史研究》1954 年第 2 期。

沈文凡、张德恒：《韩愈贬潮心迹考论——从比较昌黎〈论佛骨表〉与傅奕〈请除释教书〉展开》，《兰州大学学报（社会科学版）》2011 年第 1 期。

刘尊明：《韩愈贬谪潮州的人生体验与诗文创作》，《湖北大学学报（哲学社会科学版）》2001年第3期。

刘晓东、庞慧：《作为文化象征的韩愈与潮州》，《韩山师范学院学报》1999年第3期。

杨子怡：《“韩愈现象”及其文化解读》，《嘉应大学学报》1999年第1期。

李志贤：《唐人宋神：韩愈在潮州的神话与神化》，《陕西师范大学学报（哲学社会科学版）》2012年第2期。

陈汉初：《潮汕民间的拜神风俗》，《广东文史》2000年第1期。

刘振娅：《贬谪与唐诗》，《广西教育学院学报》1999年第1期。

刘伟安：《刘禹锡的心理调节机制与其诗歌创作》，《长江大学学报（社科版）》2015年第5期。

侯艳：《岭南意象视角下唐宋贬谪诗的归情》，《广西社会科学》2013年第5期。

孙昌武：《唐岭南节度使马总为禅宗六祖慧能竖碑事》，《中华文史论丛》2016年第3期。

李英华：《“六祖革命”与佛教中国化》，《新东方》2011年第3期。

普慧：《王维、柳宗元、刘禹锡对惠能禅的总结与推动》，《陕西师范大学学报（哲学社会科学版）》2004年第1期。

方立天：《慧能创立的禅宗与佛教中国化》，《哲学研究》2007年第4期。

刘志基：《尽显“岭南第一唐刻”的风采》，《四川文物》1995年第6期。

莫道才、韦臻：《从卢藏用〈景星寺碑铭〉看唐代中原文化与骈体文风在岭南地区的影响》,《广西师范大学学报(哲学社会科学版)》2016 年第 3 期。

伍庆禄:《广东碑铭十五品:唐·龙龛道场铭并序》,《学术研究》2018 年第 10 期。

罗媛元、赵维江:《岭南地域文化环境中的唐诗意象创造》,《暨南学报(哲学社会科学版)》2008 年第 5 期。

洪本健:《欧阳修承前启后引领营建记演变的贡献》,《福州大学学报(哲学社会科学版)》2019 年第 6 期。

杨应彬:《苏轼在岭南的社会和文学活动》,《学术研究》1984 年第 6 期。

陈起汉:《贬谪岭南的苏轼》,《广州研究》1984 年第 3 期。

毛华松、张杨珽:《宋代城市楼阁营建思想及其空间布局研究》,《西部人居环境学刊》2016 年第 4 期。

钟振振:《宋代城市桥记刍议》,《江海学刊》2014 年第 1 期。

魏华仙:《宋真宗与宋代节日》,《中华文化论坛》2007 年第 2 期。

刘成国:《宋代学记研究》,《文学遗产》2007 年第 4 期。

陈恩维:《空间、记忆与地域诗学传承——以广州南园和岭南诗歌的互动为例》,《文学遗产》2019 年第 3 期。

覃延欢:《明代广西大藤峡农民起义及其历史地位初探》,《广西师范学院学报》1983 年第 3 期。

徐晔:《论靖江王地位的特殊性及在明代的社会影响》,《文物世界》2018 年第 6 期。

薛向阳:《明初靖江王封藩的特殊性》,《广西师范大学学报(哲学社会科学版)》1988 年第 4 期。

覃慰俭:《在广西衣食租税近三百年的明代靖江王家族》,《广西民族学院学报》1994 年第 2 期。

谢贵安：《明代皇室子弟教育初论》，《长白学刊》2014 年第 4 期。
叶官谋：《论明代诗人“广西印象”的嬗变》，《钦州学院学报》2017 年第 11 期。
蒋祖缘：《明代广东农业的飞跃发展》，《广东社会科学》1985 年第 4 期。
徐硕如：《明代广西少数民族起义的几个问题》，《广西师范大学学报》1985 年第 3 期。
蒋祖缘：《明代广东教育事业的发展与人才蔚起》，《广东社会科学》1995 年第 2 期。
孔祥龙：《明代广东书院发展轨迹初探》，《黑龙江史志》2013 年第 15 期。
何国华：《明代著名教育家湛若水》，《岭南文史》1991 年第 3 期。
孟淑媛：《湛若水“体用浑一”修养工夫的思想理路》，《江淮论坛》2013 年第 6 期。
张锋：《湛甘泉对明朝教育事业的影响》，《兰台世界》2014 年第 30 期。
张德建：《明代学记文的集体形态及其超稳定性特征》，《文史哲》2013 年第 3 期。
练铭志：《广东明清时期黎、瑶、壮、畲等民族起义述论》，《广西民族研究》2002 年第 4 期。
宁祥：《陈恭尹：与屈大均、梁佩兰齐名的诗人》，《佛山大学佛山师专学报》1989 年第 3 期。
郭培忠：《陈恭尹生平及其〈独漉堂集〉》，《中山大学学报（社会科学版）》1989 年第 2 期。
蒋寅：《乾隆朝诗学研究引论》，《古代文学前沿与评论》

2019年第1期。

蒋寅：《黄培芳与粤东诗学的发轫》，《中山大学学报（社会科学版）》2020年第1期。

蒋寅：《清代诗学与地域文学传统的建构》，《中国社会科学》2003年第5期。

蒋寅：《论清代诗学的学术史特征》，《南京师范大学文学院学报》2003年第4期。

蒋寅：《清代文学研究的回顾与展望》，《江海学刊》2004年第3期。

蒋寅：《“神韵”“性灵”的消长——康、乾之际诗学观念嬗变之迹》，《北京大学学报（哲学社会科学版）》2012年第3期。

王德明：《论清代广西诗派的形成、特征及其意义》，《南方文坛》2010年第5期。

李波：《李彦章官宜州著述考略》，《河池学院学报》2018年第1期。

王小恒：《论查礼在浙派诗文化活动中的东道主地位及其贡献——兼论浙派宗主厉鹗的水西缘》，《图书与情报》2016年第4期。

杨年丰：《论岭南诗人冯敏昌的诗歌》，《钦州学院学报》2008年第5期。

刘汉忠：《广西文人与晚清京师雅集》，《广西地方志》2015年第4期。

陶嘉：《清代前期学校教育概论》，《教育评论》1988年第4期。

程嫩生、文洋：《经史之学与清代书院科举文教育》，《湖南大学学报（社会科学版）》2018年第6期。

杨丽容、荀铁军：《论清代康乾时期岭南社会的士风——以何梦瑶为例》，《海南师范大学学报（社会科学版）》2015 年第 3 期。

谢桃坊：《李调元与学人之诗及性灵诗派》，《西华大学学报（哲学社会科学版）》2020 年第 1 期。

肖海明：《北帝（玄武）崇拜与佛山祖庙》，《佛山科学技术学院学报（社会科学版）》2002 年第 3 期。

范军：《城隍信仰的形成与流变》，《华侨大学学报（哲学社会科学版）》2007 年第 4 期。

何方耀、胡巧利：《岭南古代民间信仰初探》，《广东社会科学》2002 年第 6 期。

李锦全：《岭南江门学派在宋明理学及中国传统文化中的历史地位》，《孔子研究》1994 年第 3 期。

周翠玲：《从宗教到迷信——论岭南民间的信仰特质》，《广东社会科学》1999 年第 6 期。

杨权：《岭南诗派研究与诗歌文献整理》，《深圳大学学报（人文社会科学版）》2015 年第 4 期。

金其桢：《碑论——中国物质形态特种传统文化研究之一》，《中国文化研究》1994 年第 3 期。

杜海军：《广西石刻的历史成就与整理之不足——广西石刻研究之三》，《广西师范大学学报（哲学社会科学版）》2011 年第 4 期。

杜海军：《石刻整理常见误录探因——广西石刻研究之五》，《广西师范大学学报（哲学社会科学版）》2012 年第 5 期。

三　学位论文

李志强：《刘禹锡与佛教关系原论》，复旦大学博士学位论文 2005 年。

余敏芳：《论宋词与节日民俗》，湖南师范大学硕士学位论文

2002 年。

武朝文：《〈西事珥〉校注》，广西师范学院硕士学位论文 2011 年。

赵志方：《李秉礼〈韦庐诗集〉校注》，广西大学硕士学位论文 2001 年。

后　记

书稿多次修改后，终于在这个细雨蒙蒙的日子撰写后记。或许尚未从忙碌的过往缓过神来，或许窗外青灰色的天空让人思绪难以飞扬。在行文之际，竟至于停笔再三，俯首沉吟！五年时光弹指一挥间，于我而言，却是辛苦不寻常的历程。

无意在此回顾过往的学术之路，这些年只是偏执地喜好金石之学。多年前即琢磨着所学专业与金石之关系，日常教学工作之余，乐在其中，虽称不上集腋成裘，但也积之累之，所写文字逐渐多了起来。于今，脑海中还存有很多想法，虽然如此，可要逐一实现却是很难的事。

这些年，从读书到工作，一直在象牙塔里生活，可是作为女性，在人生的某些阶段，要想一直拥有宁静的书斋生活，有时是一种奢想。这过去的五年中，经历了许多事，如今都化作了沧桑一叹。庆幸的是，自己在学业上一直坚持着，坚持至今，面对这份并不完美的书稿时，内心还是有充实之感。作为国家社科基金资助项目的结项成果，专家们对文稿提出了不少修改意见，感谢他们！

书稿虽是个人撰写，但在这撰写的过程中，家人的台前幕后之操劳是对我的最大支持。感谢父母这几年一直帮我操持家务，让我从锅碗瓢盆的日常解放出来。也感谢家人陪我调研了众多石刻集中之地，从偏僻的乡村到繁华的都市，过程尽管辛苦，却有着乐趣与收获。

感谢洪本健老师赐序，洪老师严谨的治学态度、勤勉的治学精神这些年一直激励着我！

感谢广西教育学院科研处处长韦吉锋教授对此项目的支持，感谢科研处同仁的大力支持！众多恩情，铭记于心，唯有继续前行，才能报答万一。

何婵娟

初稿于　2021 年 10 月 30 日

修改于　2023 年 10 月 11 日